江西省高校人文社会科学研究 2024 年度项目"生成式人工智能机器学习的著作权例外制度研究"（项目编号：FX24104）的阶段性成果，同时也是南昌大学知识产权教学案例研究的成果之一。

ZHISHICHANQUANSUSONG

LI LUN YU SHIZHENG FENXI

知识产权诉讼
理论与实证分析

李士林　黄　诚　姜晓婧　著

中国政法大学出版社

2025·北京

图书在版编目（ＣＩＰ）数据

知识产权诉讼理论与实证分析 / 李士林，黄诚，姜晓婧著. -- 北京 : 中国政法大学出版社，2025. 3.
ISBN 978-7-5764-1964-1

Ⅰ. D923.404

中国国家版本馆 CIP 数据核字第 20259FN656 号

出 版 者　　　中国政法大学出版社

地　　址　　　北京市海淀区西土城路 25 号

邮寄地址　　　北京 100088 信箱 8034 分箱　邮编 100088

网　　址　　　http://www.cuplpress.com (网络实名：中国政法大学出版社)

电　　话　　　010-58908586(编辑部) 58908334(邮购部)

编辑邮箱　　　zhengfadch@126.com

承　　印　　　固安华明印业有限公司

开　　本　　　720mm×960mm　　1/16

印　　张　　　22.75

字　　数　　　380 千字

版　　次　　　2025 年 3 月第 1 版

印　　次　　　2025 年 3 月第 1 次印刷

定　　价　　　99.00 元

序　言

　　知识产权审判是知识产权理论的司法实践和法律适用，是理解、深化和运用知识产权制度最可靠、最鲜活的有效途径，是知识产权从业人士获取经验、技巧和准则的宝典。法院审判知识产权民事诉讼的逻辑为："原告享有权利或权益—被告行为构成侵权—被告抗辩是否成立—确定赔偿额和其他责任"，其间涉及的逻辑节点即为知识产权民事诉讼的要点。由于主导案件审判的关键制度和新兴理论存在理解分歧和学术争议，这决定了其足以成为知识产权诉讼中的难点。秉持对知识产权机理的透彻理解，坚守知识产权制度的正确适用方能在知识产权诉讼中驾轻就熟、精准审判。

　　知识产权民事诉讼是实现知识产权价值最主要的方式和途径，被告的行为给原告造成的损失是由知识产权的种类、价值、收益等因素决定的，被告因侵权所获得的收益是裁断被告承担赔偿责任大小的一种依据。如果说知识产权是一种禁止权的话，那么知识产权民事诉讼无疑就是禁止权充分诠释和展示的舞台；如果说知识产权是一种支配权的话，那么知识产权民事诉讼就是权利边界划定与侵害之争的较量场。

　　与普通民事诉讼不同，知识产权诉讼充斥着复杂的技术性和琐碎性法律问题，围绕事实和价值的争论是其不变的主旋律。为此，我们需要在繁纷复杂的专业诉讼中抓住其要点，不被细枝末节所迷惑；把握其难点，不被诸多细节所掩盖；立足于其争点，不被狡辩和说辞所左右。

一、知识产权民事诉讼的要点

原告在知识产权民事诉讼中的逻辑为：首先原告享有知识产权或竞争性权益，其次被告涉嫌或已经侵害其权利或权益，最后被告应当对其损害承担责任。被告参加诉讼的逻辑为：原告不享有权利或权益，被告为正当的商业竞争，不应当对原告损失承担责任。以当事人为中心的诉讼原则，主导法院审判的逻辑为："原告享有权利或权益—被告行为构成侵权—被告抗辩是否成立—确定赔偿额和其他责任。"法院围绕原告诉讼和被告抗辩予以全面审判，其间涉及的逻辑节点即为知识产权民事诉讼的要点。

（一）原告享有权利或权益

《民法典》[1]第 123 条规定民事主体享有的知识产权客体为：作品、专利（发明、实用新型、外观设计）、商标、地理标志、商业秘密、集成电路布图设计、植物新品种等。知识产权专门法赋予了权利人著作权、专利权、商标权、植物新品种权等，《反不正当竞争法》赋予了商业秘密、商业标识、商业数据等相关权益。虽然理论界对商业秘密、商业标识、商业数据存在权利与权益的争论，[2]但是依照实定法，暂定为权益比较妥当。由于作品采用自动登记原则，所以原告需要提供作品创作完成的证据，证明享有著作权。文章的发表、图书的出版、报纸的登载皆可以成为享有著作权的证据。尚未发表和出版的作品，需要提供创作完成的证据，比如底稿、修改过程、内部会议的记载等。针对网络空间的洗稿现象，[3]可以利用时间戳和区块链等存证技术辅助证明。目前较多的网络平台采用作者声明和平台原创认定证明作品发表时间和作者署名，虽然不排除存在抄袭的可能性，但也不失为一种妥当的证明方式。

原告主张的商标权和专利权，可以用商标登记证书和专利登记证书以及

---

〔1〕《民法典》，即《中华人民共和国民法典》。为表述方便，本书中涉及我国法律文件直接使用简称，省去"中华人民共和国"字样，全书统一，后不赘述。

〔2〕几位作者的不同观点可以参见，孔祥俊：《商业数据权：数字时代的新型工业产权——工业产权的归入与权属界定三原则》，载《比较法研究》2022 年第 1 期；冯晓青：《知识产权视野下商业数据保护研究》，载《比较法研究》2022 年第 5 期；郑璇玉、杨博雅：《新兴权利视域下商业数据分类与保护研究》，载《科技与法律（中英文）》2021 年第 3 期。

〔3〕许春明、潘娟娟：《"洗稿"的法律定性及其规制》，载上海市法学会编：《上海法学研究》（2019 年第 6 卷），上海人民出版社 2020 年版。

权利和权利人的变动状况予以证明，涉及实用新型专利或者外观设计专利的，还可以出具专利权评价报告，作为支撑专利权有效的证据。至于专有许可人和享有诉讼权的排他许可人，除以上证据外，还可以利用专有许可协议证明自己享有相关权和诉权。有一定市场影响的商品名称、包装、装潢、未注册商标等商业标识享有竞争性权益，可以提起不正当竞争侵权诉讼，但是一定市场影响的证明具有一定的难度，需要充分的证据证明其在相关市场的影响力。从理论上而言，商业标识获得保护的基础条件为显著性和对应性，类似于《商标法》第 11 条通用性符号需要获得显著性后方能注册制度，原告只有证明商业标识产生一定市场影响，具备了特定的对应关系才能获得保护。商业秘密的诉讼举证较为不易，虽然理论上不为公众知悉、具有商业价值并被权利人采取相应保密措施的商业信息即为商业秘密，但是较多的技术性信息在同等竞争水平的经营者之间只间隔一层窗户纸，任何相关商业秘密的信息泄露，都可能导致技术信息被取代、被超越。总体而论，商业秘密诉讼的原告需要提取所主张商业信息的密点，并提交固定密点的图纸、资料和对应的实物等载体以及证明采取了适当保密措施的证据。

（二）被告的行为构成侵权

知识产权领域存在直接侵权和间接侵权的说法，[1] 为了表述的方便，本书仅就侵权的核心问题——直接侵权——展开论证。在知识产权侵权诉讼中，采用一般侵权的构成要件解析被告行为的做法通常并无任何帮助，其遵从特殊的侵权规则，必须结合权利的特性解析被告的行为，方具有针对性和适用性。衡量被告是否侵害原告著作权的逻辑为：被告实施的行为是否落入原告所主张作品享有的权利范围。不同的作品类型享有的权能不同，被告只有实施的行为恰好是赋权原告从事的行为，才可能构成侵权。比如，出租权的客体为视听作品、录音录像制品和计算机软件作品，如果被告从事的是图书出租，则根本谈不上出租权侵权。当然，对于跨类型作品，原告可以选择适合自己商业模式的作品维权，比如 MV 作品，既符合音乐作品的构成条件，又可归类于视听作品，对于被告实施的院线放映行为，原告可以主张放映权侵权，对于二次音乐使用收费的问题，原告可以选择音乐作品的二次收费权，

---

〔1〕　以"间接侵权"为标题关键词查询北大法宝法学期刊栏目，结果为 69 篇文章讨论间接侵权的概念及构成等主题，查询时间为 2023 年 1 月。

主张表演权侵权。从侵权的层面而言，作品的类型和权能设定是为侵权的判定所创设，一旦完成了侵权认定，侵犯放映权与侵害播放权并无实质的差别，视听作品与音乐作品的类型化也失去了用武之地。

就商标权而论，直接侵权的认定标准为双相同和混淆可能性，即被告在相同或类似商品上使用相同或近似商标的行为落入了原告商标禁止权的范围，构成商标侵权。商标权的边界以《商标法》第56条的商标专有权为积极性正面权利，以第57条第2项商标混淆可能性为消极性反面权利，两者共同构成商标权的范围。由于反面禁止权大于正面使用权，所以商标权范围就是商标禁止权的范围，这也是将商标权定位为排他竞争性权益的制度根源。但是，法院在审判商标案件时，并不纠结于对实际权利大小的比较，而是着眼于商品类别和商标符号的技术比对与相同或近似的事实认定，依据这两个证据，结合其他相关事实，演绎出消费者是否可能混淆的推论。

专利直接侵权的认定不同于商标侵权，专利证书所记载的技术特征即为权利要求的内容，专利排他权的范围以此为准，被告制造、使用、许诺销售、销售、进口其专利产品或者涉嫌侵权的产品全部覆盖了原告权利要求书的全部技术特征，即可判定被告实施了专利侵权行为。值得一提的是，侵权中并非将原被告双方的产品进行比较，而是抽象和提炼出被告产品的技术特征，审查是否将诉称专利的全部技术特征包含。即便被告增加或改变技术特征，如果实质上仍涵盖了全部技术特征，可以依据技术特征等同判定被告侵权。

商业秘密案件中衡量被告侵权的基准为："非法接触+相同或实质相同。"首先，被告应当具有非法接触商业秘密的行为，以《反不正当竞争法》第9条列举的行为示例，被告存在以盗窃、贿赂、欺诈、胁迫、电子侵入等获取原告商业秘密，违反保密协议或义务，教唆、引诱、帮助他人违反保密义务等行为。在司法实践中，被告侵害商业秘密通常是以掌握商业秘密的前员工、前技术人员、前高管等泄露的方式取得原告的商业秘密，或者教唆、引诱上述人员泄露其所掌握的商业秘密加以使用，被告与前员工等泄密人员构成共同侵权。其次，被告使用的技术信息应当与原告的商业秘密相同或者实质相同。对于该事实，如果仅仅依赖原告提取密点、固定载体的证据与被告提供的技术证据相比对，往往很难得出两者相同的结论，需要通过现场勘验和查封被告的技术资料、设备、数据电文等获取真实的证据。当然，最高人民法院在"上诉人嘉兴市中华化工有限责任公司、上诉人上海欣晨新技术有限公司与上诉人王龙集团有限公司、上诉人宁波王龙科技股份有限公司、上诉人喜孚狮王龙香料（宁波）有限公司、上诉人傅某根、被上诉人王某军侵害技术秘密纠纷案"（以下简称"香兰素案"）中采用推定被告使用了原告商业秘密的裁断方式，[1]值得借鉴和推广。在证明被告具有非法接触的情节，依照常理和行业惯例其无法在短期内投产，且不提供技术合法来源的情形下，可以直接推定被告采用了原告的技术秘密。最后，需要明确的是，商业秘密的比对采用的是相同或实质相同标准，并非商标侵权采用的类似与近似标准。

（三）被告的抗辩

在一般民商事诉讼案件中，被告提出的对抗原告诉请的理由都可以被称为被告的抗辩。与此不同的是，知识产权诉讼中的被告抗辩应当被限定为合法的、能够证立的，可以对抗原告诉请的法定事由。狡辩、诡辩和毫无依据的胡说八道，不应当归为被告的抗辩。就著作权诉讼而论，被告最主要的合法抗辩理由为否定作品性和合理使用。对抗原告诉请最致命、最有效的说辞莫过于釜底抽薪式地提出原告主张的创作物不构成作品，正如法院在审理游戏和体育赛事直播案件时，曾经一度否认游戏和赛事的作品性，导致审判思路沿着不正当竞争的逻辑予以裁断。在"查某镛诉杨某及北京联合出版有限责任公司、北京精典博维文化传媒有限公司、广州购书中心有限公司著作权侵权纠纷案"（以下简称"金庸诉江南案"）中，[2]被告抗辩作品人物的名称不构成作品，阻断了案件沿着著作权侵权的路径审判，虽然最终被告以不正当竞争侵权败诉，但是不能以此否认作品性的抗辩效力，这其实恰好说明成功抗辩作品性足以改变和扭转案件的进程与结果。其实，作品性的判定端赖于《著作权法》对独创性的规定和诠释。比如，在图片类侵权中，我们认为常见的图案和表达空间有效的实用艺术品，应当不具备独创性，不构成作品。适时合理提高独创性的标准，不仅可以剔除大量低端作品的商业维权、批量维权，而且也是著作权保障文化、艺术、科学领域高质量发展的制度担

---

〔1〕"上诉人嘉兴市中华化工有限责任公司、上诉人上海欣晨新技术有限公司与上诉人王龙集团有限公司、上诉人宁波王龙科技股份有限公司、上诉人喜孚狮王龙香料（宁波）有限公司、上诉人傅某根、被上诉人王某军侵害技术秘密纠纷案"，最高人民法院〔2020〕最高法知民终1667号民事判决书。

〔2〕"查某镛诉杨某及北京联合出版有限责任公司、北京精典博维文化传媒有限公司、广州购书中心有限公司著作权侵权纠纷案"，广州市天河区人民法院〔2016〕粤0106民初12068号民事判决书。

当。另外，合理使用的抗辩在二次创作型案件中比较有效。当然，除了《著作权法》示例的典型性合理使用外，还应当灵活运用合理使用的一般条款，衡量被告是否替代原告的市场，或者对原告的市场形成不正当影响。

在商标权诉讼中，被告可利用的工具比较丰富，其既可以否定商标权的有效性，提出抢注、恶意注册、不正当手段获取注册等理由，要求撤销或无效化已注册的商标，也可以证明自己构成指示性、比较性合理使用，或者自身的使用属于《商标法》第 11 条规定的第一含义使用，并非商标意义上的使用，属于公共领域内的商业表达自由。即便以上抗辩理由都得不到支持，被告还可以主张不会导致相关公众产生可能混淆的结果，不构成侵权的抗辩。譬如，在"江苏省广播电视总台、深圳市珍爱网信息技术有限公司与金某欢侵害商标权纠纷再审案"（以下简称"非诚勿扰案"）中，[1]广东省高级人民法院最终认定，虽然被告的行为属于对"非诚勿扰"的商标性使用，但是不会导致相关公众的混淆，所以不构成商标侵权。同样，在专利和商业秘密侵权案件中，被告抗辩最有效的理由仍然聚焦为否定专利的有效性和商业秘密的构成。2019 年以前实用新型和外观设计专利的非实质性审查，导致大量无效和无价值的垃圾专利充斥市场，高达 50% 的无效比充分说明被告的专利无效抗辩是一种恰当的、行之有效的诉讼措施。[2]无论是对于专利还是商业秘密侵权指控，现有技术是被高频采用的抗辩理由。由于商业秘密的不为公众知悉不同于专利的新颖性、创造性，因而在现有技术的范围和比对的方式上存在较大的差别，这正是诉讼实务中面临的难题。

二、知识产权民事诉讼的难点

知识产权民事诉讼的难点通常集中在学术界尚存争议，并未形成通论，且对案件的审判起到主要决定作用的关键制度或新兴理论。迥异于一般民生案件的老套和公式化，知识产权案件牵涉创新性智力成果争端，与技术发展和社会变革同步，新兴的生产力与旧有生产关系的矛盾皆会通过知识产权制

[1] "江苏省广播电视总台、深圳市珍爱网信息技术有限公司与金某欢侵害商标权纠纷再审案"，一审 [2013] 深南法知民初字第 208 号民事判决书，二审 [2015] 深中法知民终字第 927 号民事判决书，再审广东省高院 [2016] 粤民再 447 号民事判决书。
[2] 参见《知识产权局局长就我国垃圾专利等问题答记者问》，载《光明日报》2005 年 12 月 29 日。

度及其诉讼表现出来。比如，网络平台之间的数据抓取、算法的知识产权保护、游戏玩法的表达、商业数据的权利化等等，诸多问题皆为知识产权诉讼的难点。

（一）新型作品

如果说《俏花旦——集体空竹》杂技、古籍原本点校、中文字库、动态喷水造型、积木拼装颗粒、旅游示意图等案件诉争的创作物属于现有作品的解释和扩展的话，那么体育赛事直播的连续画面、游戏解说、游戏玩法、商业数据的衍生品等是否构成作品的争点，无疑对《著作权法》作品类型和独创性提出了新观点和新规则。虽然《著作权法》第3条对作品类型采用了开敞性表述，理论上认同具有独创性的智力成果表达皆符合作品的特征，但是审判实践中如何解释和拓展，仍不明朗，具有不确定性。在"广州网易计算机系统有限公司、上海网之易吾世界网络科技有限公司诉深圳市迷你玩科技有限公司著作权侵权及不正当竞争纠纷案"（以下简称"迷你玩案"）中，[1]法院认定，游戏构成元素的外在表达可以形成作品，游戏规则调用的游戏元素及其玩法组合属于可保护的竞争利益。

（二）商标使用

被告的行为是否构成商标使用以及商标使用是否为判断商标侵权的前提条件，这两个问题一度成了商标界热议的话题，争议性理论成果颇多。总体而论，支持说和反对说都有自己的论据主张，而且在两个学说的各自主张下，不乏深入诠释商标使用内涵的成果。[2]我们认为，商标使用制度的最终目的在于界清商标权保护的范围，将商标符号的第一含义置于公共领域，归属于商标表达自由的范畴，同时将商标侵权与不正当竞争技术性区分，方便当事人诉讼和法院裁判。过度解读商标使用制度不利于现实问题的解决，人为增加了商标制度的复杂性和学术化。国家知识产权局印发的《商标侵权判断标准》第3条第1款提出："判断是否构成商标侵权，一般需要判断涉嫌侵权行为是否构成商标法意义上的商标的使用。"这不失为解决商标侵权现实问题最妥当的方法，谢绝了罗乱的理论扰乱司法实践和行政执法。

---

〔1〕 "广州网易计算机系统有限公司、上海网之易吾世界网络科技有限公司诉深圳市迷你玩科技有限公司著作权侵权及不正当竞争纠纷案"，广东省高级人民法院〔2021〕粤民终1035号民事判决书。

〔2〕 可以查询北大法宝法学期刊一栏下以"商标使用"为标题的文章。

（三）商业秘密中的信息比对

商业秘密中不为公众知悉的技术信息或商业信息是受到保护的重心。在无第三方登记或备案证据可印证的情况下，将原告所主张的密点与被告使用的技术信息相比较成了认定两者是否相同或实质相同的唯一途径。而如何迫使被告提交完整、真实、可实现的技术信息这一问题，往往会成为案件审理的难点。虽然《最高人民法院关于审理侵犯商业秘密民事案件适用法律若干问题的规定》第9条规定："……对商业秘密进行修改、改进后使用，或者根据商业秘密调整、优化、改进有关生产经营活动的，人民法院应当认定属于反不正当竞争法第九条所称的使用商业秘密"，但是认定修改、改进、优化、调整等情节，仍需建立在对被告提交相关证据的基础上。最高人民法院在"香兰素案"中创造性使用了非法手段、开发时间和环评资料等证据，直接推定被告使用了原告的商业秘密。这一创举为类似案件的审判提供了指引，但是个案的特殊情节很难在其他案件中复制，可以预见其适用的范围和参考价值有限。

（四）转换性使用

转换性合理使用的概念、原则和规则及其制度目的等本体性问题已有相关理论研究的成果，结合法院在"80后的青春宣言案"中的说理，[1]转换性合理使用应当被限定于在非内容表述的层面上使用，这种使用重在表达作品内容折射的社会意义或文化意义，而并非对作品表达本身的复制或传播；两者的使用既不存在市场的替代，也不存在两者的互补，而是两个完全不同的市场领域。在"大话西游网络游戏的直播侵权案"和"金庸诉江南案"中，被告皆无完成市场转换的结果，仍为在原作品之上演绎的二次创作，与原告作品存在市场替代和互补关系，不构成转换性合理使用。由于转换性使用并非在作品表达的层面上使用其内容，所以合理使用的表述并不准确，从严格意义上而论，转换的是作品的社会功能和文化功能，并不涉及作品内容的使用，属于公共领域内的自由表达，不涉及侵权，更谈不上合理使用。

（五）商业数据案件

在现有涉及商业数据的案件中，法院倾向于认定原告享有商业数据产生

---

[1]《电影海报背景中使用"葫芦娃"和"黑猫警长"被诉侵权 法院给出构成合理使用的判断标准》，载上海法院：http://shfy. chinacourt. gov. cn/article/detail/2016/05/id/1881814. shtml，2023年1月1日访问。

的竞争性优势和利益，被告不正当攫取原告的利益，构成不正当竞争。2022年12月2日《中共中央、国务院关于构建数据基础制度更好发挥数据要素作用的意见》（以下简称《数据二十条》）提出，根据数据来源和数据生成特征，分别界定数据生产、流通、使用过程中各参与方享有的合法权利，建立数据资源持有权、数据加工使用权、数据产品经营权等分置的产权运行机制，推进非公共数据按市场化方式"共同使用、共享收益"的新模式，为激活数据要素价值创造和价值实现提供基础性制度保障。同时，《数据二十条》强调，推动建立企业数据确权授权机制。赋予市场主体享有依法依规持有、使用、获取收益的权益，保障其投入的劳动和其他要素贡献获得合理回报，加强数据要素供给激励。鼓励探索企业数据授权使用新模式。就商业数据而言，单纯的垄断权益模式并不符合《数据二十条》"三权分置"的要求，经营主体涉及的商业数据，应当根据来源和生产的特征，分别赋予持有权、加工使用权和数据产品经营权。三权中的任一权都不具有独断和排他性效力，在数据池中应当允许他人使用，共享收益。

三、知识产权民事诉讼的应对

知识产权诉讼遵从权利逻辑和行为逻辑，围绕权利和行为的事实查明与法律论证就是诉讼的全部重点。为了有效应对知识产权诉讼，当事人和法院的工作重点应当聚焦于权利和行为。首先，应当慎重对待权利和权益。当事人所主张的权利或权益应当具备合法性、有效性和可及性，能够为官方的证书、第三方文书、生成权利或权益的证据所证明。审慎对待商业道德所衍生的竞争性权益，为正当竞争保留足够的市场空间。其次，应当恰当划分权利与公共领域的边界，正确定位被告行为的锚点，切勿混淆合理使用和正当使用的界限。合理平衡权利人与竞争者的利益，对新兴领域的竞争抱持一定的宽容，给技术创新和新型商业模式发展的机会，不抑制和打压新质生产力对旧有生产关系的挑战。再次，应当清醒认识事实问题与法律问题的不同，合理限定司法鉴定的范围，对于是否构成商业秘密、是否侵害商业秘密、是否属于不正当竞争等法律问题，应当由法院独立裁断，不应委托第三方机构鉴定。在混淆可能性的判定中，不应陷入商品类别、商标符号与混淆结果的循环论证，秉持商品与商标的客观性和事实性，坚持混淆可能性的综合价值判断。最后，尽可能委托专业的知识产权律师处理诉讼案件，尤其是在关乎否定权利有效性方面，专业律师的判断和诉讼技能可为案件提供更多的帮助。在知识产权诉讼管辖上，有权审理案件的法院会形成事实上的竞争关系，因而应当尽可能找寻诉讼管辖的关联点，以便向专业、便捷、高效的法院提起知识产权诉讼。

展　望

处置知识产权民事诉讼案件不仅是知识产权人面临的共同话题，也是知识产权管辖法院的工作日常。有效、妥当地解决知识产权诉讼不仅可以使知识产权人减少损失，而且可以达到净化市场赚取收益的效果。法院正确、高效审理知识产权案件不仅是其成为知识产权诉讼优选法院的考量因素，而且是营造地区知识产权营商环境的得力途径。未来，随着高质量知识产权战略的实施和深度开放市场的推进，我们将面临更多疑难、复杂的新型知识产权诉讼。为此，我们应当在坚持悟透知识产权理论的基础上，不断优化知识产权法律制度，提高诉讼技能和技巧，高质量审判知识产权案件，及时发布指导性案例，成为国际和地区知识产权诉讼案件的优选地和执行地。

目 录

▶ 第一编　知识产权民事诉讼总论

▶ 第三编　商标权侵权诉讼

▶ 第四编　专利权侵权诉讼

第一编
知识产权民事诉讼总论

　　该编主要集中于对知识产权民事诉讼的共性问题予以总结和论述，包括知识产权诉讼的构成、管辖权、诉讼证据、赔偿计算等内容，以帮助读者形成总体观。

第一章

◇◆◇

知识产权诉讼概述

一、我国知识产权诉讼现状

创新是引领发展的第一动力，保护知识产权就是保护创新。2024 年 4 月我国最高人民法院发布的《中国法院知识产权司法保护状况（2023 年）》显示：2023 年，全国法院新收一审、二审、申请再审等各类知识产权案件 544 126 件，审结 544 112 件（含旧存，下同），比 2022 年分别上升了 3.41% 和 0.13%。

全国法院新收知识产权民事一审案件 462 176 件，审结 460 306 件，比 2022 年分别上升了 5.4% 和 0.55%。其中，新收专利案件 44 711 件，同比上升 14.73%；商标案件 131 429 件，同比上升 16.85%；著作权案件 251 687 件，同比下降 1.57%；技术合同案件 6492 件，同比上升 53.19%；竞争类案件 10 230 件，同比上升 8.97%；其他案件 17 627 件，同比下降 0.51%。全国法院新收知识产权民事二审案件 37 214 件，审结 38 713 件，同比分别下降 24.79% 和 20.37%。

全国法院新收知识产权行政一审案件 20 583 件，审结 22 340 件，比 2022 年分别下降了 0.28% 和上升了 26.7%。其中，新收专利案件 1990 件，同比上升 5.85%；商标案件 18 558 件，同比下降 0.97%；著作权案件 11 件，比 2022 年减少了 1 件；其他案件 24 件，同比上升 166.67%。全国法院新收知识产权行政二审案件 10 053 件，审结 9259 件，比 2022 年分别上升了 54.64% 和 17.99%。其中，维持原判 7477 件，改判 1551 件，发回重审 1 件，诉 208 件，驳回起诉 3 件，其他 19 件。

全国法院新收侵犯知识产权刑事一审案件 7335 件，审结 6967 件，比

2022 年分别上升了 37.46% 和 27.69%。其中，新收假冒专利刑事案件 1 件，审结 1 件；新收侵犯注册商标类刑事案件 6634 件，审结 6357 件，同比上升 33.45% 和 24.67%；新收侵犯著作权类刑事案件 627 件，审结 543 件，同比上升 106.25% 和 79.8%；新收其他案件 73 件，审结 66 件，同比上升 19.67% 和 20%。全国法院新收知识产权刑事二审案件 956 件，审结 965 件，同比分别下降 2.35% 和 1.23%。

以 2023 年我国最高人民法院知识产权庭受理案件的情况来看，除收结案量整体持续上升以外，还呈现出以下四个基本特点：[1]

第一，侵权案件持续增长。新收民事二审实体案件 3222 件：同比增长 9.0%，五年年均增长 35.3%。涉及发明专利、实用新型专利、植物新品种、技术秘密、计算机软件的侵权纠纷均逐年递增。其中，侵害植物新品种权案件年均增幅最大：新收此类二审实体案件 162 件，同比增长 20.0%，五年年均增长 87.9%；新收侵害发明专利权实体案件 687 件，同比增长 11.7%，五年年均增长 30.9%。这些数据在一定程度上反映出重点领域的创新活跃度稳步提升，司法保障力度持续增强。

第二，行政案件大幅增长。行政二审实体案件新收 1277 件，同比增长 44.0%，与 2022 年下降 31.2% 形成了明显反差。其中，专利授权确权行政案件新收 1183 件，同比增长 49.2%，占全部行政二审案件的 92.6%；在新收专利授权确权行政案件中，专利申请驳回复审行政纠纷 349 件，同比增长 30.2%；专利权无效行政纠纷 834 件，同比增长 58.9%。从中可以看出，授权确权案件一审办案效率有明显提升，同时两审程序衔接得到了进一步优化。

第三，涉战略性新兴产业案件持续增长。新收涉新一代信息技术、生物技术、新能源、新材料、高端装备、新能源汽车、绿色环保等战略性新兴产业案件 1582 件，占全部新收案件的 31.3%，较之 2022 年增加了 244 件，占法庭案件比例进一步提升。其中，涉新一代信息技术、生物技术、高端装备的案件明显增多。

第四，二审监督作用和职责担当不断强化。民事二审实体案件改判率为 25.7%，除去因权利效力变化、批量维权案件统一裁判标准等原因改判的案件，改判率为 11.2%，同比上升 1.7%。与此同时，民事二审实体案件发回重

---

[1] 参见最高人民法院知识产权法庭 2023 年度报告。

审率由 2020 年的 3.4% 持续下降至 2023 年的 0.3%。法庭"统一标准""诉源治理""实质解纷""能改不发"的履职担当持续加强。

近年来，我国知识产权司法专业化审判体制机制不断健全。以最高人民法院知识产权审判业务部门为牵引、4 个知识产权法院为示范、27 个地方法院知识产权法庭为重点、各级人民法院知识产权审判业务部门为支撑的专业化审判体系基本形成，国家层面知识产权案件上诉审理机制运行取得了积极成效，全国具有知识产权民事案件管辖权的基层人民法院达 558 家，知识产权案件"三合一"审判机制改革深入推进，充分发挥了知识产权专门化审判体系在统一裁判标准、优化科技创新法治环境、服务知识产权强国建设等方面的积极作用。

二、知识产权诉讼的分类

我国法律规定的知识产权诉讼案件分类（案由）主要分为以下几类：

（1）专利纠纷。专利纠纷是知识产权诉讼中最常见的案由之一。当某一方未经专利权人许可，实施其专利，包括制造、使用、许诺销售、销售、进口其专利产品，或使用其专利方法以及使用、许诺销售、销售、进口依照该专利方法直接获得的产品，即构成专利侵权。此类纠纷通常涉及技术性强、专业度高的法律问题。在实践中，狭义的专利纠纷又可以被分为发明专利和实用新型两类，广义的专利纠纷则还包括外观设计纠纷。

（2）商标权纠纷。商标权纠纷主要涉及商标的注册、使用、转让等方面。常见的商标权纠纷有商标侵权纠纷、商标权属纠纷、商标许可合同纠纷等。商标作为企业的重要资产，其权益保护对于维护企业形象和品牌价值而言具有重要意义。

（3）著作权纠纷。著作权纠纷涉及文学、艺术和科学作品原创作者的权益保护。当作品被非法复制、发行、表演、展示、播放或制作衍生产品时，即触发著作权纠纷。此类纠纷通常涉及作品的独创性、侵权行为的认定以及赔偿等问题。

（4）技术合同纠纷。技术合同纠纷主要涉及技术开发、技术转让、技术咨询和技术服务等合同的履行问题。当合同双方在执行过程中因技术难题、费用纠纷、知识产权归属等问题产生分歧时，便会引发技术合同纠纷。

（5）不正当竞争纠纷。不正当竞争纠纷涉及企业在市场经营活动中违反诚实信用原则和商业道德的行为。例如，虚假宣传、商业贿赂、侵犯商业秘密等。这些行为损害了其他经营者的合法权益和市场竞争秩序，因此需要通过法律手段予以纠正。

（6）商业秘密纠纷。商业秘密作为企业的重要资产，其保密性对于企业的竞争力至关重要。商业秘密纠纷主要涉及商业秘密的泄露、使用、转让等问题。当企业的商业秘密被非法获取、披露或使用时，便可能引发商业秘密纠纷。

（7）植物新品种纠纷。植物新品种纠纷主要涉及对植物新品种权的保护和对侵权行为的认定。当某一方未经植物新品种权人许可，为商业目的生产或销售该品种的繁殖材料，或将该品种作为授权品种进行繁殖，或为商业目的将该品种或其繁殖材料重复使用于生产另一品种的繁殖材料时，即构成植物新品种侵权。我国是农产品种子进口大国，极易与跨国企业产生此类纠纷。

（8）集成电路布图设计纠纷。集成电路布图设计纠纷涉及对集成电路布图设计专有权的保护和侵权行为的认定。当某一方未经布图设计权人许可，实施其布图设计（包括复制、商业利用、进口、发行等）行为时，即构成集成电路布图设计侵权。

以上是基于诉讼客体作出的简单分类。针对同一诉讼客体，还可以从诉讼的原因行为进行区分，即是基于合同产生的纠纷还是基于侵权行为产生的纠纷，也就是我们常说的侵权之诉和合同之诉。根据最新的案由规定，知识产权类案件有以下四类：知识产权合同纠纷，知识产权权属、侵权纠纷，不正当竞争纠纷，垄断纠纷。在知识产权案件中，往往会产生竞合。合同纠纷或是侵权纠纷，不仅仅是诉讼方向和诉讼策略的选择，决定举证责任以及证明标准等程序性要求，也直接关系到请求权基础中的法律适用问题。比如，合同诉讼中常常以合同条款作为双方权利义务的依据，而侵权诉讼中则往往需要通过专业机构的鉴定，才能够确定是否存在侵权行为或者因果关系。进一步细分，同一种侵权行为（或侵权事实）是违反了何种法律关系，侵犯的是否同一法益等问题，也需要关注。比如，在知识产权纠纷中常见的侵害商标权、侵犯商业秘密等案件中，往往存在不正当竞争行为，实务中侵害知识产权及不正当竞争纠纷已经成了一种较为常见的诉由合并。是择一而诉还是能够合并主张，实践中对此也认识不一，有些法院支持合并起诉，有些法院则要求明确诉讼请求后择一起诉。

　　从诉讼部门法的角度来看，还存在知识产权民事诉讼、行政诉讼、刑事诉讼等分类。总体而言，由于全社会对知识产权的重视程度提高，知识产权案件纠纷频发。同时其专业性较强，律师介入有一定的门槛，导致知识产权案件成了常见但又小众的业务。作为诉讼业务中的细分领域，实际上有非常大的空间。

第二章

------◇·◇------

知识产权民事诉讼的构成

知识产权诉讼遵从一般民事诉讼的规则，其诉讼由当事人、管辖法院、诉讼请求，以及事实理由构成。

第一节　诉讼当事人

知识产权诉讼当事人，通俗理解就是与知识产权诉讼有关的人。在知识产权民事诉讼中，涉及的当事人主要包括原告、被告以及第三人。原告通常是指那些与案件存在直接利害关系的个人、企业或其他组织，包括但不限于知识产权的原始持有者、共同权利人，以及被授权使用该知识产权的实体。被告则是原告所指称的与其发生权益争议的对方，通常是涉嫌侵犯知识产权的行为人。至于第三人，可能与案件存在某种关联，但并非争议的直接双方。

一、原告

在知识产权诉讼中，原告是指那些认为自己的知识产权受到侵犯或存在其他法律争议，并因此向法院提起诉讼的个人、法人或其他组织。原告可以是以下几类主体：

第一类是知识产权权利人。原告通常是直接拥有知识产权的个人或法人。这包括但不限于专利的发明者、商标的注册人、著作权的作者等。他们拥有法律赋予的专有权利，可以控制其作品的使用和分发。他们是最常见的知识产权诉讼的原告，基于自身权利保护的需要向法院提起诉讼，具有最充分的诉讼动力。

第二类是知识产权的共有人。近年来，知识产权共有人诉权行使不规范的问题日渐凸显，知识产权共有人中的一方授权其他共有人代为行使诉权或独立进行诉讼引发了较大争议。在司法实践中，知识产权共有人之间通过意定的方式约定由部分共有人行使诉权，包括提起侵权诉讼并且完成全部诉讼程序。此类意定方式主要表现为：知识产权权利人之间通过签订共享协议的方式分配诉权；部分共有人依据共有人之间的知识产权共享协议取得诉权并单独进行维权；各知识产权权利人通过签订技术开发（合作）合同，实现知识产权共享等。[1]

第三类是被许可人。拥有知识产权使用许可的个人或组织，如果其使用权受到第三方的侵犯，也可能成为原告。许可方式一般分为三种，即独占许可、排他许可和普通许可。独占使用许可合同的被许可人可以单独向人民法院提起诉讼。排他使用许可合同的被许可人可以和权利人共同起诉，也可以在权利人不起诉的情况下自行提起诉讼。普通使用许可合同中，权利人可以许可给多个被许可人行使知识产权权利，如果被许可的知识产权受到侵害，普通使用许可合同的被许可人只有经权利人明确授权，才可以提起诉讼。需要注意的是，虽然商标许可使用合同的被许可人有权针对侵害注册商标专用权的行为提起诉讼，但并不意味着商标权人和被许可人可以分别独立提起诉讼。商标被许可人享有诉权的基础仍然是商标注册人享有的商标权。在商标权人已经针对特定侵权行为提起诉讼的情况下，被许可人不得再次就同样的侵权行为另行起诉。[2]例如，在关于"好太太"商标的商标侵权纠纷中，商标权利人河北纳利鑫洗化有限公司向安徽省淮北市中级人民法院提起诉讼后，"好太太"商标被许可人青岛五铢钱网络科技有限公司（以下简称"五铢钱公司"）又针对被告淮北金洁亮环保科技有限公司提起诉讼。上海市徐汇区人民法院作出驳回五铢钱公司全部诉讼请求的判决。五铢钱公司不服该判决提起上诉，上海知识产权法院作出驳回上诉，维持原判的终审判决。[3]

---

〔1〕　邓恒、关欣：《知识产权共有人的诉权行使》，载《人民司法》2024年第4期。

〔2〕　凌宗亮、邵望蕴：《知识产权被许可人诉权的理论基础及其行使》，载微信公众号：https://mp.weixin.qq.com/s/PdqHHLSbh9GjHpvcDYZq4Q，2024年8月15日访问。

〔3〕　"青岛五铢钱网络科技有限公司与淮北金洁亮环保科技有限公司侵害商标权及不正当竞争纠纷案"，一审上海市徐汇区人民法院〔2021〕沪0104民初15702号民事判决书；二审上海知识产权法院〔2022〕沪73民终135号民事判决书。

第四类是继承人或权利受让人，在权利持有人去世或将其权利转让给他人的情况下，合法的继承人或受让人可能继承了提起诉讼的权利。在司法实践中，无需全部继承人达成一致意见，部分继承人也可行使知识产权诉权。例如，在"齐某芷、齐某末等诉江苏文艺出版社侵犯著作权纠纷案"中，面对画家齐白石作品的维权纠纷，诉讼的原告仅为齐白石的部分继承人，并未获得齐白石全部继承人的授权，但法院仍然受理了原告的起诉并作出实体判决，支持了原告的部分诉讼请求。[1]

第五类是国家或公共机构。在某些情况下，国家或公共机构也可能成为原告，尤其是当涉及国家利益或文化遗产的知识产权受到威胁时。例如，在"南京云锦非物质文化遗产著作权保护案"中，[2]南京云锦研究所有限公司作为原告，因享有著作权的"万紫千红"云锦作品被南京宜贡坊云锦织造厂未经许可制作和销售，提起了著作权侵权诉讼。法院经审理认为，被告方的作品与原告的作品在表达方式和内容上基本相同，南京宜贡坊云锦织造厂侵犯了南京云锦研究所有限公司的著作权。南京云锦研究所有限公司并不属于传统意义上的公共机构，它是一家成立于1957年的企业，前身为南京市云锦研究所，属于中国资深和专业的南京云锦研究、开发、生产机构。作为企业，它承担着云锦继承和保护的历史重任，同时也是南京云锦向联合国教科文组织申报人类非物质文化遗产的主体单位。

第六类是著作权集体管理组织。作品作为一种信息本质，传播速度与传播途径都非常广泛，这点对于音乐作品而言表现更加明显。在这样的情况下，单靠权利人维护知识产权不受侵犯往往耗时耗力而且收效甚微。因此，我国目前已经成立了五大著作权集体管理组织，包括中国音乐著作权协会、中国音像著作权集体管理协会、中国文字著作权协会、中国摄影著作权协会、中国电影著作权协会。《著作权法》规定的表演权、放映权、广播权、出租权、信息网络传播权、复制权等权利人自己难以有效行使的权利，可以由著作权集体管理组织进行集体管理。《著作权法》第8条以及《著作权集体管理条例》第2条均对集体管理组织的诉权作出了规定，即著作权集体管理组织经著作权人和与著作权有关的权利人授权行使著作权或者与著作权有关的权利

---

〔1〕 ［2010］鼓知民初字第 136 号民事判决书。
〔2〕 ［2013］玄知民初字第 134 号民事判决书。

后，可以以自己的名义为著作权人和与著作权有关的权利人主张权利，并可以作为当事人进行涉及著作权或者与著作权有关的权利的诉讼活动。著作权集体管理组织可以代表著作权人行使诉权，保护权利免受侵犯。例如，在"音著协诉咪咕公司、中国移动大连分公司的'手机彩铃'信息网络传播权案"中，法院最终判决咪咕音乐、中国移动大连分公司于本判决生效之日起10 日内连带赔偿音著协经济损失及维权合理开支共计 82 000 元。[1]此外，在"文著协诉湖北教育出版社侵犯《回延安》《桂林山水歌》《安塞腰鼓》等3 部作品著作权案""中国摄影著作权协会为希望工程'大眼睛'照片维权案""中国音像著作权集体管理协会诉西宁某餐饮店侵害作品放映权纠纷案"等案件中都收获了良好的知识产权保护效果。

需要注意的是，根据《民事诉讼法》第 122 条的规定，著作权侵权纠纷起诉必须符合原告"与本案有直接利害关系的"条件，即原告必须是著作权人或者与著作权有关的权益享有人，否则无权提起著作权侵权之诉。当授权方并未许可被授权方行使相关著作权，而仅将维权权利授予被授权方时，在目前的司法实践中，仅获得诉权授权的被授权方不能以自己名义作为原告提起诉讼，其与侵权案件没有《民事诉讼法》规定的"利害关系"。

二、被告

知识产权诉讼中的被告，包括侵权方或与知识产权权利人相对立、合同相对方、不正当竞争行为实施者等人。

我国《商标法》第 57 条概括规定了 6 类典型的侵犯商标权行为，与之相对应，违法使用商标者，销售侵犯注册商标专用权者，违法伪造、制造、销售注册商标标识者，违法更换商标并将商品重新投入市场者，商标侵权行为帮助者都可以作为商标权诉讼的被告。

根据我国《专利法》第 11 条的规定，未经许可实施专利权的人，都可以作为专利权诉讼的被告，具体包括为生产经营目的制造、使用、许诺销售、销售、进口其发明或者实用新型专利产品者，以及为生产经营目的制造、许诺销售、销售、进口其外观设计专利产品者。

根据我国《著作权法》第 10 条著作权以及邻接权的相关规定，任何实施

---

〔1〕　［2021］辽 0203 民初 2677 号民事判决书；［2022］辽 02 民终 967 号民事判决书。

著作权或邻接权侵权行为的人都可以被列为被告要求其参与诉讼。

三、第三人

民事诉讼中的第三人分为有独立请求权的第三人和无独立请求权的第三人。有独立请求权的第三人，是指对他人之间的诉讼标的，主张独立的请求权，而参加到原、被告之间正在进行的诉讼中的人。

第三人主张独立的请求权有两种情形：一种是就全部实体权利主张归自己所有，既不认同案涉权利归属于原告，也不认同案涉权利归属于被告。另一种则仅主张部分实体权利。因此，有独立请求权的第三人在诉讼中具有相当于原告的诉讼地位。例如，我国于 2020 年底修正的《最高人民法院关于审理技术合同纠纷案件适用法律若干问题的解释》第 44 条第 1 款规定："一方当事人以诉讼争议的技术合同侵害他人技术成果为由请求确认合同无效，或者人民法院在审理技术合同纠纷中发现可能存在该无效事由的，人民法院应当依法通知有关利害关系人，其可以作为有独立请求权的第三人参加诉讼或者依法向有管辖权的人民法院另行起诉。"

无独立请求权的第三人，是指因正在进行的诉讼的裁判结果与其具有法律上的利害关系而参加诉讼的人。法律上的利害关系，是指民事实体法上的权利义务关系。第三人与案件处理结果的关系一般是义务性关系，即一方当事人败诉会使第三人承担一定的义务。在知识产权诉讼中，无独立请求权的第三人大致基于如下立场：第一种是利益相关方。例如，在专利侵权案件中，专利实施许可合同中的被许可方很可能因为该专利涉嫌侵权而影响其对该专利的后续使用，继而认为其利益受到侵害，可能会作为无独立请求权的第三人参与诉讼。第二种是合同当事人。在涉及知识产权合同纠纷的案件中，合同的一方可能因另一方的违约行为而与案件结果具有法律上的利害关系，因此作为第三人参与诉讼。第三种是权利继承人。在权利人去世或变更的情况下，其权利的继承人可能因为继承权利而与案件结果有直接的法律利害关系。第四种是权利的被许可人。某专利受到侵权，非法的专利使用行为势必会对经过许可的专利使用行为造成额外的竞争压力，增加商业竞争的成本，这时知识产权的被许可人既可能因许可合同而与案件结果有法律上的利害关系，也可能作为第三人参加诉讼。

四、当事人的追加

我国《民事诉讼法》第 135 条规定："必须共同进行诉讼的当事人没有参加诉讼的，人民法院应当通知其参加诉讼。"《最高人民法院关于适用〈中华人民共和国民事诉讼法〉的解释》第 73 条规定："必须共同进行诉讼的当事人没有参加诉讼的，人民法院应当依照民事诉讼法第一百三十五条的规定，通知其参加；当事人也可以向人民法院申请追加。人民法院对当事人提出的申请，应当进行审查，申请理由不成立的，裁定驳回；申请理由成立的，书面通知被追加的当事人参加诉讼。"知识产权诉讼也同样适用我国民事诉讼法及司法解释的相关规定。可能涉及当事人的追加问题。

在著作权案件中，通常不存在必须追加当事人的情形。例如，在涉及合作作品的著作权侵权诉讼中，如果合作作品原本即可分割使用，则可分割的作品属于按份共有，原告仅对合作作品中权利属于自己的那部分作品主张权利，其处分权完整，无需考虑是否追加诉讼当事人。如果是不可分割的合作作品，则各位合作作者的智力创作已经融为一体，无法分离，各位合作作者之间是共同共有的关系。但各位合作作者依旧可以单独行使除转让以外的其他权利，自然也包括诉讼权利的行使。因为根据我国《著作权法实施条例》第 9 条的规定："合作作品不可以分割使用的，其著作权由各合作作者共同享有，通过协商一致行使；不能协商一致，又无正当理由的，任何一方不得阻止他方行使除转让以外的其他权利，但是所得收益应当合理分配给所有合作作者。"其他作者也不得对行使诉权的作者施加阻碍，只是所得收益应当在所有合作作者中合理分配。

在司法实践中，为了及时有效地维护著作权人的合法权益，法院对于部分著作权人的起诉一般也都予以准许，因为这些著作权人的起诉对于其他未起诉的著作权人而言有益无害，后者事后同样可以获得相关收益。在具体司法案件的审理过程中，即便原告未能举证证明与其他权利人不能协商一致，且其他权利人无正当理由阻止其行使转让以外的权利，也仍然可以提起诉讼，其他权利人可以凭借权利人的主体资格申请作为共同原告加入本次诉讼，但是法院无义务主动追加其为共同原告。

无论是否增加原告以及原告数量如何，法院在确定赔偿数额时，都应支持部分权利人就整项权利所应获得的赔偿数额，不应因其仅为部分权利人而减少相应的赔偿数额；在判决中无需确定每个权利人获得赔偿的份额，由权利人自行分配；权利人因此产生争议的可另案解决。而如果其他权利人在部分权利人获得赔偿之后另行起诉主张同一权利，法院应以"一事不再理"为由裁定驳回其他权利人的起诉，但应在裁定书中写明已有部分权利人主张权利，可向其主张对所得收益进行合理分配。

而在专利诉讼中，有一种观点认为，专利共有人提起的侵权诉讼属于必要的共同诉讼，根据必要共同诉讼的原理，必须共同进行诉讼的当事人没有参加诉讼的，人民法院应当通知其参加；当事人也可以向人民法院申请追加。人民法院对当事人提出的申请，应当进行审查，申请理由不成立的，裁定驳回；申请理由成立的，书面通知被追加的当事人参加诉讼。人民法院追加共同诉讼的当事人时，应当通知其他当事人。应当追加的原告，已明确表示放弃实体权利的，可不予追加；既不愿意参加诉讼，又不放弃实体权利的，仍应追加为共同原告，其不参加诉讼，不影响人民法院对案件的审理和依法作出判决。同时，另一种观点则认为，专利共有人提起的侵权诉讼不属于必要的共同诉讼，在就此专利权的行使方式缺乏约定的情况下，部分专利共有人提起专利侵权诉讼并不会对其他共有人的合法利益造成影响，因此追加其他共有人作为共同原告是非必需的。就此争议，在［2020］最高法知行终657号案中，最高人民法院给出的观点是："通常情况下，基于专利权利的完整性，专利权共有人应当共同行使其权利。在诉讼中，专利权的共有人也应共同参与诉讼活动。但在专利无效行政诉讼过程中，专利权被原审法院认定应予无效后，面临权利被无效的风险。此时，无论其他共有人基于何种原因怠于行使上诉权，允许单个共有人提起上诉，都是对专利权效力的最后救济手段，有利于其他专利共有人的利益。而且此时单个专利共有人参与诉讼，并不涉及对专利实体权利的处分，《行政诉讼法》《民事诉讼法》对共有人单独行使程序性权利均无明确限制，否定专利权共有人具有单独提出上诉的权利并无法律依据。"据此，部分共有人发起专利侵权诉讼的，法院通常根据《最高人民法院关于适用〈中华人民共和国民事诉讼法〉的解释》司法解释的精神将其他权利人追加为共同原告，除非其他权利人已明确表示放弃实体权利。对于不置可否的，仍然追加为共同原告。但从目前来看，在其他共有人明确表示反对的情况下，法院还是有较大可能驳回起诉。

依据我国《民事诉讼法》，只有符合《民事诉讼法》及司法解释中的必要共同被告才会必然被追加为被告，在其他情况下，法院通常不会主动追加被告。目前在司法实践中只有共同实施侵权行为的人以及在同一诉讼中被权利人主张权利的被诉产品的销售者和制造者这两种情况是专利侵权中可以追加被告的法定情形。在［2018］最高法民辖终 93 号裁定中，最高人民法院论述了专利权人将制造商和销售商作为共同被告起诉可构成必要共同诉讼的理由，其理由包括：尽管制造商与销售商分别实施了不同的侵权行为，但两者行为密切关联，销售商的销售行为本就属于制造商制造行为的自然延伸，两者都是针对被诉侵权产品展开侵权行为，均以同一被诉侵权产品落入专利保护范围为基础，且侵权结果部分重叠，从而具有诉讼标的的部分同一性。同时，从防止裁判冲突的政策角度以及经济效果的政策角度考虑，将制造商与销售商作为共同被告一并予以审理，也具有合理性。

此外，在被告提出追加被告的请求而原告也同意追加或者法院认为应当追加的情况下，法院也可能裁定追加被告。现有的法律体系尚未明确规定被告追加被告的诉请是否应当得到准许，也缺乏相应的案例。但如果被诉侵权产品的销售者、许诺销售者、使用者、制造者之间相互请求追加被告，且原告同意被告的追加请求，法院应当认可，如果原告不同意被告的追加请求，法院也可从诉讼同一性、裁判统一性、经济效益性等角度酌情考虑是否应当裁定追加。

第二节　诉讼请求权

一、知识产权案件的诉讼请求权类型

请求权是来源于德国民法的概念，是大陆法系民法的灵魂，指要求他人作为或者不作为的权利。请求权基础是指请求权得以创设、发生的法律规范（请求权规范）和法律行为（契约等），无请求权基础就不存在请求权。由法律规范所创设的请求权为法定请求权，法律规范由构成要件和法律后果组成，构成要件是请求权成立的前提条件，法律后果规定了请求权人基于该法律规定可以向义务人请求的行为。由契约所创设的是约定请求权，契约作为请求权的基础源于私法自治原则。与法定请求权类似，约定请求权的基础就是合同（当事人之间的法律）约定，也由构成要件和契约后果组成。

知识产权有两类请求权，即知识产权支配权请求权与知识产权损害赔偿请求权。当知识产权受侵害时，权利人可以请求加害人排除妨碍等；如果权利人遭受损失，可以要求加害人赔偿损失。知识产权支配权请求的成立不以侵权人主观上有过错或造成损失为要件。即只要侵权人给权利人行使权利造成了妨碍，即便其主观上无过错或未造成经济损失，也应负停止侵害、排除妨碍义务。

著作权的支配权请求权主要来源于《著作权法》第10条，保护范围是作品的使用、传播等，未经著作权人许可，他人不得实施复制、发行、信息网络传播等使用和传播作品的行为。商标权的支配权请求权主要来源于《商标法》第56条与第57条，保护范围是注册商标专用权控制商标使用行为，未经商标权人许可，他人不得使用注册商标，即在同一种商品上使用相同或近似商标，或在类似商品上使用相同或近似商标，造成商品来源混淆。专利权的支配权请求权主要来源于《专利法》第11条，保护范围是专利实施行为，专利权人有权禁止他人以生产经营为目的制造、使用、许诺销售、销售、进口专利产品。不正当竞争的支配权请求权主要来源于《反不正当竞争法》第6~8条，限制范围是擅自使用他人权利，妄图造成混淆引发他人误认，或是采用不正当手段获取竞争优势，或是夸大宣传误导消费者等。商业秘密的支配权请求权主要来源于《反不正当竞争法》第9条，限制范围是其他经营者不得以盗窃、电子侵入等不正当手段获取商业秘密，或向他人披露、教唆他人违反保密约定泄露商业秘密。如果他人的行为落入了上述权利的控制或保护范围，则构成侵权。相关权利人可以提起侵权之诉。

损害赔偿请求权的行使，需要侵权人主观上具有过错，且权利人需要证明其遭受损失情况。若侵权人主观无过错或权利人未遭受实际损失，则侵权人不承担赔偿责任。我国知识产权法律虽未明确规定知识产权损害赔偿的归责原则，但从损害赔偿的法律条文中可以推断出采用过错责任的基本归责原则适用《民法典》第1165条第1款："行为人因过错侵害他人民事权益造成损害的，应当承担侵权责任。"除前述法律法规的特别规定外，《民法典》第1185条也给出了规定："故意侵害他人知识产权，情节严重的，被侵权人有权请求相应的惩罚性赔偿。"关于赔偿数额，《著作权法》第52条、《商标法》第63条、《专利法》第65条，分别规定了著作权侵权、商标侵权以及专利侵权赔偿数额的计算方法，均包括以权利人遭受的损失、侵权人的获利以及限制赔偿数额。

从请求权的角度来看知识产权诉讼可以发现，知识产权诉讼主要分为确认之诉、给付之诉以及形成之诉。

（1）确认之诉：只求确认，不要求给付；积极或消极确认法律关系存在或不存在。如知识产权权属纠纷，确认不侵权之诉纠纷。

（2）给付之诉：先行确认，然后给付，行为或者财物。给付之诉天然包含确认之诉的成分，只有先确认权利，才能请求对方给付。典型的案件类型有知识产权侵权之诉；确认之诉可以被吸收到给付之诉中。

（3）形成之诉：对现有关系加以变更，又称变更之诉，包括撤销合同、解除合同。如知识产权许可合同纠纷。

民事诉讼中知识产权相关案件类型最多的诉讼还是给付之诉。

知识产权诉讼中首先面临请求权存在与否的权利基础检视。形式上的权利主体所主张的权利符不符合法律对知识产权客体的定义要求是效力阻却的关键。我国《民法典》第 123 条规定："民事主体依法享有知识产权。知识产权是权利人依法就下列客体享有的专有的权利：（一）作品；（二）发明、实用新型、外观设计；（三）商标；（四）地理标志；（五）商业秘密；（六）集成电路布图设计；（七）植物新品种；（八）法律规定的其他客体。"

我国作品一经创作完成，不论是否发表，自动获得著作权保护，权利人可以通过登记公示方式证明请求权的存在。专利权与商标权均有相应的行政确权程序。

随着知识产权保护意识的增强，特别是商业维权行为的兴起，权利人或经权利人授权的被许可人开始以营利为目的，批量向不同侵权人提起维权之诉。这种现象在商标诉讼案件中尤为明显。而近期最高人民法院通过一系列判决，对知识产权批量维权行为表明了审慎的态度。在最高人民法院审理的侵害商标权纠纷民事再审案件中，最高人民法院对权利人批量提起知识产权诉讼的行为进行了评价。明确指出："如果将知识产权'维权'作为赚取利润的手段和工具，将'诉讼'作为牟利的途径，不仅不符合知识产权保护的宗旨，也不利于维护市场交易秩序的稳定，同时亦在一定程度上浪费了司法资源，此种行为不应予以鼓励和提倡。"[1]可见，最高人民法院正积极引导权利

---

〔1〕　最高人民法院知识产权法庭［2022］最高法民再 274 号民事判决书。

人将维权行动聚焦于侵权源头的生产商，采取合法、合理的手段来维护自身权益。这一转变旨在维护市场秩序，促进公平竞争环境，为商标权利人提供了更加明确和有针对性的维权指引。

二、知识产权案件的诉讼请求权抗辩

抗辩权以请求权成立为前提，请求权不成立的，则不发生抗辩权。程序性抗辩理由主要是主体资格、诉讼管辖与诉讼时效三个方面。

在实体抗辩方面，对于专利侵权来说，包括专利效力抗辩、滥用权利抗辩、不侵权抗辩、不视为侵权抗辩、现有技术抗辩及现有设计抗辩、合法来源抗辩以及不停止侵权抗辩等几类；对于商标侵权而言，主要包括合法来源抗辩、3 年不使用抗辩、请求权"不成立"抗辩、商标无效抗辩、未侵权抗辩以及在先权利抗辩等情形；著作权侵权抗辩的理由则通常为权利基础抗辩、权属抗辩、不侵权抗辩、合法来源抗辩、合理使用抗辩、法定许可抗辩及免除损害赔偿责任抗辩这几个方面。

在诉讼程序中，侵权与担责是可以分隔开的，担责必然有侵权或者不法行为，但即便是侵权也可能不用担责。被诉侵权人主张其不承担侵权责任的，应当提供证据证明已经取得权利人的许可，或者具有本法规定的不经权利人许可而可以使用的情形。《专利法》第 77 条规定："为生产经营目的使用、许诺销售或者销售不知道是未经专利权人许可而制造并售出的专利侵权产品，能证明该产品合法来源的，不承担赔偿责任。"《商标法》第 64 条规定："注册商标专用权人请求赔偿，被控侵权人以注册商标专用权人未使用注册商标提出抗辩的，人民法院可以要求注册商标专用权人提供此前三年内实际使用该注册商标的证据。注册商标专用权人不能证明此前三年内实际使用过该注册商标，也不能证明因侵权行为受到其他损失的，被控侵权人不承担赔偿责任。销售不知道是侵犯注册商标专用权的商品，能证明该商品是自己合法取得并说明提供者的，不承担赔偿责任。"《著作权法》第 59 条第 1 款规定："复制品的出版者、制作者不能证明其出版、制作有合法授权的，复制品的发行者或者视听作品、计算机软件、录音录像制品的复制品的出租者不能证明其发行、出租的复制品有合法来源的，应当承担法律责任。"免于承担赔偿责任是在侵权成立的情况下，因此对方所主张的合理维权费用仍需承担。

第三节 诉讼程序

知识产权诉讼的程序包括起诉、受理、庭审、举证、质证、判决等环节。在诉讼过程中，当事人可以申请证据保全、行为保全、临时禁令等措施，以保护自己的合法权益。

对于知识产权诉讼中的原告而言，诉讼程序主要包括如下程序：

第一，诉讼前的材料准备，主要是搜集和整理相关证据材料。相关的证据材料首先要证明争议权利的存在，以及原告与争议权利之间的相互关联关系。这是请求权成立的基础。以著作权为例，即证明涉嫌被侵犯的著作权本身成立。其一，证明原告有诉讼主体资格，著作权归属于原告。即原告作为自然人或法人或外国人，都符合我国法律规定的享有著作权的资格。并且，原告与著作权直接存在法定的关系，著作权归于原告和被许可使用人。其二，证明争议作品的存在。即原告应提供具体的作品，如书籍、录音等。其三，证明作品在我国享有著作权。即证明作品是原告创作的作品，并提交作品底稿，说明创作的完成时间，以排除他人抄袭的可能性。并且，原告作品内容合法，属于著作权的保护对象，且作品仍在《著作权法》的保护期限内。其次要准备证据来证明侵权行为的存在以及实施侵权行为的具体方式。仍以著作权为例，对被告擅自使用原告作品或邻接权客体的情况，原告要证明侵权行为是由被告实施并且在被告使用后的相关证据。例如，擅自复制和出版发行原告作品的侵权行为，原告需要到市场上购买侵权物品。为了让证据更加准确并且更具有说服力，原告可以聘请公证处的公证人员一起去购买侵权物品，请公证员对整个购买过程进行公证，制作公证书。在一般情况下，只要原告证明了具体侵权行为方式的存在，也就同时证明了侵权行为的存在。最后还要准备能够证明被告与侵权行为的关联关系、侵权的程度、因侵权行为所获得的具体利益等相关的证据材料。原告应当提交自己因侵权所受经济损失的证据；或被告获得非法利润的证据；或许可他人使用时获得许可使用费的证据，以及提交原告维权合理开支和原告声誉受到损失的证据。以此来请求法院依据相关法律法规要求被告承担相应的法律责任。

第二，选择管辖法院。在有多个管辖法院可选的情况下，原告应该优先选择方便原告、远离被告的法院，同时可以参考既往同类案件，揣测法官的裁判倾向，有针对性地选择起诉法院。另外，由于知识产权诉讼较为小众，对案件数量积累与法官经验的要求较高，故可尽量选择经济活动更加活跃的大城市法院。这样做主要是因为不同的法院对同一案件的审判结果可能会存在差异，甚至是比较大的差异，而侵权诉讼案件一般都有几个法院可供选择，因此采用上述三个原则有利于原告。

第三，做好起诉前的预备措施。在诉讼开始前，为了防止被告继续实施侵权行为，同时为了重要证据的固定，防止被告利用时间差将证据转移、毁损、灭失，原告应考虑申请诉前禁令、证据保全、财产保全等诉前措施，及时为在诉讼中使原告主张得到法官支持创造条件，也为胜诉后能够获得实际的经济赔偿做保障，确保胜诉后对原告财产的保护。

第四，申请立案，准备开庭，等待开庭通知。可以通过网上立案、邮寄立案、小程序立案、现场立案等方式立案。立案时确保起诉状、证据清单、原告营业执照、法定代表人身份证、法定代表人身份证明、被告工商信息/个人信息、授权委托书、所函、律师执业证复印件、法院管辖说明以及被告关系说明等相关证据。

在庭审过程中，法院在审理案件过程中通常也是遵循事实认定、侵权认定、责任认定及赔偿确定这四个步骤进行审理。事实认定部分主要审查原被告主体资格，原告所主张的本权的效力，以及被告实施的行为事实。侵权认定部分主要对被诉行为是否落入原告的专有权利范围、被告行为是否具有不侵权的抗辩理由等进行审理。在责任认定部分，法官就被告应当承担的责任类型、责任份额大小及责任承担方式等作出判决。知识产权侵权责任承担方式包括停止侵害、消除影响、排除妨害、损害赔偿、赔礼道歉等，《民法典》第179条规定了11种民事侵权责任的承担方式，依照知识产权的性质，除返还财产、继续履行等适用于物权与合同的责任承担方式之外，其余都可以适用。其中，赔偿损失是知识产权侵权责任承担的重要方式，通常依次通过原告损失，被告获利（惩罚性赔偿），许可费用的合理倍数，法定赔偿四种方式进行计算。

第四节　判决结果

知识产权诉讼的判决结果通常包括以下几种：

（1）侵权成立并赔偿损失：如果法院认定被告侵犯了原告的知识产权，可能会判决被告赔偿原告因侵权行为所遭受的经济损失。赔偿金额可能包括原告的实际损失、被告的非法所得或合理的许可使用费用，有时还会根据情节严重性施加惩罚性赔偿。例如，在"四川金某化工公司、北京烨某科技公司与山东华某化工公司等案"中，最高人民法院二审判赔 2.18 亿元，刷新了国内知识产权维权纪录。[1]

（2）侵权不成立：如果法院认为被告没有侵犯原告的知识产权，会判决侵权不成立。不侵权的理由可能包括原告未能证明侵权行为的可能性、被告使用的技术属于现有技术或者被告的行为未落入原告知识产权的保护范围。

（3）驳回起诉：例如在"动态密码 USB 线材实用新型专利侵权案"中，租电公司认为森树强公司等实施了侵权行为，向广东省深圳市中级人民法院提起诉讼。森树强公司等抗辩称，租电公司同日申请了技术方案实质相同的涉案实用新型专利和关联实用新型专利，该关联专利权已被宣告无效，基于同样的理由，涉案专利权也应属无效，故应驳回租电公司的诉讼请求。一审法院认定上述两专利技术方案实质相同，涉案专利权明显或者有极大可能归于无效，故判决驳回租电公司的诉讼请求。租电公司不服，提起上诉。本案二审程序期间，森树强公司对涉案专利提出无效宣告请求。最高人民法院二审认为，在涉案专利权稳定性存疑或有争议的情况下，后续审理程序存在多种可选择的处理方式时，人民法院可以酌情作出妥适处理。本案经释明，双方当事人针对专利权稳定性问题分别自愿作出相应的未来利益补偿承诺，最高人民法院基于基本案情、在案证据和双方承诺，采用了"先行裁驳、另行起诉"的处理方式，裁定撤销一审判决，驳回起诉。[2]

（4）部分支持原告请求：在某些情况下，法院可能会部分支持原告的诉讼请求，例如认定侵权行为成立，但赔偿金额与原告请求不符的，法院会根据实际情况确定赔偿数额。

（5）驳回原告诉讼请求：如果法院认为原告的诉讼请求缺乏事实或法律依据，可能会驳回原告的全部或部分诉讼请求。

（6）维持或撤销一审判决：在二审程序中，法院可能会维持一审的判决

---

〔1〕　［2020］最高法知民终 1559 号民事判决书、［2022］最高法知民终 541 号民事判决书。
〔2〕　［2022］最高法知民终 124 号民事判决书。

结果，也可能会撤销或部分撤销一审判决，并作出相应的改判。维持一审判决的裁判相对较为常见，作出改判的案件往往更容易引发热议。例如，历时 8 年，经历 2 次再审的"大头儿子版权案"，最高人民法院最终予以改判。〔1〕

（7）惩罚性赔偿：在某些情况下，如果被告故意侵犯知识产权且情节严重，法院可能会依法判决惩罚性赔偿。例如，在"卡波技术秘密侵权案"中，法院认为华某为广州天赐公司工作人员，其在广州天赐公司工作期间利用其产品研发负责人身份接触涉案技术秘密，并违反保密义务将涉案技术秘密非法披露给刘某、安徽纽曼公司。安徽纽曼公司自成立以来，便以生产卡波产品为经营业务，构成其主要利润来源。而且安徽纽曼公司侵害的涉案技术秘密涉及产品生产工艺、流程和设备，这些技术秘密对产品的形成起到了关键作用。安徽纽曼公司自认的销售额已超过 3700 万元，生产规模巨大，销售范围多至二十余个国家和地区。此外，当安徽纽曼公司前法定代表人刘某因侵害商业秘密行为被追究刑事责任，相关生产工艺、流程及设备涉嫌侵害权利人技术秘密后，安徽纽曼公司仍未停止生产。在法院责令安徽纽曼公司限期提供获利数据并附财务账册和原始凭证时，其无正当理由拒不提供财务账册和原始凭证，导致本案最终无法查明全部侵权获利，构成举证妨碍，足见其侵权主观故意之深重、侵权情节之严重，对长期恶意从事侵权活动之人应从重处理，最终认定以安徽纽曼公司侵权获利的 5 倍确定本案损害赔偿数额。判决惩罚性赔偿数额为 3000 万元。〔2〕

（8）停止侵权行为：如果认定侵权行为成立，法院通常还会要求被告停止其侵权行为，包括但不限于停止生产、销售、使用侵权产品或服务。

（9）合理费用的赔偿：在诉讼过程中，原告为了制止侵权行为可能会支出一定的合理费用，如律师费、调查取证费等，法院可能会判决被告赔偿这些费用。

（10）赔礼道歉、消除影响：在一些侵犯知识产权的案件中，法院可能会要求被告公开赔礼道歉、消除对原告名誉或商誉的影响。

---

〔1〕 浙江省杭州市滨江区人民法院［2014］杭滨知初字第 636 号民事判决书；浙江省杭州市中级人民法院［2015］浙杭知终字第 358 号民事判决书；最高人民法院［2022］最高法民再 44 号民事判决书。

〔2〕 最高人民法院［2019］最高法知民终 562 号民事判决书。

⸺◇◆◇⸺

第三章

知识产权民事诉讼的管辖权

知识产权诉讼的管辖权解决的是当事人向哪个法院起诉，哪个法院有权审判的问题。一般民事诉讼管辖采用原告就被告原则，采用侵权行为实施地、被告住所地规则确定一审管辖的法院。民事诉讼的二审法院通常为一审法院地域辖区内的上一级法院，但是由于知识产权技术类案件采用"飞跃上诉"规则，且专门知识产权法院拥有跨地域管辖权，所以不能以一般民事诉讼的规则替代或类推知识产权诉讼的管辖规则。本章将就知识产权民事诉讼案件的法院管辖权问题予以陈述和论证，以一般管辖和特殊管辖两种规则为主线，清晰勾画知识产权民事案件的法院管辖权，方便当事人快捷、准确地选定管辖法院。

第一节 第一审管辖权

一审管辖权所要解决的就是首次向哪个法院提出诉讼的问题。虽然《民事诉讼法》规定，一审民事案件由基层人民法院管辖，但是因为知识产权诉讼的集中化、专业化和统一化，导致其一审管辖比较复杂，有必要专门陈述。

一、司法管辖的一般规定

司法管辖的确定需要纵横两个坐标定位，"纵"解决的是级别管辖的问题，一般根据案件的影响力和难易度确定，实践中更多依据当事人身份和诉讼标的额划界；"横"解决的是地域管辖的问题，一般遵循被告住所地、侵权行为、不动产所在地等确定原则。

2008 年《国家知识产权战略纲要》颁布以来，统一知识产权审判标准成了知识产权司法建设的最强音，随后"三审合一""知识产权法院"等举措在全国逐渐铺开。2021 年《知识产权强国建设纲要（2021—2035 年）》要求"优化审判机构布局，完善上诉审理机制""构建案件审理专门化、管辖集中化和程序集约化的审判体系""统一知识产权司法裁判标准和法律适用，完善裁判规则"，目标在于健全公正高效、管辖科学、权界清晰、系统完备的司法保护体制。知识产权法院、知识产权法庭、互联网法院、上诉机制等独特的知识产权审判特有制度，使知识产权民事诉讼有别于其他民事案件。

（一）知识产权诉讼管辖的法院

当事人欲向法院提起知识产权诉讼，首先需要选择一个主管案件的法院受理，一般受理法院即为审理法院，除部分"跨区域"立案服务地区实行立案与审理法院不同外。[1]面对区基层法院、市中级人民法院、省高级人民法院，以及知识产权法院、铁路法院等专门法院林立的情况，当事人该如何选择呢？知识产权管辖法院的确立依赖于三点：其一，案件管辖的关联点，比如被告住所地、侵权行为实施地、侵权结果发生地等；其二，案件涉及的知识产权类型，商标、著作权与专利、商业秘密等技术案件的一审管辖法院不同；其三，案件诉讼的标的额和影响程度，对于诉讼标的额较高或者较有影响的案件，可能由中级或者高级人民法院管辖。

1. 知识产权案件管辖的特点

有权管辖知识产权一审案件的法院，在不考虑案件影响和标的额的情况下，仅就案件类型和法院设置而言，就比普通诉讼的案件管辖复杂。

首先，从规范依据上看，既有商标、专利、著作权等专门法的规定，又由全国人民代表大会常务委员会设立知识产权法院的决定，还有最高人民法院关于知识产权法院案件管辖等有关问题的通知等司法解释和文件，尚有各省高级人民法院指定的基层法院管辖，跨越不同时期，不同地域，非常庞杂。

其次，从案件类型上看，商标权、著作权案件与专利类技术案件管辖法院不同，技术类案件的一审法院通常为知识产权法院、直辖市中级人民法院等。这反映了我国知识产权案件审理集中化、专门化和集约化的特点。

---

[1] 刘黎明：《京津冀地区法院"跨区域"立案制度遇到的问题及完善建议》，载中国法院网：https://www.chinacourt.org/article/detail/2017/12/id/3103353.shtml，2024 年 8 月 10 日访问。

最后，从影响管辖权的因素上看，普通民事案件往往由标的额和影响度决定管辖的法院，而知识产权的法院管辖核心决定因素为案件类型，与诉讼标的额的关联并不大，甚至不相关。

2. 第一审知识产权案件管辖的法院

（1）技术类案件的管辖法院。发明专利、实用新型专利、植物新品种、集成电路布图设计、技术秘密、计算机软件的权属、侵权纠纷以及垄断案件的第一审民事、行政案件由知识产权法院，省、自治区、直辖市人民政府所在地的中级人民法院和最高人民法院确定的中级人民法院管辖。法律对知识产权法院的管辖有规定的，依照其规定。[1]

（2）较复杂性案件的管辖法院。外观设计专利的权属、侵权纠纷以及涉驰名商标认定的第一审民事、行政案件由知识产权法院和中级人民法院管辖；经最高人民法院批准，除外观设计专利行政案件外，也可以由基层法院管辖。[2]虽非技术案件和较复杂案件，但是诉讼标的额在最高人民法院确定的数额以上的，以及涉及国务院部门、县级以上地方人民政府或者海关行政行为的，由中级人民法院管辖。

（3）普通知识产权案件的管辖。非技术类和较复杂性案件以外的，尤其是著作权、商标权的权属、侵权纠纷等第一审民事、行政案件，由最高人民法院确定的基层人民法院管辖。具体有哪些基层法院管辖以最高人民法院确定的名单为准。

（二）四个专门知识产权法院的管辖

依据全国人民代表大会常务委员会关于在北京、上海、广州以及后来的海南自由贸易港设定知识产权法院的决定，截至2024年初，我国目前有北京市、上海市、广州市、海南自由贸易港知识产权法院。

依据《最高人民法院关于北京、上海、广州知识产权法院案件管辖的规定》（2020年修正）的规定，知识产权法院管辖所在市辖区的第一审案件：专利、植物新品种、集成电路布图设计、技术秘密、计算机软件民事和行政案件；对国务院部门或者县级以上地方人民政府所作的涉及著作权、商标、不正当竞争等行政行为提起诉讼的行政案件；涉及驰名商标认定的案件。

---

〔1〕《最高人民法院关于第一审知识产权民事、行政案件管辖的若干规定》（法释〔2022〕13号）。

〔2〕《最高人民法院关于第一审知识产权民事、行政案件管辖的若干规定》（法释〔2022〕13号）第2条。

为了不与 2022 年《最高人民法院关于第一审知识产权民事、行政案件管辖的若干规定》相冲突，知识产权管辖的专利中撤除了外观设计专利，加上了涉及驰名商标认定的案件，除外观设计专利行政案件仍由知识产权法院管辖外，其余可以下放到最高人民法院批准的基层法院管辖。

海南自由贸易港知识产权法院与前三个知识产权法院的不同之处是，其管辖权增加了知识产权刑事案件，海南省基层人民法院第一审知识产权民事、行政、刑事判决、裁定的上诉、抗诉案件均由其管辖。[1]

另外，针对国务院部门作出的有关专利、商标、植物新品种、集成电路布图设计等知识产权的授权确权裁定或者决定，以及有关专利、植物新品种、集成电路布图设计的强制许可决定、许可使用费或者报酬的裁决，当事人不服提起诉讼的，由北京知识产权法院管辖。

（三）地方知识产权法庭的管辖权

从 2017 年 1 月至 2024 年 4 月，最高人民法院先后批复在南京、苏州、杭州等 27 个中心城市设立地方知识产权法庭（南京、苏州、武汉、成都、杭州、宁波、合肥、福州、济南、青岛、深圳、天津、郑州、长沙、西安、南昌、兰州、长春、乌鲁木齐、海口、厦门、景德镇、重庆、温州、无锡、徐州、沈阳），全国具有知识产权民事案件管辖权的基层人民法院达 558 家。[2] 全国已有 25 个高级人民法院、242 个中级人民法院和 287 个基层人民法院有序开展知识产权民事、行政和刑事案件集中管辖。[3]

地方知识产权法庭管辖与知识产权法院类似，基本涵盖了跨区域管辖的技术类案件和诉讼标的较大或较有影响的知识产权一审或上诉案件。以苏州知识产权法庭为例，该法庭受理下列案件：①发生在苏州市、无锡市、常州市、南通市辖区内的专利、技术秘密、计算机软件、植物新品种、集成电路布图设计、涉及驰名商标认定及垄断纠纷的第一审知识产权民事案件；②发生在苏州市、无锡市、常州市、南通市辖区内，诉讼标的额为 300 万元以上的商标、著作权、不正当竞争、技术合同纠纷的第一审知识产权民事案件；③发生在苏州市、无锡市、常州市、南通市辖区内，对国务院部门或者县级以上地方人民政府所作的著作权、商标、专利、不正当竞争等行政行为提起

〔1〕《全国人民代表大会常务委员会关于设立海南自由贸易港知识产权法院的决定》。
〔2〕《中国法院知识产权司法保护状况〔2023 年〕白皮书》，前言部分第 2 页。
〔3〕《中国法院知识产权司法保护状况〔2023 年〕白皮书》，前言部分第 11 页。

诉讼的第一审知识产权行政案件；④应当由苏州市中级人民法院管辖的第一审知识产权刑事案件；⑤不服苏州市辖区内基层人民法院审理的第一审知识产权民事、刑事、行政案件的上诉案件。相比而言，南昌知识产权法庭所管辖案件的表述比较简单，即①发生在江西省辖区内有关专利、技术秘密、计算机软件、植物新品种、集成电路布图设计、涉及驰名商标认定及垄断纠纷的第一审知识产权民事和行政案件；②发生在南昌市辖区内除基层人民法院管辖范围之外的第一审知识产权民事、行政和刑事案件；③不服南昌市辖区内基层人民法院审理的第一审知识产权民事、行政和刑事案件的上诉案件。

总括而论，地方知识产权法庭主要管辖的为本辖区或者跨区域内发生的技术类、驰名商标认定、第一审知识产权案件的上诉案件。采用"三审合一"的地区，民事、行政和刑事案件由统一法院处理。

二、涉网络知识产权纠纷案件的管辖法院

网络环境下发生的知识产权侵权案件所管辖法院的确定与传统环境下发生的侵权案件并无区别，主要问题点在于确定管辖的关联点，以明确管辖地，然后再根据争议案件的案由属于专利、商标、版权，还是其他知识产权纠纷，依据第一审知识产权案件管辖法院选定的规则，确定管辖的法院。部分涉及互联网上发生纠纷的案件，可以归互联网法院管辖。

根据最高人民法院 2017 年印发的《关于设立杭州互联网法院的方案》、2018 年印发的《关于增设北京互联网法院、广州互联网法院的方案》的通知，北京、广州、杭州互联网法院设立。依据《最高人民法院关于互联网法院审理案件若干问题的规定》，北京、广州、杭州互联网法院集中管辖所在市的辖区内应当由基层人民法院受理的第一审案件。其中涉及知识产权的案件有三类，即在互联网上首次发表作品的著作权或者邻接权权属纠纷；在互联网上侵害在线发表或者传播作品的著作权或者邻接权而产生的纠纷；互联网域名权属、侵权及合同纠纷。由于互联网法院采用全过程线上完成，方便和节省了当事人的诉讼成本。

三、地域管辖的确定

地域管辖所要解决的问题是哪个辖区内的法院管辖的问题。

（一）地域管辖的基本原则

根据《民事诉讼法》关于地域管辖的规定，一般为原告就被告原则，由被告住所地法院管辖；因合同纠纷提起的诉讼，由被告住所地或者合同履行地人民法院管辖，或者由当事人通过书面协议选择与争议有实际联系地点的人民法院管辖；因侵权行为提起的诉讼，由侵权行为地或者被告住所地人民法院管辖。又根据《最高人民法院关于适用〈中华人民共和国民事诉讼法〉的解释》的规定，侵权行为地，包括侵权行为实施地、侵权结果发生地。信息网络侵权行为实施地包括实施被诉侵权行为的计算机等信息设备所在地，侵权结果发生地包括被侵权人住所地。

对"被侵权人住所地"应如何理解？是否意味着原告住所地也可能作为管辖地？在司法实践中，法院认为被侵权人住所地应当被理解为侵权损害的实际结果，单纯的被侵权人住所地不宜作为管辖法院，否则就实质上架空了"原告就被告"的管辖权确定基本原则。

（二）知识产权专门法司法解释规定的案件管辖法院

《最高人民法院关于审理商标民事纠纷案件适用法律若干问题的解释》（2020 年修正）第 6 条第 1 款规定："因侵犯注册商标专用权行为提起的民事诉讼，由商标法第十三条、第五十七条所规定侵权行为的实施地、侵权商品的储藏地或者查封扣押地、被告住所地人民法院管辖。"第 7 条规定："对涉及不同侵权行为实施地的多个被告提起的共同诉讼，原告可以选择其中一个被告的侵权行为实施地人民法院管辖；仅对其中某一被告提起的诉讼，该被告侵权行为实施地的人民法院有管辖权。"

《最高人民法院关于审理专利纠纷案件适用法律问题的若干规定》第 2 条规定："因侵犯专利权行为提起的诉讼，由侵权行为地或者被告住所地人民法院管辖。侵权行为地包括：被诉侵犯发明、实用新型专利权的产品的制造、使用、许诺销售、销售、进口等行为的实施地；专利方法使用行为的实施地，依照该专利方法直接获得的产品的使用、许诺销售、销售、进口等行为的实施地；外观设计专利产品的制造、许诺销售、销售、进口等行为的实施地；假冒他人专利的行为实施地。上述侵权行为的侵权结果发生地。"第 3 条规定："原告仅对侵权产品制造者提起诉讼，未起诉销售者，侵权产品制造地与销售地不一致的，制造地人民法院有管辖权；以制造者与销售者为共同被告起诉的，销售地人民法院有管辖权。销售者是制造者分支机构，原告在销售地起诉侵权产品制造者制造、销售行为的，销售地人民法院有管辖权。"

《最高人民法院关于审理著作权民事纠纷案件适用法律若干问题的解释》第4条规定："因侵害著作权行为提起的民事诉讼，由著作权法第四十七条、第四十八条所规定侵权行为的实施地、侵权复制品储藏地或者查封扣押地、被告住所地人民法院管辖。侵权复制品储藏地，是指大量或者经常性储存、隐匿侵权复制品所在地；查封扣押地，是指海关、版权等行政机关依法查封、扣押侵权复制品所在地。"

《最高人民法院关于审理不正当竞争民事案件应用法律若干问题的解释》规定，涉及知识产权类型的不正当竞争民事第一审案件，一般由中级人民法院管辖。各高级人民法院根据本辖区的实际情况，经最高人民法院批准，可以确定若干基层人民法院受理不正当竞争民事第一审案件，已经批准可以审理知识产权民事案件的基层人民法院，可以继续受理。

综合以上专门规定，我们可以将知识产权诉讼的地域管辖归纳为：被告住所地或者侵权行为地，与《民事诉讼法》的基本规定保持一致。如果被告住所地或者侵权行为地的法院具有所诉争知识产权案件的管辖权，那么该法院就是第一审知识产权案件的管辖法院。

第二节　第二审管辖权

依照《人民法院组织法》的规定，上诉和抗诉案件由对应的上一级法院审理，如果第一审法院为基层法院，那么中级人民法院为上诉的第二审法院；如果第一审法院为中级人民法院，那么其对应的高级人民法院为上诉的第二审法院，以此类推。

由于知识产权案件采用了四级两审终审制度，且第一审基层人民法院、知识产权法院、地方知识产权法庭、最高人民法院知识产权法庭并非完全对应关系，因而知识产权的上诉第二审管辖权的确立是一个比较复杂的问题。

一、由有管辖权的上一级法院上诉管辖

未设立地方知识产权法庭、知识产权法院的地区，由最高人民法院指定的基层人民法院审理第一审著作权、商标权的权属、技术合同、侵权纠纷，以及不正当竞争类第一审案件的上诉和抗诉，由省、自治区、直辖市人民政府

所在地的中级人民法院和最高人民法院确定的中级人民法院管辖。

设立知识产权法庭、知识产权法院的地区，当事人对知识产权法院所在市或地方知识产权法庭管辖区的基层人民法院作出的第一审著作权、商标、技术合同、不正当竞争等知识产权民事和行政判决、裁定提起的上诉案件，由知识产权法院审理。

当事人对知识产权法院作出的第一审判决、裁定提起的上诉案件和依法申请上一级法院复议的案件，由知识产权所在地的高级人民法院知识产权审判庭审理，但依法应由最高人民法院审理的除外。

二、最高人民法院知识产权法庭"飞跃上诉"机制

根据《全国人民代表大会常务委员会关于专利等知识产权案件诉讼程序若干问题的决定》和《最高人民法院关于知识产权法庭若干问题的规定》，最高人民法院设立知识产权法庭并于 2019 年 1 月 1 日挂牌办公，国家层面知识产权案件上诉审理机制开始运行。知识产权法庭是最高人民法院派出的常设审判机构，设在北京市，主要审理全国范围内的专利等技术类知识产权上诉案件和垄断上诉案件。[1]

《最高人民法院关于知识产权法庭若干问题的规定》第 2 条第 1 款规定："知识产权法庭审理下列上诉案件：（一）专利、植物新品种、集成电路布图设计授权确权行政上诉案件；（二）发明专利、植物新品种、集成电路布图设计权属、侵权民事和行政上诉案件；（三）重大、复杂的实用新型专利、技术秘密、计算机软件权属、侵权民事和行政上诉案件；（四）垄断民事和行政上诉案件。"

根据上述规定，如果审理专利等技术类案件的法院为知识产权法院或者地方知识产权法庭，以及最高人民法院指定的中级人民法院，那么对于其作出的第一审案件的民事和行政上诉案件就应当由知识产权法庭管辖，越过相关地域的省、自治区、直辖市高级人民法院直接受理上诉案件的机制，被知识产权界称为"飞跃上诉"机制。

以北京市知识产权法院为例，对其第一审判决或裁定不服的上诉法院分

---

[1] 《最高人民法院知识产权法庭简介》，载最高人民法院知识产权法庭：https://ipc.court.gov.cn/zh-cn/news/view-48.html，2024 年 7 月 20 日访问。

别为：北京市高级人民法院或者最高人民法院知识产权法庭。根据《最高人民法院关于知识产权法庭若干问题的规定》第 2 条的规定，下列北京知识产权法院审理的一审案件上诉法院为最高人民法院知识产权法庭：①发明专利、实用新型专利、外观设计专利、植物新品种、集成电路布图设计授权确权行政上诉案件；②发明专利、植物新品种、集成电路布图设计权属、侵权民事和行政上诉案件；③垄断民事和行政上诉案件。其他案件，如商标权属、侵权民事案件、商标授权确权行政案件、实用新型和外观设计专利的民事案件等，上诉法院为北京市高级人民法院。

第三节　管辖法院选择的实证分析

一、以销售地为管辖关联点灵活选择管辖法院

在福建省泉州市中级人民法院审理的"华为终端有限公司诉惠州三星电子有限公司、天津三星通信技术有限公司、三星（中国）投资有限公司、福建泉州市华远电讯有限公司、泉州鹏润国美电器有限公司专利侵权案"中，原告诉称 2010 年 1 月 28 日，原告就"一种可应用于终端组件显示的处理方法和用户设备"的技术方案向国家知识产权局提出发明专利申请。经实质审查，该申请于 2011 年 6 月 15 日被授予发明专利权，专利号 ZL201010104157.0，授权公告号 CN101763270B。该专利目前处于有效期内，应受法律保护。三星（中国）投资有限公司在中国三星电子官网上展示了包括 SM—G9300 等在内的一系列产品，并提供了相关购买链接和渠道。三星这些手机的技术特征与 ZL201010104157.0 号发明专利权中的权利要求（合计 8 项）的所有技术特征一一对应，5 被告共有 20 多款产品（手机和平板电脑）涉嫌侵权。[1]

在该案中原告华为终端有限公司住所地为深圳市，被告三星电子有限公司的住所地分别为惠州、天津，三星（中国）投资有限公司的住所地为北京市，无论是原告还是所诉手机的生产商住所地均不为泉州市，依照地域管辖的原则，专利侵权案件由侵权行为地或者被告住所地人民法院管辖，那就应

---

　〔1〕 "华为终端有限公司诉惠州三星电子有限公司、天津三星通信技术有限公司、三星（中国）投资有限公司、福建泉州市华远电讯有限公司、泉州鹏润国美电器有限公司专利侵权案"，福建省泉州市中级人民法院〔2016〕闽 05 民初 725 号民事判决书。

当由北京市相关法院管辖。但是，本案的原告不仅起诉了制造商，而且将销售商列为共同被告，依照《最高人民法院关于审理专利纠纷案件适用法律问题的若干规定》第 3 条的规定，以制造者与销售者为共同被告起诉的，销售地人民法院有管辖权，那么被告福建泉州市华远电讯有限公司、泉州鹏润国美电器有限公司的住所地泉州市就拥有了管辖权，在泉州市辖区内有权管辖专利侵权案件的第一审法院就是泉州市中级人民法院（知识产权法庭）。由此类推，只要销售被告侵权产品的地区，该地区具有管辖权的法院都有可能成为专利侵权的管辖法院。

由此启示，我们可以断言，对于跨国型、全国型公司而言，其可以在自身产品所销售的地区具有诉争知识产权案件管辖权的法院自由选择哪一家法院受理、审理诉讼案件，也完全可以从公司经营战略、市场布局等因素考虑选择哪个法院管辖。我们可以说，全国乃至全球知识产权管辖法院之间存在案件审判的"竞争"，成为知识产权诉讼案件的优选法院无形中上升为衡量知识产权审判质效的风向标。

二、涉网络服务提供者的诉讼管辖地

原告（上诉人、再审被申请人）金某欢诉称：金某欢享有第 7199523 号"非诚勿扰"商标，并于 2010 年 9 月 7 日获得商标注册，核定服务项目包括第 45 类的"交友服务、婚姻介绍所"。江苏电视台旗下的江苏卫视于 2010 年开办了以婚恋交友为主题、名称为《非诚勿扰》的电视节目。深圳市珍爱网信息技术有限公司所属的珍爱网为该节目推选相亲对象，提供广告推销服务等。故金某欢以江苏电视台与珍爱网共同侵害其注册商标权为由，向法院提起诉讼。请求判令：①江苏电视台所属的江苏卫视频道立即停止使用"非诚勿扰"栏目名称；②珍爱网公司立即停止使用"非诚勿扰"名称进行广告推销、报名筛选、后续服务等共同侵权行为；③江苏电视台与珍爱网公司共同承担本案全部诉讼费用。[1]

本案的原告金某欢住所地为温州市，被告江苏电视台住所地为南京市，不论是依据被告所在地还是依据侵权行为地，都不应当由深圳市辖区内的法

---

[1] "金某欢诉江苏省广播电视总台等侵害商标权纠纷案"，广东省深圳市南山区人民法院[2013] 深南法知民初字第 208 号民事判决书。

院管辖，但是第二被告珍爱网信息技术有限公司住所地为深圳市南山区。依据《关于审理商标民事纠纷案件适用法律若干问题的解释》第 7 条的规定"对涉及不同侵权行为实施地的多个被告提起的共同诉讼，原告可以选择其中一个被告的侵权行为实施地人民法院管辖"，又由于网络空间内发生的侵权行为，依据《最高人民法院关于适用〈中华人民共和国民事诉讼法〉的解释》第 25 条的规定"信息网络侵权行为实施地包括实施被诉侵权行为的计算机等信息设备所在地，侵权结果发生地包括被侵权人住所地"，因而选择珍爱网的信息服务器所在地诉讼完全符合法律规定。

三、信息网络侵权行为的管辖地确定

北京万象博众系统集成有限公司（以下简称"北京万象博众公司"）向北京知识产权法院起诉称：北京万象博众公司发现廊坊市德泰开关设备有限公司（以下简称"廊坊德泰公司"）未经其许可，生产、许诺销售、销售侵害北京万象博众公司外观设计专利权的产品（以下简称"被诉侵权产品"），并通过淘宝网进行网络销售和许诺销售被诉侵权产品。故其诉至法院，要求判令廊坊德泰公司停止被诉侵权行为、浙江淘宝网络有限公司（以下简称"浙江淘宝公司"）立即删除所有被诉侵权产品信息，并要求二被告共同赔偿原告经济损失 40 000 元及合理开支 12 870 元。

北京知识产权法院于 2015 年 12 月 21 日作出［2015］京知民立初字第 2454 号民事裁定书，以受诉法院无管辖权为由，裁定对北京万象博众公司的起诉不予受理。裁定作出后，北京万象博众公司向北京市高级人民法院提起上诉，北京市高级人民法院于 2016 年 2 月 19 日作出［2016］京民终 47 号民事裁定书，裁定驳回上诉，维持原裁定。北京万象博众公司不服上述裁定，向最高人民法院申请再审，最高人民法院于 2016 年 4 月 27 日作出［2016］最高法民申 731 号民事裁定书，裁定驳回北京万象博众公司的再审申请。

本案就信息网络空间发生的侵权"被侵权人住所地"发生争议。从表面上看，侵权发生后权利人受损，侵权结果发生，权利人所在地可以作为管辖地。但是，本案中"网络空间"仅是侵权的工具和途径，与实际侵权结果的发生并没有管辖联结点，权利人所在地与侵权行为并无关联。重庆市高级人民法院曾在"澳龙公司与山东泰丰公司、中国农科院北京畜牧兽医研究所侵犯商业秘密纠纷管辖权异议案"中裁定，商业秘密侵权行为的结果发生地应

当被理解为侵权行为直接产生结果的发生地，不能以权利人认为受到损害就认为原告所在地就是侵权结果发生地。[1]2019 年 12 月，浙江省高级人民法院民三庭在印发的《涉电商平台知识产权案件审理指南》的通知中提出："5. 在知识产权侵权案件中，原告通过电商平台购买被诉侵权产品的，网购收货地既非合同履行地，也非侵权行为地，故不应以网购收货地确定地域管辖。6. 通过电商平台销售侵权产品的行为，不属于《最高人民法院关于适用〈中华人民共和国民事诉讼法〉的解释》第二十五条规定的'信息网络侵权行为'，不应以被侵权人住所地确定地域管辖。"

第四节　知识产权诉讼优选法院的建设

一、2023 年国内知识产权诉讼案件的审判概况

2023 年国内法院共受理全年新收各类知识产权案件 544 126 件，审结 544 112 件，新收专利民事一审案件 44 711 件，同比上升 14.73%；新收商标民事一审案件 131 429 件，同比上升 16.85%；审结商标行政一审案件 20 090 件；新收侵犯注册商标类刑事一审案件 6634 件，审结 6357 件，同比上升 33.45%和 24.67%；审结著作权民事一审案件 246 013 件；审结垄断、不正当竞争民事一审案件 10 336 件。

从案件分布区域来看，广东、北京、上海、浙江、江苏五个法院的案件受理数量已经占全国法院知识产权收案数量的 59%，占比虽然首次低于六成，但依然是知识产权诉讼纠纷较多的地区。

2022 年至 2023 年各级人民法院知识产权案件受理数量统计表

法院	2022 年	2023 年	同比增长率
各级人民法院	526 165 件	544 126 件	3.41%
广东	117 095 件	91 089 件	−22.2%
北京	72 778 件	60 929 件	−16.3%

---

[1] "澳龙公司与山东泰丰公司、中国农科院北京畜牧兽医研究所侵犯商业秘密纠纷管辖权异议案"，重庆市高级人民法院 [2017] 渝民辖终 146 号民事判决书。

续表

法院	2022 年	2023 年	同比增长率
上海	42 150 件	66 120 件	56.87%
江苏	37 021 件	39 900 件	7.78%
浙江	29 463 件	29 119 件	−0.89%
山东	23 986 件	33 978 件	41.7%

数据来源：2023 年各级人民法院知识产权白皮书及知识产权司法保护状况

在适用惩罚性赔偿方面：2023 年，全国法院在 319 件案件中适用惩罚性赔偿，同比增长 117%，判赔金额 11.6 亿元，同比增长 3.5 倍。北京市法院共在 26 件侵害知识产权案件中适用惩罚性赔偿，较 2022 年适用惩罚性赔偿的案件量涨幅明显。江苏省法院在 89 件案件中适用惩罚性赔偿确定赔偿数额，广东省法院在 62 个案件中依法适用惩罚性赔偿。广东省法院审理的知识产权案件中赔偿超过千万元判赔的有 24 件，最高判赔数额达到 3.17 亿元，还在 62 个案件中依法适用惩罚性赔偿。江苏省法院在审结的民事知识产权案件中，判决赔偿数额 50 万至 300 万元的 259 件，300 万元至 500 万元的 21 件，500 万元以上的有 29 件，其中 1000 万元以上的 16 件，均实现同比增长。

二、受理知识产权案件较多法院的共性及深度剖析

在探讨受理知识产权案件较多的法院所展现出的共性特征时，我们不仅需要关注案件数量的直接反映，还需深入挖掘其背后的经济、法律、社会及技术等多维度的相互影响。

1. 案件数量与经济发展的紧密关联：正向驱动与反向促进

随着全球经济一体化的加速和科技创新的蓬勃发展，知识产权作为无形资产的价值日益凸显。企业间的竞争加剧，技术创新成了核心驱动力，这直接导致知识产权纠纷频发，尤其是在高新技术产业聚集区，如硅谷、中关村等地，其周边法院受理的知识产权案件数量自然水涨船高。这些案件不仅数量多，而且往往涉及复杂的技术问题和高额的经济利益。

反过来，知识产权案件的增多也反映了地区经济的活跃度和创新能力。法院高效、公正的审判活动，为创新者提供了强有力的法律保障，进一步激发了市场主体的创新活力，促进了经济的持续健康发展。这种良性循环，使

得经济发展与知识产权案件数量之间形成了紧密的正向关联。

2. 专业性优势：构建知识产权审判的"高地"

知识产权法院或专门法庭的设立，是应对知识产权案件专业性、技术性强的必然选择。这些机构在人员配置、审判机制、技术支持等方面均进行了专业化改造，如引入技术调查官、建立专家咨询库、运用智能化审判辅助系统等，有效提升了审判效率和质量。此外，知识产权法院还注重与国际接轨，积极参与国际知识产权司法交流与合作，不断提升自身的专业影响力和国际地位。这种专业性优势使得知识产权法院在处理复杂、疑难案件时更具优势，也吸引了更多企业和个人选择在此解决纠纷。

3. 审判质效：对新技术、新业态的开放与包容

面对日新月异的科技发展和不断涌现的新业态，知识产权法院展现出了高度的开放性和包容性。它们积极适应新技术带来的审判挑战，如区块链、人工智能等领域的案件，不断探索和创新审判方式和方法。同时，知识产权法院还注重平衡技术发展与法律保护的关系，既保护创新者的合法权益，又避免过度保护阻碍技术进步和社会公共利益。这种审判质效的提升，不仅保障了案件的公正审理，也为新技术、新业态的健康发展提供了有力的司法保障。

4. 新闻宣传与社会评价：构建良好的法治环境

知识产权案件的审理不仅仅是法律层面的问题，更关乎社会公众对创新、对法治的认同感和信任感。因此，知识产权法院在做好审判工作的同时，也高度重视新闻宣传和舆论引导工作。它们通过发布典型案例、召开新闻发布会、开展法治宣传教育活动等方式，普及知识产权法律知识，提高全社会的知识产权意识。这些努力不仅增强了公众对知识产权司法保护的信心和支持力度，也促进了法治环境的不断优化和完善。

综上所述，受理知识产权案件较多的法院在案件数量与经济发展、专业性优势、审判质效以及新闻宣传与社会评价等方面均展现出了鲜明的共性特征。这些特征相互交织、相互促进，共同构建了一个有利于创新创造、公平竞争、法治保障的良好生态环境。

三、创建知识产权优选法院的着力点

最高人民法院在 2024 年 2 月的国务院新闻办公室新闻发布会上，就涉外

知识产权案件审理情况予以说明，从法庭审理的涉外案件的数据来看，截至2023年底，最高人民法院知识产权法庭共受理涉外当事人案件1678件，审结1198件。案件表现出涉外案件逐渐增多、外国企业主体增加、吸引外国创新主体等特点。

为打造国际知识产权诉讼"优选地"，广州知识产权法院坚持统筹国内法治和涉外法治，健全域外法查明机制，完善跨境诉讼服务，平等保护中外企业合法权益，公正高效审理标准必要专利等涉外案件，不断提升司法公信力、影响力。2022年，广州知识产权法院办结涉外知识产权纠纷案件251件，是建院之初的4.74倍，国际知识产权争端解决"优选地"建设卓有成效。[1]

在全球化日益加深的今天，构建国际知识产权诉讼"优选地"法院已成为提升国家司法竞争力、促进国际经贸合作与技术创新的重要举措。基于最高人民法院及广州知识产权法院的成功实践与显著成效，以下是对创建此类优选法院着力点的深入分析与完善建议。

1. 强化国际化视野与全球治理能力

（1）深化国际合作。加强与世界知识产权组织（WIPO）、国际法院及各国知识产权法院的交流与合作，共同研究解决跨国知识产权纠纷中的法律适用、证据认定等难题，推动建立国际统一的知识产权保护标准与司法协助机制。

（2）参与国际规则制定。积极参与国际知识产权条约的修订与制定，贡献中国智慧与方案，提升我国在国际知识产权治理体系中的话语权和影响力。

2. 完善涉外知识产权审判体系

（1）优化案件管辖机制。根据涉外知识产权案件的特点，优化案件管辖布局，确保复杂、重大涉外案件能够集中由具备专业能力和国际视野的法院审理。

（2）健全域外法查明机制。利用现代信息技术手段，建立高效、准确的域外法查明平台，为涉外知识产权案件的公正审理提供坚实的法律支持。

（3）提升审判专业化水平。加强法官队伍的专业化建设，培养具有国际

---

〔1〕　胡启航：《知识产权专门法院 铸就国际知识产权诉讼"优选地"》，载中国审判：http://www.chinatrial.net.cn，2024年8月10日访问。

视野、精通外语、熟悉国际规则的专业法官，同时引入技术调查官、专家咨询等制度，提升审判的专业性和权威性。

3. 创新跨境诉讼服务模式

（1）完善跨境诉讼服务平台。构建线上线下相结合的跨境诉讼服务体系，为中外当事人提供便捷、高效的立案、送达、调解、庭审等一站式诉讼服务。

（2）推动在线诉讼常态化。利用区块链、人工智能等先进技术，推动在线诉讼的广泛应用，打破地域限制，降低诉讼成本，提高审判效率。

（3）加强语言服务保障。提供多语种诉讼服务，确保外国当事人能够无障碍地参与诉讼活动，增强其对中国司法制度的信任感和满意度。

4. 强化平等保护与公正裁判

（1）坚持平等保护原则。无论是国内企业还是外国企业，都应平等地受到中国法律的保护和约束，确保司法裁判的公正性和中立性。

（2）注重裁判的国际影响。在裁判过程中充分考虑国际惯例和外国司法实践，确保裁判结果的合理性和可预测性，提升中国司法裁判的国际认可度和影响力。

（3）加强司法透明度。及时公开涉外知识产权案件的裁判文书和审理过程信息，接受国内外社会的监督与评议，增强司法公信力和透明度。

5. 拓展司法服务范围与功能

（1）推动多元化纠纷解决。建立健全涉外知识产权纠纷调解、仲裁等多元化解决机制，为当事人提供更加灵活、高效的纠纷解决途径。

（2）加强知识产权司法保护宣传。通过举办国际论坛、发布白皮书、制作宣传资料等方式，向国际社会展示中国知识产权司法保护的成果与经验，提升中国司法的国际形象和知名度。

综上所述，创建国际知识产权诉讼"优选地"法院需要从强化国际化视野、完善审判体系、创新诉讼服务模式、强化平等保护与公正裁判以及拓展司法服务范围与功能等多个方面入手，全面提升我国知识产权司法保护的能力和水平。

优选我国法院的案例："中外制药株式会社与温州海鹤药业有限公司确认是否落入专利权保护范围纠纷案。"

基本案情：此案为我国首例药品专利链接诉讼案件。中外制药株式会社依据《专利法》相关规定，向北京知识产权法院提起药品专利链接诉讼，请求确认温州海鹤公司的仿制药技术方案落入其涉案专利权利要求的保护范围。经过一审、二审程序，最高人民法院最终判决驳回上诉，维持原判。[1]

选择我国法院的理由：我国已建立起相对完善的专利法律体系，包括《专利法》《专利法实施细则》等，为药品专利链接诉讼提供了明确的法律依据。我国法院在知识产权领域积累了丰富的审判经验，能够公正、高效地审理涉外知识产权案件。本案中，法院依法审理，充分保障了当事人的诉讼权利，体现了司法公正。随着我国经济的快速发展和国际地位的提升，我国法院在知识产权领域的司法判决逐渐得到了国际社会的认可。选择我国法院进行诉讼，有助于提升企业的国际形象和信誉。

---

[1] "中外制药株式会社与温州海鹤药业有限公司确认是否落入专利权保护范围纠纷案"，最高人民法院［2022］最高法知民终 905 号民事判决书。

第四章

◇·◇·◇

知识产权民事诉讼的证据

证据是查清和核实案件事实的客观根据，是诉讼双方当事人主张与抗辩成立的依据，是法院诉讼程序内必须查明的实体问题。本章将围绕举证责任、证明标准、证据认定三大规则，就知识产权民事诉讼证据的种类、证据的三性、主张成立的核心证据，以及实务案件中证据的搜集和认定等问题予以综述和解释，省略证据法学上的概念、理论分类等纯理论和学科上的知识点，以增强读者证据的搜集、举证、陈述、质证和辨识能力，加深对知识产权诉讼实务的体系性把握。

第一节　知识产权民事诉讼的证据类型

一、民事诉讼的证据分类

依据证据的表达载体分为：书证、物证、证人证言、司法鉴定、现场勘验、电子证据、录音录像等。

依据证据的证明内容分为：权利和权属证据、侵权证成类证据、损害赔偿类证据、应予承担其他责任类证据。

依据证据的证明力分为：官方的凭证、公证的证据、第三方鉴定证据、双方签署的文书类证据、自行收集的证据。

依据证明事实的来源分为：当事人提供的证据、专家证人证言、技术调查官查证的技术事实。

二、知识产权民事诉讼的证据

遵循知识产权民事诉讼的程序，围绕知识产权侵权案件的焦点问题，相关证据的类型和内容陈述如下。

（一）权利和权属证据

1. 著作权证明

作品的证据：发表的论文、出版的论著、推送的网文、报纸的记载、电影的上映、音乐的发行、网络游戏的上线等，可以借助其他途径和载体证明的创作完成事实。

未曾发表或上市的作品，当事人可以提供作品的底稿、创作的原件、存储作品的介质和数据、著作权登记证书、公证或认证的证明等。

权利人的证据：署名的作者、受让著作权的合同、部分权利许可的证明等等。如果为艺名、笔名等，证明笔名、艺名与真实身份相一致的证据。比如，陈喆笔名琼瑶，这个事实已被广泛认可并成为行业习惯，可以作为证明的依据。

2. 专利和专利权人的证明

（1）专利证书：专利证书是证明专利权最直接的证据，由专利局颁发，证明专利权的合法存在。

（2）专利登记簿：专利登记簿记录了专利的详细法律状态，包括专利权的授予、转让、许可、失效等信息。

（3）专利申请文件：包括专利说明书、权利要求书、摘要和图示等，这些文件详细描述了专利的技术内容和保护范围。

（4）专利局的公告：专利局会定期公告专利授权、专利权变更等信息，这些公告可以被作为专利权证明的参考。

（5）专利年费缴纳凭证：按时缴纳专利年费是维持专利权有效的必要条件，年费缴纳凭证可以证明专利权的有效性。

（6）专利权评价报告：在专利侵权纠纷中，专利权评价报告可以被作为证明专利权有效性的参考。

（7）市场监管、税务、金融部门的记录：这些记录可能涉及专利产品的生产、销售等信息，可以间接证明专利权的存在和实施情况。

（8）专利权人与他人签订的专利许可合同，可以证明专利权的行使和许可情况。

3. 商标权证明

（1）商标注册证：这是证明商标权最直接的证据，由国家知识产权局颁发，证明商标权的合法存在。

（2）商标档案打印件：可以向商标局申请出具商标注册证明，商标局会出具在商标档案打印件上加盖"商标注册证明专用章"的证明文件。

（3）商标数据库查询结果：提供官方商标数据库的查询结果，显示商标的状态、所有权人信息等。

（4）商标许可合同：如果商标权是通过许可使用的方式获得，可以提供商标使用许可合同作为证明。

（5）商标转让证明：如果商标权是通过转让获得，可以提供商标转让协议和相关的转让证明文件。

（6）市场监管、税务、金融部门的记录：这些记录可能涉及商标产品的生产、销售等信息，可以间接证明商标权的存在和实施情况。

（7）其他相关法律文件：如商标异议决定书、商标无效宣告决定书、商标评审委员会的复审决定书、行政判决书等，这些文件可以被作为商标权有效性的法律依据。

通过上述一种或多种方式，可以有效地证明自己享有商标权。在实际操作中，可能需要根据具体情况选择最合适的证明方式。

（二）侵权证成的证据

1. 著作权侵权

首先，证明被告控制或施加行为的对象与原告的作品实质性相同或相似，如果涉及邻接权侵权，需要证明被告支配的对象与原告的表演、出版物、录音录像制品等实质性相似。其次，证明被告的行为落入了原告著作权权能控制的行为范围。比如，未经允许的复制落入复制权范围，出租落入视听、音乐、计算机软件的出租权范围，等等。最后，证明原告的作品以一定的公开方式为被告所接触或者存在接触的可能，比如先于被告发表、上映、展览等。

以上思路在《北京市高级人民法院侵害著作权案件审理指南》中得到了充分体现。其5.8〔表演权控制的行为〕提出，表演权控制的行为包括现场表演和机械表演。前者是指表演者直接向现场观众表演作品的行为；后者是指通过机器设备等手段向公众传播作品的表演的行为，但属于广播权、播放权、信息网络传播权等权利控制的范围除外。[1]换言之，侵犯著作权中的表演权的行为特征应当与表演权控制的机械表演和活表演的一项或多项保持一致，如果属于互联网的交互式传播作品的表演，那应当侵犯了信息网络传播权，而并非侵犯表演权。

在"琼瑶诉于某等侵犯著作权案"中，法院认定被告未经许可擅自采用其作品《梅花烙》的核心独创情节进行改编，创作电视剧本《宫锁连城》，并摄制了同名电视剧，侵害了陈喆依法对涉案作品享有的改编权及摄制权。为什么法院认为被告侵害了原告的改编权和摄制权，而不是复制权和表演权？因为《宫锁连城》基本包含了涉案作品故事内容架构（即原告主张的剧本《梅花烙》的 21 个情节（小说《梅花烙》的 17 个情节）），以至于受众足以感知到来源于涉案作品，且上述情节是《梅花烙》的绝大部分内容。因此，剧本《宫锁连城》与涉案作品在整体上仍然构成实质性相似。剧本《宫锁连城》侵犯了陈喆对涉案作品享有的改编权。电视剧《宫锁连城》系根据剧本《宫锁连城》拍摄而成，剧本《宫锁连城》系未经许可对涉案作品进行改编而成，也未经原告许可即被摄制为电视剧，构成对涉案作品著作权人陈喆所享有的摄制权的侵害。[2]

2. 商标侵权

商标侵权的逻辑为：原告享有商标权—被告使用的商标与原告的商标相同或近似—被告的抗辩不成立。遵循此逻辑，原告证明被告商标侵权，应当提供的证据主要为：被告使用商标的方式，被告使用的商标符号与商品类别，被告控制贴附有涉嫌侵权商品的行为，比如生产、销售、仓储、运输或提供电子商务等服务条件的，间接侵权人具有故意或者没有履行适当注意义务的证据。

天津市高级人民法院发布的《侵犯商标权纠纷案件的审理指南》提出，

---

〔1〕《北京市高级人民法院侵害著作权案件审理指南》5.8〔表演权控制的行为〕："表演权控制的行为包括现场表演和机械表演。前者是指表演者直接向现场观众表演作品的行为；后者是指通过机器设备等手段向公众传播作品的表演的行为，但下列情形不属于（机械）表演权控制的范围，可以适用著作权法其他规定予以调整：（一）广播电台、电视台以无线方式传播对作品的表演或者后续的以无线或者有线方式转播该表演；（二）通过互联网以交互式手段传播作品的表演；（三）放映电影作品或者以类似摄制电影方法创作的作品等。"

〔2〕北京市第三中级人民法院〔2014〕三中民初字第 7916 号民事判决书；北京市高级人民法院〔2015〕高民（知）终字第 1039 号民事判决书。

是否导致混淆的判定因素为：①注册商标的显著性和知名度；②被控侵权人的主观意图；③涉案商品的功能、用途、价格、质量等；④被控侵权商标标志的实际使用情况；⑤实际混淆的证据；⑥其他容易导致混淆的情形。如果原告提出被告造成了混淆，那么原告可以围绕上述因素提供相关证据，比如原告商标的使用情况、市场影响、销售量、广告渠道以及消费者反馈等证据均可以证明注册商标的显著性和知名度。

3. 专利侵权

专利侵权判定的核心为：被告所支配或控制的产品、方法与原告的产品、方法发明技术特征相同或者等同，原告专利证书上记载的技术特征全部落入被告产品、方法的技术特征范围。在此基础上，审视被告的行为是否落入专利权范围内，即是否未经专利权人许可，实施其专利，或者为生产经营目的制造、使用、许诺销售、销售、进口其专利产品，或者使用其专利方法以及使用、许诺销售、销售、进口依照该专利方法直接获得的产品。对于外观设计专利而言，是否存在未经许可为生产经营目的制造、许诺销售、销售、进口其外观设计专利产品的情形。

（三）被告抗辩的证据

被告应当围绕原告侵权指控，提供否定权利、权属，以及不侵权的事实证据。

1. 著作权侵权抗辩

被告可以就作品、权利人、权利和合法使用等事项提出抗辩事由。一般包括如下情形：①原告主张权利的客体不属于《著作权法》保护的作品，或者法律排除的保护领域；②原告主张的作品不具有独创性；③原告主张的权利超过法定保护期；④原告或者被告主体不适格；⑤被诉侵权行为不属于原告主张的权利控制范围；⑥被诉侵权作品为独立创作或其他合法来源；⑦被告具有合法授权；⑧被诉侵权行为属于合理使用或者法定许可的情形；⑨原告主张保护的内容属于公共领域内素材。

2. 商标侵权抗辩

商标侵权抗辩的事由主要有：①不构成商标使用，为商标符号的词源层面使用，比如，青花椒味鱼头火锅，用"青花椒"描述菜品特点和原材料，与商品来源的识别无关。②先用权抗辩，提供在商标权人注册以前已经使用的证据，可以在原使用范围内继续使用，但是不能超越原范围。参照《商标侵权判断标准》第33条规定，下列情形视为超过使用范围：第一，增加该商标使用的具体商品或者服务；第二，改变该商标的图形、文字、色彩、结构、书写方式等内容，但以与他人注册商标相区别为目的而进行的改变除外；第三，超出原使用范围的其他情形。③3年内未实际使用，且无其他损失的，不予赔偿。④销售者提供商品合法来源的，不予赔偿。合法来源的主要证据为：正规渠道、进货合同、发票、合理对价、说明提供者等。

3. 专利权抗辩

①专利权效力抗辩。专利未生效、失效、无效，以及不符合授予专利的条件。②不侵权抗辩。技术特征未全覆盖，技术特征不相同或不等同。③非生产经营性实施专利；④专利权用尽；⑤因在先使用，享有先用权；⑥临时过境使用；⑦科学研究或实验使用；⑧现有技术抗辩；⑨合法来源抗辩。对于合法来源的证明事项，被诉侵权产品的使用者、许诺销售者或销售者应当提供符合交易习惯的票据等作为证据，但权利人明确认可被诉侵权产品具有合法来源的除外。[1]

（四）侵权赔偿的证据

知识产权侵权赔偿的计算方式有四种，即原告的损失、被告的获利、参考许可费的倍数，在确定数额的情况下对于故意或恶意侵权的，可以要求1倍~5倍的惩罚性赔偿。如果无法确定数额，可以要求法定赔偿，由法院根据权利的状况、侵权的情况，以及被告的主观过错等因素酌定一定的数额。

根据以上赔偿的计算方式，原告可以结合具体的案情和收集证据的能力提供证据，尤其是被告的侵权获利可以通过相关的财务记录获取。《最高人民法院关于知识产权民事诉讼证据的若干规定》第31条规定："当事人提供的财务账簿、会计凭证、销售合同、进出货单据、上市公司年报、招股说明书、网站或者宣传册等有关记载，设备系统存储的交易数据，第三方平台统计的商品流通数据，评估报告，知识产权许可使用合同以及市场监管、税务、金融部门的记录等，可以作为证据，用以证明当事人主张的侵害知识产权赔偿数额。"

---

〔1〕　可以参见北京市高级人民法院发布的《专利侵权判定指南》第六部分的规定。

第二节　知识产权民事诉讼的证明责任

在知识产权民事诉讼中仍然遵循"谁主张谁举证"的基本规则，但是鉴于知识产权侵权的举证难度，部分场景实行原告初步举证、被告抗辩举证，甚至举证责任倒置为被告举证。

一、原告举证的事实

依据"谁主张谁举证"的基本证据规则，原告指控被告需要提供权利证据、侵权证据、损失证据。

侵权证据包括被控侵权商品的照片、实物、销售发票、购销合同、宣传材料等，以及行政部门查处侵权行为的相关证据。

以专利案件为例，原告需要提供：①专利权有效性证据。提供专利证书、专利登记簿副本、专利年费缴纳凭证等，证明专利权的有效性。②被控侵权产品或方法的证据。获取被控侵权产品的实物、照片、销售发票、购销合同等，以证明侵权行为的存在。③损害证据。任何可以证明侵权行为存在或权利人损失的其他证据。

二、被告举证的事实

被告的举证主要围绕侵权抗辩的事由举证，以及侵权数额计算不当的举证。

在专利侵权诉讼中，被告主张合法来源抗辩的，应当举证证明合法取得被诉侵权产品、复制品的事实，包括合法的购货渠道、合理的价格和直接的供货方等。被告提供的被诉侵权产品、复制品来源证据与其合理注意义务程度相当的，可以认定其完成前款所称举证，并推定其不知道被诉侵权产品、复制品侵害知识产权。

如果被告以现有技术抗辩不构成专利侵权，那么被控侵权人能证明其实施的技术或设计属于现有技术或现有设计，则不构成侵犯专利权。

在商业秘密侵权案件中，被告可以提出原告主张的有关信息为公众知悉，不能作为商业秘密保护。比如，提供该信息为所属领域的一般常识或者行业惯例、该信息所属领域的相关人员通过观察上市产品即可直接获得的，该信息已经在公开出版物或者其他媒体上公开披露的，该信息已通过公开的报告会、展览等方式公开的，所属领域的相关人员从其他公开渠道可以获得该信息的。

在商标侵权诉讼中，被告可以提出自己的使用为非商标性使用。例如，在"伤心凉粉案"中，被告提交了《安岳县志》《安岳年鉴》证明"伤心凉粉"产生于清朝光绪三十二年（1906 年），由安岳县周礼乡孙炳之命名，距今已有百余年的历史。同时，"伤心凉粉"已作为"四川名小吃""成都小吃"进行宣传推广，并入选《四川省农村生产生活遗产名录（第二批）》，其制作技艺入选《资阳市第五批非物质文化遗产代表性项目名录》。此外，大量报纸期刊、专业书籍、新闻报道、网络媒体、电视节目等均显示"伤心凉粉"为一道美食小吃或菜品名称。[1]

三、举证责任倒置规则

由于知识产权案件举证难，尤其是商业秘密案件，原告很难准确查证被告使用的技术与所主张的技术实质相同或完全一致，因而司法解释和审判实践在充分尊重法律规定的情况下，适当采用了举证责任倒置，以及加大被告举证责任的权衡规则和较为灵活的司法政策。但是，鉴于举证责任的分配事关责任风险承担和主张是否成立的诉讼结果，因而应当严格把握举证责任倒置的适用。比如，在地理标志诉讼案件中，如果原告负担对被告不符合地理标志产品质量标准举证，那么原告可能需要应对所有使用地理标志的商品予以检测的风险和成本，增加了维权难度。如果被告负担质量标准的举证责任，那么被告仅证明商品来源于所划定的产地这一事实仍不足够，被告还需对特定品质承担举证责任，这将导致销售者在履行适当注意义务的情况下仍可能承担侵权责任。[2]

（一）举证责任的司法政策

1. 《最高人民法院关于加强新时代知识产权审判工作　为知识产权强国建设提供有力司法服务和保障的意见》（法发［2021］29 号）

加大对侵犯知识产权行为惩治力度，有效阻遏侵权行为。依法妥善运用

---

〔1〕《一碗"伤心凉粉"被诉商标侵权索赔 8 万，原告多年屡提同类诉讼遇"首败"》，载红星新闻：https://www.thepaper.cn/newsDetail_forward_25235175，2024 年 8 月 26 日访问。
〔2〕参见浙江省高级人民法院联合课题组：《关于地理标志商标司法保护的调研报告》，载《人民司法》2023 年第 28 期。

行为保全、证据保全、制裁妨害诉讼行为等措施，加强知识产权侵权源头治理、溯源打击，及时有效地阻遏侵权行为，切实降低维权成本，提高侵权违法成本，促进形成不敢侵权、不愿侵权的法治氛围。正确把握惩罚性赔偿构成要件，加大知识产权侵权损害赔偿力度，合理运用证据规则、经济分析方法等手段，完善体现知识产权价值的侵权损害赔偿制度。出台知识产权刑事司法解释，加大刑事打击力度，依法惩治侵犯知识产权犯罪。加大对于知识产权虚假诉讼、恶意诉讼等行为的规制力度，完善防止滥用知识产权制度，规制"专利陷阱""专利海盗"等阻碍创新的不法行为，依法支持知识产权侵权诉讼中被告以原告滥用权利为由请求赔偿合理开支，推进知识产权诉讼诚信体系建设。

2. 《中共中央办公厅、国务院办公厅关于加强知识产权审判领域改革创新若干问题的意见》

就"建立符合知识产权案件特点的诉讼证据规则"指出，根据知识产权无形性、时间性和地域性等特点，完善证据保全制度，发挥专家辅助人作用，适当加大人民法院依职权调查取证力度，建立激励当事人积极、主动提供证据的诉讼机制。通过多种方式充分发挥公证在知识产权案件中固定证据的作用。加强知识产权领域的诉讼诚信体系建设，探索建立证据披露、证据妨碍排除等规则，合理分配举证责任，适当减轻权利人举证负担，着力破解知识产权权利人"举证难"问题。

3. 《最高人民法院关于知识产权民事诉讼证据的若干规定》（法释［2020］12 号）

该规定于 2020 年 11 月 9 日由最高人民法院审判委员会第 1815 次会议通过，并自 2020 年 11 月 18 日起施行。这些规定旨在保障和便利当事人依法行使诉讼权利，确保人民法院公正、及时审理知识产权民事案件。其中，对证据提交、证据保全、司法鉴定以及诉讼中的商业秘密保护等方面作出了具体规定，以适当减轻权利人举证负担，构建知识产权诉讼诚信体系。

4. 《人民法院知识产权司法保护规划（2021—2025 年）》

该规划明确了知识产权司法保护的总体目标、基本原则和具体举措，旨在加强知识产权保护，激励创新，促进科技进步和社会发展。

这些文件和政策体现了最高人民法院在知识产权领域的司法导向和具体要求，特别是为知识产权诉讼案件中的举证责任问题提供了明确的指导意见，以降低权利人的举证难度，提升知识产权保护的效率和效果。

（二）举证责任倒置的基本场景

举证的基本规则是，当事人对自己提出的主张，应当提供证据加以证明。根据案件审理情况，人民法院可以根据当事人的主张及待证事实、当事人的证据持有情况、举证能力等，要求当事人提供有关证据。

（1）方法专利侵权诉讼中，原告提供了初步证据，包括被告制造的产品与使用专利方法制造的产品属于相同产品，且被告制造的产品经由专利方法制造的可能性较大，在原告完成前款举证后，人民法院可以要求被告举证证明其产品制造方法不同于专利方法的证据。

（2）在损害赔偿的举证方面，如果原告主张依照侵权人获利计算赔偿额，那么在权利人已经提供侵权人所获利益的初步证据，而与专利侵权行为相关的账簿、资料主要由侵权人掌握的情况下，人民法院可以责令侵权人提供该账簿、资料；侵权人无正当理由拒不提供或者提供虚假账簿、资料的，人民法院可以根据权利人的主张和提供的证据认定侵权人因侵权所获得的利益。

（3）根据《最高人民法院关于审理侵犯商业秘密民事案件适用法律若干问题的规定》，在商业秘密侵权诉讼中，原告需对其拥有的商业秘密符合法定条件、对方当事人的信息与其商业秘密相同或实质相同以及对方采取不正当手段的事实负举证责任。如果原告能证明被告有获取其商业秘密的条件，而被告不能提供或拒不提供其所使用的信息是合法获得或使用的证据，则可能认定被告有侵权行为。

第三节　知识产权诉讼证据的收集

在知识产权民事诉讼中，举证证据往往与举证人的收集证据能力、法律知识的掌握程度和应用技巧、第三方机构的完善程度、相关公务机关的履职主动性和履职能力等因素紧密关联。依据证据的来源不同，证据分为当事人自行收集的证据、公证证据、鉴定结论、专家证人、行政机关查处证据、刑事机关侦查证据等。

一、各类证据的界定

（1）当事人掌握的证据：原被告自行掌握的权利、权属、合同、损失等证据。比如，权利人为发现或者证明知识产权侵权行为，自行或者委托他人以普通购买者的名义向被诉侵权人购买侵权物品所取得的实物、票据等可以作为起诉被诉侵权人侵权的证据。

（2）公证证据：通过公证机关对侵权行为进行公证，包括网络平台销售假冒商品、现场购买侵权产品、侵权现场的拍照或摄像等。

（3）行政查处证据：向工商行政管理部门或其他相关行政部门投诉并获取的查处记录、询问笔录、调查记录、查处决定书等。

（4）司法鉴定意见：由独立的第三方机构对相关事实作出的鉴定，可补充委托鉴定人的证据，以达到辅助查明事实的作用。

（5）专家证言：在涉及专业技术问题时，可以提供专家的证言或意见。

（6）刑事机关侦查证据：涉嫌知识产权犯罪的案件，当事人可以提供刑事程序中取得的证据，用于证明侵权、损失等事实。

二、公证的证据

在知识产权民事侵权诉讼中，公证是一种常见的证据保全方式，可以为当事人提供具有法律效力的证据。以下是可以通过公证方式取得的证据类型：

（1）购买侵权物品的证据。权利人可以自行或委托他人以普通购买者的名义购买侵权物品，并对购买过程中取得的实物、票据等进行公证。

（2）网页证据。对于网络上的侵权行为，可以对网页内容进行公证，以证明侵权行为的存在和内容。

（3）证人证言。证人的证言可以通过公证的方式加以固定，增强其证据的可信度和证明力。

（4）保全证据公证。对与申请人权益有关的，可能灭失或以后难以取得的证据、行为过程进行提取、收存、固定、描述、监督，以保持该证据的证据能力和证明力。

（5）技术方案和生产现场。涉及技术方案的证据保全可以采取制作现场勘验笔录、绘图、拍照、录音、录像、复制设计和生产图纸等方式进行公证。

（6）电子邮件和通信记录。对涉及侵权行为的电子邮件、通信记录等电子数据进行公证。

（7）产品样本和宣传材料。对涉嫌侵权的产品样本、宣传册等进行公证，以证明其内容和发布时间。

（8）侵权行为的现场情况。对侵权行为发生的现场情况进行公证，如工厂、仓库等。

（9）其他与案件有关的证据。任何其他可能需要公证的证据，如合同、协议、交易记录等。

公证证据在知识产权民事侵权诉讼中具有较高的证明力，但需要注意，公证仅是对证据形式的确认，并不能直接证明证据内容的真实性。如果对方当事人对公证证据提出异议，并提供了足以推翻公证证据的相关证据，人民法院将对公证证据进行重新审查。

三、证据保全

《最高人民法院关于知识产权民事诉讼证据的若干规定》第 11 条至第 18 条就法院证据保全作出了较为详细的规定。具陈如下：

（1）申请证据保全的条件。当事人或利害关系人可以在诉讼程序中提出证据保全的申请，当证据可能灭失或以后难以取得时，人民法院应予以受理。

（2）审查因素。人民法院在审查证据保全申请时，会考虑申请人是否提供了初步证据、证据是否可以自行收集、证据灭失的可能性及其影响、保全措施对证据持有人的影响等因素。

（3）保全措施。证据保全可以采取制作现场勘验笔录、绘图、拍照、录音、录像、复制设计和生产图纸等措施，特别是涉及技术方案的证据。

（4）保全的实施。人民法院在进行证据保全时，应尽量减少对保全标的物价值的损害和对证据持有人正常生产经营的影响。

（5）当事人的配合义务。当事人或其诉讼代理人应到场配合证据保全，必要时可通知有专门知识的人到场，或者指派技术调查官参与。

（6）保全记录。证据保全过程应制作笔录和保全证据清单，记录保全的时间、地点、实施人、在场人、保全过程和保全标的物状态，并由实施人、在场人签名或盖章。

（7）异议处理。如果被申请人对证据保全的范围、措施、必要性等提出异议，人民法院经审查认为异议理由成立，可以变更、终止或解除证据保全。

（8）不利后果。当事人若无正当理由拒不配合或妨害证据保全，致使无法保全证据，人民法院可以确定由其承担不利后果。

（9）证据保全的移交。人民法院采取诉前证据保全措施后，当事人向其他有管辖权的人民法院提起诉讼的，原法院应将保全的证据及时移交给受理案件的人民法院。

这些规定旨在确保知识产权民事诉讼中证据的有效保全，降低权利人的举证负担，提高诉讼效率，并保障当事人的合法权益。

第四节　知识产权中的司法鉴定

一、知识产权司法鉴定的法律依据

《最高人民法院关于民事诉讼证据的若干规定》第 32 条规定："人民法院准许鉴定申请的，应当组织双方当事人协商确定具备相应资格的鉴定人。当事人协商不成的，由人民法院指定。人民法院依职权委托鉴定的，可以在询问当事人的意见后，指定具备相应资格的鉴定人。人民法院在确定鉴定人后应当出具委托书，委托书中应当载明鉴定事项、鉴定范围、鉴定目的和鉴定期限。"

《最高人民法院关于知识产权民事诉讼证据的若干规定》第 19 条对可以鉴定的事项作出了规定：①被诉侵权技术方案与专利技术方案、现有技术的对应技术特征在手段、功能、效果等方面的异同；②被诉侵权作品与主张权利的作品的异同；③当事人主张的商业秘密与所属领域已为公众所知悉的信息的异同、被诉侵权的信息与商业秘密的异同；④被诉侵权物与授权品种在特征、特性方面的异同，其不同是否因非遗传变异所致；⑤被诉侵权集成电路布图设计与请求保护的集成电路布图设计的异同；⑥合同涉及的技术是否存在缺陷；⑦电子数据的真实性、完整性；⑧其他需要委托鉴定的专门性问题。

由以上规定可以推定，司法鉴定的内容以诉讼中需要查明的事实为对象。比如，技术特征对比、作品异同、技术信息是否为公众所知悉等，不得对是否构成著作权侵权、商标侵权、专利侵权、商业秘密侵权等法院职权范围内的法律问题予以鉴定。如果允许鉴定，那么相当于司法鉴定机构享有审判权，僭越法院的职权，不符合法治原则和法院独立审判的宪法规定。

二、司法鉴定的审查

《最高人民法院关于民事诉讼证据的若干规定》第 34 条规定："人民法院

应当组织当事人对鉴定材料进行质证。未经质证的材料，不得作为鉴定的根据。经人民法院准许，鉴定人可以调取证据、勘验物证和现场、询问当事人或者证人。"

《最高人民法院关于知识产权民事诉讼证据的若干规定》第23条规定："人民法院应当结合下列因素对鉴定意见进行审查：（一）鉴定人是否具备相应资格；（二）鉴定人是否具备解决相关专门性问题应有的知识、经验及技能；（三）鉴定方法和鉴定程序是否规范，技术手段是否可靠；（四）送检材料是否经过当事人质证且符合鉴定条件；（五）鉴定意见的依据是否充分；（六）鉴定人有无应当回避的法定事由；（七）鉴定人在鉴定过程中有无徇私舞弊或者其他影响公正鉴定的情形。"

需要申明的是，司法鉴定意见应当接受双方当事人的质证，必要时鉴定人应当出庭，接受询问，说明相关问题。

三、知识产权司法鉴定的机构

1. 知识产权司法鉴定机构的备案机关

知识产权司法鉴定机构通常需要向省级司法行政机关进行备案登记。具体来说，省级检察机关、公安机关等分别对其所属参加备案的鉴定机构填写相应的备案登记表，并进行审查。审查合格后，这些机构会向同级司法行政机关送交备案登记材料。司法行政机关在收到备案登记材料后，会从事备案登记工作，并出具同意备案登记的公函。

此外，在知识产权案件中，对专业技术和特殊问题的司法鉴定直接影响着案件的判决结果。因此，有的省份还会由省高级人民法院审查确立本省（市）范围内的司法鉴定机构，并报最高人民法院备案，接受监督。

2. 我国知识产权司法鉴定机构

我国的知识产权司法鉴定机构数量众多，其中一些机构已经入选了国家知识产权局公布的知识产权鉴定机构名录库。例如，北京国威知识产权鉴定评估中心有限责任公司、广东省知识产权保护中心、北京国创鼎诚知识产权应用技术研究院、首都知识产权服务业协会等机构都是首批入选的鉴定机构。

这些机构在知识产权鉴定领域具有较高的专业性和权威性，能够为司法机关、行政机关以及社会各界提供客观、公正、科学的鉴定服务。同时，随着知识产权保护意识的不断提高和知识产权鉴定需求的不断增加，我国的知识产权司法鉴定机构也在不断发展壮大。

需要注意的是，由于知识产权司法鉴定机构的具体名单可能会随着时间和政策的变化而发生变化，因此建议在实际需要时查询最新的官方信息或咨询相关机构以获取最准确的信息。

第五节　证据运用的实证案

最高人民法院知识产权法庭在"'涉蜜胺'发明专利及技术秘密侵权案"中，依法判令侵权方赔偿 2.18 亿元，执行中促成全面和解，侵权方获得使用许可，权利人最终获偿 6.58 亿元，刷新了国内知识产权案件纪录。[1]"涉'密胺'发明专利及技术秘密侵权案"（以下简称"密胺案"）成功入选了"新时代推动法治进程 2023 年度十大案件"。

一、案件诉讼的基本情况

本案是四川金象赛瑞化工股份有限公司（以下简称"金象赛瑞公司"）起诉山东华鲁恒升化工股份有限公司（以下简称"华鲁恒升公司"）、宁波厚承管理咨询有限公司（原宁波远东化工集团有限公司，以下简称"宁波厚承公司"）、宁波安泰环境化工工程设计有限公司（原宁波市化工研究设计院有限公司，以下简称"宁波设计院公司"）及尹某大侵害其技术秘密的案件。

金象赛瑞公司是中国及全球最大的三聚氰胺生产企业之一，拥有自主研发的三聚氰胺生产技术。尹某大曾作为金象赛瑞公司及其关联公司的总工程师和技术负责人，掌握并接触了公司的核心技术秘密。尹某大离职后，被指控非法将金象赛瑞公司的技术秘密泄露给华鲁恒升公司、宁波厚承公司和宁波设计院公司，这些公司随后利用这些技术秘密设计并投产了年产 5 万吨的三聚氰胺生产线。

金象赛瑞公司发现后，向四川省眉山市中级人民法院提起诉讼，指控四被告侵害其技术秘密，要求停止侵权、销毁侵权资料和设备，并赔偿经济损失。案件经过一审、二审，最终由最高人民法院作出终审判决。

---

〔1〕 最高人民法院 2024 年工作报告。

二、诉讼过程

一审：由四川省成都市中级人民法院审理，原告和部分被告均不服一审判决，提起上诉。

二审：由四川省高级人民法院审理后，仍不服，最终上诉至最高人民法院。

最高人民法院终审判决：确认金象赛瑞公司的技术秘密受法律保护，四被告共同实施了侵害技术秘密的行为。判决四被告立即停止侵权，销毁相关载体，并连带赔偿金象赛瑞公司经济损失及合理开支共计9800万元。

（一）该案的主要争议焦点

（1）技术秘密是否构成商业秘密？

（2）被告是否实施了侵权行为？

（3）赔偿数额如何计算？

（二）关键证据

（1）技术秘密转让合同、工作合同及保密协议。

（2）涉案技术图纸、PID图、工艺操作指南等技术资料。

（3）尹某大被扣押的笔记本电脑中的技术资料及刑事案件相关材料。

（4）华鲁恒升公司年度报告及同行业企业报告。

通过这一系列诉讼过程，最高人民法院最终确认了金象赛瑞公司的技术秘密权益，并对四被告的侵权行为作出了明确的法律责任认定和赔偿判决。

（三）原告证据要点

1. 技术秘密的归属与转让

证据1：技术秘密转让合同，证明北京烨晶公司将"加压气相淬冷工艺生产三聚氰胺"技术秘密无偿转让给了金圣公司（后更名为金象赛瑞公司）。

证据2～3：高新技术企业证书和技术进步奖证书，证明金象赛瑞公司在相关技术领域具备实力和创新能力。

证据4～5：工作合同和保密协议，证明尹某大曾在北京烨晶公司及金象赛瑞公司任职，并签署保密协议。

2. 技术秘密的具体内容

证据6～10：各类保密协议和技术保密协议，表明金象赛瑞公司对其技术秘密采取了严格的保密措施。

证据 11~30：具体技术图纸、PID 图、设备布置图、管道布置图、工艺操作指南等，详细记载了金象赛瑞公司的技术秘密。

3. 被告侵权行为证据

证据 31~34：尹明大被扣押的笔记本电脑中的技术资料，以及与华鲁恒升公司技术资料的一致性。

证据 35~36：宁波设计院公司和宁波厚承公司的工商信息，证明其主体资格。

公证书及刑事案件材料：证明尹某大向宁波厚承公司和宁波设计院公司非法披露技术秘密。

4. 损害赔偿计算依据

（1）华鲁恒升公司年度报告：用于计算因侵权获得的利润。

（2）同行业企业报告：四川美丰公司的年度报告，作为行业利润率的参考。

（四）被告抗辩要点

1. 否认侵权行为

华鲁恒升公司、宁波厚承公司、宁波设计院公司均否认直接获取或使用金象赛瑞公司的技术秘密。

强调技术来源合法，华鲁恒升公司称其技术来源于自身研发或合法受让。

2. 诉讼时效抗辩

被告方认为金象赛瑞公司的起诉已超过诉讼时效，因金象赛瑞公司早在2013 年就已知道或应当知道侵权行为。

3. 技术秘密的公开性与价值性

被告主张金象赛瑞公司的技术秘密已为公知技术，不具有秘密性，且未证明该技术秘密具有商业价值。

宁波设计院公司提供多份公知技术文献，证明相关技术信息已公开。

4. 对证据真实性和合法性的质疑

被告质疑金象赛瑞公司提交证据的真实性，特别是尹某大被扣押笔记本电脑中的技术资料。

宁波厚承公司和宁波设计院公司拒绝查阅保密证据，质疑法院取证程序的合法性。

（五）被告举证与原告质证要点

1. 被告举证

（1）技术来源证据：华鲁恒升公司提供工程设计合同，证明技术来源于宁波厚承公司和宁波设计院公司。

（2）公知技术文献：宁波设计院公司提供多份公开文献，证明相关技术已公开。

（3）反驳证据：被告方提供反驳金象赛瑞公司赔偿计算方式的证据，如华鲁恒升公司的年度报告等。

2. 原告质证

（1）对技术来源证据的质证：原告质疑被告方技术来源的合法性，指出被告方实际上是通过非法手段获取原告的技术秘密。

（2）对公知技术文献的质证：原告认为被告提供的文献并未完全公开原告的技术秘密，且文献的上传时间晚于原告技术秘密的形成时间。

（3）对反驳证据的质证：原告坚持其赔偿计算方式合理，反驳被告方关于赔偿数额过高的主张。

综合以上证据的举证与质证，原告金象赛瑞公司围绕技术秘密的归属、具体内容、被告侵权行为及损害赔偿计算等方面进行了充分举证。被告方则主要围绕否认侵权行为、诉讼时效抗辩、技术秘密的公开性与价值性等方面进行抗辩，并提供相应证据进行反驳。双方对证据的真实性和合法性进行了激烈的质证，案件的核心争议点在于技术秘密的保护范围、被告行为的性质以及损害赔偿的计算方式。

三、本案事实的司法鉴定

该案涉及司法鉴定的申请及法院的处理情况，但并未明确提及具体的司法鉴定意见，因为从提供的判决文书中看，法院并未批准相关的鉴定申请。以下是对相关情况的整理和总结：

（一）司法鉴定的申请

1. 华鲁恒升公司的申请

申请事项：华鲁恒升公司申请对金象赛瑞公司主张的技术秘密是否构成不为公众所知悉的技术信息进行司法鉴定，以及对金象赛瑞公司诉请保护的技术信息是否具有经济性和实用性进行司法鉴定。

申请理由：华鲁恒升公司认为金象赛瑞公司的技术秘密不具有秘密性、经济性和实用性。

2. 宁波厚承公司的申请

申请事项：宁波厚承公司也提出了与华鲁恒升公司类似的鉴定申请，并请求对金象赛瑞公司原审证据 30 以及存储该证据的电子版文件的电脑进行司法鉴定。

（二）法院对鉴定申请的处理

法院并未批准上述相关的鉴定申请，理由在于：对于技术秘密的鉴定申请，法院认为在案证据已经能够证明金象赛瑞公司的技术秘密具有秘密性、经济性和实用性，无需再进行司法鉴定。对于电脑和电子数据的鉴定申请，法院通过勘验等方式已经确认了相关证据的真实性，因此也未批准进行司法鉴定。

（三）鉴定程序（假设进行）

由于法院并未批准鉴定申请，因此并未启动正式的鉴定程序。但一般而言，如果法院同意进行司法鉴定，程序可能包括：

（1）选定鉴定机构：由法院或当事人选定具有相应资质的鉴定机构。

（2）提交鉴定材料：当事人需向鉴定机构提交与鉴定事项相关的所有材料。

（3）进行鉴定：鉴定机构根据提交的材料和现场勘验等情况，进行技术分析并出具鉴定意见。

（4）质证：鉴定意见作为证据，需经双方当事人质证。

然而，在本案中，由于法院未批准鉴定申请，因此没有产生实际的鉴定意见，也就没有后续的质证环节。法院通过现有证据对案件事实进行了认定和判决。

四、本案公证的证据

在该案中，原被告双方确实采用了公证措施来增强其证据的证明力，但并非所有证据都进行了公证。以下是对相关情况的整理和总结：

（一）进行了公证的证据

1. 公证书及相关电子邮件

金象赛瑞公司提交了多份公证书，其中包括电子邮件的公证书，用于证明其技术秘密的载体（如技术图纸、PID 图等）的形成时间和内容。这些公证书确保了电子邮件及其附件的真实性和未被篡改。

具体如［2015］京方圆内经证字第 06631 号公证书，用于证明金象赛瑞公司在其他案件中提交的证据材料的真实性和来源合法性。

2. 证据保全公证书

在案件审理过程中，法院依申请进行了证据保全，并对保全过程进行了公证。例如，眉山市中级人民法院在宁波设计院公司保全的电子数据，该过程经过了公证，确保了保全证据的真实性和合法性。

（二）原被告双方的质证

1. 原告质证

金象赛瑞公司对经过公证的证据通常表示认可，认为这些证据能够证明其技术秘密的具体内容、形成时间以及被告侵权行为的存在。

对于被告提供的反驳证据，金象赛瑞公司也会结合公证证据进行质证，反驳被告的主张。

2. 被告质证

被告方（华鲁恒升公司、宁波厚承公司、宁波设计院公司）对经过公证的证据虽然可能存在质疑，但通常较难直接否定其真实性。

被告方更多是质疑公证证据与本案的关联性，或者提出其他证据来反驳原告的主张。例如，被告可能质疑电子邮件附件中的图纸并非最终版本，或者与涉案技术秘密无直接关联。

（三）法院的最终意见

1. 对公证证据的认可

法院通常对经过公证的证据给予较高的证明力认可，因为这些证据在形式上更为严谨、真实性较高。在本案中，法院认可了金象赛瑞公司提交的经过公证的证据，这些证据在证明技术秘密的具体内容、形成时间以及被告侵权行为方面发挥了重要作用。

2. 结合其他证据综合认定

法院在认定案件事实时，并不会仅仅依赖于公证证据，而是会结合其他证据进行综合认定。例如，在本案中，法院除了考虑公证证据外，还考虑了尹某大的讯问笔录、设计专篇、年度报告等多种证据，最终认定了被告的侵权行为。

综上所述，公证措施在该案中起到了增强证据证明力的作用，但法院在认定案件事实时仍然会结合其他证据进行综合考量。

第五章

……………………◇◆◇……………………

知识产权民事诉讼的赔偿

第一节　一般赔偿的计算

据统计，2012 年—2015 年我国著作权侵权案件的平均判赔金额约为 2.8 万元，判赔支持度为 25.6%；商标权侵权案件的平均判赔金额约为 3.2 万元，判赔支持度为 21.1%；专利权侵权案件的平均判赔金额约为 9.8 万元，判赔支持度为 32.2%。[1]近几年的判赔标准，无论是在著作权、商标权中还是在专利权的侵权诉讼案件中，均一降再降。

损害赔偿数额的确定一直是知识产权司法实践中极具争议的问题。据初步统计，知识产权司法实践中法定赔偿适用率高达 98%，这反映出了知识产权损害赔偿实践中的一种普遍认知，即知识产权损害赔偿必须完全精确，否则就应适用法定赔偿。这种认识与知识产权损害赔偿的裁量本质脱节，是机械司法、僵化司法的体现，而且也反映出了知识产权损害赔偿救济不足的现状。积极落实损害赔偿制度，正视知识产权损害赔偿的裁量本质。裁量的空间应当受到规则约束。损害赔偿的法定分析范式、证据裁判规则、类案规则方法是限定损害赔偿裁量空间的基本规则，可以有效防止知识产权法定赔偿方式的泛化，合理有效地确定知识产权损害赔偿数额。

我国知识产权立法明确了侵权获利、实际损失、许可费合理倍数三种损害赔偿的计算方式。在三种方式难以确定的情况下，才能适用法定赔偿方式。

---

[1]　詹映：《我国知识产权侵权损害赔偿司法现状再调查与再思考——基于我国 11984 件知识产权侵权司法判例的深度分析》，载《法律科学（西北政法大学学报）》2020 年第 1 期。

可见，法定赔偿是损害赔偿数额难以精确计算的权宜之计。为何在司法实践中，知识产权损害赔偿总是"难以确定"，这与知识产权的特征息息相关。知识产权的无形性意味着侵权的隐蔽性和证据的易灭失性；知识产权的非消耗性意味着侵权可能遍布全国，导致损害赔偿不易评估。因此，确定权利人实际损失、侵权人侵权获利和许可费的合理倍数，是实践中困扰法官的精确难题。

第一，权利人实际损失的计算。2001 年《商标法》修正的立法说明，《商标法》引入实际损失的计算方式，是基于 TRIPS 协定第 45 条，即"损害赔偿费用应当足以弥补因侵犯知识产权给权利持有人造成的损失，司法当局有权责令侵权人向权利持有人支付其开支作为损害赔偿计算方式基础"。但是，在司法实践中，除权利人举证积极性不足外，即便权利人提供了销售损失的数据，销售损失与侵权行为的因果关系也仍然是审理的难点。在本案中，新平衡公司、新百伦公司主张根据其提交的审计报告数据，权利人 2015 年—2018 年销售收入已累计下降 19.42 亿元，下降的销售收入即其主张的实际损失。这一计算方式存在因果关系的障碍：虽然认定新百伦领跑集团的侵权行为对新平衡公司的运动鞋具有价格侵蚀和销量减损效果，但是销售收入的下降，与其经营投入、广告投放、维权投入等诸多因素相关。而且，在本案主张的侵权期间内，除被告外还存在多个不同侵权主体，故难以确定权利人主张的 19.42 亿元销售收入下降与本案被诉侵权行为之间是否存在因果关系。

第二，侵权人实际获利的计算。知识产权侵权行为存在隐蔽性、分散性，权利人举证侵权人实际获利的难度较大，故知识产权法律设定了书证提出命令和举证妨碍制度。如《商标法》第 63 条第 2 款规定："人民法院为确定赔偿数额，在权利人已经尽力举证，而与侵权行为相关的账簿、资料主要由侵权人掌握的情况下，可以责令侵权人提供与侵权行为相关的账簿、资料；……"但是，在司法实践中，侵权人提供的与侵权行为相关的账簿、资料存在片面、不真实的可能性。故《商标法》第 63 条第 2 款规定侵权人不提供或者提供虚假账簿、资料的，人民法院可以参考权利人的主张和提供的证据判定赔偿数额。

如在"新平衡与新百伦案"中，[1]新平衡公司提供了被告侵权获利的初步证据，主要包括 42 个在全国各地店铺购买取证被诉侵权产品的公证书，以

_____

〔1〕 ［2018］辽民初 121 号民事判决书；［2022］最高法民终 146 号民事判决书。

及新百伦领跑集团高管在招商大会、业务洽谈中口述的销售数据和门店数量，安踏、特步、匹克三家同行业企业的年营业利润率等证据。但是，销售被诉侵权产品的店铺存在几千家，规模大小、经营差异各不相同，难以将权利人公证的 42 家店铺作为平均值。招商大会、业务洽谈的数据也并非全部为侵权产品。其他同行业企业的盈利模式与被诉企业存在较大区别。尽管不能全部采信，但权利人已经完成初步举证。在此情况下，二审法院依法适用书证提出命令，要求被告提交相关财务资料，但是被告提交的财务资料存在明显数据不全、与之新闻宣传、高管自述情况差异巨大的问题。故本案适用证明妨碍制度，可以参考新平衡公司方的主张和提供的证据判定赔偿数额。

第三，许可费的倍数计算。许可费的合理倍数，是在实际损失和侵权获利均难以计算的情况下的数量计算方式。但是实践中，采用此种计算方式，需要满足两个条件：一是涉案知识产权存在许可协议；二是该许可协议与被诉侵权行为在许可内容、范围、时间、使用方式上应具有可比性或者可参考性。如在［2022］最高法知民终 925 号案中，最高人民法院指出，权利人主张的许可协议并非仅是针对单一品种的许可协议，而是包括技术指导、市场宣传、加盟方服务等在内，与被诉侵权行为不可比，故不能采取许可费的合理倍数这一方式。

损害赔偿可被视为财产及非财产上的不利益。就损害赔偿数额的理论，存在"差额说"和"客观–规范价值论"学说。"差额说"是指将损害发生之前与损害发生之后的数额进行比较，差额即为损害赔偿。"客观–规范价值论"则是在"差额说"基础上的理论转向，强调规范评价和价值衡量在损害赔偿数额确定中的重要性。从实践来看，损害赔偿范围涉及可赔偿损害、因果关系等法律事实要素，这些损害法律事实的确认中蕴含了价值衡量和裁量性质。可见，无论是从理论还是从实践来看，损害赔偿均具有一定的裁量性质。

在知识产权损害赔偿领域，裁量本质还体现在知识资产难以衡量的特性上。知识产权客体不同于实物资产，作为非货币资产，本身就具有利益预期和价值变量的不确定性。知识产权损害赔偿的司法确定，是在知识资产价值变量不确定性的基础上计算出的合理金钱数额。这一数额的合理判断，本身就蕴含了裁量性质。知识产权立法所确立的三种法定数量计算方式，包括实际损失、侵权获利和许可费倍数，本身就蕴含了裁量性质，在相关司法解释中也有所体现。如《最高人民法院关于审理专利纠纷案件适用法律问题的若干规定》（2020年修正）第14条第1款规定："专利法第六十五条规定的权利人因被侵权所受到的实际损失可以根据专利权人的专利产品因侵权所造成销售量减少的总数乘以每件专利产品的合理利润所得之积计算。权利人销售量减少的总数难以确定的，侵权产品在市场上销售的总数乘以每件专利产品的合理利润所得之积可以视为权利人因被侵权所受到的实际损失。"权利人实际损失的计算可以通过合理的转换来实现计量，这种转换即是裁量性的体现。因此，损害赔偿的计算需要兼顾市场思维和裁量思维。

自由裁量的艺术，是司法实践所需的，但应受规则约束，以防止裁量的异化。知识产权损害赔偿裁量的空间和范围应当受到限制，否则容易陷入损害赔偿数额偏高或偏低的困境。相较于法定赔偿，在三种损害赔偿的计算方式中，法院虽然也有一定的自由裁量权，但都是在法定分析范式的框架内进行，有助于避免赔偿额偏高偏低的两个极端。在深入总结案情的基础上，可以进一步将法定分析范式、证据裁判规则、类案规则方法作为损害赔偿裁量规则的方法论，这将有助于把裁量空间控制在合理范围内，从而确保知识产权损害赔偿的定量计算最大限度地接近知识产权的实际市场价值。

第一，法定分析范式。知识产权损害赔偿的法定分析范式存在适用顺位，即权利人的实际损失→侵权获利→许可费倍数→法定赔偿。同法定赔偿相比，三种数量计算方式通过法律和司法解释，限定了损害赔偿的裁量空间，确保了计算的准确性和可靠性。

对于实际损失，《最高人民法院关于审理商标民事纠纷案件适用法律若干问题的解释》（2020年修正）（以下简称《商标纠纷解释》）第15条规定："商标法第六十三条第一款规定的因被侵权所受到的损失，可以根据权利人因侵权所造成商品销售减少量或者侵权商品销售量与该注册商标商品的单位利润乘积计算。"对于侵权获利，《商标纠纷解释》第14条规定："商标法第六十三条第一款规定的侵权所获得的利益，可以根据侵权商品销售量与该商品单位利润乘积计算；该商品单位利润无法查明的，按照注册商标商品的单位利润计算。"对于许可费的合理倍数，《最高人民法院关于审理专利纠纷案件适用法律问题的若干规定》（2020年修正）第15条规定："权利人的损失或者侵权人获得的利益难以确定，有专利许可使用费可以参照的，人民法院可以根据专利权的类型、侵权行为的性质和情节、专利许可的性质、范围、时间等因素，参照该专利许可使用费的倍数合理确定赔偿数额；……"

第二，证据裁判规则。在确定损害赔偿时坚持能动履职、善用证据规则，全面、客观地审核计算赔偿数额的证据，充分运用逻辑推理和日常生活经验，对有关证据的真实性、合法性和证明力进行综合审查判断，采取优势证据标准认定损害赔偿事实。对于难以证明侵权受损或侵权获利的具体数额，但有证据证明前述数额明显超过法定赔偿最高限额的，应当综合全案的证据情况，在法定最高限额以上合理确定赔偿额。

例如，在"新平衡与新百伦案"中，一审确定两被告的赔偿数额为 500 万元，但是基于新平衡公司的计算方式以及在案证据，可知新百伦领跑集团的侵权获利已经明显超过法定最高限额。尽管侵权获利的具体数额难以精准计算，但可以采取优势证据标准，在法定最高限额以上合理确定赔偿数额。因此，本案在前述规则的指引下，按照"'新百伦领跑'品牌年销售额×利润率×侵权时间×侵权产品占比"的方式计算两被告的侵权获利。

值得注意的是，在年销售额的计算中，充分体现了优势证据规则。本案结合公证中新百伦领跑集团高管在销售大会上的自述，与《赣南日报》对侵权产值的新闻报道等证据相互印证，确定新百伦领跑集团的年销售额应当不低于 10 亿元。再参考公证中新百伦领跑集团 2020 年度大会展示的"新百伦领跑"品牌在整个集团销售额的占比，可以计算出"新百伦领跑"品牌的年销售额为 7.857 亿元。并综合考虑在案证据，酌定被诉侵权产品在"新百伦领跑"品牌的销售占比为 20%。

第三，类案规则方法。法定规则的计算要求，包括侵权数量、利润率等关键数据，在司法实践中往往存在当事人不愿提供、证据获取困难等实践难题。坚持能动履职，还要强化规则供给。如利润率，侵权获利按法理应当是侵权数量乘以侵权人的净利润率。但是，侵权人净利润率的数值往往在实践中难以获得，被告提供的财务账簿往往也存在虚假报账，故可以采取权利人的销售利润率作为利润率的计算基数。

在"新平衡与新百伦案"中，新平衡公司主张以安踏、特步、匹克三家企业的平均营业利润率 19.5% 作为侵权获利的利润率，但该三家企业的销售产品类别、经营模式和本案侵权企业仍有一定出入，也无法查清新百伦领跑集团的实际利润率。考虑到以上情况，根据新百伦公司一审提交的该公司 2007 年—2018 年度审计报告，可知 2016 年、2017 年期间新百伦公司的平均营业利润率为 9.24%，这一利润率也被其他同类侵权案件所采用，故本案以

9.24% 作为侵权人侵权获利的利润率。最终，通过前述计算改判江西新百伦领跑公司、广州新百伦领跑公司赔偿权利人经济损失及合理开支 3004 万元。

损害赔偿制度的落实，是强化知识产权司法保护、落实能动履职理念的重要环节，是加快形成新质生产力、全面支持创新发展的关键一步。《最高人民法院关于加强新时代知识产权审判工作 为知识产权强国建设提供有力司法服务和保障的意见》明确提出，要完善体现知识产权价值的侵权损害赔偿制度。为此，要积极回应知识产权司法保护需求，摒弃长期依赖于法定赔偿的惯性思维，摆脱知识产权损害赔偿务必精准计算的误区，在法定分析范式下，灵活运用证据裁判规则，参考类案规则方法，优化损害赔偿激励效能。

第二节　惩罚性赔偿的倍数

2023 年，全国法院在 319 件案件中适用惩罚性赔偿，同比增长 117%，判赔金额 11.6 亿元，同比增长 3.5 倍。注重依法及时救济，用足用好知识产权证据规则，积极发挥行为保全制度效能，有效破解知识产权维权"周期长""成本高"的难题。

在知识产权领域，权利人在遭遇侵权时虽然在一些情形下可以刑事、行政救济，但比较而言，民事救济对知识产权的保护更为直接，特别表现在权利人能够及时请求颁发禁令措施以维护权利状态，并对自己所受损害给予经济补偿。不过，多年来，权利人在寻求民事救济时常感到力不从心，几无例外地抱怨举证难、赔偿低；造成这一现状的原因复杂，包括无形财产的价值评估本身就是难题、权利人普遍缺乏成熟的知识产权管理经验和取证举证能力、相当多的市场主体缺乏完善的会计财务制度难以查明损失或获利、法院的举证责任分配和证据采信规则受限于一般民事诉讼思维、商业性维权模式的替代等。

作为遏制恶意侵权的对策，关于在知识产权领域引入惩罚性损害赔偿制度的讨论在我国加入 WTO 后一直存在。多数人认为知识产权惩罚性赔偿可以惩戒知识产权恶意侵权行为，并对潜在侵权人构成强有力的威慑，防止侵权行为发生；学界从侵权责任理论本身的发展需要、知识产权制度的经济学分析等角度进一步论证，在传统民事侵权法的填平（补偿）原则应对失灵的情形下，应引入惩罚性赔偿制度并发掘其功能，以达到阻遏恶意严重知识产权侵权的目的。当然，社会各界对惩罚性赔偿及其具体适用效果并非没有疑虑，有观点认为，创新创作活动具有持续性、不应超出预防之需追求非功利的惩罚效果。

我国 2013 年《商标法》、2015 年《种子法》、2018 年《电子商务法》、2019 年《反不正当竞争法》陆续导入了针对恶意或故意侵权的惩罚性赔偿制度。2020 年 5 月通过的《民法典》明确了侵害知识产权的惩罚性赔偿责任，同年修正的《专利法》《著作权法》也增加了惩罚性赔偿条款。至此，我国知识产权领域全面引入了惩罚性赔偿制度，其具体适用规则近期在国内外各界再次引起高度关注。

根据法律规定，惩罚性赔偿为基数的 1 倍以上 5 倍以下。具体倍数由请求人主张，而由法院根据案件具体情形（即"故意"和"情节严重"的程度）来确定。

根据我国《最高人民法院关于审理侵害知识产权民事案件适用惩罚性赔偿的解释》第 3 条的规定："对于侵害知识产权的故意的认定，人民法院应当综合考虑被侵害知识产权客体类型、权利状态和相关产品知名度、被告与原告或者利害关系人之间的关系等因素。对于下列情形，人民法院可以初步认定被告具有侵害知识产权的故意：（一）被告经原告或者利害关系人通知、警告后，仍继续实施侵权行为的；（二）被告或其法定代表人、管理人是原告或者利害关系人的法定代表人、管理人、实际控制人的；（三）被告与原告或者利害关系人之间存在劳动、劳务、合作、许可、经销、代理、代表等关系，且接触过被侵害的知识产权的；（四）被告与原告或者利害关系人之间有业务往来或者为达成合同等进行过磋商，且接触过被侵害的知识产权的；（五）被告实施盗版、假冒注册商标行为的；（六）其他可以认定为故意的情形。"

对于侵害知识产权情节严重的认定，人民法院应当综合考虑侵权手段、次数，侵权行为的持续时间、地域范围、规模、后果，侵权人在诉讼中的行为等因素。被告有下列情形的，人民法院可以认定为情节严重：①因侵权被行政处罚或者法院裁判承担责任后，再次实施相同或者类似侵权行为；②以侵害知识产权为业；③伪造、毁坏或者隐匿侵权证据；④拒不履行保全裁定；⑤侵权获利或者权利人受损巨大；⑥侵权行为可能危害国家安全、公共利益或者人身健康；⑦其他可以认定为情节严重的情形。

人民法院依法确定惩罚性赔偿的倍数时，应当综合考虑被告主观过错程度、侵权行为的情节严重程度等因素。因同一侵权行为已经被处以行政罚款或者刑事罚金且执行完毕，被告主张减免惩罚性赔偿责任的，人民法院不予支持，但在确定前款所称倍数时可以综合考虑。

在司法实践中，法院综合考虑故意和情节严重的程度，适用 2 倍的惩罚性赔偿的案件相对较多。当然，在侵权恶意十分明显而侵权情节极其严重的情况下，法院也会适用更高的 4 倍甚至顶格的 5 倍的惩罚性赔偿。

例如，在［2019］最高法知民终 562 号案件中，二审法院认为，被诉侵权人自成立以来，便以生产侵权产品为经营业务，且当其前法定代表人因侵害商业秘密行为被追究刑事责任、相关生产工艺、流程及设备涉嫌侵害权利人技术秘密后，被诉侵权人仍未停止生产，销售范围多至二十余个国家和地区，同时在案件原审阶段无正当理由拒不提供相关会计账册和原始凭证，构成举证妨碍，足见其侵权主观故意之深重、侵权情节之严重，因而最终认定了侵权获利的 5 倍确定本案的损害赔偿数额。

需要说明的是，惩罚性赔偿的 1 倍~5 的倍数并不是将填平性赔偿作为其中的 1 倍，即惩罚性赔偿是在填平性赔偿之外另行计算的。对于此点，2021 年 4 月，林广海、李剑、秦元明在《人民司法》上发表的《〈关于审理侵害知识产权民事案件适用惩罚性赔偿的解释〉的理解和适用》一文中"关于基数的确定"的第 3 段有明确记载，"需要指出的是，填平性赔偿数额即基数和惩罚性赔偿数额应当分别单独计算。也就是说，如果惩罚性赔偿的倍数确定为 1 倍，那么被诉侵权人承担的赔偿总额应当为填平性赔偿数额加上惩罚性赔偿数额之和，即为基数的两倍"。因此，如果法院确定了 5 倍的惩罚性赔偿，被诉侵权人承担的赔偿责任是填平性赔偿+5 倍的惩罚性赔偿，即总额将是填平性赔偿的 6 倍。而在前述［2019］最高法知民终 562 号案件中，法院以侵权获利的 5 倍确定赔偿数额，实际认定的惩罚性赔偿的倍数为 4 倍。

第三节　高判赔案件的特点

近年来，知识产权的高判赔案件在著作权、专利权、商标权、商业秘密侵权等案件中日益凸显，以《2019 年度高判赔额案件分析报告》为分析蓝本，可以总结出高判赔案件的特点和证据规则。

一、高判赔案件的特点

1. 案件数量与判赔额逐年上升

近年来高判赔额案件数量显著增加。例如，2019 年度北京等八地人民法院公布的十大案件中，千万元以上高判赔额案件增至 7 件，相比于 2018 年有所增加。判赔额绝对值也逐年提升，部分案件判赔额超过亿元。

2. 法院提高判赔额作为知识产权保护的重要举措

多地法院在知识产权保护状况白皮书中强调提高判赔额的重要性，通过具体案例展示提高判赔额的实际操作。法院通过精细计算和详细说理，力求赔偿额的科学、合理和公正。

3. 案件类型集中

高判赔额案件主要集中在游戏类著作权侵权及不正当竞争案和工业领域的商标、专利侵权案中。游戏类案件因侵权获利往往较高，容易形成高额判赔。

4. 赔偿额确定方式多样

法院在确定赔偿额时，主要采用酌情确定和计算确定两种方式。酌情确定主要基于案件的具体情况和法官自由裁量权；计算确定则依赖详细的证据和财务分析。

二、证据质证与采信的要点

1. 积极举证

权利人通常积极收集并提交相关证据，包括上市招股说明书、上市公司财务报告、第三方平台的统计数据等，以证明被诉侵权产品的数量、销售额及利润率。在必要时，权利人可申请法院调取关键性证据，如银行账户交易记录、增值税专用发票等。

2. 证据类型丰富

证据来源多样化，包括公开信息、被告财务数据、审计报告等。在特定案件中，法院责令被告提供侵权获利相关财务账册，以查明侵权获利情况。

3. 证据质证与认证

法院在质证阶段对证据的真实性、合法性和关联性进行严格审查。双方当事人对对方提交的证据进行质证，法院根据质证情况决定是否采信。法院在判决书中详细阐述证据认证意见，说明哪些证据被采信、哪些证据未被采信及其理由。

4. 引入经济分析报告

在部分重大案件中，当事人提交经济分析报告以支持其赔偿主张。尽管法院可能不完全采信报告结论，但其引入表明了经济分析在知识产权赔偿中的重要作用。经济分析报告需基于实证分析，提供具体的数据支持和逻辑推理。

5. 举证妨碍制度的应用

当被告拒不提供关键证据时，法院可适用举证妨碍制度，推定对其不利的事实。例如，在"'格力'专利案"中，法院因被告拒不提供侵权获利账簿资料，推定其应承担举证妨碍责任。

6. 综合考量因素

在确定赔偿额时，法院不仅考虑直接证据所证明的事实，还综合考量涉案市场价值、侵权行为的性质、持续时间、规模、主观恶意等因素。通过全面、客观的分析，确保赔偿额的合理性和公正性。

总之，我国知识产权案件高判赔的特点主要体现在案件数量与判赔额的逐年上升、法院提高判赔额的积极举措以及多样化的赔偿额确定方式上。在证据方面，质证与采信的要点包括积极举证、丰富多样的证据类型、严格的质证与认证过程、经济分析报告的引入以及举证妨碍制度的应用。通过这些措施，法院力求在知识产权案件中实现赔偿额的科学、合理和公正。

第二编
著作权侵权诉讼

本编围绕著作权民事诉讼的要点予以陈述和论证，并深入争议的核心要点，解释著作权民事诉讼的规则和适用技巧。

第六章
········◇◆◇········

著作权侵权诉讼概述

　　本章将讲述著作权民事诉讼的基本概念，概括当前我国法院审判著作权民事纠纷案件的现状，总结著作权民事诉讼的特征，指出法院审理著作权民事诉讼案件的逻辑与思路，并简述诉讼的核心问题，以帮助读者总体掌握著作权民事诉讼的全貌，熟悉诉讼流程。

　　2023 年，人民法院审结著作权民事一审案件 246 013 件。新收著作权案件 251 687 件，同比下降 1.57%，占全部知识产权新收案件的 54.46%。[1]其中，几大知识产权法院受理的案件数量也不在少数。北京知识产权法院共受理著作权纠纷案件 3988 件。其中，一审著作权纠纷案件 677 件，二审著作权纠纷案件 3289 件，申请再审 35 件，民事再审 4 件，提级管辖 5 件。2023 年共审结著作权纠纷案件 5593 件。其中，一审著作权纠纷案件 893 件，二审著作权纠纷案件 4679 件，再审审查 34 件，民事再审 5 件，提级管辖 5 件。[2]上海知识产权法院共受理著作权案件（不包括计算机软件著作权）681 件，占整个受理知识产权类案件的 10.35%，同比增长 20.96%。[3]

第一节　著作权诉讼的特征

　　知识产权类诉讼中的著作权类型所占的比重最大、量最多，这与《著作权法》的相关规定有关系，或者说与我们现实生活中复杂多样、繁纷种类的

---

〔1〕　2023 年中国法院知识产权司法保护状况。
〔2〕　2023 年北京知识产权法院著作权典型案例及评析，北京知识产权法院 2024 年 5 月 22 日。
〔3〕　2023 年北京知识产权法院司法保护状况。

作品类型有关系。文字作品、影视作品、音乐作品，这是我们日常生活中接触最多的三大类，还有各种各样的艺术形式的作品类型出现。除了这些之外，还有一些电子文档类型的，或者是以电子形式来呈现的。这些作品形式当然可能并没有改变作品的类型，但是传播形式多样化，也增加了著作权诉讼的复杂性和多样性，我们把著作权诉讼的特征归结为以下几点。

第一，因为著作权涉及的作品类型多样，所以著作权侵权的类型也多样化。第一个与作品类型有关系，第二个与作品的使用形式有关系。我们可以看到在广告类型的作品使用形式中，除了使用广告语之外，还有各种各样的名人明星的肖像、海报、卡通形象，还有视频音频等，综合构成了一个广告作品。比如，舞台剧除了演员之外，还有台词、编剧、化妆、舞美等之类的，包括音乐。

第二，著作权侵权诉讼呈现出了批量化和商业化的倾向。在法院统计的数据中，大家可以看到批量维权案件其实更多的是集中在著作权领域，比如一部影视作品，它可能会在若干个平台以不同的形式被传播，所以著作权人可能会同时状告很多传递的平台，所以它就会呈现一种批量化的特点。再加上著作权人，拥有多样的作品，比如影视制作公司、经纪公司，它有很多音乐和电影，所以维权的时候可能是若干部电影同时维权。因而在诉讼的时候，我们可以见到一次多达 300 个到 500 个这样的案件。

第三，在著作权诉讼中，通常著作权人或者主张权利的当事人也比较多样。除了作者之外，还有受让人、使用人，甚至传播的平台。在传统环境下，除了作者之外，还可能有出版社、杂志社、报社等机构来维权。在华盖批量的图片作品维权案件中，我们可以看到华盖是集成了摄影师和摄影家所摄影的作品，也包含了自由艺术家所创作的摄影作品和绘画作品。在维权源头上，有些是作者授权的，所以就集成批量化的这些艺术家的作品。在维权的时候，原告以个人的身份，或以代理人的身份，甚至以受让人的身份来出现。在谭谈交通的案件中，大家都在质疑为什么来维权，一个毫不知名临时成立的小公司来维权，它的权利来源在哪里？我们可以看到市场交通电台和电视台，整体把著作权转让给这个公司。所以，在这个意义上，就相当于公司是权利人再来维权。而不是以代理人的身份，或者是以中介人的身份，甚至是民间代理的身份来出现。在共同创作类作品、原生作品和二次作品以及言语作品的作品使用中，也呈现着复杂的权利人维权现象。它可能是原始的著作权人，也可能是二次创作的著作权人、衍生作品的创作权人。所以，在相关诉讼中，我们要区别什么样的权利人，以什么样的身份、权利、地位来参加诉讼或者提起诉讼。

第四，在著作权侵权案件中，我们鲜见质疑著作权作品的构成。在商标和专利案件中，我们通常质疑商标权的有效性或者是权利瑕疵。在专利诉讼中，被告通常会提起专利无效，质疑专利权的有效性手段。但是，在著作权案件中，我们很少看到，著作权人在主张享有作品的著作权后，被告提出抗辩说原告的"这个东西"不构成作品。当然，在实体理论上，与《著作权法》的规定有关系，因为《著作权法》的规定在作品获得的实体要件上，是独创性要件，也就是只要是独立创作的，就可以享有著作权。至于独创性的程度高低，通常不作为作品是否构成作品的一个判断要件，这是它的一个特征，决定了在作品的权利主张上，通常很难质疑其有效性。其次在于作品创作完成之后自动取得著作权。不需要登记，也不需要注册。计算机软件鼓励登记，当然也可以不登记。所以总体来讲，著作权没有与专利权、商标权相同的官方的确认程序，会导致权利人主张权利的时候，被告很难质疑。我们可以看到，在王老吉与加多宝的争议中，原告和被告分别提出自己享有著作权。另外，《著作权法》规定短语、标题这些不能享有著作权，所以导致短语、标题只能用反不正当竞争法来保护。因此，无法提出是否是作品的质疑。

第五，在著作权诉讼中，作品价值的获取比较复杂，或者计算的方式比较复杂，因为文化艺术类的作品有时很难定价。因而，在讨论侵权赔偿的时候，使用定额的计算方式和法定赔偿额通常难以判断，而不像商标和专利那样能通过商品来辅助确认价值。

第二节　著作权侵权案件审判的逻辑和思路

由于著作权为财产性私权，所以规范著作权的《著作权法》主要围绕权利人、权利客体、权利及限制三个核心问题展开。在著作权侵权民事诉讼中，原告应当为权利人或者授权的代理人，证明自己对主张的作品享有权利，主张被告的行为侵害了其著作权。被告享有抗辩的权利，主要围绕自身行为不落入原告权利的范围，或者具有合法正当来源的抗辩理由对抗原告的主张。

一、著作权侵权诉讼审判的逻辑及问题

法院在审理著作权侵权案件的过程中就原告主张和被告抗辩予以审判，可以细化为六个问题。

（一）原告享有著作权

著作权是权利人对其独创性作品享有的民事性权利。获得著作权需要三个要件：自然人作者、[1]独创性作品、形式合法。

目前，我国法院审判了三起涉及人工智能创作的案件。在"分析报告案"中，涉案文章的文字内容并非威科先行库"可视化"功能自动生成，而是原告独立创作完成，具有独创性，构成文字作品。[2]在"深圳市腾讯计算机系统有限公司诉上海盈某科技有限公司侵犯著作权及不正当竞争纠纷案"中，法院认为，Dreamwriter 软件的自动运行并非无缘无故或具有自我意识，其自动运行的方式体现了原告的选择，涉案文章属于我国《著作权法》所保护的文字作品。涉案文章是原告主持创作的法人作品。[3]在"AI 文生图著作权案"中，法院认为，从原告构思涉案图片起，到最终选定涉案图片止，原告进行了一定的智力投入，比如设计人物的呈现方式、选择提示词、安排提示词的顺序、设置相关的参数、选定哪个图片符合预期等等。故涉案图片具备了"智力成果"要件。从涉案图片生成过程来看，原告对于人物及其呈现方式等画面元素通过提示词进行了设计，对于画面布局构图等通过参数进行了设置，体现了原告的选择和安排。另一方面，原告通过输入提示词、设置相关参数，获得了第一张图片后，其继续增加提示词、修改参数，不断调整修正，最终获得了涉案图片，这一调整修正过程亦体现了原告的审美选择和个性判断。故涉案图片具备"独创性"要件。原告是直接根据需要对涉案人工智能模型进行相关设置，并最终选定涉案图片的人，涉案图片是基于原告的智力投入直接产生，且体现出了原告的个性化表达，故原告是涉案图片的作

---

[1] 法人作品是由自然人创作、权利归属法人的作品，法人并无思想，自身无法形成思想的个性表达，不能直接作为作者。

[2] 一审［2018］京 0491 民初 239 号民事判决书，二审［2019］京 73 民终 2030 号民事判决书。

[3] "深圳市腾讯计算机系统有限公司诉上海盈某科技有限公司侵犯著作权及不正当竞争纠纷案"［2019］粤 0305 民初 14010 号民事判决书。

者，享有涉案图片的著作权。[1]

这三个案件并非司法审判对生成式人工智能创作主体的认可，那些认为我国司法已经开始保护生成式人工智能创作物和人工智能创作主体地位的观点过度解读了司法案例的观点。其实，法院裁判的逻辑起点仍然立足于自然人思想的个性表达，生成式人工智能只是作者完成创作的工具，并非自动创作完成了作品。最高人民法院业已表示，就目前中国法院的司法实践来看，尚未出现涉及人工智能自主生成产物是否构成《著作权法》保护的作品的案例。[2]当然，随着人工智能技术的发展，完全自动生产的内容是否可以作为作品，人工智能是否为作者的问题，有待进一步观察。

（二）被告的行为抽象

《著作权法》第 10 条罗列作品享有的 16 项有名权利，这些权能固然授予权利人对作品使用方式的控制权，但是其更在于明确被告什么样的行为可能落入著作权的范围，从而构成著作权侵权。因而，我们需要抽象被告的行为，比照该行为是否落入著作权权利范围。为此，被告使用作品的方式，以及被告行使权利的可能均应予以考量。

（三）衡量作品的相同或实质性相似

《著作权法》第 52 条第 5 项规定，剽窃他人作品的，为著作权侵权行为。所谓的剽窃，是指完整抄袭他人作品内容，而不指明原作者的情形。抄袭是指实质性引用他人作品，超出了合法性界限的行为。对于原作基础上未经许可的增加新内容，属于侵犯改编权的行为。

换言之，如果被诉作品与原作内容相同或者实质性相似，那么被诉作品就构成了抄袭或剽窃，侵犯了原作的复制权等权利。同样，如果抄袭或剽窃了原作，那么两个作品就存在相同或实质性相似。其实，日常所说的盗版，本质上仍是完全抄袭，且实施了与原作并不存在任何差别的复制。

（四）被告的抗辩

在著作权侵权诉讼中，被告合法的抗辩理由主要表现为：其一，作品本身存在瑕疵，可能不具有独创性，也可能属于法律排除的领域；其二，被告

---

[1]　[2023] 京 0491 民初 11279 号民事判决书。

[2]　周波：《人工智能与著作权保护——中国法院的司法实践》，2020 年 7 月在 WIPO "人工智能与著作权保护"主题大会上的发言。

正当权利的行使，比如独立完成的相同作品，属于法律容许的巧合；其三，被告对原作品的合理使用。当然，作品保护期届满、权利人主体不适格等也可以被作为抗辩理由，这与著作权本质问题关联不大，不予赘述。

（五）侵权赔偿额的确定

著作权侵权赔偿额的计算标准为：原告的损失，被告的侵权获利，许可费的倍数，法定赔偿。从理论上讲，原告具有选择何种方式的权利，实务操作上，端赖于原告的举证能力和具体证据的质证采信情况。

（六）其他责任的承担

著作权侵权责任除了赔偿外，还可以主张禁令，赔礼道歉、消除影响，以及侵权商品的处理。

二、审判问题的解释

（一）作品及著作权人

在上面所提到的逻辑中，每个逻辑所包含的问题与商标、商业秘密侵权并非完全相同。比如，原告享有著作权，《著作权法》规定的作品类型很多，除了文字作品、口头作品、建筑作品、音乐作品、视听作品，还有各种各样的计算机软件等类型的作品。不同的作品类型的独创性和表达形式并不相同，在判断作品的时候，它不像商标和专利，具有官方的权利证书。就著作权而言，我们就要针对每个作品的类型来看，其是否符合作品的构成要件，独创性、可复制的表达形式，是否满足《著作权法》的规定。比如，表达的完整性、表达的唯一性、场景理论等等。经过这些理论的检验之后，方能判定是否构成了作品。

诉讼的原告为权利人，或者是被许可人，或者是享有诉讼利益的被委托人。原告的主体资格，跟作品的主张应当一一对应起来。如果作品权利不是为起诉人所有，那么原告的身份就可能与作品类型无法对应起来。比如，在"王某诉安徽音像出版社、深圳南山书城侵犯著作权纠纷案"中，深圳市中级人民法院认为，黄梅戏电影《天仙配》为电影作品，其整体著作权依法归属于制片人上海电影制片厂。安徽音像出版社出版发行电影 VCD 的行为，是对电影整体作品的使用。因此，无论严某英是否享有唱腔设计著作权，其法定继承人均无权向安徽音像出版社主张权利。[1]

（二）著作权侵权的逻辑

如果说被告的行为构成了著作权侵权，那么原告应当享有相关的权利，且被告的行为与受保护权利的行为表现相同。比如，出租一般文字作品的经营者，如果被著作权人提起出租权诉讼，那么这个主张不能成立。因为出租图书并不落在图书所享有的出租权范围内。出租权的客体或者享有出租权的作品类型为三类：视听作品、音乐作品、计算机软件，这三类作品才享有出租。因而，以文字作品状告出租权，肯定不成立，因为文字作品不享有出租权，因而被告的行为也不落入权利范围。

在判定被告侵权行为的时候，我们采用的是原告主张的作品类型所形成的权利类别的涵摄范围涵盖了被告的行为，或者被告的行为落入原告主张作品的权利类型内，才能构成侵权。比如，作品在网络环境下享有信息网络传播权。如果说，作品不适合网络环境传播，或者在网络环境下其不享有信息网络传播权，那么其主张信息网络传播权侵权是不能成立的。还有一些类型的作品，它的权利类别是不一样的。比如，MV 认定为音乐作品，还是视听作品，将左右被告侵权行为是否成立。在"深圳市瑞丰盈投资有限公司与海口秀英向荣好声音歌舞厅侵害作品放映权纠纷上诉案"中，海南自由贸易港知识产权法院认定，部分 MV 由于仅为演唱会现场录制或由电影、电视剧片段剪辑而成，不具备视听作品所需的独创性，因此不享有放映权保护。在"东莞市陆号歌舞娱乐有限公司与中音（广州）文化传播有限公司著作权权属、侵权纠纷上诉案"中，广东省东莞市中级人民法院认为，当音乐作品作为视听作品的一部分时，其著作权由制片人享有，词曲作者不能单独就视听作品主张复制权和表演权。卡拉 OK 场所提供视听作品的点播服务，是对视听作品整体的放映和表演，并非单独使用词曲作品，因此词曲著作权人无权直接主张权利。[2]音乐电视（MTV）属于作品还是制品的问题关乎权利和侵权。若为作品，则归于以类似摄制电影的方法创作的作品，词曲作者不能就音乐电视的复制、播放等主张著作权；若为制品，则归为录音录像制品，词曲作者

---

[1] "王某诉安徽音像出版社、深圳南山书城侵犯著作权纠纷案"，[2006] 深南法知初字第 10 号民事判决书，[2009] 深中法民三终字第 86 号民事判决书。

[2] 《2023 年音集协法律经典案例》，载中国音像著作权集体管理协会：https://www.cavca.org/newsDetail/1984，2024 年 8 月 12 日访问。

可以就词曲的机械表演权、复制权等主张权利。[1]放映权是影视作品票房收入的权利保证，这是视听作品的商业运营模式和商业渠道。音乐作品通常走的不是院线的途径和渠道，它通常走的是音乐作品或者是卡拉 OK 商业渠道。原告主张院线的放映权侵权，其实走的是视听作品的路线，所以原告主张的MV 应可以构成视听作品。

有一些作品可以通过不同的方式转换表达来实现。比如，在诉讼实务中很少看到口述作品案件的诉讼，大部分是对口述作品的录音或者是录像，或者是通过文字的整理形成的文字作品、录音录像制品或者视听作品，很少是以口述作品的方式来展现。所以判定被告的行为，要注意与原告主张的权利类别相对应，被告的行为一定要落入到原告作品的权利类型内，才能构成侵权。当然，《著作权法》也罗列了几种典型的著作权侵权形式。

（三）被告的抗辩

通常在著作权侵权案件中，被告常常采用合理使用进行抗辩。合理使用制度为著作权法中与著作权相平行的一个制度，其具有平衡权利人和使用者之间利益的功能。关于合理使用的问题，笔者将在后面专门作出详细解释。

第三节　著作权侵权的类型

基于著作权侵权诉讼的复杂性，我们可以依照作品和侵权行为的样态对著作权进行细致的类型化分析，以便在审理过程中采取更为精确和适宜的审理思路。

一、著作权侵权类型化分析

著作权法所保护的作品类型广泛且多样，依据现行法律的规定，作品类型大致可被分为十二大类，并采取开放式规定，只要是符合独创性要求的智力成果表达形式，均可被视为作品。因此，除了传统作品类型外，还不断涌现出新兴作品形式。

---

〔1〕　参见《广东省高级人民法院关于审理侵害影视和音乐作品著作权纠纷案件若干问题的办案指引》。

1. 文字作品侵权

主要涉及书籍、杂志、报纸等出版物的版权问题。在传统环境下，尤其是 20 世纪 80 年代，盗版图书案件频发。此类侵权常涉及对抄袭与剽窃的认定，尽管法律上未对二者作严格区分，但在实践中，法院会根据作品间的实质性相似程度进行判定，如"庄某诉郭某某、春风文艺出版社侵犯著作权案"便是一例。[1]

2. 视听作品（原称"电影作品和以类似摄制电影的方法创作的作品"）侵权

随着网络技术的发展，短视频侵权成了新焦点，如抖音、快手等平台上的短视频内容。此类侵权不仅包括直接上传侵权视频，还涉及长视频切割、二次创作等复杂情形，增加了侵权认定的难度。

3. 音乐作品侵权

主要围绕表演权和广播权展开。表演权要求演唱者在使用音乐作品时获得著作权人许可；而广播权则涉及录音录像制品的二次使用及词曲作者的二次收费权。新著作权法修正案进一步明确了录音录像制作者享有二次使用的权利。

4. 建筑作品侵权

保护的重点在于建筑外观设计的独特性和空间布局的创新性。直接复制知名建筑外形的情况较为罕见，但将建筑作品用于模型、明信片、包装装潢等商业用途的侵权行为则时有发生。

5. 计算机软件侵权

依据《计算机软件保护条例》，侵权判定通常涉及对程序源代码及实现功能的对比分析，而非仅限于语言层面的相似性比较，需综合考虑程序的逻辑结构、功能实现等因素。

二、基于传播环境的划分

1. 传统环境侵权

主要发生在实体媒介（如书籍、光盘等）的复制、发行过程中，权利核心在于复制权。

---

[1] "庄某诉郭某某、春风文艺出版社侵犯著作权案"，[2005] 高民终字第 539 号民事判决书。

2. 网络环境侵权

在网络空间中，由于复制与发行行为的形式发生变化，信息网络传播权成了核心权利，涵盖浏览、下载等多种网络使用行为。此外，网络平台、服务器及 APP 等作为侵权作品的传播渠道，常成为共同被告，增加了案件的复杂性。

总之，著作权侵权类型化的目的在于精细化审理思路，确保不同类型侵权行为的准确认定与合理赔偿。随着技术的不断进步和法律的持续完善，著作权保护将面临更多挑战与机遇，要求法律从业者不断适应新情况，提升专业能力。

第七章

----◇·◇----

著作权侵权诉讼的请求权基础

著作权诉讼的请求权基础就是原告享有合法、有效的著作权。以著作权为中心，厘清作品、权利边界、排除性要素是处理著作权诉讼案件的核心问题。

第一节 作品

一、作品的概念

作品，是指文学、艺术和科学领域内具有独创性并能以一定形式表现的智力成果。简言之，作品是作者思想的个性表达。该概念包含了作品构成的三个基本要件：其一，文学、艺术和科学领域内。这些领域涵盖了广泛的创造性表达形式，被认为是传统上著作权保护的核心范围。然而，随着技术的发展和创意产业的扩展，作品的保护领域也将予以拓展。比如，多媒体和交互式作品：包括视频游戏、虚拟现实体验等，这些作品结合了文学、艺术和科学元素，很难归属于哪个领域。其二，独创性。作品必须是作者独立创作的，具有一定程度的创造性，不是对已有作品的简单复制或模仿。独创性为著作权法领域内最为复杂、最不确定、最难描述的概念，容后专节论述。其三，以一定的形式表现。作品不能仅停留在思想的层面，应能够以某种形式固定下来，可以被复制或传播，如书写、印刷、录音、录像等。

二、作品的种类

依据不同的表达形式，作品可以表现为不同的类型。我国《著作权法》

第3条规定，著作权法所保护的作品类型包括：①文字作品；②口述作品；③音乐、戏剧、曲艺、舞蹈、杂技艺术作品；④美术、建筑作品；⑤摄影作品；⑥视听作品；⑦工程设计图、产品设计图、地图、示意图等图形作品和模型作品；⑧计算机软件等。

这些作品种类的列举并不是排他性的，比如计算机软件中的文档作为计算机软件的组成部分归入著作权客体。此外，除非特别的排除，符合作品特征的独创性表达均有资格获得著作权保护。

比如，游戏作品中有多种元素，尤其是游戏画面呈现出多样化，如何将其归属于现有的作品种类是个司法实务中的难题。《广东省高级人民法院关于网络游戏知识产权民事纠纷案件的审判指引（试行）》第17条提出，[1] 游戏画面，是指网络游戏运行时呈现在终端设备上的由文字、声音、图像、动画等游戏元素构成的综合视听表达。运行网络游戏某一时刻所形成的静态画面，符合美术作品构成要件的，应予保护。运行网络游戏某一时段所形成的连续动态画面，符合以类似摄制电影的方法创作的作品构成要件的，应予保护。

随着科技发展、文化繁荣，新的作品形式层出不穷。比如，Cosplay、妆容、瞬间艺术等，如何归类和保护等问题，均考量着作品界定的科学性、合理性。在司法实践中，已有案例尝试将新型的智力成果认定为作品。例如，在"杭州网易雷火科技有限公司诉广州简悦信息科技有限公司著作权侵权及不正当竞争纠纷案"（以下简称"率土之滨案"）中，一审法院认为电子游戏作为一个整体，其独创性体现在游戏规则、游戏素材和游戏程序的具体设计、选择和编排，并通过游戏画面予以呈现，因此应当作为新的作品类型予以保护。[2]

三、独创性

独创性是判定创作物是否构成作品的核心问题。司法实践中具体认定作品时，主要把握三点：①是否具有一定的表现形式，不属于客观事实或抽象的思想本身；②是否由创作者独立创作完成，体现创作者的个性化选择、判断及技巧等因素；③是否属于智力劳动成果。

---

〔1〕《广东省高级人民法院关于网络游戏知识产权民事纠纷案件的审判指引》（粤高法发〔2020〕3号）。

〔2〕"杭州网易雷火科技有限公司诉广州简悦信息科技有限公司著作权侵权及不正当竞争纠纷案"，广州互联网法院〔2021〕粤0192民初7434号民事判决书。

在"孔虫模型案"中，法院认为，有孔虫模型是对有孔虫生命体特征的反映，其本身体现了制作者郑某的个性化选择和表达，属于《著作权法》保护的对象。因此，郑某根据其多年对有孔虫的观察、分析和研究成果，独立制作出有孔虫放大模型，体现了郑某对有孔虫生命体的理解，是对客观事物进行艺术抽象和美学修饰的创作成果，符合《著作权法》对作品独创性及独创高度的保护要求，构成《著作权法》意义上的作品。[1]

在"Dreamwriter 作品侵权案"中，法院提出独创性的两步判断法：首先，是否独立创作以及外在表现上是否与已有作品存在一定程度的差异或具备最低程度的创造性；其次，从涉案文章的生成过程来分析是否体现了创作者的个性化选择、判断及技巧等因素。法院认为，涉案文章的特定表现形式及其源于创作者个性化的选择与安排，并由 Dreamwriter 软件在技术上"生成"的创作过程，满足《著作权法》对文字作品的保护条件。[2]

总体而论，独创性是指体现作者的个性化选择、组合和安排，以及创作出有别于他人作品的独立表达。换言之，独创性的解释需要还原作者的创作过程，包括参考资料的选取、材料的使用、构思的构成，以及成果的特色表达等。

当然，司法实践中也存在争议，"结果论""过程论"相较不下。尤其是关乎人工智能创作问题，就人工智能生成的内容，如果适用结果论，只考察最终的成果，那么人工智能创作物为作品；如果适用过程论，还原创作的过程，那么人工智能通过计算、重组、回校等动作生成内容的过程，只不过为概率的计算，与情感创作迥异，其生成物不应被视为作品。[3]

---

〔1〕《中国科学院海洋研究所、郑守仪诉刘某等侵犯著作权纠纷案》，载《最高人民法院公报》2014 年第 3 期。

〔2〕《深圳审结首例人工智能生成文章作品纠纷案　法院认定构成作品》，载《人民法院报》2020 年 3 月 19 日。

〔3〕 相关研究可以参见吴汉东：《人工智能生成作品的著作权法之问》，载《中外法学》2020 年第 3 期；毕文轩：《生成式人工智能生成内容的版权属性与保护路径》，载《比较法研究》2024 年第 3 期；张新宝、卞龙：《人工智能生成内容的著作权保护研究》，载《比较法研究》2024 年第 2 期；朱阁：《"AI 文生图"的法律属性与权利归属研究》，载《知识产权》2024 年第 1 期；崔国斌：《人工智能生成物中用户的独创性贡献》，载《中国版权》2023 年第 6 期；蒋舸：《论人工智能生成内容的可版权性：以用户的独创性表达为视角》，载《知识产权》2024 年第 1 期；李扬、涂藤：《论人工智能生成内容的可版权性标准》，载《知识产权》2024 年第 1 期；闻天吉：《驳人工智能"创作工具说"》，载《知识产权》2024 年第 1 期；王迁：《再论人工智能生成的内容在著作权法中的定性》，载《政法论坛》2023 年第 4 期。

就独创性高度的问题，理论界与实务界也存在争议。一种观点认为，作品只要具备一定程度的独创性，不论其独创性的程度高低，都满足著作权法的要求，从而受到著作权保护。李扬教授指出，著作权法的趣旨在于追求文化多样性，不应对作品的独创性提出过高要求，只要作品表达与他人不同，且不属于司空见惯的表达，就应该认定其具有独创性。[1]与上述观点相对的是，坚持具备一定的创作高度的作品观，这种观点认为，如果将独创性的门槛设置得太低，可能会导致大量低质量的创意作品泛滥，扰乱文化市场的秩序。但是，实务操作中高度观可能导致对作品艺术水准的主观判断使某些法官在个案中任意行使自由裁量权。目前的趋势是越来越多的司法实践和学术讨论倾向于接受独创性的有无标准，而不是强调其高低程度。这一趋势也与国际上著作权法保护的一般原则相符合，即作品只要满足最低限度的独创性要求，就应受到著作权法的保护。

比如，在实用艺术作品独创性的司法认定标准方面，法院一般通过将其纳入美术作品的范畴来提供著作权保护。但是，实用艺术作品的独创性标准仍较难界定，部分法官认为，对实用艺术作品独创性的判断应与美术作品对独创性的要求相同。另有法官认为，实用艺术作品的独创性要求应高于美术作品。最高人民法院发布的第157号指导案例指出，作为美术作品受著作权法保护的实用艺术作品，除同时满足关于作品的一般构成要件及其美术作品在艺术造型、结构、色彩搭配等方面展现出作者的独特个性和创造力外，还应满足其实用性与艺术性可以相互分离的条件。[2]

四、排除作品领域

(一) 思想

著作权只授予思想的独创性表达，而不授予思想本身。这是著作权保护的基本原则。对此，美国版权法的表述为："在任何情况下，对作者原创作品的版权保护，决不及于思想、程序、方法、体系、操作方法、概念、原则或发现，无论它在作品中以何种方式得到描述、说明、图示或体现。"《与贸易有关的知识产权协定》（TRIPs）第9条明确规定，版权保护应延及表达，而

---

〔1〕 李扬：《浅析作品独创性的几个常见争议》，载《中国知识产权报》2020年8月7日。
〔2〕 最高人民法院指导案例157号："左尚明舍家居用品（上海）有限公司诉北京中融恒盛木业有限公司、南京梦阳家具销售中心侵害著作权纠纷案。"

不延及思想、工艺、操作方法或者数学概念本身。

"思想"在我国的著作权法的话语体系中等同于"创意",未曾以一定外在形式表达的创意仅停留在思想的层面,无法受到保护,这在"女子十二乐坊案"中被充分阐述。原告张某指控王某非法剽窃了他的创意,认为"女子十二乐坊"的表现形式与他早期形成的《中华女子乐坊创意策划文案》和《北京中华女子乐坊文化发展有限公司整合报告》一致,侵犯了他的署名权、改编权和汇编权。法院在审理此案时认为,著作权法不保护创意或构思,而只保护具体的表达形式。法院通过比较王某的《实施计划》和张某的《整合报告》,认为二者在篇章结构和具体表达形式上并不相同,因此王某和世纪星碟公司没有侵犯张某对《整合报告》享有的著作权,驳回了张某的诉讼请求。[1]

至于思想与表达的区分,以及相关的合并理论、场景理论等,并非本书着墨点,可以参考相关的论文和论著。

(二)非作品性表达

虽然以一定的文字表达出来,但是并不形成著作权法要求的独创性智力成果,不能作为作品受到保护。这包括以下几种类型:

(1)法律、法规,国家机关的决议、决定、命令和其他具有立法、行政、司法性质的文件,及其官方正式译文。

(2)单纯事实消息。

(3)历法、通用数表、通用表格和公式。

(三)不受法律保护的作品

《著作权法》第4条规定:"著作权人和与著作权有关的权利人行使权利,不得违反宪法和法律,不得损害公共利益。国家对作品的出版、传播依法进行监督管理。"比如,违禁作品,并不否认其作品性,只是在出版、发行等方面受到限制,应当遵守国家的出版政策。

第二节　著作权

著作权是指作品之上所配置的民事权利,或者权利人对作品的支配性财

---

〔1〕周晓冰:《张铁军诉"女子十二乐坊"剽窃创意终审被驳》,载中国法院网:https://www.chinacourt.org/article/detail/2005/03/id/156113.shtml,2024年8月20日访问。

产权利。著作权不同于物权性财产权的占有、使用、收益、处分权能，主要表现为控制作品产生的人身性权利和财产性收益，除合理使用等例外，未经许可实施权利所控制的行为，都可能构成著作权侵权。

一、著作权的产生

本国公民、法人创作完成的作品，不论是否发表，都享有著作权。美国版权法的表述为，一件原创性作品一旦由作者或经其授权固定于任何有形体的表达媒介，版权随之而生，保护也就开始了。[1]

在我国，作品登记并不是取得著作权的前提条件，但作品登记作为一种证明手段，对于著作权的产生和流转具有不可替代的作用。作品登记的主要目的是维护作者或其他著作权人和作品使用者的合法权益，有助于解决由著作权归属造成的著作权纠纷，并为解决著作权纠纷提供初步证据。根据《作品自愿登记试行办法》的规定，著作权登记证书在证明著作权归属方面起到了初步证明的作用，但并不是取得著作权的前提条件。作品不论是否登记，作者或其他著作权人依法取得的著作权均不受影响。此外，著作权登记证书可以作为证据，但其仅能起到初步证明效力，不能视为权利人已经完成了举证证明责任。

在实践中，作品登记有助于明确作品的权属，为版权交易和授权提供便利。然而，作品登记证书并不是拥有特殊权利的"尚方宝剑"，在发生权利冲突时，法院需要在实质审查后对著作权归属作出认定，不能仅以著作权登记证书作为判断依据。[2]

二、著作权内容

我国《著作权法》授予作品的权利，包括人身权和财产权。人身权是指基于作者与作品之间的联系关系而存在的精神利益。著作人身权与一般人身权不同，可以在一些特殊的情形下转让、继承等。比如，在作者生前未明确

---

[1] [美]谢尔登·W.哈尔彭、克雷格·艾伦·纳德、肯尼思·L.波特：《美国知识产权法原理》（第3版），宋慧献译，商务印书馆2013年版，第49页。
[2] 《最高人民法院关于审理著作权民事纠纷案件适用法律若干问题的解释》第7条第1款规定："当事人提供的涉及著作权的底稿、原件、合法出版物、著作权登记证书、认证机构出具的证明、取得权利的合同等，可以作为证据。"

表示是否发表的作品，其作品的继承人可以决定是否发表；作者可以连同发表权一并将财产权转让给他人。财产权是由作品所能产生的市场利益所决定的。比如，美术作品的价值在于复制、展览、播放，因而美术作品设定的财产权为复制权、展览权、播放权。我国《著作权法》规定的著作权类别非常丰富。陈述如下：

（1）发表权，即决定作品是否公之于众的权利。

（2）署名权，即表明作者身份，在作品上署名的权利。

《著作权法》第 52 条第 3 项规定，没有参加创作，为谋取个人名利，在他人作品上署名的，属于侵犯他人署名权的行为。那么，依据《著作权法》第 53 条第 8 项的规定，为了谋取不当利益，在自己作品或者非本人作品上假冒他人署名的美术作品，也属于著作权侵权行为。简言之，冒名发表或者虚假署名，皆造成作品来源和作者身份的混淆，属于侵犯他人署名权行为。[1]

（3）修改权，即修改或者授权他人修改作品的权利。

（4）保护作品完整权，即保护作品不受歪曲、篡改的权利。

其实，修改权与保护作品完整权是一体两面，修改权是授予对作品予以修改、删减、改动的权利，保护作品完整权是权利人禁止他人未经许可对作品予以修改的权利。当然，歪曲、篡改肯定损害了作品的修改权，只是并非删减作品的表达，可能存在歪曲性增加，改变原作表达的成分。但是，本质上区分两者的差异并无必要，被告的行为只要侵犯其中的任意一个，就构成人身权侵权。而且，侵犯权利的多少与赔偿额的计算并无实质关联。

（5）复制权，即以印刷、复印、拓印、录音、录像、翻录、翻拍、数字化等方式将作品制作一份或者多份的权利。

从技术的附属性和复制的社会性、经济性考虑，衡量一种复制行为是否应属于复制权规范的范围，或者说无法律意义的复制，应当满足三个条件：其一，临时复制行为为技术实现过程必需的一个组成部分，临时复制行为需要完全在实施技术过程的范围内进行，如果没有这种行为，有关的技术过程就不能正确和有效地运作，尽管启动和终止该过程涉及人为干预。其二，临时复制行为必须是唯一追求的目的，且获得使用的作品必须合法取得，属于权利人允许的使用或者不受法律限制的使用。如果临时复制的目的是提取作

---

〔1〕　吴汉东：《知识产权法》，法律出版社 2021 年版，第 199 页。

品的内容，或者对内容予以改编或拍摄，那么这种临时复制便成了实现其他目的的手段，如果其他目的不合法，溯及临时复制也不合法，或者说手段性临时复制超越了临时复制的限制范围。其三，临时复制不得具有独立的经济意义，即当这些行为不能产生超出合法使用受保护作品所产生的额外利润时，也不会导致对该作品的修改。[1]

（6）发行权，即以出售或者赠与方式向公众提供作品的原件或者复制件的权利。

值得一提的是，发行权的标的为作品原件或者复制件，不转移作品实体载体的行为，不属于发行权控制的行为。因而，网络环境下的作品传播不适用发行权规定。

（7）出租权，即有偿许可他人临时使用视听作品、计算机软件的原件或者复制件的权利，计算机软件不是出租的主要标的的除外。

（8）展览权，即公开陈列美术作品、摄影作品的原件或者复制件的权利。

（9）表演权，即公开表演作品，以及用各种手段公开播送作品的表演的权利。

表演是指通过肢体动作、乐器或其他设备公开再现作品的行为。表演的形式非常广泛，公开朗诵、演奏、演出、舞蹈等艺术表达形式都可以属于表演。但是，构成《著作权法》上的表演，必须同时满足"公开""再现"的要求。比如，文字作品的表演，即便为表演的需要，对原作予以修改、删减，仍受原作表演权的控制。当然，文学、音乐、戏剧、舞蹈、视听作品等适合公开表演的作品，易于授予表演权。比如，图形类、计算机类、建筑类作品等不适于设定表演权。

表演权包括现场表演和机械表演两种形式。现场表演是指演出者运用演技，向现场观众表现作品的行为，例如演奏乐曲、上演剧本、朗诵诗歌等。机械表演则指运用唱片、光盘等物质载体形式，向公众传播被记录下来的表演的行为，如卡拉 OK 厅和舞厅播放音乐等。无论是现场表演还是机械表演，它们都属于公开表演作品的行为，应当取得著作权人的同意，并向其支付报酬。

对于音乐版权的法律保护，我国《著作权法》和《信息网络传播权保护

---

[1] 可参见案例的论述：Case C-5/08 Infopaq Ⅰ and C-302/10 Infopaq Ⅱ.

条例》等均提供了相应的规定。背景音乐的二次收费问题涉及对音乐版权的使用和保护，根据中国音乐著作权协会提供的信息，音乐作品的表演权内容分为现场表演类和机械表演类收费标准。对背景音乐的使用，如在商场、超市、宾馆、饭店等公共场所播放，商家需要向音乐作品的著作权人支付使用费。此外，中国音像著作权集体管理协会也发布了互联网直播中使用音乐录音制品的试行付酬标准，明确了主播和平台作为付费义务主体，为使用音乐录音制品的直播间制定了具体的年、季、月收费标准。[1]

（10）放映权，即通过放映机、幻灯机等技术设备公开再现美术、摄影、视听作品等的权利。

（11）广播权，即以有线或者无线方式公开传播或者转播作品，以及通过扩音器或者其他传送符号、声音、图像的类似工具向公众传播广播的作品的权利，但不包括本款第12项规定的权利。

（12）信息网络传播权，即以有线或者无线方式向公众提供，使公众可以在其选定的时间和地点获得作品的权利。

（13）摄制权，即以摄制视听作品的方法将作品固定在载体上的权利。

（14）改编权，即改编作品，创作出具有独创性的新作品的权利。

改编强调新作品来源于原作，但又高于原作，对原作添加创新性内容。司法判决明确阐述了改编权的本质和侵权要件。比如，天津市第三中级人民法院认定《五环之歌》的歌词与《牡丹之歌》的歌词从立意到内容均不相同，构成了全新的作品，没有利用《牡丹之歌》歌词的主题、独创性表达等基本内容，不构成对《牡丹之歌》歌词的改编。[2]在"'武侠Q传游戏'侵害改编权及不正当竞争纠纷案"中，二审法院认为，涉案游戏使用了涉案作品中的主要人物角色、人物关系、人物特征、武功招式等创作要素，构成对涉案武侠小说改编权的侵犯。[3]由司法判例可见，与原作内容不存在关联，不构成改编。使用原作的内容要素，进行再创作，导致两作品并不实质相似，

---

〔1〕　中国音像著作权集体管理协会于2022年7月发布了关于试行《互联网直播中使用录音制品付酬标准（草案）》的公告。

〔2〕　"北京众得文化传播有限公司诉万达影视传媒有限公司、新丽传媒集团有限公司、天津金狐文化传播有限公司、岳某刚侵害作品改编权纠纷案"，天津市第三中级人民法院［2019］津03知民终6号民事判决书。

〔3〕　"'武侠Q传游戏'侵害改编权及不正当竞争纠纷案"二审民事判决书，北京市高级人民法院［2018］京民终226号民事判决书。

构成改编权侵权。

（15）翻译权，即将作品从一种语言文字转换成另一种语言文字的权利。

（16）汇编权，即将作品或者作品的片段通过选择或者编排，汇集成新作品的权利。

（17）应当由著作权人享有的其他权利。

三、著作权的保护期限

著作权的保护期限，因作者是自然人或法人而有所不同。对于自然人作品，作品的署名权、修改权、作品完整权无期限限制，发表权和其他财产权保护期为作者终生及其死亡后 50 年，截止于作者死亡后第 50 年的 12 月 31 日；如果是合作作品，截止于最后死亡的作者死亡后第 50 年的 12 月 31 日。

法人或者非法人组织的作品、著作权（署名权除外）由法人或者非法人组织享有的职务作品，其发表权的保护期为 50 年，截止于作品创作完成后第 50 年的 12 月 31 日；财产权的保护期为 50 年，截止于作品首次发表后第 50 年的 12 月 31 日，但作品自创作完成后 50 年内未发表的，本法不再保护。

视听作品，其发表权的保护期为 50 年，截止于作品创作完成后第 50 年的 12 月 31 日；财产性权利的保护期为 50 年，截止于作品首次发表后第 50 年的 12 月 31 日，但作品自创作完成后 50 年内未发表的，本法不再保护。

该期限的规定也适用于邻接权的规定。

第三节　邻接权内容

邻接权又被称为与著作权有关的权利，是指在作品传播中付出创造性智力劳动者所享有的民事权利。目前，我国《著作权法》赋予了出版者、表演者、录音录像制作者、广播组织者四类主体邻接权。但是，出版者、表演者、录音录像制作者、广播电台、电视台等依照《著作权法》有关规定使用他人作品的，不得侵犯作者的署名权、修改权、保护作品完整权和获得报酬的权利。详述如下：

一、出版者权

在我国出版社、期刊社、杂志社、报社等出版机构，应当获得宣传和版权管理部门的特殊许可，方能开展经营活动。每本、每张合法出版物均具有专属的出版号（版权号），未经批准的出版物为非法出版物，应当承担行政和刑事责任。[1]

出版者与著作权人签订合同，获得专有出版的权利，同时对所出版图书的版式设计享有排他权。出版图书应当遵守出版管理规定，负担主体责任。

二、表演者权

《著作权法》第 39 条规定："表演者对其表演享有下列权利：（一）表明表演者身份；（二）保护表演形象不受歪曲；（三）许可他人从现场直播和公开传送其现场表演，并获得报酬；（四）许可他人录音录像，并获得报酬；（五）许可他人复制、发行、出租录有其表演的录音录像制品，并获得报酬；（六）许可他人通过信息网络向公众传播其表演，并获得报酬。被许可人以前款第三项至第六项规定的方式使用作品，还应当取得著作权人许可，并支付报酬。"

以上权利的配置，在演唱会场景中得以充分体现。现场直播或公开传送他人正在表演的演唱会应当经许可，同步录音录像，复制、发行、出租录音录像制品，以及网络传播都应当经过许可，并支付报酬。但是，对于现场观众而言，为个人学习、欣赏等目的的录音、录像属于合理使用，应当允许。

与表演权相比较，两者存在三点主要区别：其一，表演者权源于表演者的表演，表演权源于作者的创作；其二，表演者权重在控制对表演内容的复制、传播，而表演权重在控制对作品的利用；其三，表演者权属于邻接权的一类，表演者权属于著作权的范畴。

三、录音录像制作者权

录音录像制作者对其制作的录音录像制品，享有许可他人复制、发行、出租、广播、通过信息网络向公众传播并获得报酬的权利。

制作录音录像应当同时取得著作权人、表演者许可，并支付报酬；被许可人出租录音录像制品，还应当取得表演者许可，并支付报酬。

应当注意的是，录音录像制品与视听作品、音乐作品不同，前者强调制

---

〔1〕　参见《出版管理条例》相关规定。

作，包括复制、剪辑、固定等一系列制作技能和技巧，后者为独创性作品，重在考察表达内容的独创性。

四、广播组织者权

广播电台、电视台享有的权利为：转播权、复制权、信息网络传播权，其权利客体为电台和电视台播放的节目或信号，这里应当理解为电台、电视台制作的节目或播放的信号，更多地体现的是编排、录制、固定、传送的技巧，如果节目达到了视听作品的独创程度，那么该节目就应当为电台、电视台创作的作品，而并非该邻接权保护的范围。

广播电台、电视台播放他人已发表的作品，可以不经著作权人许可，但应当按照规定支付报酬。该款所指的作品仅限于"录音、音乐"等音频的内容，不包括视听、录像等内容。因为《著作权法》第 48 条规定："电视台播放他人的视听作品、录像制品，应当取得视听作品著作权人或者录像制作者许可，并支付报酬；播放他人的录像制品，还应当取得著作权人许可，并支付报酬。"

第四节　著作权的取得及其证明

原告享有著作权是著作权侵权诉讼逻辑的原点。先有作品，进而原告享有著作权，才能获得法院的支持。如何证明原告所主张的创作物属于作品，这如何证明原告为作者，或者为作品的著作权人。这两个问题是我们著作权侵权诉讼中需要解决的首要问题。不像商标有商标注册证、专利有专利证书、著作权侵权诉讼的作品需要原告提供充足的证据予以证明。按照《著作权法》的规定，作品在创作完成时自动取得著作权。客体的作品性遵从独创性原则。也就是说，只要创作满足了独立表达的要件，同时排除《著作权法》不保护的基本概念、常用的词汇、算法、程序等元素，以及官方作品、官方公布的法律文件、判决书等内容。

一、独创性的判定

在非诉讼案件中我们较少见到质疑作品的独创性问题，但是，在司法判案中，独创性的判定往往会成为争议的焦点。比如，游戏玩法是不是独创性作品。就"羊了个羊"这款连连看游戏，有一些玩家和网友质疑，其是否抄袭了连连看、消消乐等游戏，侵害了他人的著作权。在游戏玩法的问题上，现在仍然具有争议，成了游戏类作品侵权诉讼的一个焦点。其实，游戏中三连相同消除的这个思路或者表达方式应该具有唯一性。就像其他游戏规则一样，每种类型的游戏规则都是唯一的，如果改变游戏规则，它就是另外一种游戏的玩法，或者呈现出另外一种游戏的布置方式。所以，我们可以认定，游戏的玩法和规则，不受《著作权法》保护。体育竞技等诸如此类的规则皆同此理。

从独创性的角度来考虑，我们还可以引入场景理论、思想与表达二分法、表达的完整性等理论或标准衡量。在司法审判实践中，其实很难区分思想与表达。通说认为，表达离不开思想的支撑，离不开思想的主张。同样，思想也需要通过表达来展现，仅仅是头脑中抽象的想法无法为外人知晓，更谈不上保护的问题。简言之，思想只要表达出来，以一定的形式为他人所知，就构成了表达。所以，思想与表达的二分法本质上应该是识别思想是否以一定的形式予以表达，而不在于甄别哪些表达元素受保护、哪些表达元素不受保护。当然，就文字作品而言，创作的文风、具体的语言词汇、故事架构、所描述的场景，这些元素不受著作权法保护，也就是文字作品里面的这些东西属于公共元素。关于主题和题材的不受保护，已经成为大家的常识。同样是影视类作品，在描写恐怖剧、爱情剧或者是谍战剧这一主题上，几乎都具有趋同性，不同创作主体所创作的作品却有所差别。

二、创作完成自动产生

著作权从作品创作完成时便自动取得，不论是否发表。那么，实践中我们怎么判断创作完成？如果作品分章节，或者章回体小说，网络空间连续更新的网络文学、网络小说，那么只要这一章、这一节写完，那么这一章、这一节的著作权就取得了，并非要整部书写完，才能取得著作权。当然，本书的完整著作权，需要本书整体创作完成。换言之，创作完成是一个相对的概念，而不是一个绝对概念。

作品的完成是私人行为，作品可能还停留在自己的草稿上、文档中。比如，作者的小说、学者的专著写好了，就放在那里，既没有拿出来发表，也没有向第三人公示展示。这虽然已经符合创作完成的要件，但是在诉讼中对外举证的时候很难予以证明。那么，怎么证明作者完成了作品，且为作品的著作权人呢？

在司法实践中，有几种法定形式，可以证明作品完成。第一，发表。比如已经发表在杂志上，发表在报纸、相关的期刊、网站、公众号上。如果作品在网络空间首次传播，我们可以通过区块链取证技术进行存证，或者通过时间戳来认定谁是最先完成作品的创作人。尤其是针对网络洗稿行为，网络技术、区块链和时间戳增加了作品创作完成证明的便捷性。第二，著作权登记。虽然我们不要求著作权进行登记，但是可以自愿向国家版权局予以登记，有一些省级版权管理机构也可以登记，国家版权局也可以委托其代理版权登记业务，这就导致了登记的多样性、不同层面的重复登记。登记机构对登记的作品只做形式审查，不做实质审查，登记的效力远远赶不上商标注册和专利证书的证据力。因而，著作权登记其实达不到应有的法律效果，登记只是一种形式。当然，这种形式充其量只能在诉讼中作为一个证据予以佐证，而且不是当然采信的证据，它的效力甚至比不上公证。当然，计算机软件登记，登记包括源代码，所以计算机软件登记就可以被作为证据，这是由它的程序和本身的复杂性所决定的。

在具体的案件中，如果原告主张著作权，可以提供发表的证据，登记的证据或者是公证的证据，也可以提交著作权创作的原始文本、创作过程、创作使用的参考资料，以及修改的内容等。比如，作者在文字文档的写作过程中，可能创作一稿、二稿、三稿，写作的多个版本均能提供。如果非为创作者，其就没办法提供这么多的版本。尤其是纸面手写的文稿，可能会形成手抄本的多个修改的文稿，包括修改的方式、修改的细节等等。在著作权证明问题上，除了一般性规则之外，还应根据个案的具体情况来认定。至于作者，我们一般认定作品上署名者即为作者，除非有相关证据推翻。

第八章

◇◇

著作权侵权责任

第一节 侵权认定及类型

著作权侵权行为根据针对客体的不同，分为针对客体的直接侵权和针对侵权行为的间接侵权。前者包括抄袭、剽窃作品内容的行为，已经对抄袭、剽窃后形成侵权内容的支配行为，后者包括帮助、教唆、提供条件等侵权行为。

一、直接侵权

直接侵权是指未经著作权人许可，实施作品享有的专有权利的行为。直接侵权的构成包括两个核心要件：一是侵权作品与原作相同或实质性相似；二是被告实施的行为落入了原作著作权的范围内。

（一）"实质性相似+接触"规则

1. "实质性相似"的判断

从作品的层面判断，涉嫌侵权作品与原作相比，内容上无实质差异，表达趋同，或者说涉嫌侵权的作品复制、挪用或抄袭了原作的内容，导致两作品实质无差别。

司法实践中，通常使用"三步检验法"判定两作品实质性相似，又称为抽象概括法，即将作品视为由无数具体细节到最终主题的金字塔，通过对金字塔底层细节的不断抽象和概括，逐渐提炼出整个作品的中心思想，实质性相似的判断，不限于作品的"表面复制"，而是要求侵权作品取用了原作品中非公共领域的独创表达，并且相似达到一定程度，超出合理使用的范围。在具体案件中，法院会综合考虑作品的独创性要素在作品中的比例及重要性，排除权利作品与被诉作品中共同取材于公有领域而雷同的部分，并且如果作品本身的独创性元素较为简单，则对实质性相似要求的程度更高。[1]

2. 接触

接触是指，侵权人有机会接触到受著作权保护的作品。接触并非对被告侵权主观意图的解释，[2] 而是由客观证据证明的事实。司法实践中，原作的发表、出版、上映、演出等公开作品的方式，皆可以推定被告存在接触作品的可能。

在"'兔儿爷'著作权侵权纠纷案"中，青岛市中级人民法院认为，结合委托加工合同等证据来看，被告青岛某工艺品有限公司曾实际接触过原告涉案作品并为其生产相关产品，且被诉侵权产品与原告主张的权利作品构成实质性相似，足以认定被告青岛某工艺品有限公司与被告某（青岛）国际贸易有限公司共同生产、销售被诉侵权产品，该行为侵犯了原告对涉案作品享有的发行权、复制权，应当承担停止侵权、赔偿损失的民事责任。本案中，"接触"是基于被告为原告的生产商这一事实认定的。

（二）侵犯人身权类型

《著作权法》第 52 条规定："有下列侵权行为的，应当根据情况承担停止侵害、消除影响、赔礼道歉、赔偿损失等民事责任：（一）未经著作权人许可，发表其作品的；（二）未经合作作者许可，将与他人合作创作的作品当作自己单独创作的作品发表的；（三）没有参加创作，为谋取个人名利，在他人作品上署名的；（四）歪曲、篡改他人作品的；（五）剽窃他人作品的；（六）未经著作权人许可，以展览、摄制视听作品的方法使用作品，或者以改编、翻译、注释等方式使用作品的，本法另有规定的除外；（七）使用他人作品，应当支付报酬而未支付的；（八）未经视听作品、计算机软件、录音录像制品的

---

[1] 广东省高级人民法院［2019］粤民申 9099 号民事判决书。

[2] 关于接触的功用存在争议。参见熊琦：《"接触+实质性相似"是版权侵权认定的"神器"吗？》，载《中国知识产权报》2017 年 7 月 14 日。该文提出，所谓"接触"，实为考察行为人是否存在主观过错的一种方法，即涉嫌侵权作品与原作品的相似是否存在"有意"的可能。毕竟，表达上的相似虽属罕见，但也并非完全不存在，证明有接触被侵权作品的事实，是为了认定这种相似并非创作上的巧合。

· 098 ·

著作权人、表演者或者录音录像制作者许可，出租其作品或者录音录像制品的原件或者复制件的，本法另有规定的除外；（九）未经出版者许可，使用其出版的图书、期刊的版式设计的；（十）未经表演者许可，从现场直播或者公开传送其现场表演，或者录制其表演的；（十一）其他侵犯著作权以及与著作权有关的权利的行为。"

（三）侵犯财产权类型

（1）未经著作权人许可，复制、发行、表演、放映、广播、汇编、通过信息网络向公众传播其作品的，本法另有规定的除外；

（2）出版他人享有专有出版权的图书的；

（3）未经表演者许可，复制、发行录有其表演的录音录像制品，或者通过信息网络向公众传播其表演的，本法另有规定的除外；

（4）未经录音录像制作者许可，复制、发行、通过信息网络向公众传播其制作的录音录像制品的，本法另有规定的除外；

（5）未经许可，播放、复制或者通过信息网络向公众传播广播、电视的，本法另有规定的除外；

（6）未经著作权人或者与著作权有关的权利人许可，故意避开或者破坏技术措施的，故意制造、进口或者向他人提供主要用于避开、破坏技术措施的装置或者部件的，或者故意为他人避开或者破坏技术措施提供技术服务的，法律、行政法规另有规定的除外；

（7）未经著作权人或者与著作权有关的权利人许可，故意删除或者改变作品、版式设计、表演、录音录像制品或者广播、电视上的权利管理信息的，知道或者应当知道作品、版式设计、表演、录音录像制品或者广播、电视上的权利管理信息未经许可被删除或者改变，仍然向公众提供的，法律、行政法规另有规定的除外；

（8）制作、出售假冒他人署名的作品的。

二、间接侵权

间接侵权，是指为直接侵权提供条件、帮助、教唆等实质性协助行为，导致侵害产生或者损失扩大的行为。

1. 教唆、帮助侵权

帮助侵权应当符合三个要件：具有主观故意；知道或有合理的理由知道

被帮助人从事了直接侵权行为；侵权与帮助之间具有实质性因果关系。

（1）具有主观故意。

主观故意以客观证据证实侵权人明知或者应知即可认定侵权人主观上为故意。帮助侵权以帮助人心里明知或应知为主观要件。比如，建立专门网站销售侵权作品的，或者为销售侵权作品积极提供销售平台的。法院在相关判案中也认为，如果明知侵权而仍提供帮助，可以构成帮助侵权，但是网络侵权比较复杂，通常在没有权利人明确通知前，很难认定知道。[1]如果是事后得知，只是没有采取断开、屏蔽、删除等必要措施，应就扩大的损失承担帮助侵权责任。

（2）知道他人从事了直接侵权行为。

对于网络传播盗版作品或者未经许可侵害网络传播权的情形，我们不能认定网络服务平台知道或有合理理由知道，除非权利人有合法的通知。但主观过错的判断主要依据客观证据的证实，最终还是要落实到客观的考察上。对于网络服务商而言，有两个层面的证据可以证明存在过错——应知或明知：第一，设定一定的事先审查义务，违背了这个义务的即为过错；第二，事后措施。违背任一标准，都构成帮助侵权。在设定网络服务商的责任时，不得不考虑各方利益诉求，公正地保护各方权利不受非法的侵害，谨慎地平衡各方的利益，而又不至于伤害到新技术的发展和新市场模式的推行。

（3）帮助与侵权之间的实质性因果关系。

帮助行为导致侵权的实质发生，如果帮助行为不足以影响侵权行为是否发生，那么帮助与侵权之间便不存在实质性因果关系。

2. 提供网络平台等条件

提供网络平台等侵权条件的情形，涉及网络服务提供者的侵权判定及责任承担，容待后面专节论述。

3. 替代责任

在《著作权法》中，替代责任通常指的是当一个人或实体由于与直接侵权者之间的特定关系，对直接侵权者的行为负有管理或控制能力，并且从这些侵权行为中获得了直接经济利益时，该人或实体可能需要对直接侵权行为承担责任的情形。这种责任形式在网络服务提供者领域尤为常见，尤其是在

---

〔1〕 广东省广州市中级人民法院〔2006〕穗中法民三初字第179号民事判决书。

处理第三方用户上传的侵权内容时。

根据《最高人民法院关于审理侵犯信息网络传播权民事纠纷案件适用法律若干问题的规定（征求意见稿）》，网络服务提供者如果从网络用户提供的作品、表演、录音录像制品中直接获得经济利益，人民法院应认定其对网络用户侵害信息网络传播权的行为负有较高的注意义务。特别是当网络服务提供者针对特定作品、表演、录音录像制品投放广告获取收益，或者获取与其传播的作品存在其他特定联系的经济利益时，这被认为是直接获得的经济利益。

然而，如果网络服务提供者仅因提供网络服务而收取一般性广告费、服务费等，则通常不被认定为直接获得经济利益的情形，从而不构成替代责任。此外，替代责任的构成要件还包括第三人对直接侵权行为有管理或控制的能力，这是著作权人必须证明的要素之一。

在司法实践中，替代责任的认定需要综合考虑网络服务提供者是否具有控制侵权行为的能力以及是否从中获得了直接经济利益。例如，如果网络服务提供商能够制裁滥用其服务的行为，并且有能力以较低成本控制侵权行为，但仅向用户收取固定的月租费而没有从侵权行为中直接获得经济利益，则可能不会被认定为承担替代责任。

第二节　著作权侵权责任承担

著作权侵权责任包括民事责任、行政责任和刑事责任三个方面。

一、民事责任

民事责任是著作权侵权承担的主要责任，《著作权法》第 52 条规定，侵犯著作权的，应当根据情况，承担停止侵害、消除影响、赔礼道歉、赔偿损失等民事责任。

1. 停止侵害

停止侵害是指责令侵权人立即停止正在实施的侵犯他人著作权的行为。无论侵权行为人主观上有无过错，都必须停止侵权行为，以防止侵害扩大，保护受害人的合法权益。被侵权人有权直接阻止侵权活动，也可以要求主管部门或法院责令停止侵害。在"琼瑶诉于某等侵犯著作权案"中，法院判定《宫锁连城》侵害了琼瑶的改编权，应当立即停止该剧的复制发行传播行为。[1]此外，停止侵害还包括销毁侵权工具、设备等。《著作权法》第 54 条第 5 款规定："人民法院审理著作权纠纷案件，应权利人请求，对侵权复制品，除特殊情况外，责令销毁；对主要用于制造侵权复制品的材料、工具、设备等，责令销毁，且不予补偿；或者在特殊情况下，责令禁止前述材料、工具、设备等进入商业渠道，且不予补偿。"

2. 消除影响、赔礼道歉

如果侵权行为给权利人造成了不良影响，侵权人应当采取措施予以消除。同时，民事法律责任意义上的赔礼道歉具有法律上的强制性，与日常生活中的赔礼道歉不同。在"庄某诉郭某某、春风文艺出版社侵犯著作权纠纷案"中，法院判决郭某某、春风文艺出版社于本判决生效之日起 15 日内，在《中国青年报》上公开向庄某赔礼道歉，致歉内容须经北京市第一中级人民法院审核，逾期不履行，北京市第一中级人民法院将刊登本判决的主要内容，费用由郭某某、春风文艺出版社承担。[2]

3. 赔偿损失

赔偿损失是指侵权行为人以自己的财产补偿其行为给著作权人所造成的经济损失。赔偿损失以侵权行为给权利人造成实际经济损失为前提，若未造成经济损失，则不适用该责任方式。《著作权法》第 54 条第 1 款规定："侵犯著作权或者与著作权有关的权利的，侵权人应当按照权利人因此受到的实际损失或者侵权人的违法所得给予赔偿；权利人的实际损失或者侵权人的违法所得难以计算的，可以参照该权利使用费给予赔偿。对故意侵犯著作权或者与著作权有关的权利，情节严重的，可以在按照上述方法确定数额的一倍以上五倍以下给予赔偿。"《著作权法》第 54 条第 2 款规定："权利人的实际损失、侵权人的违法所得、权利使用费难以计算的，由人民法院根据侵权行为的情节，判决给予五百元以上五百万元以下的赔偿。"第 3 款规定："赔偿数额还应当包括权利人为制止侵权行为所支付的合理开支。"

其中，权利人的损失可以考虑几种计算方式：①利润减少的数额：侵权导致权利人利润直接减少的部分。②稿酬标准：如果侵权涉及报刊、图书出

---

[1] 参见"琼瑶诉于某等侵犯著作权案"［2014］三中民初字第 07916 号民事判决书。

[2] "庄某诉郭某某、春风文艺出版社侵犯著作权纠纷案"，［2004］一中民初字第 47 号民事判决书，［2005］高民终字第 539 号民事判决书。

版等，可参照国家有关稿酬的规定来计算损失。③合理的许可使用费：权利人如果通过正常许可方式授权他人使用其作品应获得的费用。④销量减少的损失：权利人复制品销量减少的数量乘以每件复制品的利润。⑤侵权复制品的利润：侵权复制品数量乘以权利人每件复制品的利润。⑥预期利润损失：因侵权导致权利人许可使用合同不能履行或难以正常履行而产生的预期利润损失。⑦诉讼相关费用：包括聘请律师的费用、调查取证费、制止侵权所支付的差旅费、为查阅收集证据材料支付的费用、对是否构成侵权的鉴定费用等，这些也应列入赔偿范围。

二、行政责任

当著作权侵权行为同时损害公共利益时，除了民事责任外，还可能面临行政责任。《著作权法》第 53 条规定，应当根据侵权情况，除承担民事责任外，侵权行为同时损害公共利益的，由主管著作权的部门责令停止侵权行为，予以警告，没收违法所得，没收、无害化销毁处理侵权复制品以及主要用于制作侵权复制品的材料、工具、设备等，违法经营额 5 万元以上的，可以并处违法经营额 1 倍以上 5 倍以下的罚款；没有违法经营额、违法经营额难以计算或者不足 5 万元的，可以并处 25 万元以下的罚款；构成犯罪的，依法追究刑事责任。

行政责任的承担方式包括：

（1）责令停止侵权行为：著作权行政管理部门有权责令侵权人立即停止侵权行为。

（2）没收违法所得：即国家著作权行政管理机关依法对侵权人因侵权行为而获得的收益进行收缴，全部上缴国库。

（3）没收、销毁侵权复制品：以防止侵权行为人的复制品在公众中继续流传而造成不良影响。

（4）罚款：对于违反《著作权法》的侵权行为，若同时损害社会公共利益，可处以罚款。罚款的金额根据非法经营额或情节轻重来确定。

（5）没收用于制作复制品的材料、工具和设备等：以防止其继续从事非法复制等侵权行为。

三、刑事责任

对于某些严重侵犯著作权的行为，如大量制作、贩卖盗版书籍、计算机软件、音像制品等，导致对社会公共利益的严重损害，除了民事责任和行政责任外，还可能承担刑事责任。根据《刑法》的相关规定，[1]以营利为目的，有特定侵犯著作权情形之一，违法所得数额较大或者有其他严重情节的，处三年以下有期徒刑或者拘役，并处或者单处罚金；违法所得数额巨大或者有其他特别严重情节的，处三年以上七年以下有期徒刑，并处罚金。

综上所述，著作权侵权责任的承担是一个多层次、综合性的体系，旨在通过民事责任、行政责任和刑事责任的综合运用，有效打击著作权侵权行为，保护著作权人的合法权益和社会公共利益。

---

[1]《刑法》第217条规定："以营利为目的，有下列侵犯著作权或者与著作权有关的权利的情形之一，违法所得数额较大或者有其他严重情节的，处三年以下有期徒刑，并处或者单处罚金；违法所得数额巨大或者有其他特别严重情节的，处三年以上十年以下有期徒刑，并处罚金：（一）未经著作权人许可，复制发行、通过信息网络向公众传播其文字作品、音乐、美术、视听作品、计算机软件及法律、行政法规规定的其他作品的；（二）出版他人享有专有出版权的图书的；（三）未经录音录像制作者许可，复制发行、通过信息网络向公众传播其制作的录音录像的；（四）未经表演者许可，复制发行录有其表演的录音录像制品，或者通过信息网络向公众传播其表演的；（五）制作、出售假冒他人署名的美术作品的；（六）未经著作权人或者与著作权有关的权利人许可，故意避开或者破坏权利人为其作品、录音录像制品等采取的保护著作权或者与著作权有关的权利的技术措施的。"第218条规定："以营利为目的，销售明知是本法第二百一十七条规定的侵权复制品，违法所得数额巨大或者有其他严重情节的，处五年以下有期徒刑，并处或者单处罚金。"

第九章

◇·◇·◇

著作权侵权抗辩

在著作权侵权诉讼案件中，被告可以从否认作品性、合理使用、独立创作、使用公共领域素材等方面否决原告的侵权主张。侵权抗辩是被告行使诉权的合法行为，有其法律规范的依据，换言之，侵权抗辩是被告合法对抗原告诉讼的权利。这就决定了侵权抗辩不同于狡辩、诡辩，应建立在法律规范的基础上，接受合法性检验。

第一节　著作权合理使用

只要谈及合理使用制度，就绕不开吴汉东教授的《论合理使用》，尤其是2020 年的再版，新增 "人工智能时代的著作权合理使用" 内容，使这一传统的制度在新兴领域焕发出了新的生机，给出的框架性建议成了照亮后续者的明灯。本书无意于对合理使用制度理论进行解剖，读者大可以从吴汉东教授的书中获得有关合理使用制度的所有智慧和启迪，本书聚焦于在司法实践中如何理解和适用合理使用制度，以为著作权侵权诉讼提供帮助。

一、合理使用的法律依据及简释

在下列情况下使用作品，可以不经著作权人许可，不向其支付报酬，但应当指明作者姓名或者名称、作品名称，并且不得影响该作品的正常使用，也不得不合理地损害著作权人的合法权益：

（一）为个人学习、研究或者欣赏，使用他人已经发表的作品

个人在私人场景下学习、研究或欣赏，没有提及复制、翻译、改编是否

属于合理使用。但审视复制、翻译、改编的行为特征，其均为社会化行为，改编并公开使用才算侵害改编权，其他行为皆然。由此可见，学习、研究或欣赏为目的限制，并非对行为的限定，只要符合私人学习、研究或欣赏的目的，皆可认定为合理使用。

（二）为介绍、评论某一作品或者说明某一问题，在作品中适当引用他人已经发表的作品

在作品创作中，为介绍、评论或说明问题，适当引用他人已发表作品是科学研究、文学、艺术领域内创作的基本方法，也是科学研究必须遵循的学术规范，应当纳入合理使用的范畴。关键问题在于"适当"该如何衡量？《北京市高级人民法院侵害著作权案件审理指南》7.11 指出："判断被诉侵权行为是否属于适当引用的合理使用，一般考虑如下因素：（1）被引用的作品是否已经发表；（2）引用目的是否为介绍、评论作品或者说明问题；（3）被引用的内容在被诉侵权作品中所占的比例是否适当；（4）引用行为是否影响被引用作品的正常使用或者损害其权利人的合法利益。"其实，引用比例仍然是一个不确定数量，损害合法利益也是个模糊的概念。目的和是否具有替代性的评价倒是可以采纳。

在"孙某某诉上海教育出版社、上海世纪出版股份有限公司著作权侵权案"中，上海市知识产权法院认为："被控侵权图书使用《西部畅想》的部分内容，是为了配合语文课本使用的教学参考资料及课后练习精讲，书中的相关内容详细分析评论了语文课本中《西部畅想》这首诗的意境、含义，并结合诗中的内容介绍了与之契合的古诗词及相关人文和自然景观等。故该部分内容系为了向读者介绍、评论和分析语文课本中的《西部畅想》这首诗，虽引用了诗中的部分内容，但引用目的或是分析诗中部分语句所代表的含义、体现的意境，或是介绍诗中所出现的相关自然景观和人文景观，供老师教学或学生理解使用，这种使用方式均在适度范围内。相关内容亦无其他不当损害孙某某利益的内容，并已指明了作者姓名、作品名称。因此，教育出版社在被控侵权图书中对《西部畅想》的使用符合我国著作权法规定的合理使用情形，不构成对孙某某著作权的侵害。"[1]在"冯某诉天津大学出版社有限

---

〔1〕"孙某某诉上海教育出版社、上海世纪出版股份有限公司著作权侵权案"，一审［2019］沪0104 民初 15958 号民事判决书，二审［2020］沪 73 民终 153 号民事判决书。

责任公司著作权侵权案"中，被控侵权作品基本全文引用了原作内容，即使被控侵权作品在参考文献中标注了来源，在致谢中对原作作者表示了感谢，法院仍然认为不构成合理使用。[1]综合法院的审判实践，适当引用的判断重点审查：第一，所引用的作品篇幅或长度是否合理，引用作品的篇幅占被控侵权作品的比例是否过高；第二，被告引用他人作品是否是为了介绍、评论的目的；第三，被告在引用他人作品时是否通过适当的方式指出作品名称和作者姓名。

（三）为报道新闻，在报纸、期刊、广播电台、电视台等媒体中不可避免地再现或者引用已经发表的作品

报道新闻所需要的已发表作品适用合理使用，这符合新闻报道的规律，也是推动公众知情权落地的有效途径。需要注意的是，使用以"不可避免"为限。比如，报道艺术作品展览的盛况，不能长时间停留在展览的画作上，足以让公众感知作品的细节就超出了不可避免的限度。

（四）报纸、期刊、广播电台、电视台等媒体刊登或者播放其他报纸、期刊、广播电台、电视台等媒体已经发表的关于政治、经济、宗教问题的时事性文章，但著作权人声明不许刊登、播放的除外

本规定为转载、转播的自由，增加政治、经济、宗教问题的时事性文章的传播媒体和路径，便于公众充分接触和了解新闻时事。但是，转载、转播的主题仅限于政治、经济、宗教问题的时事性文章，不扩展至视听作品、美术作品等，不适用于社会评论、学者论道等文章。

（五）报纸、期刊、广播电台、电视台等媒体刊登或者播放在公众集会上发表的讲话，但作者声明不许刊登、播放的除外

对于"公众集会"的具体类型，法律条文本身并没有给出详尽的分类。然而，可以推断"公众集会"通常指的是对公众开放的集会，而非仅限于特定群体或内部成员的闭门会议。例如，政治集会、学术研讨会、商业论坛、文化活动等，只要是对公众开放，允许或邀请公众参与的集会，都可以视为"公众集会"。

至于政治性集会是否属于公众集会，这取决于具体情况。如果这些会议

---

[1]　"冯某诉天津大学出版社有限责任公司著作权侵权案"，[2019] 京 73 民终 639 号民事判决书。

的内容是向公众开放的，允许媒体报道，那么它们可以被视为公众集会。但如果这些会议是闭门进行的，不对外公开，那么它们就不属于公众集会。在实践中，一些政治活动的报道可能受到限制，需要根据具体情况和相关法律法规进行判断。

（六）为学校课堂教学或者科学研究，翻译、改编、汇编、播放或者少量复制已经发表的作品，供教学或者科研人员使用，但不得出版发行

本规定为教学和研究的合理使用，使用场合限于学校课堂教学或科研活动。使用形式为：翻译、改编、汇编、播放或复制等操作。使用限制：仅供教学或科研人员使用，不得进行商业性质的出版或发行。

（七）国家机关为执行公务在合理范围内使用已经发表的作品

"合理范围"通常指的是使用作品的行为应当符合执行公务的实际需要，且使用的程度和方式应当是适度和合理的。例如，国家机关可能会在制定政策、进行法律研究或在司法程序中引用相关作品，以支持其公务活动。

（八）图书馆、档案馆、纪念馆、博物馆、美术馆、文化馆等为陈列或者保存版本的需要，复制本馆收藏的作品

为陈列和保存需要，"六类馆"复制本馆作品适用合理使用。对于已届版权保护期的作品，可以自由使用。但是，文物的复制应当遵从《文物保护法》《文物保护法实施条例》的规定。[1]

（九）免费表演已经发表的作品，该表演未向公众收取费用，也未向表演者支付报酬，且不以营利为目的

免费表演应当满足以下几个条件：首先，表演的作品必须是已经发表的；其次，表演不得向公众收取任何费用，也不得向表演者支付报酬；再次，表演不得以营利为目的；最后，表演时应当指明作者的姓名和作品的名称，并且不得影响作品的正常使用，不得不合理地损害著作权人的合法权益。

---

〔1〕《文物保护法实施条例》第 32 条规定："修复、复制、拓印馆藏二级文物和馆藏三级文物的，应当报省、自治区、直辖市人民政府文物行政主管部门批准；修复、复制、拓印馆藏一级文物的，应当报国务院文物行政主管部门批准。"第 33 条规定："从事馆藏文物修复、复制、拓印的单位，应当具备下列条件：（一）有取得中级以上文物博物专业技术职务的人员；（二）有从事馆藏文物修复、复制、拓印所需的场所和技术设备；（三）法律、行政法规规定的其他条件。"第 34 条规定："从事馆藏文物修复、复制、拓印，应当向省、自治区、直辖市人民政府文物行政主管部门提出申请。省、自治区、直辖市人民政府文物行政主管部门应当自收到申请之日起 30 个工作日内作出批准或者不批准的决定。决定批准的，发给相应等级的资质证书；决定不批准的，应当书面通知当事人并说明理由。"

在实践中，即使是出于慈善或其他公益目的的表演，如果涉及了费用的收取，例如观众需要支付入场费或捐款，那么这种表演也不能被视为免费表演。此外，如果表演是通过收取广告费等方式变相达到营利目的的，也不能算作免费表演。当然，免费并非说无任何形式的费用发生。比如，向表演者支付交通费、午餐费等适当的费用，并不改变合理使用的本质。

（十）　对设置或者陈列在公共场所的艺术作品进行临摹、绘画、摄影、录像

《关于审理著作权民事纠纷案件适用法律若干问题的解释》第18条规定，室外公共场所的艺术作品，是指设置或者陈列在室外社会公众活动处所的雕塑、绘画、书法等艺术作品。对前款规定艺术作品的临摹、绘画、摄影、录像人，可以对其成果以合理的方式和范围再行使用，不构成侵权。

（十一）　将中国公民、法人或者非法人组织已经发表的以国家通用语言文
　　　　　字创作的作品翻译成少数民族语言文字作品在国内出版发行

（十二）　以阅读障碍者能够感知的无障碍方式向其提供已经发表的作品

（十三）　法律、行政法规规定的其他情形

二、合理使用的一般条款

《著作权法》第24条规定："在下列情况下使用作品，可以不经著作权人许可，不向其支付报酬，但应当指明作者姓名或者名称、作品名称，并且不得影响该作品的正常使用，也不得不合理地损害著作权人的合法权益：……"这被认为是我国合理使用制度的一般条款或者构成要件，与该条第13项"法律、行政法规规定的其他情形"相呼应，使得合理使用制度保持解释的弹性，以适应作品使用的多样化、多元化的数字版权生态，化解使用人面临指控涉嫌侵权的风险。

（一）　合理使用构成要件

合法的合理使用主张，应当满足三个要件：①特定情形下的使用；②不影响作品的正常使用；③不得不合理地损害著作权人的合法权益。这与TRIPs第13条的"版权限制与例外"条款保持一致，即限制或例外限于一定特例；不予作品正常利用冲突；不损害权利人合法利益。[1]

---

〔1〕《与贸易有关的知识产权协定》（TRIPs）第13条（限制与例外）规定："全体成员均应将专有权的限制或例外局限于一定特例中，该特例应不与作品的正常利用冲突，也不应不合理地损害权利持有人的合法利益。"

1. 特定情形或者特殊情况

特定或特殊，意指合理使用发生在特殊的情形下，是作品使用的例外。特定情形以法律规定或罗列的情形为基准，其他特定的情形应符合构成要件。

2. 不影响作品的正常使用

他人对作品的使用与作品正常的使用不应发生冲突。比如，文字作品的改编、摄制、表演是其常见的利用情形，合理使用不应影响权利人这些权利的行使。在全国首例"图解电影"案中，法院认为，涉案图片集分散地从整部作品中采集图片，加之文字解说对动态剧情的描述，能够实质性呈现整部剧集的具体表达，包括具体情节、主要画面、主要台词等，公众可通过浏览上述图片集快捷地获悉涉案剧集的关键画面、主要情节，提供图片集的行为对涉案剧集起到了实质性替代作用，影响了作品的正常使用。[1]

3. 不非合理损害权利人合法利益

著作权利益实现方式具有多元化、多样态、多层次的特点，任何非著作权人的使用都有可能损害其利益。比如，作品的低评价、转发等行为肯定会影响作品的发行和使用。但是，这种利益的损失是为了促进文化交流、繁荣等更大的社会利益和公共利益，权利人理应让渡出来。为此，限定在合理范围内的损害符合合理使用的内生机理。

（二）一般条款的扩大解释

在我国的著作权司法实践中，合理使用条款确实出现了一些突破现有规定的情形。新修订的《著作权法》第24条新增了一项灵活性的条款作为现有12项合理使用情形的"兜底"例外，同时增加了"三步检验法"的适用原则，这在一定程度上扩展了合理使用的边界。

在司法实践中，不同地区的法院对著作权领域的合理使用的适用规则并不一致。如北京、上海、广东等一些地区的法院，认识到封闭式的合理使用认定标准具有一定的局限性，根据实际情况采用了更灵活的方式。例如，在"上海美术电影制片厂与浙江新影年代文化传播有限公司、华谊兄弟上海影院管理有限公司侵害著作权案"中，法院认为涉案电影海报中引用了包括"葫

---

〔1〕 "优酷网络技术（北京）有限公司与深圳市蜀黍科技有限公司侵害作品信息网络传播权纠纷"，北京互联网法院［2019］京0491民初663号民事判决书。

芦娃""黑猫警长"美术作品在内的一系列时代元素，呈现给受众的是关于20世纪80年代少年儿童日常生活经历的信息，不再是单纯地再现"葫芦娃""黑猫警长"美术作品的艺术美感和功能，而是反映曾经经历"葫芦娃""黑猫警长"动画片盛播的时代年龄特征，亦符合电影主角的年龄特征。因此，"葫芦娃""黑猫警长"美术作品被引用在电影海报中具有了新的价值、意义和功能，其原有的艺术价值功能发生了转换，而且转换性程度较高，属于我国《著作权法》规定的"为了说明某一问题"的情形。

此外，法院在审理案件时，会综合考虑多种因素（如引用篇幅占总篇幅的多少、引用内容是否会侵犯原著作权人利益等）来判定相关情形属于"适当引用"还是"著作权侵权"。在某些案例中，法院对适当引用和室外陈列的认定意见有所缓和，进行了创造性解释，这体现了司法实践在认定合理使用时的灵活性。

然而，也有观点指出，完全开放地合理使用认定标准可能不符合我国司法实践的实际，因为它可能会限制著作权人的专有权范围，纵容公众对合理使用抗辩理由的滥用。因此，建议最高人民法院加强对此类案件的指导工作，统一不同地区法院对新领域合理使用的适用规则，保证法律的稳定性。

三、合理使用的司法适用

在探讨《著作权法》中的合理使用制度时，我们需深入理解其复杂性与灵活性，特别是在应对新兴媒体形态（如短视频、游戏直播）等场景下的具体应用。合理使用的判定，虽受国际惯例如美国版权法四因素测试（作品使用行为的性质和目的、被使用作品的性质、使用部分的数量和质量、对作品潜在市场或价值的影响）的影响，但亦需结合我国《著作权法》的具体规定及司法实践进行精细分析。

（一）合理使用的判定原则

合理使用的核心在于平衡著作权人的专有权利与社会公众对信息获取的合理需求。在判断某一行为是否构成合理使用时，应综合考虑以下因素：①使用行为的性质和目的。需考察使用行为是否具有商业性质，以及是否以促进教育、科学研究、新闻报道、评论、教学等公共利益为目的。②被使用作品的性质。区分事实性作品与虚构性作品，前者因其内容更接近公共领域信息，合理使用空间相对较大。③使用部分的数量和质量。关键在于评估使用的部分是否构成作品的"核心"或"实质"部分，而非单纯依据比例或数量。④对作品潜在市场或价值的影响。分析使用行为是否可能对原作品的市场价值造成不合理损害。

《最高人民法院关于审理著作权民事纠纷案件适用法律若干问题的解释》虽然没有明确列出这四要件，但为合理使用的认定提供了指导性原则。此外，2011年发布的《最高人民法院关于充分发挥知识产权审判职能作用推动社会主义文化大发展大繁荣和促进经济自主协调发展若干问题的意见》提到，在促进技术创新和商业发展确有必要的特殊情形下，可以考虑作品使用行为的性质和目的、被使用作品的性质、被使用部分的数量和质量、使用对作品潜在市场或价值的影响等因素，如果该使用行为既不与作品的正常使用相冲突，也不至于不合理地损害作者的正当利益，可以认定为合理使用。

在司法实践中，法院在判断合理使用时，会综合考虑这些因素，并根据具体案件的情况作出判断。例如，在涉及适当引用的案件中，法院会考虑引用的目的、被引用作品的性质、引用的数量及占整体作品的实质程度、引用行为对被引用作品潜在市场和价值的影响等因素，来确定是否构成合理使用。

（二）合理使用的典型案例简析

1. 短视频解说类案件

在短视频解说中，若被告主张其行为构成合理使用，法院需严格审查其解说内容是否确切服务于评论、说明或批评之目的，而非简单替代原作品展示。引用的片段应限于提供必要背景或线索，避免整段或大量引用原作品内容，以免逾越合理使用的界限。

2. 游戏直播案件

游戏直播中的解说行为是否构成合理使用，关键在于解说内容是否实现了对原游戏作品的"转换性使用"。若解说主要集中于展示游戏玩法、技巧或关卡，而未脱离游戏本身的固有功能，则难以认定为合理使用。相反，若解说具有新闻报道、评论或教育性质，且未对游戏市场造成不合理影响，则更可能构成合理使用。

（三）商业性与非商业性使用的辨析

商业性与非商业性并非判断合理使用的绝对标准。在商业环境中，只要符合合理使用的构成要件，同样可以成立合理使用抗辩。反之，非商业性使用若超出合理限度，亦可能构成侵权。例如，网络教学视频中对版权作品的超量使用，即便出于教育目的，亦需遵守合理使用原则。

（四）技术措施与合理使用的平衡

我国《著作权法》对技术措施的保护与合理使用的平衡作出了明确规定，体现了立法者在技术进步背景下对著作权人权益与社会公共利益的综合考量。在新技术环境下，合理使用的判定需更加审慎，既要尊重技术保护措施的有效性，也要确保公众在特定条件下的合理使用权益。

综上所述，合理使用的判定是一个复杂而细致的过程，需结合具体案情、作品类型、使用目的、市场影响等多方面因素进行综合分析。在新兴媒体形态不断涌现的今天，合理使用的界限不断受到挑战与重塑，法律适用者需保持高度的灵活性与适应性，以确保《著作权法》的公正与效率。

四、合理使用的特殊情形

（一）戏仿

戏仿作品的合理使用标准通常较为宽松，尤其是当戏仿作品具有明显的讽刺或批评性质时。在司法实践中，判定戏仿作品是否构成合理使用，需要考虑多个因素：①使用目的和性质：戏仿作品通常具有非商业性质，其目的在于批评、讽刺或评论原作品，而非直接获利。②作品的独立性：戏仿作品应具有一定程度的独立性，不应仅仅依附于原作，而是要通过重新创作表达新的思想或情感。③对原作品的使用程度：戏仿作品在引用原作品时，应考虑是否超出合理范围，即使在某些情况下可能需要引用原作的核心部分。④市场替代性：戏仿作品不应具有对原作品的市场替代性，即不应抢夺原作品的潜在消费者。⑤对原作品的潜在市场影响：需要评估戏仿作品是否对原作品的市场价值造成实质性影响。

在具体案件中，法院可能会根据上述因素综合判断戏仿作品是否构成合理使用。例如，在美国的"坎贝尔案"中，法院认为对原作品的模仿和讽刺达到了合理使用的标准，因为戏仿作品赋予了原作品新的表达和内容，且与原作品在市场上具有不同的功能。[1]

在我国，尽管《著作权法》没有明确规定戏仿作品的合理使用，但根据《著作权法》第 24 条的规定，如果戏仿作品符合合理使用的条件，如为评论、

---

〔1〕 参见案例中的论述：Campbell v. Acuff-Rose Music, Inc., 510 U. S. 569（1994），p. 579.

批评、教学等目的适当引用他人已经发表的作品，且不影响作品的正常使用，不损害著作权人的合法权益，可以被视为合理使用。

（二）转换性合理使用

转换性合理使用是一个源自美国版权法的概念，它指的是使用原始作品的方式或目的不同，在原作品的基础上增加了价值，创作出新的信息、新的美学、新的认识和理解。在我国，虽然《著作权法》并未明确规定转换性使用的概念，但已有案例适用了这一规则，为司法实践提供了参考。

在我国的司法实践中，判断是否构成转换性使用主要考虑的因素包括使用的目的和性质、被使用作品的性质、使用部分占原作品的量和实质程度以及使用对作品潜在市场或价值的影响。例如，在"上海美术电影制片厂与浙江新影年代文化传播有限公司、华谊兄弟上海影院管理有限公司侵害著作权案"中，[1]法院认为，电影海报对"葫芦娃""黑猫警长"美术作品的使用具有新的价值和功能，原作品的价值和功能已发生转换，因此认定属于转换性使用。

然而，也存在对转换性使用的理解和适用存在分歧的情况。在某些案件中，法院可能没有明确转换性使用的定义和构成要件，而是直接将其归属于合理使用的某一种情形，这可能导致对转换性使用的理解不够清晰和统一。

总体而言，转换性合理使用在司法判决中的应用有助于平衡著作权人的利益和公共利益，促进知识与文化的传播和发展。尽管在具体案件中可能存在不同的理解和适用，但转换性使用的考量为著作权合理使用的司法判断提供了一个重要维度。

（三）机器学习

人工智能学习是否属于合理使用的问题，需要根据具体情况进行分析。合理使用是《著作权法》中的一项重要制度，它允许在特定条件下对作品进行有限度的使用而不需要著作权人的许可，也不需要支付报酬。根据《著作权法》第24条的规定，合理使用的情形包括个人学习、研究或者欣赏；介绍、评论作品适当引用；新闻报道、教学科研等特定情形。

在人工智能的背景下，如果AI的学习行为符合合理使用的条件，如用于

---

〔1〕 "上海美术电影制片厂与浙江新影年代文化传播有限公司、华谊兄弟上海影院管理有限公司侵害著作权案"，[2015]沪知民终字第730号民事判决书。

个人学习、研究，或者在教学科研中适当引用作品等，可以被视为合理使用。然而，如果 AI 的学习行为超出了这些条件，如用于商业目的，或者对作品的使用超出了"适当引用"的范围，则可能构成著作权侵权。特别是，当 AI 的深度学习涉及对作品的扫描、复制等行为时，需要考虑其是否构成对作品的转换性使用。如果 AI 的学习能够从作品中发掘出新的价值，满足不同主体的特定需求，且不对原作品构成市场替代，那么这种使用可以被视为合理使用。

值得注意的是，随着技术的发展，人工智能生成内容的著作权问题也日益复杂。例如，AI 生成内容的作者认定、权利归属等问题，以及 AI 训练数据的著作权合法性问题，都需要在现有法律框架下进行细致的考量和适当的制度设计。在处理这些问题时，可能需要综合运用著作权合理使用、合同约定、集体管理组织授权等多种机制，以适应人工智能技术发展的需求。

第二节　其他抗辩理由

《北京市高级人民法院侵害著作权案件审理指南》7.1 提出："被告提出的抗辩事由一般包括如下情形：（1）原告主张权利的客体不属于著作权法第三条规定的作品；（2）原告主张权利的客体属于著作权法第五条规定的情形；（3）原告主张的权利超过法定保护期；（4）原告或者被告主体不适格；（5）被诉侵权行为不属于原告主张的权利控制范围；（6）被诉侵权作品创作有合法来源；（7）被告使用原告的作品具有合法授权；（8）被诉侵权行为属于合理使用或者法定许可的情形；（9）其他情形。"

合理使用的抗辩上节已经陈述和解释，以下针对其他抗辩理由简述如下。

一、非作品抗辩

原告主张的客体不属于《著作权法》保护的作品，这种情形包括以下几种：

（1）非独创性：所主张的客体与已有作品和公共素材相比，不具有独创性，既非补白性，又非创新性组合。

（2）思想的成分：主题、体裁、文风、方法、场景等不保护的内容。

（3）有限性表达：游戏、体育竞技规制，数学公式，财务报表等不具有创作空间的内容。

（4）时事新闻：客观事实的描述，事件的报道等。

（5）官方文件、法律、法规：规范性文件和非规范性文件不受我国《著作权法》保护。

二、合法来源抗辩

原告主张侵权的内容来源于其他在先合法授权的作品，或者由被告自行创作完成。《北京市高级人民法院侵害著作权案件审理指南》列举了三类合法来源的抗辩理由，即在先其他作品、独立创作、合法授权。[1]

三、保护期届满

《著作权法》规定了著作权享有的保护期限，如果作品保护期已届满，那么对作品财产性权利的使用就不受法律保护，但是人身权的保护并不受保护期的限制，除发表权外。但这并非意味着可以对所有保护期限届满的作品进行二次创作和随意改编，篡改、歪曲作品的行为涉嫌侵害作品的保护作品完整权。

四、被诉侵权行为不属于原告主张的权利控制范围

上文的著作权部分已经阐明，权利的消极功能在于衡量被告的行为是否与权利的行为特征一致，从而认定被告行为落入了原告的著作权范围，构成侵权。如此一来，如果被诉的侵权行为不落入原告主张的权利控制范围，那么被告并不侵犯原告的著作权。比如，原告创作的作品为建筑作品，其对独创性建筑外观和内部创新性空间设计享有著作权，包括复制、改编权等，如果被告对建筑予以摄制并展览，那么被告行为并不属于作品控制的范围，不构成侵权。

五、法定许可

法定许可主要包含以下几种情形，每种情形及其核心要义如下：

（1）教科书编写：为实施九年制义务教育和国家教育规划编写出版教科

---

[1]《北京市高级人民法院侵害著作权案件审理指南》7.7［在先其他作品］："被告能够举证证明被诉侵权作品与原告作品存在相同或者实质性相似的表达部分来源于在先的其他作品，可以认定在先其他作品合法来源抗辩成立。"

书时，可以不经著作权人许可使用已经发表的作品片段或短小的文字、音乐、美术、摄影作品等，但应按规定支付报酬，并指明作者姓名、作品名称，不侵犯著作权人其他权利。

（2）报刊转载：作品在报刊刊登后，除著作权人声明不得转载、摘编外，其他报刊可以转载或作为文摘、资料刊登，但应按规定支付报酬。

（3）录音制品制作：录音制作者使用他人已经合法录制为录音制品的音乐作品制作录音制品，可以不经著作权人许可，但应按规定支付报酬；著作权人声明不许使用的不得使用。

（4）广播电台、电视台播放：广播电台、电视台播放他人已发表的作品或已经出版的录音制品，可以不经著作权人许可，但应支付报酬。

（5）义务教育远程教学：《信息网络传播权保护条例》第8条规定，义务教育远程教学可以不经著作权人许可使用作品，但具体办法由国务院规定。

（6）非营利性公共文化机构提供绝版作品复制件：非营利性图书馆等公共文化机构可以通过网络向注册用户提供本馆收藏的合法出版的数字作品和依法为陈列或者保存版本的需要以数字化形式复制的作品。

不同于合理使用的强社会性和公共性，法定许可应当付费，其核心要义在于解决单一许可的无效率，统一大规模定型化使用方式，通过法律的规定，在特定条件下允许他人使用已发表的作品，同时确保著作权人获得适当的报酬。

第十章

·········◇·◇·········

著作权网络侵权诉讼

网络空间发生的侵权，涉及网络服务提供者侵权的认定及责任的承担。依照我国司法审判的"三段论"逻辑：首先，应当明确规范网络服务提供者责任的依据；其次，应当查明相关涉嫌侵权方的行为；最后，得出侵权与否定的结论，并苛加责任。

第一节　规制著作权网络侵权的法律规范

规制著作权网络侵权的法律规范主要包括《著作权法》和《民法典》的相关规定。这些规定明确了著作权的保护范围、权利人享有的权利，以及网络环境下著作权保护的特殊规则。

《著作权法》规定了著作权的基本内容，包括人身权和财产权，如发表权、署名权、修改权、保护作品完整权、复制权、发行权等。此外，该法律还明确了著作权的保护措施，包括权利人可以采取的技术措施，以及对故意避开或破坏这些技术措施的行为的禁止。

《民法典》则对网络侵权责任进行了具体的规定，特别是针对网络服务提供者的责任。根据《民法典》第 1194 条至第 1197 条的规定，网络用户和网络服务提供者如果利用网络侵害他人民事权益，应当承担侵权责任。《民法典》还引入了"避风港原则"，即网络服务提供者在接到权利人的有效通知后，应当采取必要措施，如删除、屏蔽或断开链接等，以防止侵权行为的继续发生。

一、《民法典》互联网条款

第一千一百九十四条　网络用户、网络服务提供者利用网络侵害他人民事权益的，应当承担侵权责任。法律另有规定的，依照其规定。

第一千一百九十五条　网络用户利用网络服务实施侵权行为的，权利人有权通知网络服务提供者采取删除、屏蔽、断开链接等必要措施。通知应当包括构成侵权的初步证据及权利人的真实身份信息。

网络服务提供者接到通知后，应当及时将该通知转送相关网络用户，并根据构成侵权的初步证据和服务类型采取必要措施；未及时采取必要措施的，对损害的扩大部分与该网络用户承担连带责任。

权利人因错误通知造成网络用户或者网络服务提供者损害的，应当承担侵权责任。法律另有规定的，依照其规定。

第一千一百九十六条　网络用户接到转送的通知后，可以向网络服务提供者提交不存在侵权行为的声明。声明应当包括不存在侵权行为的初步证据及网络用户的真实身份信息。

网络服务提供者接到声明后，应当将该声明转送发出通知的权利人，并告知其可以向有关部门投诉或者向人民法院提起诉讼。网络服务提供者在转送声明到达权利人后的合理期限内，未收到权利人已经投诉或者提起诉讼通知的，应当及时终止所采取的措施。

第一千一百九十七条　网络服务提供者知道或者应当知道网络用户利用其网络服务侵害他人民事权益，未采取必要措施的，与该网络用户承担连带责任。

将以上条款适用于著作权侵权的场景，就关于网络服务提供者责任可以做出如下的解释：

（1）用户、网络服务提供者利用网络侵害他人著作权的，应当承担侵权责任。用户、网络服务提供者利用网络直接实施复制、传播、信息网络传播等著作权所控制的范围内行为，且无合法的抗辩理由的，构成著作权侵权，应当承担侵权责任。通常认为，直接侵权者主观上应当具有过错，但对于著作权而言，司法实践中无需追究行为人是否具有过错，结果侵权而无正当理由的，就可以认定为侵权成立，这是包括著作权在内的知识产权法适用的基本规则，即结果主义的认定方式。

（2）间接侵权情形下的，协作维护权利的义务。在网络服务提供者未直接侵权，仅提供网络服务情形下，应当实行一系列动作，包括：接到权利人通知—采取断开、删除、屏蔽等有效措施—通知用户—用户不侵权声明—转送声明—收到投诉/诉讼通知，继续有效措施，未收到通知终止措施予以放行。

（3）网络服务提供者知道或者应当知道侵权存在的，应当事先采取措施，无需等待权利人通知。

二、审理著作权网络传播纠纷的依据

《最高人民法院关于审理侵害信息网络传播权民事纠纷案件适用法律若干问题的规定》就网络服务提供者的责任判定予以细化，详述了各种侵权的具体构成及其相关证据证实的案件事实。

1. 网络服务提供者直接侵权的情形

除法律、行政法规另有规定外，网络用户、网络服务提供者未经许可，通过信息网络提供权利人享有信息网络传播权的作品、表演、录音录像制品的；通过上传到网络服务器、设置共享文件或者利用文件分享软件等方式，将作品、表演、录音录像制品置于信息网络，使公众能够在个人选定的时间和地点以下载、浏览或者其他方式获得的，人民法院应当认定其构成侵害信息网络传播权行为。

有证据证明网络服务提供者与他人以分工合作等方式共同提供作品、表演、录音录像制品，构成共同侵权行为的，人民法院应当判令其承担连带责任。网络服务提供者能够证明其仅提供自动接入、自动传输、信息存储空间、搜索、链接、文件分享技术等网络服务，主张其不构成共同侵权行为的，人民法院应予支持。

网络服务提供者以提供网页快照、缩略图等方式实质替代其他网络服务提供者向公众提供相关作品的，人民法院应当认定其构成提供行为。但是，网络服务提供者可以主张合理使用抗辩。

2. 帮助、教唆型间接侵权

网络服务提供者在提供网络服务时教唆或者帮助网络用户实施侵害信息网络传播权行为的，人民法院应当判令其承担侵权责任。

网络服务提供者以言语、推介技术支持、奖励积分等方式诱导、鼓励网络用户实施侵害信息网络传播权行为的，人民法院应当认定其构成教唆侵权行为。

网络服务提供者明知或者应知网络用户利用网络服务侵害信息网络传播权，未采取删除、屏蔽、断开链接等必要措施，或者提供技术支持等帮助行为的，人民法院应当认定其构成帮助侵权行为。

人民法院应当根据网络服务提供者的过错，确定其是否承担教唆、帮助侵权责任。网络服务提供者的过错包括对于网络用户侵害信息网络传播权行为的明知或者应知。

3. 明知或者应知的典型证据

人民法院应当根据网络用户侵害信息网络传播权的具体事实是否明显，综合考虑以下因素，认定网络服务提供者是否构成应知：

（1）基于网络服务提供者提供服务的性质、方式及其引发侵权的可能性大小，应当具备的管理信息的能力；

（2）传播的作品、表演、录音录像制品的类型、知名度及侵权信息的明显程度；

（3）网络服务提供者是否主动对作品、表演、录音录像制品进行了选择、编辑、修改、推荐等；

（4）网络服务提供者是否积极采取了预防侵权的合理措施；

（5）网络服务提供者是否设置便捷程序接收侵权通知并及时对侵权通知作出合理的反应；

（6）网络服务提供者是否针对同一网络用户的重复侵权行为采取了相应的合理措施；

（7）其他相关因素。

网络服务提供者在提供网络服务时，对热播影视作品等以设置榜单、目录、索引、描述性段落、内容简介等方式进行推荐，且公众可以在其网页上直接以下载、浏览或者其他方式获得的，人民法院可以认定其应知网络用户侵害信息网络传播权。

有下列情形之一的，人民法院可以根据案件具体情况，认定提供信息存储空间服务的网络服务提供者应知网络用户侵害信息网络传播权：

（1）将热播影视作品等置于首页或者其他主要页面等能够为网络服务提供者明显感知的位置的；

（2）对热播影视作品等的主题、内容主动进行选择、编辑、整理、推荐，或者为其设立专门的排行榜的；

（3）其他可以明显感知相关作品、表演、录音录像制品为未经许可提供，仍未采取合理措施的情形。

网络服务提供者接到权利人以书信、传真、电子邮件等方式提交的通知及构成侵权的初步证据，未及时根据初步证据和服务类型采取必要措施的，人民法院应当认定其明知相关侵害信息网络传播权行为。

综合以上规定，网络服务提供者对用户上传的内容负担一定的过滤义务或者注意义务，应当采取适当的措施履行相应的义务，实施推介、编辑等行为，导致出现热播、置顶、明显位置等客观事实，可以证明网络服务提供者应知或者明知。

4. 不具有过错的，不承担侵权责任

网络服务提供者能够证明其仅提供网络服务，且无过错的，人民法院不应认定为构成侵权。

网络服务提供者未对网络用户侵害信息网络传播权的行为主动进行审查的，人民法院不应据此认定其具有过错。

网络服务提供者能够证明已采取合理、有效的技术措施，仍难以发现网络用户侵害信息网络传播权行为的，人民法院应当认定其不具有过错。

值得注意的是，未主动进行内容审查的，不据此认定为过错，但是，明知或者应知的情形，又要求网络服务提供者予以审查，其中的矛盾如何化解，法律并无明确规定。学界和司法机构借助"注意义务""安全义务"或"保障义务"等理论解释网络服务提供者的审查责任、过滤义务等诸如此类的事先防范义务。

第二节　网络服务提供者的注意义务

网络服务提供者在传播作品时呈现为各种服务形式，比如北大法宝法律数据库、起点文学网、抖音视频、亚马逊图书等。[1]不管采用什么样的商业模式，也不论所传播内容为公共信息、私人信息还是知识产权类信息，本质上网络传播平台从事的仍是复制、发行或者利用数字技术协助他人从事网络

---

〔1〕 畅榕、陈丹：《数字出版公共平台的建构模式与运营机制初探》，载《科技与出版》2012年第2期。

信息传播的服务者。因而可依据现有规范网络传播者、数字出版者和网络平台的法律法规，将网络服务提供者所负担的内容审查责任总结如下。

一、负担内容审查的主体责任

网络传播平台是通过网络运营传播内容的服务者，其在开展经营和服务活动中，应当履行网络安全保护义务，采取适当的措施保证网络系统运行安全、传播内容合法和个人用户的信息安全，不得利用网络发布包括危害国家安全、荣誉和利益等在内的信息。其实，信息合法不仅限定为包括国家利益在内的"九不准"，也应包括"侵害他人名誉、隐私、知识产权和其他合法权益"的信息。《网络信息内容生态治理规定》对网络信息的内容作出了进一步细化，将"九不准"扩展为"红十一条"，进一步优化了内容生产者、网络平台、使用者的行为细节，使规条更具可操作性。为了保证网络传播信息合法，《网络安全法》要求网络平台应当履行信息内容管理的主体责任，防范和抵制违法性信息的传播，加强平台信息内容的生态治理，建立信息审查和巡查机制，主动发现违法信息，并及时采取处置措施。总体而言，平台主体责任要求平台应当对平台内传播的内容履行普遍的主动审查和监控义务，除了技术上的过滤机制外，还必须配备专业人员施以人工审核。这种行政层面的主动发现和审查义务构成了网络信息内容服务者的主要公法义务。

二、享有内容管控的私权力

网络平台是以互联网、大数据、人工智能等网络科技为支撑的数字化组织。平台融合了海量信息，其不仅聚合了大量的用户和交易产品信息，而且具有处理信息匹配用户需求的能力，是数据的集中处理者和相关服务的提供者。平台以其技术优势为用户提供相关服务，不论其所有权性质和经营目的，[1]均属于我国《民法典》所调整的民事主体。民事主体的平等性决定了平台与用户之间地位平等，双方之间应通过平等协议建立服务关系，平台并不享有相对于用户的行政权。但是，鉴于平台的技术优势和管控效率，[2]其负有治理网络

---

〔1〕　欧洲民法典研究组、欧盟现行私法研究组编著：《欧洲示范民法典草案：欧洲私法的原则、定义和示范规则》，高圣平译，法律出版社 2012 年版，第 105 页。

〔2〕　［英］詹姆斯·柯兰、娜塔莉·芬顿、德斯·弗里德曼：《互联网的误读》，何道宽译，中国人民大学出版社 2014 年版，第 119 页。

空间的行政义务，为了履行公法上的审查责任，平台通过制定规则和协议之外的裁处权对用户行为加以约束，平台规约和临时性执法行为可能并非合同约定的条款，而是平台为履行行政责任在技术代码自行控制行为之外，[1]对用户所施行的内部治理。有学者指出，这种内部治理为平台所享有的私权力，具有介于行政公权力与私权力之间的弱强制力和管领力。[2]平台享有的准立法权、准行政权和准司法权构成了平台与用户之间完整的权力架构与运行体系，[3]在平台内部形成了平台的法律帝国。

三、平台承担发现违法信息的民事责任

依据《民法典》"互联网条款"的规定，网络服务提供者民事侵权的构成分为三个层次：其一，网络服务提供者知道或者应当知道平台内存在侵害他人民事权益的，应当采取必要的措施制止侵权继续发生；其二，权利人通知网络服务提供者平台内存在侵权的，应当采取删除、屏蔽、断开链接等必要措施，并将该通知转送被投诉侵权的用户；其三，网络服务提供者侵犯他人权益的，承担相应的侵权责任。[4]其中"知道或者应当知道"是对网络服务提供者主观状态的描述，理论界存在故意说和过失说的争论，故意说认为：知道为故意，应当知道为推定故意。[5]权利人合格通知、行政部门的通知、消费者投诉等事实为知道侵权行为存在的证据。[6]过失说认为：应当知道为过失或者特定条件下的过失，因违反注意义务而过失不知他人实施侵权对此

---

〔1〕 "网络空间代码控制论"可以参见［美］劳伦斯·莱斯格：《代码 2.0：网络空间中的法律》，李旭、沈伟伟译，清华大学出版社 2009 年版。

〔2〕 周辉：《技术、平台与信息：网络空间中私权力的崛起》，载《网络信息法学研究》2017 年第 2 期。

〔3〕 刘权：《网络平台的公共性及其实现——以电商平台的法律规制为视角》，载《法学研究》2020 年第 2 期。

〔4〕 徐伟：《〈民法典〉中网络侵权制度的新发展》，载《法治研究》2020 年第 4 期。

〔5〕 有论者认为，应当知道为推定知道，为故意的认定。参见徐伟：《网络服务提供者"知道"认定新诠——兼驳网络服务提供者"应知"论》，载《法律科学（西北政法大学学报）》2014 年第 2 期。

〔6〕 《浙江省高级人民法院民三庭关于印发〈涉电商平台知识产权案件审理指南〉的通知》第 21 条："知道"是指电商平台经营者实际知晓侵权行为存在的主观状态。电商平台经营者收到权利人合格通知的，应认定其知道侵权行为的存在。权利人未发送通知或通知不合格的，人民法院不应仅据此就认定电商平台经营者主观上不知道，收到行政部门通知、消费者投诉等事实也可以证明其知道侵权行为的存在。

所能承担的侵权责任。[1]如果沿用过失说，网络服务提供者应负担对网络平台内容的注意义务，谨慎地采取有效的合理措施预防侵权。[2]司法实务界倾向于采纳过失说。《北京市高级人民法院关于涉及网络知识产权案件的审理指南》第 19 条指出："平台服务商通常情况下不具有事先审查网络交易信息或者交易行为合法性的义务，但应……采取必要的、合理的、适当的措施防止侵害商标权行为的发生。"《最高人民法院关于审理涉电子商务平台知识产权民事案件的指导意见》第 11 条，直接将未履行合理审查和注意义务认定为"应当知道"的情形，这预示着网络平台对民事权益的保护从消极被动转变为主动防御。这也不能说是对《民法典》互联网规条的违背，毕竟"知道或者应当知道"的解释端赖于对平台行为宽严尺度的政策把握，而不在于法律的逻辑推理。

四、审查责任的分层适用

综合以上论述，《民法典》中的互联网条款并没有规定网络服务商要主动采取相关的措施制止侵权和禁止侵权。《网络安全法》只是规定事先审查的激励性条款或者倡导性条款。同时，在《最高人民法院关于审理侵害信息网络传播权民事纠纷案件适用法律若干问题的规定》特别提到不因为网络服务商未履行事前的审查责任而判定其有过错。此外，北京市高级人民法院发布的审理指南、浙江省高级人民法院发布的关于网络服务商的审判指南，其实都提到了这个问题。总体来看，在网络服务商是否采取事先的审查义务问题上，我们会有不同的规定，相关的看法并不一致。具体而言，大致可以归为三种看法：第一，认为平台应当事先履行审查责任。按照《网络安全法》的规定，网络平台承担分层责任：其一，涉及公法规定的义务。比如，《网络信息内容生态治理规定》明确规定"红九条"和"红十一条"所涉及的内容，网络平台不可以传播，那也就意味着网络平台必须去筛查这些内容，不管基于什么样的目的，平台不可以传播这些内容。传播这些内容即便不被认定为民事上的侵权，也会被认定为违背公法上的相关义务。最典型的就是"快播案"。快

---

[1] 尹志强、马俊骥：《网络平台经营者"应当知道"要件之重新检视》，载《华东政法大学学报》2020 年第 6 期。
[2] 冯术杰：《论网络服务提供者间接侵权责任的过错形态》，载《中国法学》2016 年第 4 期。

播传播公法所禁止的涉及淫秽性的信息，违背公法规定，同时这个行为构成刑法上的传播淫秽物品罪。其二，属于行政法上所应查处的不良信息，网络平台应履行审查责任。比如诋毁的、网络暴力的，还有一些传播虚假消息的，在疫情期间非法传播疫情信息的，这些都是行政法所禁止传播的信息，标题党、传播虚假信息、或者"毁三观"的不良信息等，平台要筛查、禁止。其三，私法性信息。比如，涉及版权侵权的，平台要不要事先筛查？《网络安全法》在这个层面并没有强制要求，只是一个激励性条款。我们可以通过相关的著作权规定和司法解释予以推断。一般要求平台履行资格和资质审查，即网络实名制，平台有义务去审查。但是，这是资格审查，并不涉及内容审查。第二个规定，按照《民法典》建立的安全保障义务，建立平台的经营者或者平台经营商，开启了传播侵权平台的风险，就应采取适当的措施，减少风险事件的发生。所以，按照风险与防范相对应的原则，我们可以推断平台应当积极采取相关的措施，减少或者阻止侵权信息在本平台、本空间内的传播。但是，该要求仍然为原则性的，具体涉及的平台或者网络服务商应当如何行为？比如按照推特、Facebook、微博等这些平台的做法，建立了一个基本的软件系统，可以通过自动的逻辑算法和自动筛查的技术，对涉嫌侵权的信息预先进行过滤。这就可以减少侵权信息在网络平台的传播。如果平台听之任之，采用鸵鸟政策，这个就很容易被法院判定为不履行安全保障义务或不履行相关的平台责任，从而承担帮助侵权责任。但是，法律并没有要求那么苛刻的条件，具体采取什么措施取决于平台技术服务的能力。这个技术措施可以是自动算法，也可以是人工筛查。如果采用自动算法，服务商不因算法本身存在的缺陷而承担相关责任，这就为相关技术的发展提供了一定的制度空间。

　　在平台采取相关措施之后，如果仍然还有相关的侵权信息在网络平台内传播，还有侵权盗版的或者分割他人视频的信息在平台传播，又应如何处理？这只能回到我们互联网条款规定的"权利人通知"，平台知道之后予以采取适当的措施，积极制止侵权的继续发生，这就是目前平台承担民事责任的规定。当然，我们要区分公法信息、行政法信息和私权信息，他们所要求的法律措施或者采取的手段并不一样，也不应该等同。理论上，也有学者提出侵权责任有从公法向私法逃逸的风险，也就是说，平台可能会因为没有履行公法上的义务而导致侵权责任的承担，或者因为不履行公法上的义务就需承担民事责任。目前，这仅限于理论层面，尚未出现因为没有履行公法义务而判决承担民事责任的案例。

还有一种情况，即网络服务提供者未履行实名制、登记备案等义务，导致侵权发生的话，应承担相关责任，因为网络服务提供者的过错与侵权形成因果关系。所以平台的经营问题，尤其是著作权的合规经营问题，尚有很多模糊的地方需要探讨，可以关注我们后续出版的《知识产权合规经营指南》。

第三节　著作权网络侵权规则的司法适用

近几年来，随着我们数字经济的推广和网络经济的纵深发展，我们发现大部分作品的侵权场景发生在网络环境，而不是传统的出版、印刷、报纸等，更多地停留在我们可以看到视频平台、网络创作平台等。在网络侵权诉讼中存在一个普遍的问题，除了侵权人、侵权行为人之外，还存在网络空间、网络平台，或者网络服务提供商。针对权利人而言，如果去诉讼每一个单一的行为人，不但浪费时间，而且可能因为单一权利人的承担能力而获得的赔偿额非常低，因而在绝大部分网络侵权案件中，权利人都会把网络服务提供者、网络平台和传播商列为共同被告。综合以上所论，网络服务提供者承担的侵权责任类型主要为：直接侵权、帮助、教唆侵权，明知或应知情形下的过错责任，以及无过错情形下的"通知—移除"免责。针对具体案件中的焦点问题，综合法院的审判观点和司法判例，网络侵权规则可以陈明如下。

一、网络服务提供者的审查义务

服务商直接从事侵权行为的，直接实施传播作品、传播相关影视的侵害网络传播权这一类型的行为，往往会在自我经营的平台上存在。比较成熟的头部企业，在相关的平台的审核上还是比较严格的，不存在直接侵权行为，如果网络服务提供者未尽到相应的注意义务，也未采取合理、必要的技术防范措施，应承担过错责任。网络服务提供者通常不负有对利用其网络服务公开传播信息的知识产权合法性进行审查的义务。但是，当网络服务提供者从被控侵权信息的公开传播中直接获得经济利益时，其应当主动审查被控侵权信息的知识产权合法性。网络服务提供者的运营模式是否依赖直接侵权活动，是否从用户内容直接获取收益，是判断其是否承担注意义务的一个重要标准。

二、"红旗规则"的适用

网络服务提供者在未通知阶段需要肩负一定的合理注意义务，特别是当侵权行为显而易见时，如同"高高飘扬的红旗"，网络服务提供者不能以不知道侵权为由作为不承担责任的抗辩理由。

在网络服务提供商是否构成侵权行为的判断中，关键在于其对侵权行为的主观认知状态，即是否明知或应知。在侵权法领域，明知和应知通常被视为故意或重大过失的表现。尽管对于一般过失的界定在实践中存在争议，但明知和重大过失的认定是较为明确的。近年来，在处理平台侵权案件时，法院的判决趋向于更为严格。例如，在抖音平台的侵权案件中，西安市中级人民法院的判决体现了较为严格的认定标准，要求平台主动发现、甄别和筛选侵权内容。如果平台明知存在侵权行为却未采取行动，那么将承担侵权赔偿责任。这种逻辑暗示了互联网服务提供商在明知侵权行为存在时的法律义务。

在评估网络服务提供商是否采取了适当的措施以防范侵权问题时，《信息网络传播权保护条例》提供了一些指导性规范。例如，对于平台上的置顶内容、热播内容，以及那些明显是权利人通过重大投资获得的著作权作品，如果这些内容被认定为明知侵权，那么理论上就适用所谓的"红旗规则"。这意味着，如果侵权行为是显而易见的，那么网络服务提供商应当知晓并采取相应措施。这是对网络服务提供商在明知侵权行为存在时的法律要求。

三、网络服务提供者的责任认定

判断网络服务提供者是否承担侵权责任的关键在于确定其是否尽到了合理注意义务，以及在收到权利人通知后是否及时采取了删除、屏蔽、断开链接等必要措施。如果网络服务提供者已经尽到应尽的合理注意义务但仍然不能意识到侵权行为存在，不应承担侵权责任。

四、"避风港原则"的适用

在通常情况下，网络服务提供者在接到权利人的通知后，若及时删除其平台上的侵权内容，便可以免于承担法律责任。然而，随着网络平台运营模式的日益专业化，对网络服务提供者侵权责任的认定应当平衡作品著作权人、网络服务提供者以及社会公众之间的利益。

所谓的"避风港"原则，指的是在网络服务提供者不知情且技术中立的情况下，即在没有故意行为的前提下，可以免于承担侵权责任。但近年来的司法实践表明，法院通常认为平台应对其内容承担一定的监管义务。因此，如果平台未能采取适当的措施来筛查、过滤或防范侵权内容的传播，法院很可能会认定平台存在过错，并因此承担过失责任，甚至构成帮助侵权。

在没有故意行为且不知情的情况下，一旦接到权利人的通知，网络服务提供者应立即采取适当措施进行处理。这可能包括将通知转发给被指控侵权的用户，并对涉嫌侵权的内容采取删除、断开链接或封禁账号等措施。具体采取何种措施，需根据个案情况而定。即便网络服务提供者没有参与且不知情，一旦收到权利人的通知，便有义务采取适当措施，协助权利人维护其著作权。

网络服务提供者在采取了预防侵权的合理措施之后，对于网络用户的侵权行为，如果存在明知或应知的情况，仍应承担相应的法律责任。这是网络服务提供者在维护著作权方面应尽的法律义务。

五、人工智能著作权侵权问题的展望

AI 的训练过程需要大量数据，这些数据可能涉及在著作权保护期内的作品。如果未经授权使用这些作品作为训练数据，可能会引发著作权侵权问题。由国家网信办联合其他部门发布的《生成式人工智能服务管理暂行办法》提出了对生成式 AI 服务的包容审慎监管和分类分级监管原则，并鼓励生成式 AI 技术的创新发展。同时，明确了提供和使用生成式 AI 服务时应遵守的法律规定和社会道德，包括尊重知识产权、不生成违法内容等。这就意味着 AI 的训练和使用不应侵害他人的著作权。那么，如何评价 AI 侵害了他人的著作权呢？如何平衡 AI 新技术发展与著作权人的利益冲突呢？

如果采纳"结果论"，AI 生成内容与原作品是否构成"实质性相似"的评价可能令著作权人失望，因为普遍认为结果的重复度对比不到万分之一；如果采信"过程论"，AI 训练数据和生成的过程，可能涉嫌侵犯原作的复制权、改编权和传播权，那么 AI 的技术便会受制于著作权形成的障碍，可能需要通过合法购买数据、合同约定风险承担、著作权合理使用等方式来解决这一问题。对此，我们不过多作理论上的探讨，可以查询相关的研究资料。

第十一章

◇·◇

典型的著作权侵权诉讼

本章选取司法实践中诉讼案件量大，或者争议点比较多的案件，遵循诉讼逻辑，抓住案件核心点予以综述，并就争议性问题提出自己的看法或建议，以供读者领会佐证的理论，拓展诉讼的技巧。

第一节　字体侵权的诉讼应对思路与策略

字体侵权的民事诉讼已经成了批量维权和商业维权的"商品"，所谓的权利人通过大规模向涉嫌侵权或可能存在侵权的用户送达侵权警告函或提示函的方式，获得和解赔偿或者取得初步证据，进一步向法院批量诉讼，诉求禁止使用和支付赔偿金。依照诉讼法相关规定，提起诉讼是民事主体的权利，单案诉讼也好，批量诉讼也罢，本无可厚非，关键在于衡量字体维权是否正当，是否适当，不能违背诚实信用、不得滥用民事权利的基本法理。

一、"字体"的著作权法定性

我国《著作权法》第 3 条规定了作品的类型及其构成要件，要求文学、艺术或者科学领域内具有独创性并能以一定形式表现的智力成果方能成为作品，包括文字作品、美术作品、计算机软件等符合作品特征的智力成果类型。《著作权法》并未明确列明"字体"属于何种作品，但也不排除其符合作品特征，构成作品的可能。

在字体侵权案件的司法实践中，法院主要集中在两个焦点问题上辩论：其一，字体是否符合《著作权法》上的作品，若是，则属于何种作品；其二，被告使用的字体是否与原告作品构成实质性相似。在已决的案件中，法院认可了"倩字体""熊猫体""锐谐体""叶友根毛笔行书字体""汉仪秀英体""向佳红毛笔行书字体"具有独创性，构成美术作品。但在"北大方正诉暴雪游戏字体侵权案"中，最高人民法院认定字库中的字体文件属于计算机软件作品。"北大方正与潍坊文星等侵犯方正兰亭字库著作权纠纷案"中，北京市第一中级人民法院认定方正兰亭字库构成计算机软件。概言之，司法实践中普遍认为，字体构成美术作品或者计算机软件的字库，至于具体属于哪种作品类型，需要根据原告的主张，作品的表现形式，被告的使用情形等因素认定。

美术作品，通常指的是以线条、色彩或其他方式构成的具有审美意义的平面或立体的造型艺术作品。在《著作权法》上，美术作品是著作权保护的对象之一，其作品性应当满足独创性和艺术性的要求。由于我国并无明确的独创性的高低标准，法律独立于作品的质量评价，只要不是对已有作品的简单复制和模仿就满足独创性要求。艺术性要求作品应具有审美价值，能够引发人们的审美感受，这是美术作品区别于其他作品的重要特征，但是艺术性本身就是个性化的东西，很难形成统一性法律标准测度某一作品的艺术性，这是抽象的独创性的另外一种说法或者描述，并无法律上的实质意义。

计算机软件作品，根据《著作权法》的规定，其包括程序和文档，程序指的是为了得到某种结果而设计的、能够被计算机执行的代码化指令序列，文档是对程序的文字说明，其本质为文字作品。计算机程序要求具备可执行性，即能够通过计算机运行并产生预期结果的代码，这些代码可以是源代码或目标代码。从作品性构成要素论来看，软件应当具备创新性，不是简单的逻辑排列或通用算法。同时，《著作权法》要求计算机软件可以以一定的形式复制，比如存储在有形介质或者数字形式存于云空间等。字库提供了一系列的字形数据，使得软件能够显示和打印各种文字，包括中文、英文、数字和其他字符。字库既可以与运行的程序不可分离，也可以作为独立的数据存在。在字库是软件不可分离的情况下，特别是当字库与软件紧密集成，为软件提供核心的文字显示和处理功能时，字库应当为软件的功能部分。在字库作为独立的数据存在，用户可以自行安装和使用不同的字库文件的情况下，字库并非软件不可分离的一部分，应当作为独立的数据库受到保护。

由是而论，在《著作权法》上，单一的美术字体可能作为美术作品受到保护，若干字体形成的字库与软件不可分离时，应当以计算机软件整体保护。当字库可以与软件分离时，字库可能会作为独立的数据库受到保护。无论是作为美术作品，还是计算机软件，抑或是独立的数据库，均为《著作权法》所保护的作品类型。不过数据库保护的为独创性编排和检索方式等汇编性创新，并不延及具体的数据，未经许可复制和抽取他人的数据，可能会以当下惯用的不正当竞争行为裁处。截至目前，尚未发现针对字体的数据不正当竞争诉讼，也许美术作品、计算机软件对字体所提供的保护足以满足当下诉讼的需要。

二、"字体"的侵权判定

著作权侵权的基准为"接触+实质性相似"，不管什么作品类型，概莫能外。接触并非对被告使用作品的程度予以判断，而是用于衡量原告的作品是否公开发表或者公开传播，能够为被告所观看、欣赏或者适宜目的的使用。该证据的举证主要使用创作的过程性记录、完成的证明、作品表达记录的载体等书面证据、视听证据、实物证据等，用于证明原告所主张的客体是否构成作品，以及作品的完成时间。实质性相似用于证明被告通过抄袭、剽窃或者演绎等方式使用了原告作品的实质内容。在司法实践中主要通过比较作品表达内容的文字描述、情节设置、人物关系、事件的逻辑关系等实质性内容的相似度。这在"琼瑶诉于某等侵犯著作权案""锦绣未央侵权"等案件中皆有经典的分析和判决分析。

在具体的著作权侵权审判案件中，如果被告使用的作品内容与原告作品实质性相似，那么继而应当评价被告使用作品的行为方式是否落入原告作品类型所对应的权利种类。比如，被告展览原告的图书等文字类作品，因为原告对文字作品不享有展览权，被告的展览行为自然不构成侵权。同样，被告出租非视听、软件作品，也不存在侵犯著作权的可能。换言之，《著作权法》第10条所列举的著作权正向功能在于授予著作权人使用作品的权限及使用方式，反向功能在于禁止第三人未经许可以与著作权权能同样的方式使用作品。因此，判定作品侵权时应当搞清楚受保护作品的类型及其享有的权能，然后抽象被告的行为，与作品权能相对照考察是否落入著作权的权利范围。

具体到"字体"侵权案件中，首先应当明确"字体"是构成美术作品，还是构成计算机软件不可分离的部分，以计算机软件予以保护。在"熊猫体"

"汉仪秀英体""向佳红行书字体"等案件中，法院认定相关字体构成美术作品。正如法院在"北京汉仪创新科技股份有限公司诉青蛙王子案"中所论：[1]"涉案的秀英体字库中的单字若要成为受著作权法保护的美术作品，必须具有独创性，并能以某种有形形式复制，且属于具有审美意义的平面造型艺术。""对于字库中的单字是否具有独创性的判断应当把握以下几点：首先，应遵循美术字艺术创作的规律，根据汉字的笔画特征、笔画数量、结构等特点进行考量；其次，将单字体现的艺术风格、特点与公知领域的其他美术字书体进行对比，看是否具有明显的特点或一定的创作高度；最后，是书体字库中的单字与字库中其他相近书体中的相同单字进行对比，单字是否具有明显的特点或一定的创作高度。"但是，鉴于汉字本身主要的信息和文化传递功能，且汉字的笔画构成固定，创作空间有限，因而汉字作为美术作品的独创性应当具有相当的创作高度。对此，法院在"北大方正诉广州宝洁倩字体案"中[2]提出"将汉字作为著作权法意义上的美术作品进行保护，必须要求在完全相同的笔画和结构的基础上，其字体的形态具有一定的独创性"。"在已有的汉字基础上增加要素，进行演绎，改变已有形态，此种方式的独创性要求不能过低，必须形成鲜明独特的风格，能明显区别于其他字体，否则以对于一般作品所谓的'实质性相似'的标准进行考量和认定侵权，对于基本结构和笔画相同的汉字来说，保护范围过宽。"当然，由于汉字美术作品的创作空间有限，所以除坚守一般独创性的基准外，还应当坚持个案具体认定。正如在"北大方正诉威风喵呜字体案"中，法院指出："单字是否能够独立构成美术作品，应当具体问题具体分析，但应坚持遵循艺术规律、具备明显特点或一定创作高度的评判标准。"

另外，如果字体被认定为构成计算机软件受到保护，那么应当依照计算机软件的保护思路予以审判。计算机软件中的源代码或者目标代码被抄袭，运行产生相同或实质相同的结果，或者被告未经允许安装、复制原告的计算机软件，那么被告就可能构成计算机软件侵权。重庆市人民检察院办理的首例"侵犯数控系统软件案"认定"官某将非法获取的软件十六进制机器码用于设置、制造988T系列数控系统产品并销售侵犯了数控公司享有著作权的计

〔1〕　江苏省高级人民法院［2012］苏知民终字第0161号民事判决书。
〔2〕　北京市第一中级人民法院［2011］一中民终字第5969号民事判决书。

算机程序，应以侵犯著作权罪追究刑事责任"。该案为典型的复制计算机程序代码的侵权行为，也可以参考用于分析字体软件的侵权。但是，如果被告获取了字库软件的使用权，那么被告对字库中字体的使用应视为在软件的使用功能内默示许可被告有权使用。正如在"北大方正诉宝洁倩字体案"中，法院认为："在北大方正公司无明确、合理且有效限制的情况下，NICE公司有权使用倩体字库产品中的具体单字进行广告设计，并将其设计成果许可给宝洁公司及家乐福公司进行后续的复制、发行。因此，宝洁公司及家乐福公司实施的被控侵权行为应被视为经过北大方正公司的许可，不构成侵犯北大方正公司的著作权。"换言之，被告在软件功能可实现的合理范围内运行软件，应视为默示许可被告有权对软件不可分离的字库，除非软件本身的使用许可协议有相关的限制。依据《最高人民法院关于审理著作权民事纠纷案件适用法律若干问题的解释》第21条："计算机软件用户未经许可或者超过许可范围商业使用计算机软件的，依据著作权法第四十八条第（一）项、《计算机软件保护条例》第二十四条第（一）项的规定承担民事责任。"但是，应当特别注意的是，如果字库与软件是可以分离的独立数据库，那么协议排除使用的约定应当仅限于合同内解决，接受合同公平合理的法律评价，而不应当将被告的违约认定为构成软件侵权。毕竟著作权侵权与否应当由法律评价，合同不能僭越《著作权法》的规定。

三、被告针对"字体"侵权指控的抗辩

参考《北京市高级人民法院侵害著作权案件审理指南》7.1抗辩事由的内容，针对著作权侵权指控的抗辩主要限定为几种情形：①原告主张保护的客体不构成作品；②原告主张的作品权利超过保护期；③被诉行为不落入原告主张的权利控制范围；④被诉侵权作品创作有合法来源；⑤被告获得合法授权；⑥被诉侵权行为属于合理使用或法定许可等。就"字体"侵权诉讼的抗辩，结合主要抗辩事由详述如下。

第一，"字体"本身不构成作品，不符合美术作品或者计算机软件的构成要件。书法是中华历史文明长河中璀璨的一颗明珠，是中华汉字文化的瑰宝结晶。且不说魏晋时期王羲之、唐代颜真卿、柳公权、张旭，北宋米芾等四大家，元代赵孟頫等书法大家，仅现当代爱好书法、研习书法、名作传世者便多如繁星。《著作权法》既不能照单全收，认定只要是自行创造的就形成美

术作品，又不能全面排除，认为书法作品的有限表达不应授予著作权。司法审判应秉持字体作品具备"鲜明独特的风格，能明显区别于其他字体"，方能形成字体美术作品，但是著作权保护的范围仅限于该字体，不应延及创作风格、写法技法等非著作权表达性部分。

于是，被告对某一作品风格的模仿，以同样的写法技法创作出不同的文字，不应判定为侵权。正如，在"北大方正诉威风喵呜字体案"中，[1]法院认定："宣传文字的笔画特征，与原告提供的方正喵呜体设计稿中的'贴、心、呵、护、细、关、怀、健、康、温、和、让、宝、爱、上、洗、澡、如、何、选、购、沐、产、品、小、贴、士'等二十七个字，字形结构、笔画形态、笔迹排列、整体字感、设计风格等均相同。"换言之，如果被告在写作风格上与原告相同，但并非使用原告创作的具体字体，那么不应认定被告侵犯了原告具体字体的著作权。毕竟，著作权法并不禁止模仿某一流派的书法创作，否则书法作品就不会推陈出新，艺术市场也不会这么精彩纷呈。

第二，被告获得合法授权的抗辩。如果字库构成计算机软件运行的不可分离部分，那么被告合法购买软件后在其正当运行功能的范围内使用，当属合法使用。但是，如果软件著作权人另行限定软件使用的范围，比如，仅限于私人场合内个人使用的版本，那么商业化使用，尤其是推广产品、经营网店、广告设计使用等，可能超越了软件许可的范围，构成软件侵权。当然，我们需要对软件使用的合同限定予以合法性审查，衡量原告是否存在施加不合理的限制，排除竞争制造垄断等不合法行为。如果字库与软件在功能上可分离，且字库中的具体字体无法形成美术作品，那么对字库的侵权便只可能是因为被告从事了字库数据的抓取和复制等不正当竞争行为。关于数据抓取的不正当竞争诉讼超越了本书的范围，恕不详述。

第三，被告对字体的使用属于合理使用。《著作权法》第24条规定，在特定情形下，不影响作品正常使用，不损害著作权合法权益的使用，属于合理使用，不构成著作权侵权。该条所罗列的法定情形主要限定为私人使用、批评研究、社会交往、信息传递、课堂教学等场景。具体到"字体"的使用，已决案件中判决侵权的使用主要是商业广告、网络经营、商品包装等商业性使用方式，不符合合理使用的构成要件，被告的行为难谓正当。反之，内部

---

〔1〕 南京市玄武区人民法院〔2015〕玄知民初字第169号民事判决书。

非公开使用、群内交流性使用、社会评论性使用、标语横幅宣传等场景使用，更符合合理使用的情形，可以免除侵权的责任。

至于原告主张的作品权利超过保护期，被诉行为不落入原告主张的权利控制范围，被诉侵权作品创作有合法来源三种抗辩理由，在证据确凿的情形下，不存在理解的争议，无须详述。

四、应对字体侵权的有效防范措施

针对字体著作权侵权的指控，可以采用以下有效的防范措施：

第一，提高版权意识，认识到字体可能享有著作权保护，无论是将字体定位为美术作品，还是计算机软件作品，或者数据库产品，抑或数据集，未经授权的原样使用都可能涉嫌侵犯了知识产权法所保护的字体权利或数据权益，带来侵权风险，导致赔偿损失。因此，使用来源不明的字体、不明渠道下载字体，使用网络上来路不明的免费下载字体都可能引发字体的版权争议。

第二，如果没有特别的使用要求，应优先考虑使用免费字体或开源软件。如阿里巴巴普惠体，编辑软件固定的楷体、宋体、黑体等公用字体。如果出于商业的需要，一定要使用某种字体，可以先行咨询专业人士或版权律师，初步判断该字体是否为作品，受到《著作权法》保护。如果涉及著作权，那么应主动联系权利人，购买相应的使用授权，同时在专业人士的辅助下，明确授权的期限、使用的范围、使用的主体等授权合同的核心内容。

第三，做好风险自控和知识产权合规。公司应当定期自查所有可能使用到字体的地方，尤其是广告、产品包装、网站宣传、公众号等自媒体，确保所有使用的字体都具有合法性，获得合法的授权，或者确保构成合理使用。在设计使用字体前，最好查询各个字体权利人声明的使用范围，确保使用符合授权条款。应当定期对公司员工进行版权教育和培训，提高员工对字体版权的认识，避免无意中的侵权和有意的侵权，确立如果并非公用字体且非自行创作就可能构成侵权的观念，减少侵权风险和经营损失。如果对照他人字体的创作风格，自行设计不同的文字，在字体和字形上与他人存在视觉上的明显差别，那么这种修改不宜被认定为侵权。如果只是局部修改，那么可能被判定为侵权。如果修改具有合同约定，那么应当依照合同执行，不应擅自扩大约定范围。

第四，如果收到侵权投诉，应立即自查核实，停止使用疑似侵权字体，与权利人沟通协商，必要时寻求知识产权专业人士的帮助。既不能不管不顾置之不理，也不能盲从权利人要求，陷入被欺诈维权和敲诈维权的陷阱。

总之，通过"字体"法理的解释和字体侵权诉讼的剖析，我们可以认为知识产权合规是每个创新性企业和自主经营性实体都应当认真对待的事务，姑且不论创新性知识产权能否为企业高质量发展助力，至少合规性经营可以减少企业不必要的侵权损失和竞争性商业机会的丧失。期望本书能够帮助受字体侵权困扰的企业，有效降低字体著作权侵权的风险，并在商业活动中合法合规地使用字体。

第二节　游戏作品侵权及不正当竞争诉讼

由广东省高级人民法院获悉，2022 年 11 月 30 日广东省高级人民法院对"迷你玩案"作出终审判决，认定深圳迷你玩公司构成不正当竞争，判令其删除游戏中 230 个侵权元素，并赔偿网易公司 5000 万元。[1]

该案的诉讼案由为著作权侵权及不正当竞争。广州网易公司认为，被告的《迷你世界》抄袭了原告运营的《我的世界》网络游戏的核心基本元素，导致两者的游戏整体画面高度相似，被告的行为构成著作权侵权及不正当竞争。广东省高级人民法院认为，两款游戏整体画面构成类电作品，即新《著作权法》的"视听作品"，但两者的游戏画面（包括角色人物、场景和道具设计等）并不相同，相似之处在于游戏元素的设计，因而被告并不构成著作权侵权，但是《迷你世界》与《我的世界》在玩法规则上高度相似，在游戏元素细节上存在诸多重合，已经超出合理借鉴的界限。被告通过抄袭游戏元素设计的方式，直接攫取了他人智力成果中关键、核心的个性化商业价值，以不当获取他人经营利益为手段来抢夺商业机会，构成不正当竞争。[2]

该案以网络游戏为争议对象，围绕游戏的作品性、游戏组成元素、游戏的市场利益三个问题展开，就视听作品、联系关系混淆、违背商业道德三个条款的理解和适用予以充分说明。该案对近年来颇受争议的"游戏玩法""游戏换皮""游戏元素"问题进行了深入讨论，结合《迷你世界》《我的世界》

<hr/>

〔1〕　广东省高级人民法院微信公众号一号专案 2022 年 11 月 30 日。
〔2〕　"广州网易计算机系统有限公司、上海网之易吾世界网络科技有限公司诉深圳市迷你玩科技有限公司著作权侵权及不正当竞争纠纷案"，广东省高级人民法院〔2021〕粤民终 1035 号民事判决书。

两款游戏的画面、视听效果、基本元素、玩法规则等具体实例，鲜活生动地演绎了基本理论、司法技术的"游戏"运用。本书以网络游戏为对象，循着司法判决和理论研究的轨迹，就网络游戏侵权的路径予以论述，以明晰网络游戏诉讼的法律适用。

一、网络游戏的作品性评价

我国《著作权法》以"思想表达的独创性"作为构成作品的实质性要件，[1]基于表达形式将著作权客体经验性地划分为文字作品、口述作品、音乐作品等类型。在经济生活中的广告、宣传片、网络游戏等属于对作品的使用形式，网络游戏并不属于作品的法定类型，而是综合性艺术或科技型领域的多元作品形式的复合体。对于涉及网络游戏著作权规则的评价和利用的问题，我们可以通过深入解构网络游戏的内部组成元素，对照适用《著作权法》现有规则的技术路线去解决，并没有必要在《著作权法》中另行列明"游戏作品"。

网络游戏是由文字、图片、配音、造型（模型）、动画以及图形、场景和关卡等多种元素组成的复合创作物，根据游戏的表达空间和玩家的创作行为，可以将其划分为三种类型，[2]以便于明晰著作权归属，但这种划分并不具有侵权识别的制度功能。在"迷你玩案"中，法院提出："涉案《我的世界》游戏整体画面以动态场景画面为主（类似于电影中若干不同的镜头画面），随着游戏玩家在虚拟三维场景中不断探索与交互，画面视角不断转变、移动，画面内容连续变化，且画面之间相互衔接和串联，整体上形成连续动态画面。这一形成连续动态画面的过程与视听作品的创作过程相同，尤其是在把游戏画面中各种视听素材融合形成一个整体并将该整体转化形成连续动态画面的过程中，充分体现了游戏开发者富有个性化的取舍、安排、设计，符合视听作品的创作性要求。"[3]

对照《我的世界》的作品性评价，我们可以将游戏的作品类型归纳为：

---

〔1〕 吴汉东：《知识产权法》，法律出版社2021年版，第150页。

〔2〕 焦和平：《类型化视角下网络游戏直播画面的著作权归属》，载《法学评论》2019年第5期。

〔3〕 "广州网易计算机系统有限公司、上海网之易吾世界网络科技有限公司诉深圳市迷你玩科技有限公司著作权侵权及不正当竞争纠纷案"，广东省高级人民法院［2021］粤民终1035号民事判决书。

动态的游戏画面具备视听作品的要素，具备独创性，游戏整体为视听作品；静态的游戏画面，可以归类为美术作品；其他元素和组成成分的评价依据各自的独创性而定。

二、游戏的组成元素及其规范定位

以《我的世界：海洋之旅2》为例，该关卡设计的场景为海底寻宝，玩家扮演的角色利用背包中收集的工具猎获鱼、海豚、乌龟等海洋生物，可以获得升级装备和新装备，然后利用工具开采珊瑚和海底石块，获得宝石和远古残骸等奖励，上岸后可以合成其他关卡需要的通关钥匙或进关设备等。在上岸后的某个地域可能会出现一些怪物供给玩家，需要消灭怪物，解救其他生灵或者获得需要的能量、材料等物质。在一些古建筑构成的场景中，玩家可以利用所取得的材料合成搭建古建筑或者自行建设创意性场景，也可以联合打关或者参加大乱斗的方式获得需要的材料，升级玩家等级和装备性能。

从著作权法的层面审视，《我的世界》是由背景音乐、打怪声音、开采矿物等声音以及联动的角色行为、场景生物活动、怪物攻击等画面组成的，符合《著作权法》视听作品的界定，即动态画面的变化、移动和转换，与场景串联起来，并融合各种视听元素成为具有创新性的有伴音的连续动态画面。观察《我的世界》的内部构成，其组成元素包含了背景音乐、单一静态画面、动态画面、美术作品、介绍说明文案、玩家搭建的创意性建筑和场景等，这些元素共同组成了视听作品。如果这些元素本身就是《著作权法》上所保护的美术作品、音乐作品、建筑作品、图形作品等，那么其自然可以根据《著作权法》的对应条款予以保护。正如法院在"腾讯公司诉畅游云端公司、英雄互娱公司等侵害著作权及不正当竞争纠纷案"中的认定："……应着眼于游戏地图空间布局结构，排除通用设计、在先设计要素或无独创性内容，处于美术表皮之下的空间布局结构是游戏场景地图创作关键和核心表达，可以作为图形作品予以保护。"[1]一言以蔽之，游戏的动态画面为视听作品的表达，画面的构成元素和非画面内容依据作品类型予以保护。[2]

然而，对于游戏规则（玩法）、游戏基本元素、底层技术架构的游戏场景

---

[1]　"腾讯公司诉畅游云端公司、英雄互娱公司等侵害著作权及不正当竞争纠纷案"，广东省高级人民法院［2020］粤民终763号民事判决书。

[2]　崔国斌：《视听作品画面与内容的二分思路》，载《知识产权》2020年第5期。

等游戏的非画面组成成分，却难以在《著作权法》体系内查询到可以直接适用或无争议扩大解释套用的规则与法条，"游戏换皮""同质游戏"等寄生性或便车性竞争是合法的学习和借鉴，还是掠夺他人竞争利益的不法行为，皆亟须法理论说和规范诠释。

三、游戏规则与玩法的区分

在"迷你玩案"中，法院就"游戏玩法的规则"与"游戏玩法规则的表达"的区分进行了阐述。法院认为游戏规则属于抽象的思想，是游戏组织框架的宏观构思，并不属于《著作权法》所保护的表达。为了实现游戏玩法，围绕游戏规则调动游戏元素，执行关卡任务，合成等级资源等特定的呈现方式，属于玩法规则的具体表达，可以纳入《著作权法》独创性评价的范畴。

其实，就游戏规则而言，更应当属于总体设计思想的层面，只有设定了规则，才能通过各种道具、流程和步骤实现具体规则。从规则设计到具体的玩法执行或操作，需要以游戏内部的程序运行为支撑，即便考虑到玩家的操作空间和关卡选择，游戏画面中的组成素材也是激发程序运行的结果。如果加入人工智能算法，根据玩家的选择和预设参数，自动调用素材和刷新画面，呈现出不同玩家玩出不同场景，甚至画面迥异的结果。总之，游戏规则在技术层上是通过内部的程序设计、编辑和运行来实现的。但是，游戏外在的表达、绚丽的画面、梦幻的动感、刺激的关卡和恰如其分的配音才是吸引玩家，夺取市场竞争优势的关键，诉诸计算机软件登记与保护的路径，在游戏的开发者与模仿者之间才有适用的空间，在玩家的视界里，视听感受、动态画面、游戏元素的组合和调用才是其关注的重点。

从玩家的视角观察，游戏的规则是通过玩法实现的，而不是抽象地停留在源程序和源代码的技术层。比如，在《我的世界》海岛求生大作战的场景中，玩家孤身一人走向海岛，在搜寻海岛过程中，发现了麦田，其可以采收麦子作为食物，然后在树下发现了宝箱，可以收集合成高等级装备，用于开采和积累财富，也可以在商店兑换物品。回到主画面，玩家可以砍伐树木做成小船，到前方的另外一个孤岛探险，收集资源。该场景中的操作流程、器物食材、玩家动作等依照玩家的运行步骤实现了海岛求生的规则设定，这一系列的游戏元素依照规则运行和调用，描绘出海岛求生的场景故事。由此可见，游戏规则支配和控制着游戏玩法，而玩法是通过游戏元素的调用和组合实现的。

综上论述可见，游戏的规则是通过玩家的玩法运行和实现的，在技术层表现为计算机程序，在玩家终端层表现为对游戏基本元素的调用和运行，合成组装设备、完成游戏任务、搭建住房建筑围栏等一系列游戏任务。

四、版权侵权与不正当竞争的路径选择

法院在"迷你玩案"中，就侵权与不正当竞争的指控，依照创新程度和知识产权保护的强度次第展开分析。首先，法院认为游戏和游戏画面为《著作权法》上保护的作品。在此前提下，比较原被告双方的游戏画面不难发现，两者的角色、场景、画面的色彩等皆有不同。因而，被告并无侵犯原告的著作权。继而，法院通过比较两款游戏提出，被告使用了与原告游戏基本相同的元素，在元素的功能用法、造型和合成方法等方面相同或实质相同。然而，游戏的基本元素及其在玩法操控下的组合、调用等设计并非《著作权法》保护的对象。然后，法院认定游戏玩法规则应当为法律上所保护的智力成果，在无法适用《著作权法》的情形下，转而求助《反不正当竞争法》第6条"商业标识侵权条款"和第2条"不正当竞争一般条款"。最终，法院通过排除法，选择适用了不正当竞争一般条款。

诚然，正如被告所言，著作权侵权和不正当竞争并不是非此即彼的关系，不构成著作权侵权，一定就构成不正当竞争。不正当竞争一般条款的适用应当满足四个要件：其一，原告享有竞争性权益或利益；其二，被告的行为不合法或违背公认的商业道德；其三，原告的竞争性利益因被告的行为而受到损害；其四，被告具有搭便车的主观意图和行为特征。在"迷你玩案"中，法院重点分析了原告对游戏玩法享有竞争利益，玩法是游戏的灵魂，是游戏可玩性和趣味性的关键，在虚拟游戏的世界中，游戏基本元素及其组合、调用规则存在极大的创造性空间，原告对此享有竞争性利益。关于游戏行业的竞争性商业道德，法院认为："迷你玩公司并非凭借自身智力劳动或资金投入来赢得竞争优势，而是通过抄袭手段来直接攫取了他人智力成果中关键、核心的个性化商业价值。这种擅自使用他人智力成果，无视他人巨大投资，无偿利用他人在长期经营中累积的产品声誉和吸引力，以牺牲他人诚信经营利益为代价来抢夺商业机会的行为，有悖于诚信原则和商业道德。"换言之，法院认同游戏行业内的商业道德应当是自我开发、诚实经营，不能在抄袭其他

竞争者玩法的基础上，通过"换皮"占用他人开发的游戏元素及其对元素的组合、调用等玩法规则控制下的操作程序。

稍有遗憾之处在于，本案中对"游戏玩法""游戏基本元素"之间的关系分析暧昧不明，如果游戏玩法属于游戏规则，那么这一设计思想不但无法被认定为《著作权法》上的作品，也无法作为竞争法上的竞争利益受到保护；如果游戏玩法为玩家通过对游戏基本元素的调用完成的游戏任务、关卡，获得的资源等综合性行为，那么这一玩法属于内置于游戏内部的操作流程和使用说明，可以取得竞争上的优势，产生竞争利益，再行转向游戏基本元素的分析已无必要。当然，非公共性游戏基本元素及其调用和组合自然也能产生竞争利益，循着游戏基本元素的线索予以分析也可以推导出被告构成不正当竞争的结论，实无混合两者分析的必要。

小　结

游戏作为人类社会发展的文化现象，不仅表现为各种游戏规则和游戏产品的物化运行，而且蕴含特色的文化内涵和丰富的精神外化。电子游戏采用的各种技术可以在专利、计算机软件等层面予以保护。游戏设计的运行和操作规则属于游戏的文化现象范畴，应当保留在公共领域，不能为私权控制和垄断。为实现游戏规则设计的执行流程、任务模块、场景切换等游戏组成要素的调用方法为游戏玩法，相当于方法专利，核心集中在方法、流程和步骤方面。独特的创新性玩法可以为设计者带来竞争优势，是为法律上所保护的竞争利益。游戏的基本元素等基础性技术要素是实现游戏玩法的素材，是游戏产品中不可或缺的最小元素，可以单独获得竞争法的保护，没必要与游戏玩法捆绑论证其获得保护的正当性。

为了保障游戏产业的健康发展，从长远来看，游戏行业内部需要建立分工合作机制，细分市场。比如，沙盒类游戏的基本元素可以集中向专业研制和提供基本元素的企业采购，没必要每个沙盒游戏的开发者都重复性开发功能基本相同的游戏元素。这既可以避免侵权赔偿的纠纷争议，又可以节约重复开发基本元素的成本和费用。如果说，纯虚拟性游戏产品的基本元素可能千差万别，各有各的创意和形式，那么元宇宙空间创建的现实映像就很难有创新的余地。比如，水立方的渲像，制作人使用一定的3D等多种技术制作而成，对此成果其享有竞争利益，其他竞争者再行制作物就可能与前者相同或实质相同，存在侵权风险。在这种情况下，如果有专门的素材企业提供元宇宙和游戏产品的基本素材，那必定会推动整个产业革新性增长和创新性发展。

第三节　瓷器类作品的判定及侵权比对

《著作权法》所保护的作品为独创性思想表达，且因不同的表达形式，创建为不同的作品，同一个思想观点可以表现为音乐、视听、小说、绘画、雕塑等多种形式，从而表现为音乐作品、视听作品、美术作品等形式。不管何种形式的作品，只要适宜表现，其可以任何载体承载，比如音乐作品的胶片、磁带、光盘、数字音轨等。虽然著作权保护作品，而不延及其承载的载体，但是作品发行、流通等权利的行使皆以控制载体所实现。比如，图书的复制、发行，以对图书的出版和销售控制实现，他人未经许可复制作品于图书上并予以销售，侵害了作品的复制权和发行权等权利。可以说，本质上，著作权规范的实现是以对载体的控制和流通为介质，知识产权依附于权利人所主张的制品或产品是立法技术的现实性表达。[1]

从作品视角审视，瓷器是以瓷胎（素胎）为介质或表达载体的工艺品或实用器，无论是绘画、书法、写作还是雕刻都可以在瓷胎上创作，这与在甲骨、青铜、石鼓、丝帛、简牍、木版等上创作并无本质的区别，不同之处在于"入窑一色，出窑万彩"，颜色暗淡、貌不惊人的半成品，经过炉火的烧炼呈现出绚丽夺目的色彩。釉下彩直接在泥坯上进行艺术加工，其装饰图案位于瓷器釉层之下，经过烧制可以实现艺术家需要的颜色与细节，比如青花、釉里红和釉下五彩，可以绚丽夺目绘画繁杂，也可以简约清秀、线条疏朗；釉上彩以已经烧成的瓷器釉面进行装饰加工，形成瓷上艺术。不管是釉上彩还是釉下彩，形成作品仍然是以创作的规范性要件予以衡量，即是否满足独创性要求。剔除釉料的配方、施釉工艺、烧制技术等因素，我们可以最终从瓷器上形成的创作物判断是否为作品，以及断定不同作品之间的差异。当然，这里不排除素胎艺术并无差别，但是釉料等不同所导致最终创作物之间呈现一定的差异，如果剔除非作品创作的工艺等因素，可能会形成相同作品的

---

〔1〕 Alexander Peukert, *A Critique of the Ontology of Intellectual Property Law*：Cambridge University Press, 2021, p. 111.

判断。

瓷器作品侵权指控的争点主要集中在否定独创性、并非实质性相似两个焦点上。否定独创性的抗辩认为创作物属于公有领域，或为公有领域内元素的简单组合，抑或属于思想的范畴，不具有作品所要求的独创性。由于瓷器兼具实用功能，所以在长期的发展演进中，瓷器的艺术设计形成了大量的公有元素，成为设计者（师）普遍使用的公共元素，比如云纹、龙纹、缠枝莲纹等，花鸟虫鱼、山川河流等惯用的主题，成为大量瓷器展示的对象。我们不能轻易断言使用公共元素创作就不能生成作品，毕竟谁的作品不是在前人基础上的新创和累积呢。究其根本，判定诉称对象是否构成作品的要点仍然为独创性，即创作内容是否融入和体现作者个性化的表达。并非使用公有领域的素材，就认定无法产生独创性作品，根据作者创作的过程和提供的证据，不排除独创性表达创作出作品。[1]当然，简单地重新组合、排列、变换公有领域内的纹饰，或者常见动物、植物样态的描述，应当认定不具有独创性，[2]姑且不论公有领域不受著作权保护，何况常见描述属于有限表达，不应以著作权授予某人予以垄断。尤其是像瓷器这样的实用艺术品，不具备美术作品应当具备的艺术创作高度的，不能被作为艺术作品获得《著作权法》的保护。[3]

在侵权比对时，瓷器作品之间的实质性相似可以用"摘要层次法"或者"三步法"予以认定。先行剔除题材、主题、事实和思想的成分，排除公有领域内的元素，然后就作品的独创性成分抽象观察诉争内容是否构成实质性相似，这种相似性成分占据作品的比例或者数量是司法实践中比较困难的问题，通常排除合理使用和参考的成分，如果剩余的内容仍然具有实质性的相似或基本相同，就可以认定存在侵权行为，尤其是体现独创性的核心部分和特殊

---

〔1〕 最高人民法院〔2008〕民监字第 192 号民事裁定书，认定范稳利用公有领域素材创作的《水乳大地》为独创性作品。

〔2〕 在景德镇市中级人民法院审理的"施某与景德镇市某陶瓷公司著作权侵权纠纷案"中，法院认为，其花朵在绘制过程中对自然界各种花卉的艺术处理、线条取舍及颜色选择从普通消费者视角来看，与传统百花纹饰所呈现出的花朵形态和颜色并无显著区别；施某所称的工艺优化和色料加彩并未使整体画面在表现形式上有所创新，其整体风格仍为传统花卉样式。因此，施某所创作的《万花图》图案不具有独创性，不能被认定为美术作品，从而受到《著作权法》保护。

〔3〕《最高人民法院公报》2010 年第 7 期，"英特宜家系统有限公司诉台州市中天塑业有限公司著作权纠纷案"。

的细节设计相同的，[1]即便指控的内容包含了其他不相似的内容，也可以断定构成被抄袭或剽窃。值得一提的是，瓷器作品主要面向使用者或收藏者，很容易陷入由消费者或受众视角判断的误区，从而与著作权侵权专家视角的机理相背离。其实，受众对两作品相似性的感知以及欣赏体验仅为判定两者整体构成实质性相似的参考因素，读者视角不是著作权侵权判定的立足点。

第四节　网络平台侵权与抗辩

改编自天下霸唱小说《鬼吹灯之云南虫谷》的影视剧《云南虫谷》在腾讯视频独家播出，播出后 8 小时播放量破亿，首播后腾讯发现，抖音出现了大量有关《云南虫谷》影视剧片段的剪辑，甚至部分还冠以了"云南虫谷"的短视频合集。腾讯视频将抖音平台诉至陕西省西安市中级人民法院，要求停止侵权，并赔偿经济损失及合理支出 9000 万元。抖音则辩称，抖音平台上的内容系用户自行上传，相关话题也是用户自行添加展示，抖音没有实施选择、编辑、推荐的行为，无法明知或应知侵权行为的存在。此外，由于用户数量众多，平台方不可能对海量信息进行实质性审查，且过滤、拦截措施远超法律规定的"通知－删除"义务范围，目前不具备技术可行性，也不符合利益平衡原则。而且，在没有正版作品作为对比介质的情况下，抖音无法有效识别处理与涉案影视作品相对应的侵权内容，同时区分涉及旅游、评论、解说、科普等相似度极高的非侵权内容。短视频中存在二次创作和合理使用，具体识别也并非抖音的义务。西安中级人民法院认为，抖音平台上大量用户对涉案作品实施了侵权行为，抖音应对平台内侵权内容承担相应的管理义务，判处抖音立即采取有效措施删除、过滤、拦截相关视频，并赔偿腾讯涉案损失 3200 万元（平均每集 200 万元）及诉讼合理费用 42.69 万元等。本节无意于对法院判决说长道短，更非替哪方代言呐喊，仅致力于就视听平台的民事责任厘清规定、诠释要义，以便网络平台能够获得合规的启示。

---

　　[1] "娱美德娱乐有限公司诉三七互娱（上海）科技有限公司、北京奇客创想科技股份有限公司、第三人株式会社传奇 IP、江苏极光网络技术有限公司、亚拓士软件有限公司、盛绩信息技术（上海）有限公司、盛趣信息技术（上海）有限公司侵害著作权及不正当竞争案"，北京知识产权法院 [2016] 京 73 民初 229 号民事判决书。

一、网络服务提供者责任的大体系

我国就视听平台民事责任的规定隶属于规范网络服务提供者对网络信息传播行为负担责任的大体系。视听平台的民事责任属于这个大体系内的小分支，涉及民事责任的讨论必须在这个体系内展开，并受这个体系的限定和约束，不能单纯依赖"注意义务"或"安全义务"的基础理论肆意拓展。我国建构的网络服务提供者的法律体系为"三档四分级"，其中"三档"为以《网络安全法》《数据安全法》《宪法》《个人信息保护法》为主线的公法，以《民法典》《电子商务法》《著作权法》《信息网络传播权保护条例》为依据的私法，以《互联网信息管理办法》《网络信息内容生态治理规定》《网络音视频信息服务管理规定》《网络出版服务管理规定》等为行政执法指引的规章。"四分级"是指依据传播信息的内容将其划分为四个等级：其一，"九不准"一级红线信息，即反对宪法基本原则，煽动颠覆国家政权、推翻社会主义制度，煽动分裂国家、破坏国家统一，宣扬恐怖主义、极端主义，宣扬民族仇恨、民族歧视，传播暴力、淫秽色情信息，侮辱诽谤英雄烈士。其二，谣言、虚假等二级不良信息，所指包括但不限于为使用夸张标题，内容与标题严重不符的；炒作绯闻、丑闻、劣迹等的；不当评述自然灾害、重大事故等灾难的；带有性暗示、性挑逗等易使人产生性联想的；展现血腥、惊悚、残忍等致人身心不适的；煽动人群歧视、地域歧视等的；宣扬低俗、庸俗、媚俗内容的；可能引发未成年人模仿不安全行为和违反社会公德行为、诱导未成年人不良嗜好等的；其他对网络生态造成不良影响的内容。其三，涉及个人信息的内容和数据；其四，侵害他人合法权益的信息，主要指宣传他人隐私、侵害他人著作权等。

依照《网络安全法》第 12 条建构的理想网络空间应当是风清气正，宣扬核心价值观和正能量的虚拟世界，这个理想的乐园，不存在违法违规，一切都是有序的、自由的和安全的。为了实现这个网络大同，《网络安全法》后续设定了一系列责任条款予以保证和引导。秉持法律规定的底线思维，网络服务提供者针对上述四分级信息应当采用对应的措施，网络服务提供者应当履行信息内容管理的主体责任，防范和抵制违法行为信息的传播，建立信息审查和巡查机制，主动发现违法的信息，并及时采取措施处置。该义务主要针对的是第一、二级不法信息，涉及个人信息的适用《个人信息保护法》"谁搜集谁负责"的原则，对于侵犯隐私、名誉及版权等信息适用《民法典》等规定。换言之，侵权版权等私权性信息所导致的民事责任并不与网络服务提供者未曾事先筛查存在因果关系，履行网络平台的管理责任疏漏并不当然导致其承担平台内私权被侵害的民事责任。

二、有关视听平台民事责任规定的厘清

首先，就网络服务提供者负担的民事责任而言，我国民法体系上根据网络服务提供者主动性和参与性的程度，采用了三层递进的方式予以规定：其一，网络服务提供者直接侵害他人侵权的，承担直接侵权责任，包括了利用网络侵害他人的人格权和著作权等；其二，网络服务提供者并未直接侵权，但是知道或者应当知道网络空间存在侵害他人民事权益的，应当及时采取必要措施制止侵权，否则与该侵权用户承担连带责任。该规定属于间接帮助侵权的类型，即明知或应知他人利用其提供的网络服务实施侵权，不及时制止，听之任之或者不管不问的情形，构成帮助侵权。该类型的关键要点在于"知道或者应当知道"对应何种过错类型，为故意还是过失，抑或故意和重大过失，具体如何判断。其三，如果不存在上述两种情形，权利人通知网络服务提供者后，其应当根据侵权初步证据和服务类型判断被投诉行为是否构成侵权及侵权程度，然后采取必要的措施，如果没有及时采取必要措施，对损害扩大的部分与侵权用户承担连带责任。此外，网络服务提供者应当及时将投诉通知和不侵权声明转送给相关利害关系人，并告知其可以向有关部门投诉或向人民法院起诉。该层面规定即为"通知—删除—转通知"制度，是对"避风港"原则的修正和完善。

其次，依照《最高人民法院关于审理著作权民事纠纷案件适用法律若干问题的解释》《最高人民法院关于审理侵害信息网络传播权民事纠纷案件适用法律若干问题的规定》《最高人民法院关于审理涉电子商务平台知识产权民事案件的指导意见》等规范，"知道和应当知道"的认定包含了几种特定的场景：第一，网络平台接到权利人有效通知的，应当认定为明知。第二，电商平台的知识产权义务，包括未履行制定知识产权保护规则；审核平台内经营者经营资质等法定义务；未审核平台内店铺类型标注为"旗舰店""品牌店"等字样的经营者的权利证明；未采取有效技术手段，过滤和拦截包含"高仿""假货"等字样的侵权商品链接、被投诉成立后再次上架的侵权商品链接；其

他未履行合理审查和注意义务的情形。其中，其他合理审查和注意义务具体所指更多地限定在法律要求的资格审查和红旗规则的层面上，并不能以此推导出网络平台具有事先筛查和主动过滤侵权信息的义务。第三，侵害信息网络传播权的应知，可以综合考虑服务性质、作品性质、行为主动程度、是否重复侵权等因素确定。[1]对热播影视作品等以设置榜单、目录、索引、描述性段落、内容简介等方式进行推荐的，应当认定"应知"。

最后，结合以上层次的责任规定，就视听平台承担的知识产权侵权责任的具体情形，可以细化为如下情形：其一，对其他视听平台的长视频予以切割、重组或搬运，但并未实质改变原视频的内容；其二，以评述或解说的形式，对其他视听平台的视频进行压缩或裁剪，以更短的时间快速了解原视频的内容，比如5分钟看部电影等；其三，将其他视听平台的作品，以戏仿的形式予以重新编排，穿插新的台词或情节，达到新的创作高度。如果视听平台被指控为直接侵犯著作权，那么可以"接触+实质性相似"为标准判断所传播的视听作品是否侵犯原视听作品的著作权，[2]这里的实质性近似可以借鉴"琼瑶诉于某等侵犯著作权案"的认定方式，[3]即作品情节的选择及结构上的巧妙安排和情节展开的推演设计，反映着对作者个性化的判断和取舍，体现出作者的独创性思维成果。因此，足够具体的人物设计、情节结构、内在逻辑串联无疑是应受《著作权法》保护的重要元素，对于这些独创性元素的相似就可以认定为实质性相似。

三、注意义务与侵权责任的因果关系

注意义务是指义务人应当负担的诚实信用之人具备注意程度情形下所应为的行为，注意义务的引用主要用来测度义务人是否具有过错，如果违背了注意义务，那么义务人应当对过错行为负责，反之则无责。注意义务的义务细节是由具体的场景所决定的，比如"出版者对其出版行为的授权、稿件来源和署名、所编辑出版物的内容等未尽到合理注意义务的，依据著作权法第四十九条的规定，承担赔偿损失的责任"。这里的注意义务就是出版者审核授

---

〔1〕《最高人民法院关于审理侵害信息网络传播权民事纠纷案件适用法律若干问题的规定》第10条。

〔2〕 吴汉东：《试论"实质性相似+接触"的侵权认定规则》，载《法学》2015年第8期。

〔3〕 参见"琼瑶诉于某等侵犯著作权案"，[2014]三中民初字第07916号民事判决书。

权等相关的证明文件，对编辑的内容合法性负责。再如，"网络服务提供者从网络用户提供的作品、表演、录音录像制品中直接获得经济利益的，人民法院应当认定其对该网络用户侵害信息网络传播权的行为负有较高的注意义务"。此处的注意义务是对网络服务提供者判断用户行为的深度和谨慎程度要求，达致对用户行为进行侵权与否的形式性审查程度。

综合网络平台存在过失的情形规定，注意义务包括主体资格审查义务、传播行为授权依据审查、明显侵权行为的禁止、通知后的相应措施义务，其中是否包括主动防范侵权义务的争议较大。《最高人民法院关于审理侵害信息网络传播权民事纠纷案件适用法律若干问题的规定》第8条第2款、第3款规定，网络服务提供者未对网络用户侵害信息网络传播权的行为主动进行审查的，人民法院不应据此认定其具有过错，但是其负担采取合理有效技术措施事先发现侵权行为的义务，否则将被认定为对侵权行为明知或应知。司法实践中，网络平台并不必对平台内的产品和服务信息的合法性进行逐一审查，只有在对明显违反法律禁止性规定，并且在具有本领域内通用技术的监测和排查合理范围内，才可能被认定未尽到主动审查义务。

四、视听平台传播版权内容的注意义务

在"云南虫谷案"中，原告指控抖音侵害《云南虫谷》的信息网络传播权，不正当地攫取腾讯视频的用户流量，恶意破坏原告的竞争优势，构成不正当竞争。被告辩称已经履行了通知删除义务，未实施直接侵权行为，对用户自行上传的内容，抖音平台既无能力对海量信息进行实质审查，也无法律上规定的内容审查义务，因而对侵权行为不存在明知应知，不应认定为侵权，更何况原告也无甄别二次创作合理使用与侵权的能力。法院认为，被告在收到相关侵权函件后已经知道侵权存在，应承担帮助侵权责任。

首先，原告适格通知构成知道的证据。被告在接到通知后不及时采取措施的，对之后继续进行的侵权和扩大的损失应当承担帮助侵权责任。如果被告认为原告的通知不符合法律规定，比如说欠缺权利合法性证据、未提供侵权的信息等，应当及时向原告说明拒绝的理由，原告对拒绝不服的，可以向法院提起诉讼。

其次，视听平台与用户签订合同的行为属于内部管理事项。在不违背法律规定的情况下，可以用来调整平台与用户之间的权利义务关系，追究用户

的侵权责任，但是不能以合同为由转移平台应当履行的注意义务，比如平台建立的安全防范措施、主体资格审查义务等，不能采用由用户自行负担的方式消除平台应当负担的责任。

最后，就视听平台是否负担平台内容审查或过滤的责任问题，需要澄清三点：第一，主动发现、筛查和过滤违法信息的义务属于行政义务，此义务主要限于前三级信息，对于第四级私权性信息，法律鼓励网络平台主动采用筛查、过滤措施，事先防范侵权性信息的传播；第二，依据安全保障义务理论和安全交往理论，视听平台应当知悉如果不采用适当的安全措施，平台必将成为侵权的滋生地和违法场。开启危险者应当主动采取与危险相克的对应措施，履行诚实经营者的主体义务。如果视听平台长期因为传播侵权信息被投诉和被判决，虽然其不会因主动筛查和审查的理由被判定侵权，那么主动防范的不力和缺失很可能成为其应知侵权存在的有力证据，从而被判定为帮助用户侵权；第三，在建设共享、清朗、安全网络空间的大背景下，平台所履行的主体责任应当是主动积极的、合法有效的、全面彻底的。旧时代那种站在技术中立立场采用置身事外的态度，以通知删除躲进"避风港"的做法，已经不符合新时代网络空间秩序建设的需要了。视听平台承担的公法义务已经以多种方式遁入了私法的范畴，改写和重塑平台承担的民事责任。

五、网络平台行政与民事责任之间的衔接

就私权性信息的发现，除明显侮辱诽谤他人的尚可以鉴别外，对于大部分著作权类信息，网络平台很难判断，甚至都不能断定具体的作者和侵权人（如网络洗稿）。姑且不论违法信息认定超过了平台审查的能力，即便其能够发现违法信息，其判断能力也因信息违法程度的不同而表现不同，更何况不同的服务商技术水平、专业程度、人员数量等因素都会影响和制约其审查和过滤能力的大小。因而平台运营者无法做到事先发现的这些违法内容，只能通过事后措施弥补，而不能在事先的审核和注意义务中解决。虽然平台空间内侵权信息的行政责任和民事责任可以互相证成，网络平台处于不履行公法审查义务即承担公法责任、履行公法义务又面临私法责任风险的两难困境。[1]但

---

〔1〕 姚志伟：《技术性审查：网络服务提供者公法审查义务困境之破解》，载《法商研究》2019年第1期。

是，毫无疑问，网络平台履行公法审查义务必将导致其私法注意义务水平的提高，尤其是针对提供和传播内容服务的网络平台而言，侵害私人权益的信息往往与不法信息融合在一部著作内。双重注意义务施加的民事责任和行政责任，导致不同层次责任的叠加和交叉，只有网络平台真诚地履行管理者的主体责任其才能从民事侵权的困境中脱解出来。

对于知识产权等私人权益类信息，平台只需履行民事上的"通知—删除—转通知"义务，原则上不审查信息本身的合法性。如果网络平台已经采取了适当的预防措施，那么在权利人合法通知的情况下，平台应当及时消除侵权信息以杜绝继续传播，除非属于明显不侵权的恶意通知，否则应当承担不采取协助处置违法信息的民事责任。[1]其实，平台所承担的"避风港"责任，既不是基于侵权构成所负担，又不是事先审查责任的违背所承受，而是基于平台技术架构的协助优势所承担的不履行协助权利人维护权利义务所施加。申言之，"通知—删除"规则既不是免责条件，也不是归责要件，[2]而是网络平台的维权协助义务。单纯以已经履行通知删除义务抗辩侵权是无法免责的。

小 结

数字经济是新时代国家经济发展的桥头堡和排头兵，加强数字经济发展，必须扫除数字技术等底层的技术性障碍，构建保障数字技术发展的体制机制及制度性建设。互联网是由技术架构组成的虚拟空间，虽然由技术代码支持运行，但是规制其建构的并非技术本身，网络平台自我宰制、市场的集中与竞争、控制网络的守门人等多种体制和机制均规范和治理着互联网空间。虽然公权力的限制和私权力的规范成了网络空间法治化的可靠路径，但是单纯的二元对立视角容易使网络空间治理陷入困境。在公共政策的指导下，与国家合作设计和遵守规则，并根据商谈代码和共同规则进行的自我规制成了当代主流的网络治理方式。

在数字经济和网络空间现代化治理的大背景下，视听等网络平台应当主

---

〔1〕 徐明：《避风港原则前沿问题研究——以"通知–删除"作为诉讼前置程序为展开》，载《东方法学》2016年第5期。

〔2〕 周学峰：《"通知—移除"规则的应然定位与相关制度构造》，载《比较法研究》2019年第6期。

动建立起与其传播技术相适应的侵权风险防范机制，综合使用大数据、智能算法、人工筛查等主动措施制止侵权的发生，适时推出融合行政和民事信息管控的技术措施，一体化管控网络平台内滋生的侵犯私权性信息的行为，为创建公正、清朗、共享的网络空间共同体履行主体责任。

第五节　AI 智能学习的版权侵权，抑或数据权益妨害

2023 年 1 月 23 日，美国三名漫画艺术家针对包括 Stability AI 在内的三家 AIGC 商业应用公司，在加利福尼亚州北区法院发起集体诉讼，指控 Stability AI 研发的 Stable Diffusion 模型以及三名被告各自推出的、基于上述模型开发的付费 AI 图像生成工具构成版权侵权。2 月 15 日《华尔街日报》记者弗朗西斯科·马可尼（Francesco Marconi）也公开指责，Open AI 公司未经授权大量使用路透社、纽约时报、卫报、BBC 等国外主流媒体的文章训练 Chat GPT 模型，但从未支付任何费用。7 月 19 日近 8000 名作家联名纽约著作人协会（Authors Guild），要求 OpenAI 等涉及生成式 AI 的公司，在使用受到版权保护的内容训练模型时，必须取得作家的同意，并给予原作者资金补偿。

近日，天津自由贸易试验区人民法院审理了一起被告利用爬虫技术实时抓取原告新闻转载平台的新闻内容，直接向用户推送。法院认定被告构成不正当竞争，侵害原告新闻数据的竞争性利益。本案中，新闻本身并非我国《著作权法》保护的客体，但被告侵害他人数据权益的行为构成侵权。

ChatGPT 等生成式人工智能系统在训练自己的大模型系统时，所投喂的原料，多为他人享有著作权的作品，或者构成他人数据库中的数据内容，那么 AI 公司可以自由使用这些作品吗？抑或未经许可的使用侵犯著作权？不受著作权保护的内容可以自由搜集和访问吗？人类为解决人工智能生成式技术的发展与版权的冲突进行了哪些有益的探索？新近讨论的数据权益及其规范可为该问题贡献思路吗？下文以这些疑问为导向，从《著作权法》和数据权益层面予以讨论，尝试为读者展现问题的脉络和解决的路径。

一、生成式人工智能学习训练的技术管窥

对于人工智能如何获取训练的数据，较普遍的看法认为，大公司能够从自己的组织内部生成必要的数据，而中小企业更多地从免费提供的网站收集

此类数据。对于如何使用资料进行训练的问题较笼统的说法是，网页抓取工具自动搜索网页以查找合适的材料，然后对其进行处理和存储以用于 AI 培训。[1]那么训练数据的来源是否涉及对版权作品的使用，具体使用的方式是否落入版权所授予著作权人的复制、改编和传播等权利范围，人工智能生成的表达是否属于合理使用的版权例外，抑或仅涉及对作品文风、体裁等思想成分的模仿与重组？诸如此类的细节性问题，不是笼统地使用和学习所能概括的，应当深入技术内部充分说明其使用作品的详情。

简单来说，生成人工智能是人工智能的一个子领域，其中计算机算法用于生成类似于人类创建的内容的输出，无论是文本、图像、图形、音乐、计算机代码还是其他内容。在生成式 AI 中，算法旨在从包含所需输出示例的训练数据中学习。通过分析训练数据中的模式和结构，生成 AI 模型可以生成与原始输入数据共享特征的新内容。其工作原理概括来说为，训练模型涉及向算法提供大量数据，包括文本、代码、图形或与手头任务相关的任何其他类型的内容。收集训练数据后，AI 模型将分析数据中的模式和关系，以了解管理内容的基本规则。AI 模型在学习时不断微调其参数，从而提高其模拟人工生成内容的能力。[2]审视其工作原理，大致可以了解包括版权作品在内的语料使用方式，即大量的数据（文本转码为数据）提取到训练模型，采用一定的算法对数据进行分析、提取和归类等，这类似于人脑神经网络的启发学习过程，然后系统接收用户命令请求后，依照最接近命令的特征要求，从系统提取出共同特征的内容输出成信息。对于机器系统而言，其内部处理的为数据，即代码，所有外部视觉可见的素材必须转码为数据，以计算机能读懂的方式予以编码，打乱、归纳、重组，接收指令后激发提取、组合，最后仍输出为用户可见的信息。

我们可以用医疗人工智能训练的过程，展示喂料与结果如何使用原始的医疗数据。第一步，需要大量的比如数百万份的电子健康记录的数据，数据越多分析的结果也更准确，胜任的任务量也更多。第二步，将数据纳入基础模型，

---

〔1〕 Jan Bernd Nordemann and Jonathan Pukas, "Copyright Exceptions for AI Training Data—will There be an International Level Playing Field?", *Journal of Intellectual Property Law & Practice*, Volume 17, Issue, 12, December 2022, pp. 973~974.

〔2〕 Owen Hughes, "Generative AI Defined: How It Works, Benefits and Dangers", https://www.techrepublic.com/topic/artificial-intelligence/20240630.

运用算法,实现多个不同的任务。第三步,对基础模型进行微调,使其适应特定的任务。这里列举的任务包括问题回答、图表总结和图像分析、风险分层和寻找相似的患者等等。第四步,人机协同工作,人类可以通过自然语言交互与AI进行沟通,分析结果,理解需求。[1]在整个过程中,医疗数据是系统学习的原始资源,在学习过程中经过编码、拆分、重组、解析和提取等一系列的运算后,形成智能医疗数据库,然后在用户的需求下,输出结果。这中间大量数据的清洗、归类和重组后,从最终结果中找出与原医疗数据相同的数据是非常小的概率事件,当然前提是医疗数据的使用遵从《个人信息保护法》的规则,经过脱敏和清洗,编码为数据,无法再逆向析出个人信息。医疗数据的事例,从法律层面上核心的关注点为个人信息的权利与使用规则,脱敏后处理的数据与个人信息并无瓜葛,除非数据析出后的信息侵害了个人信息权益。[2]

二、训练学习牵涉版权使用的考察

腾讯研究院的研究者以"Stable Diffusion"为例,剖析了该模型对版权作品的利用。Stable Diffusion模型对版权作品的利用存在于两个阶段。第一,AI模型训练阶段。Stable Diffusion利用版权作品训练内部组件"图像编码器"(U-Net模型),辅之以"Clip文本编码器"(Text Encoder模型),最终做到只需输入一段描述性文字,即可生成对应的图像内容。第二,AI模型应用阶段。Stable Diffusion经过充分训练后,可以依据用户给出的文本输出最终图像。[3]该成像AI利用扩散工作原理,给定足够大的数据集,扩散模型可以学习复杂的操作,利用噪点算法来创建大量训练示例来训练图像生成模型的核心组件——噪声预测器,在特定配置下运行时,将创建图像。训练数据和输出图像均采用了压缩版本的编码和解码组件,在文本编码器的作用下将用户的文本提示转换成图像请求。[4]

---

〔1〕 Googleyun, "Introduction to Large Language Models", https://www.youtube.com/watch?v=zizonToFXDs&t=525s&ab_channel=GoogleCloudTech, 20240720.

〔2〕 这里的分析,以我国的《个人信息保护法》为依据,其他国家所制定的个人信息保护法,在个人信息保护和脱敏使用规则上,并无本质差别。

〔3〕 朱开鑫、张艺群:《"你的AI侵犯了我的版权":浅谈AIGC背后的版权保护问题》,腾讯研究院公众号2023年3月1日。

〔4〕 Jay Alammar, "The Illustrated Stable Diffusion", https://jalammar.github.io/illustrated-stable-diffusion, 20230725.

根据两位研究者的观察，"Stable Diffusion"在训练模型前，需要先将作为训练数据的作品从相应网络地址下载并存储，以形成版权作品的副本。然后，对作品进行编码后，将其输入至"图像信息空间"的改编。较之于对作品的直接下载与存储，过程对作品进行了噪声添加与编码（压缩），未在"图像信息空间""无差还原"原始版权作品，但其仍保留了作品内容中最关键、本质的特征，应当认定为版权法意义上的改编。最后，在输出图像内容时，若去噪与解码后生成的内容，与原作品在表达上构成"实质性相似"，则落入"复制权"的规制范围；若不构成"实质性相似"，而是在保留原作品基础表达的前提下形成了新的表达，则可能构成对原作品"改编权"的侵害。从版权法来看，根据上述传播生成内容的方式是交互式或非交互式，即是否能使公众在自行选定的时间和地点获取，还可能分别落入"信息网络传播权"与"广播权"（网络直播）的规制范畴。

其实，对作品的编码，很难认定为改编。改编是指改编作品，创作出具有独创性的新作品的权利，[1]改编作品源于原作，而又高于原作，如果改编完全与原作不同，那属于新作品；[2]如果改编与原作实质相同，那属于复制或抄袭，并非著作权法上的改编。意即改编需要保留原作的独创性特征，但又增加了新的独创性内容。"Stable Diffusion"在训练模型下载和存储图像作品的行为可能涉及对作品的复制或暂时复制，但将图像作品转码为机器可处理的代码（噪点），很难被认定为改编，因为图像转换为大量的噪点，相当于将作品逆向还原为点线面、色彩、方位、坐标等元素，并非保留了作品最关键、本质的特征，而是大量元素的数据集合，这个转码的过程甚至都无从作品的表达体现，何来的改编作品呢？当然，在用户指令下的输出图像，如果与原享有著作权的图像构成实质相似，那么输出性表达可能构成对原作的复制权侵害。至于可能落入"信息网络传播权"的规制范畴一说，难以证立。即便用户输入指令获得想要的图像表达，也不是在选定的时间和地点就能够获得，需要依照自己的意愿，依照自然语言文本才能调出所需的图像。然后再通过不断调整，完全达到自己的意愿。这等同于订阅式的网络传播，或者自我决定式获取，并不是点击系统就可以自然获得图像作品的结果，并不

---

〔1〕 吴汉东：《知识产权法》，法律出版社 2021 年版，第 210 页。
〔2〕 天津市第三中级人民法院［2019］津 03 知民终 6 号民事判决书。

在信息网络传播权的控制范围之内,[1]遑论侵害信息网络传播权。

从法理哲学视角审视,结果论者认为最大化效用就是规则追求的结果。就版权侵权而言,侵权人所表达的内容如果与原作品存在实质性相似,就存在侵权的可能。从作品这一结果出发,衡量侵权与否,就应当是版权所追求的最大化效用,至于行为人创作过程中的复制、改编,还是其他演绎作品,无须过问,除非在侵犯改编权等特殊的场景中才予考虑。如果经过实质性相似结果主义的考量,发现新作品与原作存在部分实质性相似外,新作品尚增加了另外的独创性部分,那么就转而以改编权衡量,源于原作高于原作的新创侵害了改编权。正如在"琼瑶诉于某等侵犯著作权案"中,法院认为:"剧本《宫锁连城》在整体情节排布及推演过程与剧本《梅花洛》、小说《梅花洛》基本一致,导致整体上的相似性,构成改编的事实。"[2]以结果论而言,"Stable Diffusion"模型是否侵害他人的作品,无须关注其训练学习的过程,只要在用户指令下输出的图形构成与他人作品的实质性相似即可断定为侵权,除非存在侵权例外。

另外,与结果论相对的道义论坚持对道德原则的违反不能通过结果的正当性予以正当化,行动的正确与否取决于该行动是否被道德义务所要求、禁止或者允许。[3]著作权法所遵从的道义即为洛克的劳动论,即智力劳动者在公共领域内添加了智力劳动性的东西,这增加的东西自然属于劳动者本人,这符合自然法。[4]如果坚持行为的道德性评价,那么著作权法所创建的权利机制应当能够从行为本身的道德性评价中获得支持。换言之,判断某行为是否侵权他人的著作权,应当从行为本身评价,而不应当仅仅关注行为带来的结果。以行为论衡量,未经许可复制他人作品的行为,就可能侵害作品的复制权,而不论这种复制为内部复制,还是临时复制。这与主张著作权侵权采用过错归责原则的观点是一致的。但问题在于,合理使用也存在复制的情节,因而不能仅凭复制行为就断定侵害复制权。复制权内在要求以再现作品的方

---

[1] 吴汉东:《知识产权法》,法律出版社 2021 年版,第 209 页。

[2] "琼瑶诉于某等侵犯著作权案",北京市第三中级人民法院[2014]三中民初字第 07916 号民事判决书。

[3] [美]劳伦斯·索伦:《法理词汇:法学院学生的工具箱》,王凌皞译,中国政法大学出版社 2010 年版,第 52 页。

[4] 饶明辉:《当代西方知识产权理论的哲学反思》,科学出版社 2008 年版,第 68~71 页。

式公开使用作品，影响到作品本身的市场利益和正常的权利行使。由是而论，"Stable Diffusion"模型在学习训练过程中，确实存在将搜集的作品先行复制到自身系统的行为，但是这种复制如果没有面向用户，并未影响到作品本身的正常市场利益和权利行使，何来的复制权侵权呢？

但是，来自著作人协会的作家，以朴素的意识认为AI在训练模式时使用了大量作者的作品，却没有支付半毛钱给作者，当市场充斥着由AI撰写的书籍、故事和新闻时，将会威胁到他们的职业。随着AI的普及，这些作家将更加难以谋生。那么，如何平衡新技术与旧利益之间的冲突呢？依赖技术，还是从现有规范中寻求新的解释和突破？也许我们可以另寻途径，"Stable Diffusion"模型将作品等信息，转换为数据，依次经过运算、提取和重组，最后输出为用户需求的信息。除了纠结于信息的版权保护和侵权判定外，其实从数据权益的视角分析，也许能够找到更好的解决路径。模型采集的数据、加工处理、运算分析，最后输出数据的组合，用户端析出为信息。整个内部的流程涉及数据权益和数据规范，我们不妨以数据为关注点，解析AI智能训练学习的问题。

三、合理使用路径的效果评价

著作权制度建立的初衷就是通过权利激励社会知识增量，推动文化发展和繁荣。著作权制度从来不是一部财产垄断法，以往不是、现在不是、未来也不应该是。它只是在传承和创新前人知识基础上就创新部分给予的一定期限垄断权。正如现代著作权制度萌生之时，英国所争议的私人与公共领域之间的界限，应当以作品的独创性表达为限，思想、原理、题材、风格、语言等思想性成分和公共领域元素不能为私人所垄断。[1]即便是独创性的成分，在不涉及法律所创设的垄断权之外，公共仍具有使用的自由。现代著作权法在司法判例和理论抽象的基础上逐渐确立了合理使用原则，尤其是美国法院形成的合理使用四个规则，对现代著作权立法产生了重要的影响，成了1976年美国著作权法合理使用制度的基石。[2]

---

〔1〕［澳］布拉德·谢尔曼、［英］莱昂内尔·本特利：《现代知识产权法的演进：1760—1911英国的历程》，金海军译，北京大学出版社2006年版，第34～40页。

〔2〕吴汉东：《著作权合理使用制度研究》（第4版），中国人民大学出版社2020年版，第16～20页。

我国著作权法以"一般条款+特殊情形"的模式规定了合理使用制度，当可应对传统环境下的私人使用，但是针对人工智能的大量投喂或学习现象，无法直接援引合理使用的直接规定。那么人工智能的训练学习属于个人合理使用的范畴吗？是否可以适用版权例外？如上分析，如果直接认定人工智能训练的对象为数据，并不指向具体的著作权信息，显然又与"数据为信息载体，载体与内容不可分"的认知相悖。究竟人工智能的学习是合理使用制度适用技术可解决的问题，还是新技术对旧制度提出的变革需要，抑或著作权法之外的另类新问题？

如果不考虑信息与数据之间的转换以及两者间的规范关系，仅就版权法而言，人工智能的"搜集—复制—改编—汇编—输出"等一系列内部或外部操作，可能落入《著作权法》设置的复制权、改编权、汇编权和传播权的边界内，引发著作权侵权。如上分析，人工智能的内部处理也可能对著作权的正常使用和市场利益不构成任何影响，属于公共领域内的学习自由行为。对此情形的假设，我们可一并纳入合理使用制度予以分析。吴汉东先生在《著作权合理使用制度研究》的论著中将合理使用分为两种情形：一是科教领域内的数据挖掘例外；二是商业领域内的合理使用。数据挖掘行为留待后文解析。就商业领域内的合理使用，吴先生将其分为三种类型：其一，非表达型机器学习。非表达性机器学习的目的在于提取事实信息、实用性设计思想和功能性特征，这些元素本身并非著作权保护的内容，而且人工智能的使用不会与原作品争夺市场，一般为合理使用行为。其二，普通的表达型机器学习。正如本书开篇述及美国作者协会所指控的那样，以表达性为目的，大量使用享有著作权的作品，形成与原作品具有市场竞争关系的创造性表达，减损作品的市场价值，侵害了作品的著作权。吴先生认为，谷歌从大量作品中提取高频出现的语言模板，形成作者共同体内部通用的表达模型，并非利用作品中受版权保护的表达性内容，构成合理使用的可能性较大。其三，私人订制的表达型机器学习。本情形旨在模仿和重现某一作家的作品，体现了某一作者一贯的个性化表达，属于典型的表达性使用，构成合理使用的概率非常小。[1]也许正如 Greg Rutkowski 所指控的，Stability AI 公然打着"能够生成 Greg Rut-

〔1〕 参见吴汉东：《著作权合理使用制度研究》（第 4 版），中国人民大学出版社 2020 年版，第 241~245 页。

kowski 风格作品”的旗号上架相关模型市场，是一种赤裸裸的（无视版权）挑衅行为，对整个艺术行业构成威胁。[1]由于认定人工智能生成的内容在很大程度上挤压与替代被使用作品的原有市场，因而合理使用的要求很难满足，即便依照美国的合理使用四要素分析，也同样如此。[2]

其实，吴先生在分析人工智能是否构成合理使用时并没有纠缠于人工智能搜集和储存是否侵害版权，而是将分析的焦点集中于人工智能生成物与原作品表达之间的实质性相似的判断，如果使用了作品的表达性成分，甚至模仿和再现原作品，那么合理使用的抗辩将无法成功；如果使用作品的目的在于总结和计算表达规律，那么人工智能形成的表达物为大众化表达，属于转换性合理使用。换言之，原作品只是人工智能处理的素材，而不是最终生成的结果，我们不能因为用户购买了食材，出售者就可以对做好的食物拥有权利。

就科教领域内人工智能是否构成作品合理使用的问题，吴先生并没有沿着著作权法框架内的合理使用制度分析，而是转向了“文本和数据挖掘”，以其他国家和地区成文法或判例法确立的文本数据挖掘的著作权例外为例，解释人工智能训练的非侵权情形。当然，也可以说数据挖掘例外仍然属于著作权制度的范畴，是对现有合理使用制度的拓展。

四、文本和数据挖掘的例外

文本和数据挖掘，是指为了获取新知识或者信息，对任何数字资料（包括文本、数据、图片、声音等）的自动化分析。[3]依照《欧盟单一数字市场版权指令》第 2 条的定义，“文本和数据挖掘”是指任何旨在分析数字形式的文本和数据的自动分析技术，以便生成包括但不限于模型、趋势、相关性等在内的信息。英国有关文本和数据挖掘政策给出的定位为：“文本与数据挖掘指基于计算机的从文本或数据中提取、组织数据的过程，通过大量复制存储

---

〔1〕　Sharon：《无视艺术家拒绝，Stability AI 市场上架相应画风开源模型“挑衅原作者”》，载《知产前沿》2023 年 8 月 7 日。

〔2〕　朱开鑫、张艺群：《“你的 AI 侵犯了我的版权”：浅谈 AIGC 背后的版权保护问题》，载腾讯研究院公众号 2023 年 3 月 7 日。

〔3〕　吴汉东：《著作权合理使用制度研究》（第 4 版），中国人民大学出版社 2020 年版，第236 页。

素材、提取数据并重组其识别模式、趋势和假设，或通过一定的方式重组挖掘到的信息。"[1] 我国对生成式人工智能技术的定义为，具有文本、图片、音频、视频等内容生成能力的模型及相关技术。[2] 从定义来看，狭义的文本和数据挖掘仅仅指向人工智能的训练和学习过程，并不指向训练之前的搜索和复制等准备工作，也不关注人工智能生成后的内容是否侵犯所投喂素材的版权。换言之，文本和数据挖掘针对人工智能的内部处理数据的过程，不判断数据析出信息的行为和结果。广义的文本和数据挖掘将人工智能的整个运行过程全部囊括在内。

《欧盟单一数字市场版权指令》为文本和数据挖掘规定了两项例外：一是科研机构和文化遗产机构为科学研究目的进行文本和数据挖掘，对其合法获取的作品或其他内容进行复制与提取的行为；二是以文本和数据挖掘为目的，对合法获取的作品或其他内容进行复制与提取的行为，但著作权人反对的例外。"两项例外"的适用要件为：限于合法访问的数据；使用目的限于非营利性学术和科研单位；著作权例外的方式主要包括复制、提取和适合目的方式的储存。[3]

与欧盟版权指令相比，英国的数据挖掘政策有所拓展，英国知识产权局提出了两个方面的新动向：第一，在使用目的方面，是否可以覆盖商业目的的数据挖掘；第二，在适用主体方面，是否扩张到研究机构和文化遗产保护机构以外的主体。在主要争议之外，英国知识产权局还补充说明了以下几点：第一，在数据挖掘完成后，若使用者在未经版权人许可的情况下输出所使用的作品，仍有可能构成版权侵权行为；第二，除非获得许可或者例外，数据挖掘系统复制数据将构成版权侵权；第三，权利人是否有权选择退出以及对于退出行为有何限制尚无定论。

日本采用了著作权合理使用制度的解释，以应对文本和数据挖掘。2018年《日本著作权法》在修订时增加了"灵活的权利限制条款"，为人工智能技术爬取与利用版权作品创造了条件。新条款规定，如果互联网公司对作品

---

[1] UK Government，"Text Mining and Data Analytics in Call for Evidence Responses"，http://webarchive. nationalarchives. gov. uk/20140603093549/http://www. ipo. gov. uk/ipreview-doc-t, pdf.

[2] 参见《生成式人工智能服务管理暂行办法》第22条的规定。

[3] EC, Proposal for a Directive on Copyright in the Digital Single Market, COM（2016）593 final, 14 September 2016.

的使用"不侵害著作权所有者利益"或者"对所有权的损害程度轻微",则可不经权利人许可而直接使用。

美国并未以法律条文的形式承认文本与数据挖掘的正当性,而是在多项司法判决中对文本数据挖掘的使用予以了肯定。在谷歌数字图书馆系列案件中的"HathiTrust 案"中,法官认为,创建数字复制件并提供给用户的行为构成了合理使用,因为创建全文检索数据库是构成转换性使用的典型做法之一,原因在于关键词搜索的结果具有与原文不同的目的、特征和意义,即使谷歌下载并存储了整本书的完整数字副本也是如此。美国司法判决的既判力对文本和数据挖掘行为在法律上的正当性予以了高度认可。无论是否为商业性主体、亦无论是否为营利目的,只要满足"转换性使用"的认定标准,即可以被认定为合理使用。[1]

我国《著作权法》除合理使用的一般条款外,并无关于文本和数据挖掘的例外规定。国家网信办等七部门联合公布《生成式人工智能服务管理暂行办法》就有关人工智能训练作出了框架性规定。具体要求为:第一,数据来源合法;第二,尊重知识产权;第三,数据标注;第四,训练数据来源、规模、类型的说明义务;第五,生成内容的合法原则。这些规定并不涉及版权合理使用的问题,其中的训练数据来源说明义务为合理使用和作者拒绝等制度的未来构建提供了思路。如果说训练模型使用的作品需要向作者支付使用报酬或者说作者有权选择是否允许作为训练素材,那么训练数据来源说明无疑为作者提供了透明信息,以便作者有机会行使权利。

五、人工智能训练的数据共享与限制

上述的分析从人工智能训练涉及的版权使用以及文本挖掘的例外层面展开,人工智能训练搜集、复制、存储等过程在构成版权侵权的情形下,需要版权例外,为促进人工智能的发展提供制度保障。但是,也应看到,人工智能训练的原料如果仅限于网络上的公开信息或者训练企业自有的数据,那么信息孤岛和结果偏见无法避免。真实、准确、客观的人工智能生产内容有赖于训练数据的质量、数量和广度,即便行业内的专业性人工智能技术也有赖

---

〔1〕 侯海军、毛禾枫、薛佳琳:《多国将挖掘文本与数据行为纳入著作权合理使用范围》,载《人民法院报》2023 年 6 月 9 日。

于多个同质和相关行业的大数据。如何访问和分享数据就成了制约或促进人工智能技术发展的关键。

从理论上而言，任何数据库或者数据集只要给定生成式人工智能访问端口，其就可以训练和学习所有的数据，关键的问题在于除了有限的合同商谈外，数据库或数据集的权利人是否有义务无偿开放访问的端口供人工智能使用？或者数据库所有人是否享有对数据库中数据的支配权和垄断权？准确回答这些问题，就有赖于数据库或数据权益的制度规范适用。

早在1996年《欧盟数据保护指令》明确赋予了数据库的特别权制度，以便阻止任何第三方对数据内容的全部或者部分实质性提取和再利用，以及重复、系统地提取或再利用数据库非实质部分与数据库的正常使用相冲突，且不合理地损害数据库所有人的合法利益。数据库特别权包括两项权能，即摘录权和再利用权。美国的数据库法案将其扩展为："任何未经数据库制作者授权，不得以与数据库制作者对数据的正常利用相冲突的或对其实际或潜在市场造成不利影响的方式，使用数据库的全部或实质部分。"依照这些规定，提取和利用他人数据库的实质部分或多次提取，需要经过特别权人的许可。这可以用来规范部分人工智能的文本和数据挖掘行为，也就是说，数据挖掘可能侵害他人的数据库特别权。但是，由于特别权不适用于网络环境下生成的数据及数据库，所以其适用的范围有限。

数据如何访问、提取和重组等使用规则的构建，有赖于数据产权制度的明晰。欧盟的数据法提案提供了适用于所有"数据"的更广泛的规则，其中包括"行为、事实或信息的任何数字表示以及此类行为、事实或信息的任何汇编，包括声音、视觉或音像记录的形式"。数据使用规则涵盖了所有部门在使用各种数据方面的企业对企业以及政府对企业数据的各个方面。数据持有者与数据接收者可以商定提供数据的条款，并进行合理的数据使用费用补偿，当然合同必须在公平、合理和无歧视性的原则下进行。这就一定程度上有效解决了数据之间的共享和流通问题。对于人工智能训练需要的数据，可以通过合同的方式获取。

我国尚无国家层面的数据共享和访问规范，《反不正当竞争法（修正案征求意见稿）》增加了第18条"商业数据专条"，针对以企业数据为核心的商业数据，构建一定排他权的弱权利保护机制，以确定性、事先可识别性和保护措施作为受保护的构成要件，以促进数据的生成和数据的流通利用。[1]该条允许数据企业之间互相访问和提取，但是不能开发存在竞争关系的数据产品，或者采用非法访问的方式获取数据。受限于商业秘密保护和技术措施的限制，该条款很难说在促进数据共享方面起到多大的作用，只能说为数据共享提供了竞争法的思路。未来开放数据规范体系的构建能极大地促进人工智能生成内容的发展，丰富人类的知识增量。

小　结

人工智能生成式技术需要大量搜集含有版权的原料，经过复制、储存、运算、重组等一系列运算操作，生成表达性内容。这可能牵涉对版权的侵害，构成复制、改编、传播等侵权。为了促进人工智能技术的发展，部分国家对文本和数据挖掘予以例外规定，缓解了技术发展与版权人之间的利益冲突。不无疑问的是，除了前期的搜索、复制和后期生成的表达内容外，人工智能处理的过程并无对版权人的市场和正常权利行使构成威胁和损害，为何需要版权例外处理呢？鉴于人工智能前期的搜索和运算处理的对象均为数据，从数据规范视角审视和解决该问题可能更为妥当。不论是欧洲的数据法案还是我国的数据专条，都为数据共享探索了相对可行的路径，虽然不完美，但至少找对了方向，迈出了可行的步伐。

---

〔1〕 孔祥俊：《论反不正当竞争法"商业数据专条"的建构——落实中央关于数据产权制度顶层设计的一种方案》，载《东方法学》2022 年第 5 期。

第三编
商标权侵权诉讼

本编从法院审理商标民事侵权案件的视角，全方面、全流程客观揭示了法院审理案件的逻辑思路、审判要素、商标要点，并从原告诉讼、被告抗辩的层面诠释诉讼要点、操作方式、应对技巧。在着重铺陈诉讼实务的同时，本编兼顾未注册商标、商标使用两个争议性问题，将理论与制度融贯，注重体系性同时细腻刻画规范细节。

第十二章

······◇◇······

商标侵权诉讼的特点与逻辑

·

第一节 商标侵权诉讼审判的特点

一、案件数量大

商标诉讼案件在我们的日常生活中最为常见，因为商标的基础理论和基本制度最容易为社会大众所理解。在大部分商业维权案件中，我们常常见到的也是商标侵权案件，尤其是在近几年的批量案件中，我们看到尤其多针对终端销售的诸如书店、水果店，一些菜市场的加盟平台，还有一些小吃店等，大部分涉及的就是商标侵权。还有很多餐饮性质的商号与商标、标牌与商标、店名与商标这一类案件的争议。因而，在商标侵权案件中所占的数量和总量是比较多的。根据2023年最高人民法院的统计：人民法院审结商标行政一审案件20 090件，新收商标民事一审案件131 429件，同比上升16.85%，新收侵犯注册商标类刑事一审案件6634件，审结6357件，同比上升33.45%和24.67%。商标案件仅少于著作权案件251 687件，远高于除著作权之外的其他知识产权案件。

二、基层法院管辖多

在商标诉讼案件中，管辖的法院一般是经省院确定的最高人民法院批准的基层法院，所以法院管辖权的数目和量是比较多的。大部分基层法院或者经济发达地区的基层法院都有权管辖商标侵权案件，方便与当事人进行诉讼。因而，在商标侵权案件中，管辖权的可及性也增加了商标诉讼案件的增加。

我国知识产权法院审判体系分为四级，以最高人民法院知识产权法庭为牵引、4 个知识产权法院为示范、27 个地方法院知识产权法庭为重点、558 家具有知识产权民事案件管辖权的基层人民法院为支撑的专业化审判体系基本形成，国家层面的知识产权案件上诉审理机制运行取得了积极成效。

三、商标相对容易获取

在商标侵权诉讼中，我们容易理解的问题就是商标在获权的问题上相对来讲比较容易。专利在审理的过程中或者在申请的过程中要经过一个漫长的时期，最快的专利申请要 9 个月，而商标快的话 7 个月左右就可以拿得到商标注册证。[1] 所以，商标获权的容易性也增加了权利人在商标案件中的可操作性。我们从整体商标的注册量来看，很多企业拥有商标量比较大。我们且不说头部企业，像华为、腾讯、阿里等这些公司[2] 所拥有的商标量，即便是一般的生产型公司，也有很多商标。向前追溯，在 20 世纪中期，我们可以看到专门以商标申请为业务的中介机构和一些相关的服务机构，做而不用、屯而不用的问题非常突出，很多案件引起的商标争议问题也往往是那个时期的顽疾沉疴。"迈克尔·杰弗里·乔丹与国家工商行政管理总局商标评审委员会、乔丹体育股份有限公司'乔丹'商标争议行政纠纷案"（以下简称"乔丹案"）就是最典型的商标注册机构注册之后通过转让的方式卖给使用人，使用人在使用的过程中，因为注册本身的瑕疵，导致后续存在侵权诉讼风险的案例，这也是"乔丹案"给我们的最大启示。[3]

四、商标瑕疵导致败诉

商标授确权的容易性导致商标诉讼案件因为权利本身的瑕疵使得诉讼结

---

[1]《我国一般情形商标注册周期年底将压缩至 7 个月》，载新华社：https://www.gov.cn/zhengce/2021-05/08/content_ 5605368. htm，2024 年 7 月 30 日访问。

[2] 根据 2023 年 3 月 6 日发布的《微信品牌保护：2022 年形势与分析》，腾讯拥有超过 40 000 个注册商标，并且拥有超过 29 000 项专利和广泛的版权组合。此外，在 2020 年 11 月 2 日的报道中，腾讯以 18 254 项商标注册量居中国商标数量 20 强企业榜单的榜首。参见《2023 微信品牌保护报告》，载腾讯网：https://www.tencent.com/index. php/zh-cn/articles/2201834. html，2024 年 7 月 30 日访问。

[3] 陶钧：《"自然人姓名权"保护的法律适用要件研究——以"乔丹"商标争议案为起点》，载《法律适用》2017 年第 18 期。

果具有不确定性。我们可以看到，在"王某永诉深圳歌力思服饰股份有限公司、杭州银泰世纪百货有限公司侵害商标权纠纷案"中，歌力思商标本身存在的瑕疵导致法院在最终判决的时候认定王某永滥用商标权，[1]从而驳回了原告的诉讼请求。这个也是因为商标注册瑕疵的问题。我们在 2013 年、2019 年《商标法》中增加了恶意注册制度，还有关于商标的异议和无效制度。不正当手段取得商标权的，都会导致商标权本身的瑕疵，从而否定原告的诉讼请求。

五、商标价值的变动性

商标侵权诉讼中，商标本身的复杂性或者商标的多样性导致在侵权裁断的时候，有的案件赔偿额非常低，有的案件赔偿额比较高。比如，在"新平衡与新百伦案"中，一审法院判决是赔偿 1.5 个亿元，二审法院改判是 500 万元。不管是 500 万元还是 1.5 个亿元，其赔偿额都比普通的商标侵权案件的赔偿额都要高。因而，我们在理论上讲，商标的价值要比版权和专利的价值低。这个说法和界定其实是不成立的，也要看个案。所以，我们不好去系统地比较价值问题。

六、商标与在先权冲突

商标侵权诉讼往往交织着其他权利的争议，因而我们在理论上确定商标法中的在先权，也就是在使用商标时候，可能会因为注册过程中侵害到相关权利人的在先权而导致商标本身的瑕疵，从而导致商标诉讼案件的败诉。最典型的仍然是"乔丹案"，最高人民法院认定乔丹体育股份有限公司（以下简称"乔丹体育公司"）侵犯了迈克尔·杰弗里·乔丹（以下简称"迈克尔·乔丹"）的姓名权，从而无效掉相关的商标注册。在"王某永诉深圳歌力思服饰股份有限公司、杭州银泰世纪百货有限公司侵害商标权纠纷案"中，王某永取得歌力思商标的瑕疵性导致法院没有支持原告王某永请求。在"非诚勿扰案"中，我们也可以看到"非诚勿扰"，因为是在著作权的取得上，属于华谊兄弟创作的这一个"非诚勿扰"电影的文字作品的著作权，或者美术作品的著作权。案件的争议点或者是权利的起源点在这个地方。当然，案件虽

---

〔1〕　指导案例 82 号："王某永诉深圳歌力思服饰股份有限公司、杭州银泰世纪百货有限公司侵害商标权纠纷案"，载《最高人民法院公报》2017 年第 10 期。

然认定江苏卫视构成了商标使用，但是并未判决构成了相关的消费者混淆，从而判决金某欢败诉。这个案件其实也是因为在先权本身的存在而导致商标权的瑕疵等相关的还有一系列案件。"三毛案"也是这样一个问题，而且很多其他案件也都存在这样的问题。当然，在先权的种类和它的范围广泛性也决定了在商标注册的过程中，可能因为审核不严，或者因为申请人本身的主观恶意，或者是出于"搭便车"的目的而导致商标本身的瑕疵。因而在法院判决的时候，案件判决的结果与原告的预期不一致，这也是因为商标权瑕疵的问题。

七、技术性较弱

关于商标诉讼，不同于专利诉讼和商业秘密诉讼的地方就是商标案件相对来讲不涉及技术性问题，唯一可以比较专业性的技术问题就是比较商标本身的相同或者近似。这个问题比较复杂，但是我们可以看到，在商品类别的认定和商标符号的认定上，按照《商标纠纷解释》，属于事实问题，那么是否导致混淆？应属于法律价值判断的问题，应由法院来进行裁断。这么多年来的商标诉讼实践中，不同的法院在裁断混淆可能性的方法和结论上存在很大的差异。有一些基层法院会认为商标相同和近似，商标类别相同和近似就会导致消费者的混淆。有的法院认定商标符合相同和近似，还要看结果是否导致消费者混淆。消费者混淆相对带有主观性，导致不同的法院在认定混淆可能的结果上会有差异。因而，司法解释在这个问题上讲得很清楚，必须在前两个事实认定的基础上，结合案件的具体情形，原告和被告在相关问题的主张、证据来认定是否导致消费者混淆。当然，在近几年的审判案件中，我们引入了消费者调查。在"乔丹案"里，我们可以看到原告委托零点公司进行市场调查，被告也委托了另外一家公司做了市场调查，最终法院采用了原告提交的零点公司的市场调查报告。采信这一个报告的理由并非根据报告就可以得出消费者是否混淆的结论，它只是用来辅助法院来认定是否混淆可能性的这样一个结果。当然，如果消费者实际发生混淆，可以直接推定商标侵权构成，但是根据消费者市场调查简单来认定，恐怕这份证据还不足以单一认定混淆可能性的结果。

以上是我们对知识产权商标类诉讼案件的概述。总体来讲，商标案件的普适性和易于理解性导致其相对容易为权利人所掌握，因而它的诉讼案件量会比较大，专业性也没有这么强，但是细节相对来讲会比较多。

第二节　商标侵权案件审判的逻辑和思路

不管是原告提起的商标侵权诉讼案件，还是法院在审理商标诉讼案件时，都会遵循一定的逻辑，采用一定的思路。由于在商标案件中，不同的参与人，不同的角色定位决定了各当事人、各参与人在相关的商标诉讼案件中会有不同的思路。厘清法院审判商标案件的逻辑和思路才能保证商标侵权案件顺利进行。

一、原告的逻辑与思路

对于原告来讲，其理解为"我有国家知识产权局发给我的商标注册证，上面记载得很清晰。我发现被告使用跟我相同的商标或者近似的商标，或者使用我的商标作为它的商号或者姓名，或者作为包装装潢。因而我认定他可能会侵犯了我的权利，所以我向法院提起诉讼"，这个是原告的逻辑。当然，在固定证据上，原告可能更多地采用通过市场购买的方式取得侵权物。到市场去看哪一些商品使用跟自身的近似和类似，哪一些场所包装装潢跟自身的近似。可以通过拍照取证的方式，甚至通过公证的方式来对相关查证的事实予以公证，这是原告常常采用的一个手段。在商务平台范围内，我们发现大部分原告采用的是通过平台购买的方式来固定侵权相关的证据，比如拼多多、淘宝、唯品会、京东等平台，如果发现产品跟我的产品不一样，但是它的商标跟我相同，却不是我生产的，也没经过我的授权，我可能会提起侵权诉讼。原告的逻辑是："有权利—发现侵权—固定证据—向法院诉讼。"这一类案件往往会导致在认定侵权行为与确定赔偿额的问题上存在偏差。比如，没有查证被告进货的库存量、销售量，没有这些证据，如果购买一件两件，要求法院裁断具体的赔偿额，这往往很难认定。当然也有一个普遍的共识，比如买一件商品价格比较低，可能判了就几千块、几万块，如果商品价值比较大，可能判的就是十几万。当然，要求原告把所有的侵权商品、可能涉嫌侵权的商品全部购买的话，这也不大现实。所以，限于原告举证的手段和举证措施的有限性，会导致侵权赔偿额的认定与原告的预期存在一定的差别，这也是导致批量维权案件和商业维权案件增多的一个内在因素。

二、法院审理案件的逻辑和思路

从法院的角度来看，法院审判案件的逻辑和思路与原告的不一样，因为法院是居中裁判，所以要对整个商标案件所有的事实和法律问题进行裁断。因而法院在审理案件时要具有全局性。法院的审理基本上按照 6 个流程和步骤来进行。

第一，原告享有商标权。第二，被告的行为构成了商标使用，但这一点上有争议，容许在商标使用部分专门讨论这个问题。第三，评价被告的行为，评价被告的行为是不是使用近似和相同的商标符号在相同和类似的商品上导致消费者混淆，或者是被告的行为不是制造和销售近似商标导致的混淆，而是运输、仓储或是网络帮助销售，这种被称为间接侵权的类型；不管是直接侵权还是间接侵权，第三步都要对被告的行为进行评价。第四，被告有没有适当的抗辩理由，如果被告有适当的抗辩理由，也可以推翻前面的侵权认定。第五，被告的侵权行为给原告造成了多大的损失，或者赔偿额如何认定。第六，对相关诉讼请求的支持和执行，这个支持除了赔偿额之外，还附带有赔礼道歉、消除影响、销毁和没收假冒商品以及其制造假冒商品的生产工具这些东西。所以，从总体上来看，法院审理商标案件的逻辑和过程链条，可以被划分为这六个步骤。如果这六个步骤是理想型审判全过程、全链条的展开，那么各步骤之间有没有顺序？比如，在相关商标侵权案件中，是不是一定要按照这样的逻辑和顺序展开？首先是什么、其次是什么、最后是什么是不是固定的顺序？当然，理想的内在逻辑和过程可以使法院的审判更具有逻辑性，更容易推导出判决结论。如果被告的抗辩本身就是成立的，那么整个案件就结束了，无须再往下进行；如果原告不享有商标权或者商标权瑕疵，那么诉讼案件也结束了，驳回原告的诉讼请求即可。或者按照第二个步骤，先行考量被告的行为不构成商标使用，自然也就无所谓商标侵权之诉。所以，这个理想的全过程和全链条，不一定在所有的案件中都要按照这个流程和步骤来走。比如，在"'老干妈'商标侵权及不正当竞争纠纷案"中，"老干妈味"不是一个行业，或者我们日常生活中普遍存在的一种描述方式，被告以老干妈味描述商品，这个抗辩理由不能成立，因而被告的行为有可能构成侵权，我们无须再考虑抗辩的问题。相反，在"潼关肉夹馍侵权案"中，虽然案件涉及地理标志，但是我们可以看到潼关肉夹馍的相关使用更多是一种描述的东西，或者说描述所采用的一种生产工艺或者是制作方式来制作的一种面点。如果原告不享有潼关肉夹馍的地理标志，被告的使用应该是正当的。这个案件就无需再全链条、全过程地进行下去。因而，在诉讼过程中，法院也不一定就完全按照这个理想链条全部走完。

从理论上讲，审判逻辑是商标侵权案件审判的模型，在使用中可以根据具体的案件灵活运用。在 6 个链条中，每个链条设计的每个环节都是商标法理论的运用和商标机理的展开。比如，原告享有商标权，但可能是表面上的，注册本身的正当性、合理性或者权利的永久性也需要考量；基于第二个要素对被告行为进行评价时，按照一般侵权的逻辑，会有一个过失和故意的主观情节认定。但是，在商标案件中，大部分法院在认定侵权的时候不考虑被告主观故意的情节，被告的主观故意只是影响赔偿额的问题。也就是说，恶意侵权和故意侵权可能会导致惩罚性赔偿，适用法定赔偿时赔偿的数额会因故意而增加，但是不影响商标侵权的构成。所以，理论上认定商标侵权的主观过错在实际判案中演化成了结果主义，也就是说，被告的行为落入了商标权的范围，就可能构成商标的侵权，至于赔偿额，那是下一步要考虑的问题。

第三节　商标侵权赔偿的计算

一、商标侵权赔偿的计算依据与法律细化

《商标法》第 63 条明确了商标侵权赔偿数额的确定标准，遵循以下层级性计算逻辑：首先，依据权利人因侵权行为所遭受的实际损失进行赔偿；若实际损失难以确切量化，则转而依据侵权人因侵权行为所获得的利益进行估算；若前述两者均难以明确，则参照该商标许可使用费的合理倍数予以确定。对于恶意且情节严重的商标侵权行为，赔偿数额可在前述计算基数上，上调至 1 倍至 5 倍的范围。此外，赔偿范畴还应涵盖权利人为制止侵权行为所支出的合理费用。在极端情况下，若前述三种计算方式均无法适用，法院可依据侵权行为的性质、持续时间、后果、侵权人的主观过错程度、商标的声誉及制止侵权的合理开支等因素，酌情裁定 500 万元以下的赔偿额。

《商标纠纷解释》进一步细化了《商标法》第 63 条的规定，赋予权利人在三种计算方式中的选择权（第 13 条），并具体阐述了侵权获利的计算方法（第 14 条），即侵权商品销售量与该商品单位利润的乘积。同时，该解释明确了因侵权导致的损失计算方法（第 15 条），通常基于权利人商品销售减少量或侵权商品销售量与该注册商标商品的单位利润的乘积来确定。在缺乏明确计算依据时，则适用法定赔偿制度，由法院综合考量多重因素作出裁定，其中合理开支涵盖取证、公证及律师费等必要费用。

二、规范的深度解析

根据上述规定，权利人面临四种商标侵权赔偿计算路径的选择。首先，基于实际损失的计算方式，体现了填补损害的传统法律原则，但实践中常因市场复杂性与因果关系模糊而难以精准评估。其次，侵权获利计算虽具可操作性，却常因侵权商品生产、销售数据难以全面获取而受阻，特别是在半成品、原材料及商标标识的侵权价值评估上，存在较大争议。再次，商标许可费倍数法虽理论上可行，却因许可类型与侵权行为的非完全对应性，在司法实践中应用有限。最后，法定赔偿作为兜底机制，赋予法院广泛的自由裁量权，以应对前三种方式均不适用的情况。同时，该机制隐含了对恶意侵权行为的惩罚性考量，但在是否额外适用惩罚性赔偿上存在学理与实务的争议。

在赔偿数额之外，权利人为制止侵权所支出的合理费用亦应得到赔偿，且此类赔偿不以惩罚性为目的，仅基于实际花费进行补偿。此外，对于侵权商品及生产设备的处理，法律明确规定应予以销毁或没收，严禁以消除商标标识等方式再行流通，以保障市场秩序与消费者权益。至于赔礼道歉、登报声明等诉求，法院多基于公益考量，在特定情况下（如涉及民生、市场秩序严重扰乱等）予以有条件支持，以维护商标权人的合法权益与社会公共利益之间的平衡。

三、商标赔偿额计算中商标贡献值的考量

商标侵权赔偿数额计算时，在特定情况下需要考虑商标的贡献值。

（一）法律依据

1.《商标法》第 63 条

该条款规定了商标侵权赔偿数额的确定方式，包括实际损失、侵权获利和许可费倍数等计算方法。虽然条款本身并未直接提及"商标贡献值"，但在计算侵权获利时，如果侵权商品品类特殊、被诉侵权人享有较高商誉，法院可能会综合考量商标贡献率以计算侵权获利。

2. 司法解释的细化

《商标纠纷解释》第 14 条和第 15 条，分别规定了侵权获利和被侵权损失的计算方法。在计算侵权获利时，如果侵权商品的销售收入与商标贡献紧密相关，那么商标贡献值就会成为确定赔偿数额的重要因素。广东省高级人民法院二审"上诉人周某、原审被告广州市盛世长运商贸连锁有限公司侵害商标权纠纷案"时认定，"新百伦"中文标识在评估基准日 2011 年 1 月 1 日至 2013 年 11 月 30 日期间内对新百伦公司的利润贡献率为 0.76%，如果以新百伦公司在此期间净利润为基础，则"新百伦"中文标识的利润贡献额为 1 487 907.97 元，如果只考虑对新百伦公司的鞋类产品的贡献额，则数额约为 1 458 149.81 元。[1]

（二）司法实践

1. 法院裁判指引

部分地区人民法院制定的裁判指引或标准明确提到了"贡献率"或"知识产权贡献率"作为确定赔偿数额的考虑因素。例如，《北京市高级人民法院关于侵害知识产权及不正当竞争案件确定损害赔偿的指导意见及法定赔偿的裁判标准》就指出了这一点。

2. 具体案例

在司法实践中，法院在处理商标侵权案件时，如果侵权商品上同时存在多个商标或标识，且这些商标或标识对商品销售的贡献不同，法院就会区分各商标或标识的贡献率，以确定侵权赔偿数额。

（三）商标贡献值的确定

商标贡献值通俗来讲是指商标对商品或服务销售的贡献。在计算商标侵

---

〔1〕"上诉人周某伦、原审被告广州市盛世长运商贸连锁有限公司侵害商标权纠纷案"，广东省高级人民法院［2015］粤高法民三终字第 444 号民事判决书。

权赔偿数额时，如果需要考虑商标贡献值，通常可以通过以下方式来确定：

1. 对比分析法

将涉案商标与商标或标识等同类因素进行对比，以及将涉案商标与其他非同类因素（如侵权方自身经营等）进行对比，以确定商标在商品销售中的贡献程度。

2. 经济学方法

参考经济学中的贡献率概念，将商标引起的产品利润增长量占产品总利润量的比重作为商标贡献率的计算依据。

3. 综合考量

法院在确定商标贡献率时，还会综合考虑侵权行为的性质、期间、后果、商标的声誉、商标使用许可费的数额以及制止侵权行为的合理开支等因素。

综上所述，商标侵权赔偿数额的计算在特定情况下需要考虑商标的贡献值。这主要取决于侵权商品的销售收入与商标贡献的紧密程度以及法院对案件具体情况的综合考量。因此，在处理商标侵权案件时，应充分关注商标的贡献值问题，以确保赔偿数额的公平合理。

第十三章

········◇·◇········

商标侵权诉讼的请求权基础

向法院提起诉讼，首先面临请求权的考验，原告享有请求权是启动诉讼案件实质审判的基础。在商标民事诉讼中，原告的请求权基础是享有商标权。由于商标本身为抽象的信息，所以如何取得商标权、划定商标权、排除权利外要素就成了厘清商标权的关键。

第一节 商标权边界的划定

商标是指贴附在商品上的符号，向消费者所传递的商品来源信息。依照商标符号说，商标是由符号、商品和信息三元结构组成，即能指、对象、所指形成的三元逻辑关系，符号是商标的表达形式，商品为商标的承载物，信息才是符号向消费者传递的能指。[1]由于信息具有抽象性，商标权的权利边界，或者说商标权的范围，应当是权利人符号所传达信息的支配权。信息的覆盖面，或者信息折射的影响面，应当为商标权所控制的边界。商标本质为信息的断论，所以决定了商标权为权利人对这种信息所享受的控制和垄断的一种权利。信息本身的抽象性决定了商标权的边界划定，是一个相对模糊的方式。

依照《商标法》第 56 条的规定，注册商标专用权限定为注册的商品上使用核定商标的权利。但是，《商标法》第 57 条第 1 项讲的是在相同的商品上使用相同符号商标侵权，即双相同原则，第 57 条第 2 项规定，在相同或者类似的商品上使用相同或者近似的商标导致消费者混淆的行为为商标侵权，即

---

〔1〕 彭学龙：《商标法的符号学分析》，法律出版社 2007 年版。

混淆性侵权，这里面其实包含了三种商标侵权的类型：商品类别相同，但是商标符号近似；商品类别近似，商标符号相同；商品类别和商标类别均近似。第56条讲的是在注册的商品上使用注册的商标的权利，而第57条第2项讲的侵权确实有三种情形。因而，我们就可以推断出商标反向的权利要大于正向的权利，即禁止权大于专用权。这就跟物权的认定不一样，物权相当于一枚硬币的两面，可见即所得，商标不是这样子的，反向的也属于商标侵权，反向的范围情形要比正向的情形大，所以这个地方就增加了我们商标权边界划定的难度。概括而言，商标反向的禁止范围才是商标权的范围。但是，我们可以看到，商标法规定商标权人不可以擅自实质性改变商标注册符号的要素，擅自改变商标符号或者与注册的符号实质上不相一致的，该商标是另外一个未注册商标。所以，从这个意义上来讲，我们在划定商标权边界的时候，只能采用描述的方式，尽可能接近商标权本质上的范围大小。在实务操作中，我们可以用三种方式来划分商标权的边界，即饼图、灯筒图和坐标图。

一、饼图

第一种方式就是采用饼图的方式。我们可以把商标权作为一个核心画饼图，包含四个层次。

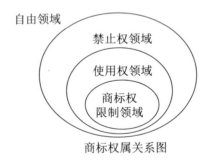

商标权属关系图

第一个层次首先是商标正向的《商标法》第56条所规定的核准的商品上使用注册符号的权利。反向的外圈包含了第57条第2项所规定的三种侵犯商标权的情形。这两个层次构成了商标权内在的核心，其之外的外环圈，可以被称为公共领域，不被商标权本身所覆盖。比如，《商标法》第59条规定的"通用名称、主要原料、含有的地名"等元素，以及《商标法》第11条所提到的"直接表示商品的质量、主要原料、功能"等描述性词汇，商标权人无权禁止他人正当性使用。这两种情形应当归入公共领域的范畴，不为商标权所涵摄，不应将其视为或归为商标合理使用的范畴，因为合理使用强调对于那些本属于商标侵权，但是基于法律的规定，予以侵权例外或者豁免的情形。

此外，最内部的内圈所挖出的空间，是商标合理使用的部分。依照对商标基本理论的理解，我们认为商标合理使用应该是法律所规定的本属于侵权，但是因为特殊的情形所排外的情形。如果行为本身并不属于商标侵权，那其应当归属于公共领域的正当使用范畴，而不应被称为合理使用。所以在饼图中间最适合挖出一块作为合理使用的空间。由是而言，如果假定商标权的边界是流畅的，那么本饼图中间的环才真正是商标权所控制的范围。

二、灯筒图

第二种描述商标权边界的方式，我们称之为灯筒图。灯筒图将商标权的边界大小比喻为灯筒照耀的空间大小。商标的商誉越强，或者商标的知名度越高，它的商标权的边界范围越大，这点可以从驰名商标、声誉商标和一般商标的边界范围的比较上得到印证。驰名商标的保护范围肯定要比一般的声誉商标和普通商标的边界范围要大。这类似于一个灯筒，商标越知名，灯筒所覆盖的范围越大，在不类似的商品上使用相同或近似商标的，也可能构成侵犯驰名商标的商标权，对应灯筒图的高度，我们把灯筒提得越高，它的辐射面越大，亮光也越强。当然，我们无法根据灯筒的亮光大小比较不同的商标权利边界，以及驰名商标、声誉商标和普通商标之间出现交叉和混淆的情况又当如何描述，灯筒图只能是抽象的描述。基于不同商标的边界范围不同的基本认知，我们可以对不同商标的灯筒大小做一个基本的排序。一般来说，对于同一商品类别的商标而言，驰名商标的边界范围大，它的光圈大，灯光强度也更亮；声誉商标的保护范围比驰名商标小，比普通商标的范围要大，所以它的光圈和亮度为中等；普通注册商标，它的光圈和亮度最一般。如果再考虑到不同类别的商品，商标权跨类保护的问题，驰名商标的所持灯筒高度高，声誉商标居中，普通商标所持高度最低。这就是以灯筒图比照商标权排他性范围大小的全貌，虽不够精确，但便于理解和掌握不同声誉商标的排他性强弱。

三、坐标图

第三种划分商标权边界的方式就是坐标图。通过画一个横轴和一个纵轴，横轴可以表示商品的类别，纵轴可以表示商品的不同符号，符号加商品的类别，两个交叉形成了一个点，就是确定商标权大小的定位点，再以定位点为中心所画的一个圆，当然在实际上不一定是圆，它的边界甚至不可能是光滑型的线，而是离散型的若干个点。[1]

图示中，"长城牌电脑"和"长城牌电视机"这两个商标就分别对应于二维空间中的A点（电脑，长城）和D点（电视机，长城）

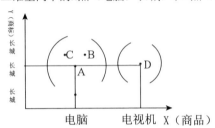

为了叙述的方便，我们以比喻的方式，将其边界模拟成一个光滑的圆圈，以确定的点为圆心画圆圈。上面我们提到灯筒图，也就是说越知名的话，它的光圈越大，覆盖的商品类别也更多，覆盖的符号也更广。比如与驰名商标相同和近似，或者是部分近似的，都有可能落入大圆的范围。同样，在商品类别的比较上，近似类别也会导致混淆，甚至是不同的类别也会导致混淆。所以，在横轴上，我们就可以确定不同的商标之间的圆环。如果商品类别越相同，越相近似，这两个环越靠近。在纵轴上，商标符号越相同，越相近，这两个环重叠交叉的部分也越多，也就是说越有可能导致混淆。这是我们通过第三种坐标图的方式来认定商标的边界范围，当然也只是一个描述。因为从本质意义上来讲，商标权的边界不可能是平滑的，它也不可能形成一个圆。我们通过三种方式可以比较形象地解释商标权边界的划分方式和划定范围。

第二节 商标权的取得

商标权是法律所确定的知识产权中的一个类别，也是我们《民法典》第123条所规定的知识产权类型。在这些知识产权类型上，获取权利的方式并不

---

[1] 彭学龙：《商标法的符号学分析》，法律出版社2007年版。

相同，有些需要注册，有些需要登记，还有一些只需要使用即可，无须任何行政程序。权利的获取所需履行的行政程序是由民事私权与行政管理关系决定的，这两者之间的关系呈现为三种形式：其一，申请登记为私权获取的条件，比如专利权以申请登记为要件；其二，登记为私权优先的条件，比如不动产抵押登记可以取得优先抵偿权；其三，登记为获得较强证据效力的条件，比如著作权登记在没有其他有效证据推翻的情况下可以作为有效的著作权证据。

就商标而言，登记的情况比较复杂。原则上依法申请注册的商标可以取得商标权，但是侵犯他人在先权的商标注册，在 5 年内可以被撤销，违反《商标法》第 10 条的注册应当无效，以及注册后 3 年内未被连续使用的商标可以被撤销。换言之，商标注册后取得了排他性使用权的可能，在商标侵权诉讼中可能因为各种法定无效或撤销事由导致原告败诉。此外，未注册商标并非完全不受保护，《商标法》《反不正当竞争法》为其提供了有效的保护。因而，对于商标而言，其获取权利的方式决定了权利的可靠性和稳定性，左右着商标权相关诉讼的成败。

从理论上来讲，商标权取得的方式有两种：注册取得和使用取得。当然，不管是注册取得还是使用取得，其目的都是为注册人或者使用人在商务中使用的符号与具体的商品经营或者服务提供相关联，也就是说商标权不仅仅是一个符号，而包含了内在的使用要求。商标注册人和使用人在实际的商务中使用符号识别自己的商品和服务才具有了法律保护的价值。因而，从本质上讲，商标权仅能来源于商业中的实际使用，注而不用，仍然为符号，并无产生商品或服务的关联，并非商标。但是，在法律技术操作和实现上，注册最能够节省成本、提高效率、固定证据，非注册的使用较难固定使用证据和确定不同使用人的使用先后，因而《商标法》规范的商标以注册商标为主，未注册商标仅具有注册中的程序异议权，未注册商标使用人并不能提起《商标法》上的侵权赔偿诉讼。

一、注册取得

注册取得商标权是指商标申请人通过向国家知识产权局所属的商标部门提出商标申请，提交申请资料，接受商标局的审查、审定、公告、异议、复审、诉讼等程序的规定，取得商标注册证的一系列行为。当然，在申请过程中，并非所有的流程均走完。比如，华为公司申请的商标公告后无人异议，很快进入到注册公告，3个多月就取得了商标注册证。商标注册的基本要求是市场的经营主体，以一定的文字、图形、三维标志或者声音等符号应向国家知识产权局下属的商标局提出商标注册申请，通过一定的流程审核公告之后，商标局颁发给申请人商标注册证。整个流程完成后，从理论上来讲，持有商标注册证就享有了核准商品类别上使用商标的专有权。

依照《商标法》第9条的规定，申请商标的符号必须满足显著性要求，即能够与其他已经注册或者正在使用的有一定市场影响的商标有所区别，便于识别。商标申请条件的正向限定，除了显著性要求外，并无过多的附加条件。但是，商标申请的反向条件要求比较多，综合起来有几种情形：其一，不得与在先权利相冲突（《商标法》第9条）；其二，不得使用禁止性符号（《商标法》第10条）；其三，不得使用通用性符号，经过使用获得显著性的除外（《商标法》第11条）；其四，三维标志的功能性限定（《商标法》第12条）；其五，复制、模仿或者翻译驰名商标的不得注册（《商标法》第13条）；其六，禁止恶意抢注他人的商标（《商标法》第15条、第32条）；其七，包含地理标志的误导性禁止（《商标法》第16条）。使用禁止性要素申请注册的，《商标法》第33条规定对初步审定公告的商标，自公告之日起3个月内，相关人员可以向商标局提出异议。违背商标法强制性禁止规定的，即便已经注册，也可以由商标局宣告该注册无效。[1]对于侵害他人利益获得的注册商标，自商标注册之日起5年内，在先权利人或者利害关系人可以请求商标评审委员会宣告该注册商标无效。[2]

二、使用取得

使用取得的本意是指，除注册外还可以通过商业中实际使用某一符号取得商标权。美国是使用取得制度的典型代表，其建立的普通法机制认可商业

---

〔1〕《商标法》第44条第1款规定："已经注册的商标，违反本法第四条、第十条、第十一条、第十二条、第十九条第四款规定的，或者是以欺骗手段或者其他不正当手段取得注册的，由商标局宣告该注册商标无效；其他单位或者个人可以请求商标评审委员会宣告该注册商标无效。"

〔2〕《商标法》第45条第1款规定："已经注册的商标，违反本法第十三条第二款和第三款、第十五条、第十六条第一款、第三十条、第三十一条、第三十二条规定的，自商标注册之日起五年内，在先权利人或者利害关系人可以请求商标评审委员会宣告该注册商标无效。对恶意注册的，驰名商标所有人不受五年的时间限制。"

中的使用可以获得排他权。在美国，联邦商标的权利取得取决于某一标识在州际贸易中的采纳和使用。权利的优先性是通过首次使用来判断的，而不是通过注册。[1]由于我国采用了注册取得的规则体系，所以使用取得在我国的商标法话语体系中容易产生歧义，认为通过使用也可以在我国取得商标权。其实，我国《商标法》第56条已经规定："注册商标的专用权，以核准注册的商标和核定使用的商品为限。"使用取得从严格意义上讲，应当为通过使用获得显著性。

获得显著性是指未注册商标的使用人经过一定时期的市场使用，获得了稳定对应关系，让消费者能够将所使用的文字、图案、立体标志等符号与使用人之间身份关系关联起来。从法律上来讲，未注册的商标符号就可以归属使用人，获得未注册商标使用所产生的市场竞争优势。但是，与前面的注册取得相比较，未注册商标的保护和注册商标的保护在我国的《商标法》上具有很大的差别。当然，通常认为未注册商标不受保护的说法较为偏颇，应当说我国《商标法》对未注册商标提供了有限保护，这体现在《商标法》第32条的规定中，即有一定影响的未注册商标可以对他人的抢先注册提出异议，禁止不正当手段的抢注。对于已经抢先注册的，可以在5年内请求商标权，宣告注册无效。此外，对于代理机构抢注委托人申请注册商标，以及明知他人已经作为未注册商标使用的情形，未注册商标的使用人可以提出异议，要求不予注册。

当然经过使用的未注册商标如果获得了显著性，可以依照《商标法》第11条第2款的规定，予以注册，从而转变为注册商标，获得《商标法》所支持的赔偿请求权等。比如，"小肥羊"就是典型的使用获得显著性的例子。1999年12月14日小肥羊公司即开始申请注册"小肥羊"商标，被商标局以直接表示了服务的内容和特点为由予以驳回。2001年12月18日，内蒙古小肥羊公司再次向商标局申请注册"小肥羊及图"商标，该商标申请经初步审定后予以公告，后经异议和多次诉讼，最终商标局及商标评审委员会准予第3043421号商标注册。本案中社会争议的焦点在于小肥羊到底是内蒙古草原上羊的一个品类，还是对食材的描述，还是小肥羊公司设计的个性化标志。小

---

[1]　[美]谢尔登·W.哈尔彭、克雷格·艾伦·纳德、肯尼思·L.波特：《美国知识产权法原理》（第3版），宋慧献译，商务印书馆2013年版，第355页。

肥羊申请之初，普遍认为小肥羊不管是一种羊的品类，还是对一种食材的描述，从一般消费者和相关公众的感知上来看，它至少不具有固有显著性，所以商标局驳回了小肥羊公司的最初申请。后经过内蒙古小肥羊公司将"小肥羊"作为服务项目名称使用在餐饮服务项目上，已具有一定知名度，从而使"小肥羊"作为服务项目名称与内蒙古小肥羊公司形成了较为密切的联系，实际上也起到了区分商品来源的作用，获得了显著性，可以注册为商标。[1]类似的情况还有注册在牙膏商品上的"两面针"商标，"两面针"是一种药材或者是一种原材料，属于一种产品的组成成分，归为《商标法》第11条第1款规定的禁止注册要素，但是由于在使用中获得了显著性，能够达到区别商品来源的作用，因此其不在《商标法》禁注条款的限制范围之内。

除了上面我们提到的注册取得和使用取得的不同之外，其实在实务中还有很多使用取得和注册取得的差异。我们可以看到，在较多的案件中，都是使用人没有及时注册自己使用的商标导致被他人抢注的情况发生。由是而言，商业主体在布局商业经营前，最好"商标先行"，及时注册，获得《商标法》的全面保护，一旦商标被他人抢注，将导致商业经营陷入被动，引发不必要的诉讼纠纷。比如，指南针公司抢注优衣库公司的"优衣库"商标后，在北京、上海、广东、浙江四地针对优衣库公司或迅销公司和不同门店提起了42起商标侵权诉讼，形成了全国范围内的批量诉讼，请求法院判令优衣库公司或迅销公司及其众多门店停止使用并索取赔偿。最高人民法院再审认为，指南针公司恶意取得并利用商标权谋取不正当利益，其行为明显违反诚实信用原则，对其借用司法资源以商标权谋取不正当利益之行为，依法不予保护。[2]

为了禁止恶意抢注他人使用但未注册的商标，我国在2019年修正《商标法》的时候，特意增加了"不以使用为目的的恶意商标注册申请，应当予以驳回"的规定，应当说未注册商标还存在一定的法律漏洞，《商标法》并未将其与注册商标同等对待，虽然《反不正当竞争法》可以为其提供一定的保护，

---

〔1〕 2006年5月，北京市高级人民法院就"西安小肥羊烤肉馆和陕西小肥羊实业有限公司诉国家工商总局商标评审委员会商标确权行政诉讼案"作出终审判决：维持国家工商行政管理局商标评审委员会关于核准内蒙古小肥羊餐饮连锁有限公司3043421号"小肥羊 LITTLE SHEEP 及图"商标注册的裁定。

〔2〕 最高人民法院〔2018〕最高法民再396号民事判决书。

但是"有一定市场影响"的要求限定了中小型企业维权的难度，如何将未注册商标的保护完整纳入《商标法》是一个未竟的课题，有待继续研究。

第三节　商标法中的在先权

《商标法》第 32 条规定"申请商标注册不得损害他人现有的在先权利"，这是商标法中的在先权的法律依据。如何理解和适用该条规定成了判定注册商标是否有效，以及商标侵权诉讼是否成功的关键。

一、在先权利的界定

《商标审查审理指南》将在先权利解释为：在系争商标申请注册日之前已经取得的，除商标权以外的其他权利，包括字号权、著作权、外观设计专利权、姓名权、肖像权、地理标志以及应予保护的其他合法在先权益。

此解释包含了三层含义：其一，在先权取得的时间应当先于商标注册申请前，且合法存续，已经失效的权利不作为在先权；其二，在先权所指为合法的民事权利或者权益，权利的具体所指具有开放性，不仅仅限于所罗列的类型，可能因民事基本权利立法的变化而变动；其三，已注册商标或者在先的商标权不纳入在先权的范畴，依据《商标法》第 30 条的规定，[1] 与已注册商标相同或近似的申请，构成显著性丧失，无法与他人已经取得的商标相区别，应予驳回。

二、具体的在先权利类型

1. 字号权

字号权是指具有一定市场影响或者一定知名度的企业字号，如果不具市场声誉，但是有证据足以证明申请人恶意将他人字号，申请为商标的，可以"禁止恶意注册"条款提出异议。《商标审查审理指南》提出：原则上系争商标与在先字号相同或者基本相同时容易产生混淆，但在个案中，应根据在先字号的独创性、知名度对系争商标与字号是否构成基本相同进行判断。其次，

---

〔1〕《商标法》第 30 条规定："申请注册的商标，凡不符合本法有关规定或者同他人在同一种商品或者类似商品上已经注册的或者初步审定的商标相同或者近似的，由商标局驳回申请，不予公告。"借鉴专利法中"新颖性丧失"的概念，可以将商标申请中的相同或近似申请，也称为"显著性丧失"。

对在先字号权的保护原则上应当以与字号权人实际经营的商品或者服务相同或者类似的商品或者服务为限，但在个案中应根据在先字号的独创性、知名度，以及双方商品或者服务的关联程度，具体确定该在先字号的保护范围。[1]

曾经有两家婚纱摄影店，甲的字号为"钟爱一生"，乙的注册商标为"钟爱一生"，甲首先使用的字号，乙说"我的商标是全国注册的，比你的市辖区注册的效力强"。针对这种情况，可以依据《最高人民法院关于审理注册商标、企业名称与在先权利冲突的民事纠纷案件若干问题的规定》第1条规定，可以通过行政途径向商标局提出异议或复审，或者通过司法途径向人民法院提起诉讼。如果甲的字号具有一定的市场影响，那么乙就侵犯了甲的在先字号权；如果甲的字号不具有一定的影响，那么应当遵循诚实信用原则，在不导致混淆的情况下，保护在先使用人的权益，但是不应作为商标使用。如果禁止甲的使用，那么无疑将会助长抢注他人不知名的字号为商标的不诚信经营行为，因而，在各自的范围内规范使用即可。

2. 著作权

注册商标不得与他人事先创作的作品相冲突。在商标法律实务中，大众喜闻乐见的作品往往最容易被注册为商标。比如，小猪佩奇、黑猫警长、葫芦娃等动画片塑造的形象，以及迪士尼电影中创造的若干动画主角，这些元素形象可爱，很容易为市场消费者所接受。如果商标申请人享有著作权，其可以自由支配使用这些作品；如果不享有著作权，其应当获得著作权人的许可。未经许可将他人的作品申请为商标，侵犯了他人的著作权，他人有权在公告期内向商标局提出异议，或者在商标注册之后的5年内提出无效申请。

"非诚勿扰案"就是典型的侵犯他人美术作品著作权获取的注册商标。金某欢在《非诚勿扰》电影开播后不久，就以与"非诚勿扰"相同的美术字体申请"非诚勿扰"注册商标，使用在第45类"交友服务、婚姻介绍所"类别上。2013年，金某向深圳市南山区人民法院起诉江苏省广播电视总台和深圳市珍爱网侵犯其"非诚勿扰"商标专用权。深圳市中级人民法院二审后认为被告在相同的商品类别上使用相同的商标，侵犯了原告的商标权。事后《非诚勿扰》电影的制片人华谊兄弟站出来，将金某告上法院，华谊兄弟提出，

---

[1]《商标审查审理指南》第351~352页。

自己享有"非诚勿扰"美术字体的著作权，金某未经许可擅自使用该作品，并将其注册为商标，应当停止侵权行为。2016 年 5 月广东省高级人民法院提审"非诚勿扰案"后，判定江苏卫视不构成商标侵权。[1]至此，该案尘埃落定，华谊兄弟提起的诉讼也不了了之。

该案中的金某以侵害他人著作权的方式获取注册商标，本应以侵害在先的著作权为由被宣告无效，但是华谊兄弟作为"非诚勿扰"美术字体的著作权人在商标注册后的 5 年内并未提出无效请求，所以丧失了请求无效的机会，但是著作权财产权的保护期限为创作完成后的 50 年，华谊兄弟作为著作权人可以禁止金某使用其作品，金某在商标标志之外的使用都可能侵犯"非诚勿扰"美术作品的著作权。

在侵犯他人著作权的情况下，即便侥幸获得注册商标，甚至由于著作权人的疏忽错过了 5 年期的无效申请，注册商标获得了"永久有效"，[2]其仍存在一定的权利瑕疵，将导致在日后的经营中受制于原权利。"乔丹案"就是典型的例子，在商标无效争议后，长期陷入无休止的侵犯姓名权之诉，甚而影响到了体育赛事赞助和广告宣传。在此，我们提醒商标注册人，在注册的过程中一定要严格把控商标的设计，慎重对待申请事务，不能以侵犯他人在先权的方式侥幸取得注册商标。

3. 姓名权

姓名权为我国《民法典》所保护的人格权，《民法典》姓名权和名称权一章规定，自然人享有姓名权，有权决定使用或许可他人使用自己的姓名。任何组织和个人不得以盗用、假冒等方式侵害他人的姓名权。具有一定社会知名度，足以造成公众混淆的笔名、艺名、网名等参照适用姓名权的有关规定。

《最高人民法院关于审理商标授权确权行政案件若干问题的规定》，规定符号与姓名权人具有稳定对应关系，未经许可使用，属于侵害他人姓名权的行为。

"乔丹案"就是典型的侵害在先姓名权的案例。再审申请人迈克尔·乔丹与被申请人国家工商行政管理总局商标评审委员会（以下简称"商标评审委

---

〔1〕 "江苏省广播电视总台、深圳市珍爱网信息技术有限公司与金某欢侵害商标权纠纷再审案"，广东省高级人民法院［2016］粤民再 447 号民事判决书。
〔2〕 因为权利人的无限次续展，导致实际上注册商标可以若干个 10 年期的累加，成为永久有效。

员会"）、一审第三人乔丹体育公司商标争议行政纠纷案中，涉及乔丹体育公司的第 6020569 号"乔丹"商标（即涉案商标），核定使用在国际分类第 28 类的体育活动器械、游泳池（娱乐用）、旱冰鞋、圣诞树装饰品（灯饰和糖果除外）。再审申请人主张该商标含有其英文姓名的中文译名"乔丹"，属于 2001 年修正的《商标法》第 31 条规定的"损害他人现有的在先权利"的情形，故向商标评审委员会提出撤销申请。商标局驳回了申请人的撤销申请，在一审、二审行政诉讼中，申请人败诉。申请人不服，向最高人民法院申请再审。最高人民法院认为，再审申请人具有一定的知名度，为相关公众所知悉，公众使用"乔丹"指代迈克尔·乔丹，"乔丹"与迈克尔·乔丹建立了稳定的对应关系，被申请人未经许可，恶意申请注册商标，侵害了他人的姓名权，遂作出判决判定商标评审委员会对"乔丹"商标重新作出裁定。[1]

在这个案件中，我们可以看到迈克尔·乔丹提出乔丹体育公司侵害了自己的姓名权，进而要求撤销"乔丹"商标的注册。为此，最高人民法院在审理完此案件后，还专门在 2017 年出台了《关于审理商标授权确权行政案件若干问题的规定》。在 2019 年《商标法》修正之后，2020 年最高人民法院又对这个司法解释进行了修订。确认："当事人主张诉争商标损害其姓名权，如果相关公众认为该商标标志指代了该自然人，容易认为标记有该商标的商品系经过该自然人许可或者与该自然人存在特定联系的，人民法院应当认定该商标损害了该自然人的姓名权。当事人以其笔名、艺名、译名等特定名称主张姓名权，该特定名称具有一定的知名度，与该自然人建立了稳定的对应关系，相关公众以其指代该自然人的，人民法院予以支持。"[2]这就启示我们商标注册如果有瑕疵的话，会埋下很多商业经营上的法律风险，导致商标使用的不确定因素增加，影响企业长期的经营战略和经济效益。所以，我们主张在商标注册的时候还是要慎重考虑采用什么样的符号、采用什么样的注册战略，合法注册。

4. 其他在先权益

《最高人民法院关于审理商标授权确权行政案件若干问题的规定》第 18

[1]"迈克尔·杰弗里·乔丹与国家工商行政管理总局商标评审委员会、乔丹体育股份有限公司'乔丹'商标争议行政纠纷案"，最高人民法院［2016］最高法行再 27 号民事判决书。最高人民法院审判委员会讨论通过 2019 年 12 月 24 日发布指导案例 113 号。

[2]《最高人民法院关于审理商标授权确权行政案件若干问题的规定》第 20 条的规定。

条规定："商标法第三十二条规定的在先权利，包括当事人在诉争商标申请日之前享有的民事权利或者其他应予保护的合法权益。……"其中的民事权利，包括字号权、著作权、姓名权等民事法律明确规定的权利，合法权益具体所指为哪些，法律并无明确。

《商标审理审查指南》提出，除字号权、姓名权、肖像权、著作权、外观设计专利权、有一定影响的商品或者服务名称外的合法权利或者权益，如作品名称、作品中的角色名称等。这些名称在系争商标申请注册之前已具有较高知名度，作为商标使用在相关商品或者服务上容易导致相关公众误认为其经过在先标志权益人许可或者与在先标志权益人存在特定联系，在先标志权益人提出主张的，系争商标应当不予核准注册或者予以无效宣告。根据本段的陈述，商标申请实务中接受产生竞争性利益的包装装潢、商品或服务的名称、作品标题、角色人物等可以作为在先权利排除他人将其注册为商标。这些合法权益形成的条件为：具有较高知名度，归属明确且合法存续，系争商标使用此标志容易导致相关公众误认两者之间存在特定联系。这其实沿用了《反不正当竞争法》第 6 条的规定，即擅自使用有一定影响的商品名称、包装、装潢、企业名称、域名主体部分等元素，引人误认为是他人商品或者与他人存在特定的赞助、许可、加盟等特定联系的混淆行为，构成不正当竞争。

商标局在第 25011011 号"巴蜀光头强"商标无效宣告请求案中认为，文学艺术作品、作品名称、角色名称等确实会使上述作品或名称的拥有者通过作品、姓名等取得声誉、信誉、知名度等，拥有者通过将上述声誉、信誉、知名度等与商品或服务的结合进行商业性的使用而实现经济利益。因此，上述作品或名称通过商业化使用，能够给拥有者带来相应的利益，可以作为"在先权益"获得保护。被申请人将具有较高知名度的动画片人物角色名称作为商标申请注册，不当借助了《熊出没》动画片在公众中的影响力，缩短了争议商标标识商品被公众接受的时间，提高了商品的知名度，使其获得更多交易机会和经济效益，从而损害了申请人享有的合法在先权益，违反了 2013 年《商标法》第 32 条关于"不得损害他人现有的在先权利"之规定，争议商标应当予以无效宣告。[1]

---

〔1〕 阿耐：《无在先商标权情况下"巴蜀光头强"被无效宣告——作品或角色名称的"商品化权益"的认定要件》，载 iprdaily 中文网：http://www.iprdaily.cn/article_36438.html，2024 年 8 月 2 日访问。

北京市知识产权法院在"'三生三世十里桃花'商标无效宣告案"中，认为"三生三世十里桃花"作为小说作品名称已经具有了较高的知名度。诉争商标标识与《三生三世十里桃花》小说作品名称完全相同，并且，诉争商标为核定使用的第9类"计算机游戏软件"等商品，容易导致相关公众误认为是经过小说作品权利人的许可或者与权利人存在特定联系，从而影响相关公众对其核定使用商品来源的认知。[1]

这些案件无疑表明了在司法实践和商标申请实务中"在先权"应当理解为，依照相关的法律规定享有的在先民事权利和依照相关的其他法律规定享有的在先商事性或者民事性权益。首先，在先的民事权利包含了在先的著作权、肖像权、姓名权、外观设计权等这几个类别。商业性权益，主要是我国《反不正当竞争法》第6条所规定的享有一定市场知名度的，比如说包装、装潢、店名、标准色、特定的网页、产品名称等符号，能够产生竞争性利益。其次，在先权利和权益不仅仅限于列举的这几类，在在先权的认定上，应当采用开敞的方式，尤其是随着科技的发展和商业竞争的深入，在先权益的范围会不断扩大。比如，《反不正当竞争法》第五次修改之时，建议稿提出增加商业数据条款。如此一来，知名商业数据的名称或者商业数据中的数据库集成产品、产品名称也有可能会获得竞争性利益，作为在先权受到保护。因而就在先权的认定问题，我们应该本着开放的原则进行，但是应当严守法律依据，防止无节制扩大。

---

〔1〕 赵丽媛：《"三生三世十里桃花"商标权无效宣告请求行政纠纷案》，载北京知识产权法院：https://bjzcfy.bjcourt.gov.cn/article/detail/2020/06/id/5311385.shtml，2024年8月2日访问。

第十四章

······◇◇······

商标侵权的判定

第一节　混淆可能性

一、混淆可能性基础理论

1. 混淆可能性的概念

混淆可能性是判定商标双相同之外的侵权基准，其法律依据为我国《商标法》第 57 条第 2 项的规定，即"未经商标注册人的许可，在同一种商品上使用与其注册商标近似的商标，或者在类似商品上使用与其注册商标相同或者近似的商标，容易导致混淆的"。本款其实包括了三种行为，商品与商标两两交叉产生四种行为，除去双相同侵权情形外，这三种行为皆要求行为产生消费者混淆的结果，方构成商标侵权。

混淆可能性就是在相同和类似商品上使用相同或近似的商标符号，导致消费者对商品的来源关系或者提供人之间的关联关系（商标形成的关联关系）产生混淆和误认的结果。[1]混淆可能性的表述申明这种混淆是一种可能，在诉讼上形成优势证据，即可被判断为混淆。"双相同"强调的是混淆的结果已经发生，"类似与近似组合型"的混淆可能性，强调一种公约数，也就是在法律上我们推断最大可能导致消费者产生混淆，而不要求混淆已经实际发生。

---

〔1〕《商标法》认定的混淆为商品来源的混淆，即生产者或提供者身份的混淆。《反不正当竞争法》第 6 条将混淆延伸至生产者或提供者之间关系的混淆，这种关系更多地限定为赞助、加盟、合作等商标或字号牵连所形成的关联关系。

因而，认定混淆可能性的要素是否科学、合理和合法就成了混淆侵权诉争的焦点。

2. 混淆的类型

我国《商标法》第57条第2项所规定的混淆可能性，并未指出混淆发生的始点和场合，根据文本的意思，只要消费者或相关公众通过接触商标的使用产生意识或心理上的错误认知即可，并不要求混淆实际发生，至于何种场合为消费者所接触，概由商标使用理论和相关制度所指导与规范。

从现有的研究成果来看，混淆的分类比较多样。以混淆发生的时间为标准分为：售前混淆、售中混淆、售后混淆；以混淆的对象为标准分为：来源混淆、关联关系混淆；以使用符号的先后顺序为标准分为：正向混淆、反向混淆。这几种类型并非截然独立，不同分类标准之间存在一定的交叉，比如来源混淆多发生在售中形成的混淆，售后混淆多为关联关系混淆。美国商标法上建立的淡化制度多通过混淆的扩展进行审判，因而不同的混淆类型多见于美国的司法实践中。例如，在距离高速服务区某段距离内设立了麦当劳快餐的大型广告牌吸引顾客，但是顾客在服务区消费时却发现没有麦当劳提供的服务，这种"虚假性广告"就对麦当劳商标构成了售前混淆。再如，消费者购买假冒奢侈品品牌时可能知假买假，并不存在售中混淆，但是消费者使用该商品时，对其他消费者可能形成混淆，从而损害奢侈品在消费者心目中的品牌形象，构成售后混淆侵权。我国在2007年浙江省杭州市中级人民法院审理的"浙江蓝野酒业有限公司与杭州联华华商集团有限公司、上海百事可乐饮料有限公司商标侵权纠纷上诉案"中明确确立了通过"反向混淆原则"保护商标权人合法权益不受侵犯的裁判规则。[1]浙江省高级人民法院判决载明："本院认为，反向混淆旨在保护弱小的商标权人，防止其被资本雄厚的大企业利用商标反向混淆的形式，割裂其商标在消费者心中的稳定认识，以及剥夺其进一步拓展市场的能力和空间。……对于尚未做实际使用，或显著性弱、知名度低的商标则应将其禁用权限定于较小的范围，给予其与知名度相匹配的保护强度。否则就可能导致显著性越低、知名度越小的商标越容易构成反向混淆，越容易获得法律保护的后果，而这与商标法的立法宗旨相悖"。

---

〔1〕 "浙江蓝野酒业有限公司与杭州联华华商集团有限公司、上海百事可乐饮料有限公司商标侵权纠纷上诉案"，浙江省高级人民法院〔2007〕浙民三终字第74号民事判决书。

二、混淆可能性的判定要素

1. 法定要素

影响混淆可能性的判定因素比较复杂，国家知识产权局印发的《商标侵权判断标准》第 21 条规定："商标执法相关部门判断是否容易导致混淆，应当综合考量以下因素以及各因素之间的相互影响：（一）商标的近似情况；（二）商品或者服务的类似情况；（三）注册商标的显著性和知名度；（四）商品或者服务的特点及商标使用的方式；（五）相关公众的注意和认知程度；（六）其他相关因素。"这些因素的考量为商标执法提供了一定的指引，但是限于权限划分，《商标侵权判断标准》并非法院判案的依据，对法院并没有约束力，仅可以作为认定混淆可能性的参考。《最高人民法院关于审理商标民事纠纷案件适用法律若干问题的解释》就混淆可能性的认定，遵循了其基本概念的表述，法院认定混淆可能性的逻辑为：以相关公众的一般注意力为标准，对商标的相同或近似予以判断，两者基本无差别；类似商品的认定考虑功能、用途、生产部门、销售渠道、消费对象等方面相同，在相同或者近似的情形下，认定相关公众对商品的来源产生误认或者认为其来源与原告注册商标的商品有特定的联系。概言之，商标、商品和相关公众的注意力是认定混淆可能性不可或缺的三个要素，商标的显著性和知名度等其他因素是个案可以考虑的因素。

2. 司法实践

在实际操作中，认定混淆可能性遵循一个公式：两个事实性要素（商标符号+商品类别）+相关公众的注意力＝混淆可能的结果。这就是说一定要有一个对应的商品类别或者服务类别，一定要有一个商标符号。这两个事实加上相关证据，我们就能推导出是否发生混淆可能的结果，因而商标类别和商品符号是认定混淆可能性的两个必备要素。这两个要素实际上属于证据，属于案件审理中的事实查明。

在具体的司法认定中，认定商品类别的相同和类似，除了考虑商品分类表是否归为相同的类别之外，还要考虑商品本身的销售渠道、消费对象、功能用途、购买方式、商品使用的方式等方面。不能简单根据商品分类表认为两者属于同一类别即认定两者相同，所以不是简单的。一般而言，如果两款商品在市场上具有互相替代性，那么两者便属于相同类别；如果两者具有互补性，那么两者可能为类似商品；如果两个商品完全没有联系，在使用的途径和方式上也不相同，那么可以认定两者为不相同或不类似的商品。当然，由于商业经营的复杂性，商品和服务的多样化，个案也可能颠覆我们形成的固有观念。比如，在"非诚勿扰案"中，广东省高级人民法院和深圳市中级人民法院就认定江苏卫视对"非诚勿扰"的使用，属于商标性使用，"非诚勿扰"节目与金某欢线下的婚姻介绍属于相同商品。这一认定颠覆了我们的认知，社会上提出，如果电视台在做烹饪节目，那是否应当认定其与一般的餐饮企业所做的商品类别关联起来，从而两者为相同商品呢？以此类推，电视台推出的旅游、运动、文艺等节目是否可以被认定为与实体的相同服务属于相同商品？上海知识产权法院审理的"华润怡宝诉上海洁士宝商标侵权和不正当竞争案"中，法院就"'怡宝'商标同时被使用在饮用水和化妆品行业是否会导致消费者误认"争议焦点提出，饮用水和化妆品均属于日常消费品，销售渠道、受众均有重合，且涉案商标知名度较高，相关公众在看到化妆品行业出现该商标时很容易产生联想，误认为其与原告有关。[1]姑且不论将商品类似与消费者混淆关联起来是否恰当，至少该案认定饮用水与化妆品两者具有重合和类似，结合商标符号的近似，从而认定被告侵犯了"怡宝"的商标权。

商标符号相同或近似的判定最为复杂，因为商标符号的类别，除了文字商标、图形商标、立体标志，还有声音商标，以及多种要素的组合商标。《最高人民法院关于审理商标民事纠纷案件适用法律若干问题的解释》第9条第2款规定："商标法第五十七条第（二）项规定的商标近似，是指被控侵权的商标与原告的注册商标相比较，其文字的字形、读音、含义或者图形的构图及颜色，或者其各要素组合后的整体结构相似，或者其立体形状、颜色组合近似，易使相关公众对商品的来源产生误认或者认为其来源与原告注册商标的商品有特定的联系。"本条款将商标符号的相同或近似与商品来源的误认相关联，导致认定商标符号依赖于来源混淆，而来源混淆又依赖于商标符号和商品类别的判定，这无疑陷入了循环论证，增加了实务操作的难度，令当事人陷入困惑。

如果为文字商标，那么两者的读音、写法、字体字形等可以辅助判断。比如，法院认定，"米芝莲"为某一地域内"MICHELIN"对应的中文翻译，

---

[1] 一审［2020］沪73民初787号民事判决书；二审［2022］沪民终73号民事判决书。

两者构成近似商标。[1]如果为图形商标，那么从整体上的视觉感受、构成要素、设计风格等要素比对就可以得出结论。比如，北京市高级人民法院在"上诉人彪马欧洲公司与被上诉人中华人民共和国国家知识产权局、原审第三人左某军商标权无效宣告请求行政纠纷案"中指出，诉争商标与各引证商标均为图形商标，两者在设计风格、构成要素、视觉效果等方面相近。[2]总之，在符号近似的认定上，操作技术可以采用细部对比、局部对比、读音对比、隔离对比等一系列的方式，但是比对还应还原到具体案件场景中，关注相关公众的注意程度。早期我们有一些法院在裁断或者在适用司法解释的时候有一个错误的观念，就是说在认定商标类别相同的时候，会考虑商标符号是否相同和近似，考虑商标符号相同和近似的，又会考虑商标类别，导致商标类别和商标符号两个因素串联在一起，没有办法分割，导致循环论证。甚至在认定商标符号和商品类别的问题上，用消费者是否导致混淆来认定，而本身得出结论的时候，又用商标类别和商标符号本身是否相同来推导是否导致相关公众混淆。

《最高人民法院印发〈关于充分发挥知识产权审判职能作用推动社会主义文化大发展大繁荣和促进经济自主协调发展若干问题的意见〉的通知》（2011年12月16日，法发〔2011〕18号）指出："认定商品类似可以参考类似商品区分表，但更应当尊重市场实际。要以相关公众的一般认识为标准，结合商品的功能、用途、生产部门、销售渠道、消费对象等因素，正确认定商标法意义上的商品类似。主张权利的商标已实际使用并具有一定知名度的，认定商品类似要充分考虑商品之间的关联性。相关公众基于对商品的通常认知和一般交易观念认为存在特定关联性的商品，可视情况纳入类似商品范围。"依照此文件，商标符号、商品类别的问题，属于事实，主要由证据证明，不能依据混淆的结果反推商品的类似或符号的近似。当然，在一般情况下应该以相关公众的注意程度为观察视角，考虑相关公众在购买中所投入的注意力。比如，大润发、大满发、大顺发、太润发等"大X发"体的各种经营规模的生活超市，除一个字不同外，其他两个字都是一样的，有些还可能店面门头

〔1〕　[2019] 京行终 4797 号民事判决书。

〔2〕　"上诉人彪马欧洲公司与被上诉人中华人民共和国国家知识产权局、原审第三人左某军商标权无效宣告请求行政纠纷案"，北京市高级人民法院 [2023] 京行终 4994 号行政判决书。

的颜色有细微的差别，那么对于日常的消费者来讲，他们可能经常来此购物，买个菜、买个米，柴米油盐这些都是在超市里购买的，每天都可能发生，大多时候可能只是顺道，投入的注意力较低，所以混淆可能就在不知不觉中发生了，甚至最后幡然醒悟，才明白"啊，我原来逛的大X发不是同一家的"。相反，在汽车类这些大宗商品上，因为消费者投入的注意力和关注力比较多，即便图形商标中部分元素相同，消费者也不会将其看作相同或近似商标。

在商品和商标两个要素厘清后，法院再结合相关的证据，认定考虑消费者有没有发生混淆。混淆结果为价值判断，由前面两个事实证据最后推演出消费者是否混淆两者的来源或者来源关系的结果。在"非诚勿扰案"中，深圳市南山区人民法院认为服务不同，相关公众不会产生混淆，深圳市中级人民法院认定服务相同，相关公众会产生混淆，广东省高级人民法院认为，两者服务相同，但是相关公众不会将电视台的节目与线下的婚姻介绍相混淆。为什么同一案件事实，不同的法院却持有不同意见，并得出不同结论呢？广东省高级人民法院在这个案件中讲得很清楚，要考虑到在当前的情况下，大部分消费者会怎么样考虑，所以视角应还原到消费者层面，而不是专家视角，也不是法官的视角，这就要求法官在审判案件的时候，尽量将自己摆到相关的案件发生场景中，作为消费者持有一般注意力，而不是特别挑剔的消费者，也不是那种疏忽大意的消费者。

三、与美国多因素法的比较

在美国法上，权利人可以依照《兰哈姆法》第32条以及第43（a）未注册商标条款提起"混淆之虞"诉讼。为了判断混淆之虞，每个巡回法院都采取了自己建立的一系列要素和检验标准，这些标准都是非穷尽性的，且任何一项都不是决定性的，也没有任何特定组合可保证产生特定的结果，每个案件的判定都以法院所面对的具体实施为依据，检验混淆之虞的相关标准只是被用作法院遵行的标准，使其在特定案件中考虑所有的情形，法院不会给予某个事实作出其决定。

在巡回法院所考虑的要素中，有几个要素属于共同的，即①原告商标的强度和声誉；②标识的相似程度；③实际混淆的证据；④被告的意图；⑤消费者的谨慎程度；⑥商品或服务的相似性。其实，这与我国最高人民法院的司法解释和司法文件中确立的要素趋同，关键不同之处在于我国将商标、商品作为必备要素予以考量，同时根据个案考虑更多其他因素，比如说商标的知名度、消费者注意程度、被告的正当性意图等。

值得一提的是，美国法院同样认为，导致侵权结论的各因素的分析与证据属于事实问题，而混淆本身的实际判定最终则是一个法律问题。这有助于我们厘清因素与结果的关系，避免陷入循环逻辑的陷坑。[1]

四、消费者调查的功能

司法审判中不可以把价值判断推倒和融入事实判断。这是我们司法解释里要竭力撇清的。当然，在认定层面上存在各种各样的证据。前面我们也提到消费者市场调查，如果通过市场调查，消费者或大部分消费者确实实际上已经发生了混淆，出现这个结果，其实证据就可以认定消费者混淆。

第二节　销售侵权

一、销售侵权的相关规定

《商标法》第 57 条第 3 项规定，销售侵犯注册商标专用权的商品属于侵犯商标专用权的行为。第 64 条第 2 款规定："销售不知道是侵犯注册商标专用权的商品，能证明该商品是自己合法取得并说明提供者的，不承担赔偿责任。"第 60 条第 2 款规定："……销售不知道是侵犯注册商标专用权的商品，能证明该商品是自己合法取得并说明提供者的，由工商行政管理部门责令停止销售。"

就有关如何适用上述规定，《商标侵权判断标准》第 27 条指出，有下列情形之一的，不属于商标法"销售不知道是侵犯注册商标专用权的商品"：①进货渠道不符合商业惯例，且价格明显低于市场价格的；②拒不提供账目、销售记录等会计凭证，或者会计凭证弄虚作假的；③案发后转移、销毁物证，或者提供虚假证明、虚假情况的；④类似违法情形受到处理后再犯的；⑤其他可以认定当事人明知或者应知的。第 28 条规定，"说明提供者"是指涉嫌

---

〔1〕　［美］谢尔登·W. 哈尔彭、克雷格·艾伦·纳德、肯尼思·L. 波特：《美国知识产权法原理》（第 3 版），宋慧献译，商务印书馆 2013 年版，第 410~422 页。

侵权人主动提供供货商的名称、经营地址、联系方式等准确信息或者线索。对于因涉嫌侵权人提供虚假或者无法核实的信息导致不能找到提供者的，不视为"说明提供者"。第29条规定，涉嫌侵权人属于销售不知道是侵犯注册商标专用权的商品的，对其侵权商品责令停止销售，对供货商立案查处或者将案件线索移送具有管辖权的商标执法相关部门查处。对责令停止销售的侵权商品，侵权人再次销售的，应当依法查处。

二、销售侵权的判定

依据以上规定，我们认为"销售侵权"的认定和责任可以被划分为以下三个层次：

第一，明知或应知销售的为侵犯商标权的商品，仍为之的。明知在侵权法的法理上，等同于故意或推定故意，应知对应推定故意或者有证据可证明的过失。该条并不纠结于正向的如何认定明知或应知，而是从反向由被告举证证明所销售的商品来源合法。故意销售侵权商品的，我国《刑法》第214条规定："销售明知是假冒注册商标的商品，违法所得数额较大或者有其他严重情节的，处三年以下有期徒刑，并处或者单处罚金；违法所得数额巨大或者有其他特别严重情节的，处三年以上十年以下有期徒刑，并处罚金。"

第二，不存在过错销售侵权商品的，应当提供商品来源合法的证据，并说明提供者。其实，"不存在过错"就是没有证据可证明销售者存在明知或应知，且销售者可以提供所销售商品来源合法的证据，货品来源渠道完整，上下游供应商链条清晰。比如，货品不是从合法正规的销售市场进货，供货商不能提供商标权人合法授权的证明，货品进货价格明显低于市场价格等等，违背市场规律，不符合商业逻辑和常理的情形，皆可推定销售者货品来源不合法，存在过错。

第三，能够证明不存在过错，且提供商品合法来源、供应商说明清晰的，可以不承担赔偿责任，但并非不承担侵权责任，只是不承担赔偿责任，但其侵权商品应当停止销售，并被没收销毁。

最高人民检察院指导性案例第98号指明：[1]办理侵犯注册商标类犯罪案

---

〔1〕 最高人民检察院指导性案例第98号："邓某城、双善食品（厦门）有限公司等销售假冒注册商标的商品案。"

件，应注意结合被告人销售假冒商品数量、扩散范围、非法获利数额及在上下游犯罪中的地位、作用等因素，综合判断犯罪行为的社会危害性，确保罪责刑相适应。在认定犯罪的主观明知时，不仅要考虑被告人供述，还应综合考虑交易场所、交易时间、交易价格等客观行为，坚持主客观相一致。对侵害众多消费者利益的情形，可以建议相关社会组织或自行提起公益诉讼。

第三节　反向假冒侵权

反向假冒是指未经商标注册人同意，更换其注册商标并将该更换商标的商品又投入市场的行为。该条源于 1998 年发生的"鳄鱼侵犯枫叶商标案"的审判总结和争议取舍。原告北京市京上服装工业集团服装一厂（简称"北京服装厂"）生产的"枫叶"牌男西裤被被告北京同益广告公司（简称"同益公司"）购买后，商标被更换为"卡帝乐"商标，并在百盛购物中心销售，价格远高于原告的售价。原告认为被告的行为侵犯了其商业信誉和商标权，构成不正当竞争。被告则辩称其行为不构成侵权，且原告知情并未反对。北京市第一中级人民法院判决被告开发促进会代其下属企业同益公司向原告赔礼道歉、消除影响，并赔偿原告商业信誉损失及合理费用共计人民币 10 万元。此案是《商标法》修改后明确增加的商标侵权行为方式——"反向假冒"的典型案例。法院的判决体现了对商标权人合法权益的保护，强调了商标权人对其商标的"使用权"和"禁止权"，以及商标权用尽原则的限制。2001 年我国对《商标法》进行第二次修正的过程中，将显性反向假冒行为增列为该法明确规定的商标侵权行为之一。

第四节　网络环境下的帮助侵权

帮助侵权是指明知他人侵犯商标权，仍为其提供网络销售渠道、运输、仓储、销售场所等便利条件，帮助他人实施侵犯商标专用权的行为。帮助侵权被学界称为间接侵权，其构成要件为：①存在直接侵权商标权的前提行为；②帮助侵权人存在明知的主观过错；③间接侵权人提供了推动侵权结果发生的实质性行为。网络环境下的帮助侵权通常由网络服务提供者承担间接侵权责任，这就增加了帮助侵权的判定难度，有必要专门论述。

一、帮助商标侵权的侵权法依据

商标侵权必然发生在一定的商业环境中，在传统商业模式下，假冒商品的销售可能在特定的经营场所内发生，也可能在运输仓储环节发生。在网络环境下，假冒商品可能通过网络销售平台或者特定的网站销售。如何追究除直接导致消费者发生混淆的侵权人的责任成了商标法上的一个问题。

对此，除《侵权责任法》共同侵权的一般条款外，《商标法》第57条第6项的规定可以被解释为，故意为侵犯他人商标专用权提供仓储、运输、邮寄、印制、隐匿、经营场所、网络商品交易平台等帮助或条件，促成他人实施侵害商标专用权的行为属于商标帮助侵害行为。[1]在条款的适用上，虽然曾经有判例认定，经营场所的提供者或市场的开办者有义务对商户出售商品的行为进行监督、制止，以杜绝售假现象的存在，可以购买到假货的事实证明场所提供者没有尽到管理和监督义务，从而判定主观上存在为侵权提供帮助的过错，应当承担侵权责任。[2]但这一判决招致了学者的批评，认为施加场所经营者承担事先审查和监督责任的说法缺少法律依据，加重了场所经营者的责任。应当以合理注意义务和侵权通知推定其知道侵权的存在，而疏于采取合理的预防和制止措施的，才需要承担帮助侵权责任。[3]与之相比，"路易威登诉北京市秀水豪森服务市场有关公司等案"判决理由的说明就比较中肯和正确。[4]但帮助侵权明确要求帮助者持有主观故意，而并非消极的不作为。这类案件虽然在结果上并没有偏差，但是在侵权的定性上并不准确，会影响证据的搜集和举证，毕竟故意的积极状态和消极的不作为状态所需的证据并不相同，两者承担的责任也有偏差。

在网络环境下，网络服务商何种情形下承担帮助侵权责任的问题，似乎依照《侵权责任法》第36条可以认定故意为商标侵权提供网络交易平台帮助

---

[1] 由于在侵权法语境下，帮助和教唆侵权具有共通性，因此归结为同一种侵权类型。对于商标侵权我国也作出了统一处理，言及帮助侵权也同样论及引诱和教唆侵权，不再单独论述。

[2] "路易威登诉北京朝外门购物商场案"，北京市第二中级人民法院［2006］二中民初字第2140号民事判决书。

[3] 王迁：《论场所提供者构成商标"间接侵权"的规则——兼评"朝外门购物商场案"和"秀水街案"》，载《电子知识产权》2006年第12期。

[4] "路易威登诉北京市秀水豪森服装市场有关公司等案"，北京市第二中级人民法院［2005］二中民初字第13594号民事判决书。

条件的，可以认定为共同侵权。如果发生这种类型的故意侵权，倒是不难处理，依照本条即可解决。较有疑问的是，通常网络交易平台服务商并没有积极帮助或促成商标侵权的发生，更多的情形是其疏于平台的审查、监管，或没有采取积极的措施阻止侵权的发生，消极的不作为显然与积极追求侵权结果发生的帮助和教唆行为是不同的，不能简单按照帮助侵权来处理。为此需要研究这种情形下如何追究网络服务商的责任。

二、网络服务商帮助侵权的基本模型

依照侵权连带责任的思路分析，承担连带责任的前提为构成共同侵权，在共同过错、共同致人损害的情形下，数人基于共同过错侵害他人合法权益依法应当承担连带责任。意即承担连带责任的前提是共同侵权，这里的"共同"所指的是共同加害行为，包括了共同故意、共同过失与限定的"故意+过失"的直接结合。[1]也就是说，共同侵权行为既包括主观关联的共同侵权行为，也包括客观关联的共同侵权行为。

就教唆行为人而言，其是共同侵权行为的起意人，在共同故意中，起到策划、主使、教唆的作用。因而行为人才得以具体实施侵权行为，实现教唆行为的造意。[2]帮助与教唆并没有区别，适用统一的规则。只是在特殊的侵权行为下，虽然没有主观的侵权意思联络，但是帮助人意识到被帮助人的行为构成侵权仍提供帮助，并实质上辅助了加害行为，也构成共同侵权，与加害人一起承担连带责任。[3]这符合客观关联共同侵权的机理，但是必须强调，帮助行为必须对侵权的发生起到了实质性作用，是导致损害发生的必要条件，而并非细枝末节的、可有可无的帮助也被视为侵权法上的帮助侵权。美国法上构成帮助或引诱侵权行为，必须满足四个要件：①必须实质性地帮助或引诱，如果是细枝末节的，微不足道的，对于他人侵权的构成可有可无的，并不构成共同侵权行为；②必须在引诱和帮助之前，事先知道或应当知道他人正在侵权，或意图侵权；③损害必须发生在教唆人或帮助人可预见的范围内；④帮助或引诱行为必须是法律上可归责的损害原因。而我国侵权法上主要强

---

〔1〕　曹险峰：《数人侵权的体系构成——对侵权责任法第8条至第12条的解释》，载《法学研究》2011年第5期。

〔2〕　杨立新：《侵权法论》（第3版），人民法院出版社2005年版，第601页。

〔3〕　王利明：《侵权责任法研究》（上卷），中国人民大学出版社2010年版，第539页。

调，教唆和帮助行为人必须具有与实行行为人之间的主观共同意思联络，但是均未直接参与实施具体的侵害行为。参照美国法上的帮助或引诱构成侵权的要件，结合我国的规定，笔者以为这里的帮助或引诱侵权主观上应当要求为故意，而不存在过失帮助和引诱的问题。如果服务商提供的网络服务被侵权人利用或疏于监管引起侵权的发生，那当属"被客观利用"的间接侵权类别，请容许下文详述。当然，司法实践中如何认定构成"故意"，却是一个稍显困难的问题。

网络环境下的间接侵权责任，依照权威的解释主要指的是引诱侵权和帮助侵权。[1]在主观上故意引诱和帮助侵权的情形下，网络服务提供者应当与侵权人承担连带责任。但这并非属于真正意义上的间接侵权。真正意义上的间接侵权应当是如果不存在事先的意思联络，而是服务提供者的网络服务客观上被侵权人利用来从事侵权的行为，或者说在多大程度上以何种标准认定网络服务提供商的过失。

三、帮助侵权责任构成要件的分析

商标法上的该侵权类型以《商标法》第 57 条第 6 项为原型，扩展解释为故意为侵犯他人商标专用权提供仓储、运输、邮寄、印制、隐匿、经营场所、网络商品交易平台等帮助或条件，促成他人实施侵犯商标专用权的行为属于商标侵权行为。由于在侵权法语境下，帮助和教唆侵权具有共通性，因此归结为同一种侵权类型。对于商标侵权，我们也作统一处理，言及帮助侵权也同样论及引诱和教唆侵权，不再单独论述。

依照侵权法原理，教唆与帮助行为与主侵权行为之间并不具有共同的故意，甚至并没有意思联络，被帮助者并不知道帮助的存在，而是因主观关联上的共同性，视为共同侵权，[2]与主侵权人承担连带责任。据此可以将商标共同侵权做如下类型划分：

首先构成商标使用行为的侵权，以混淆可能性或淡化作为判断侵权与否的标准。商标使用为商标侵权判定的先决条件，因此可以以商标使用作为划

---

〔1〕 间接侵权概念部分的论述可参见郑成思：《版权法》（修订本），中国人民大学出版社 1997 年版，第 211 页；吴汉东：《论网络服务提供者的著作权侵权责任》，载《中国法学》2011 年第 2 期；王迁、王凌红：《知识产权间接侵权研究》，中国人民大学出版社 2008 年版。

〔2〕 张铁薇：《共同侵权制度研究》（修订版），人民法院出版社 2013 年版，第 175 页。

分的基准。

　　侵权人并没有直接构成商标使用，但是帮助、教唆或提供商标侵权条件。此情形符合帮助类型的共同侵权，故意侵犯他人权利，应当承担侵权责任。虽然帮助和教唆他人实施侵权行为者，并非侵权行为直接、具体的实施者，但他们是侵权目的的最终促成者和侵权意图的授意者，如果不追究其责任，无以从源头上阻止侵权行为的发生。基于共同积极追求侵权结果发生的共同过错，加之教唆和帮助行为与损害结果发生之间的因果联系，法律要求教唆、帮助他人侵权应当与行为人一起承担连带责任。虽说就教唆和帮助的主观状态存在故意、过失之争，[1]但主流的观点坚持教唆和帮助者应当与侵权人具有共同的故意，如此言及共同侵权才具有合理性。至于过失形成的客观关联的共同侵权，已经超出了主观共同的范畴。

　　就知识产权法域而言，帮助和教唆侵权主要指的是明知他人将要进行或正在进行侵权行为而提供各种帮助或唆使侵权的情形。《最高人民法院关于审理专利纠纷案件适用法律问题的若干规定》已经删除了涉及帮助和教唆侵权的条文，完全交由《侵权责任法》处理，这说明专利帮助和教唆侵权完全遵从共同侵权的规则。就单纯提供侵权专用部件、设备或材料的行为，与直接侵权人构成共同侵权。

　　2019 年《商标法》第 57 条第 6 项增加了故意帮助侵权的情形，被认为是商标间接侵权的法定化，即行为人明知他人实施侵权行为而提供帮助或者引诱他人实施侵权行为，应当与侵权人一并承担侵权责任。[2]虽然源于共同侵权，但学者们演化出了与共同侵权的各种不同，突出表现为：其一，主观表现不同，间接侵权无需意思联络，单独又不足以达到混淆可能性程度，因此又不同于客观共同侵权的情形；其二，诉讼方式不同，共同侵权为必要的共同诉讼，而间接侵权可以单独诉讼。这可以避免连带责任施加间接侵权人过重的责任。[3]基于以上所谓的不同，商标间接侵权又被人为地演化为各种具体

　　[1]　王竹：《侵权责任分担论——侵权损害赔偿责任数人分担的一般理论》，中国人民大学出版社 2009 年版，第 156~157 页。
　　[2]　谢雪凯：《网络服务提供者第三方责任理论与立法之再审视——以版权法与侵权法互动为视角》，载《东方法学》2013 年第 2 期。
　　[3]　袁秀挺、胡宓：《搜索引擎商标侵权及不正当竞争的认定与责任承担——网络环境商标间接侵权"第一案"评析》，载《法学》2009 年第 4 期。

的表现形式。[1]

也就是说，帮助和教唆行为与侵权人构成共同侵权应当没有问题，问题是这种情形被知识产权学者抽象为间接侵权，并运用间接侵权的规则，将其从共同侵权中独立出来。

以版权法为例予以说明：版权法是以作品类型为基础，以专有权利为核心的财产法。对于直接侵害专有权范围的行为，如果没有合理使用的抗辩理由，应当承担版权侵权责任。但由于版权经常受到来自网络环境的侵害，直接追究数量众多的单一侵权用户的责任，不仅不经济，而且维权难度大，因此有必要考虑一定条件下单独追究网络服务提供者的责任，这被学者称为间接侵权责任。但是，他们又要求间接侵权以直接侵权的发生为前提，就其实质而言，不过是对共同侵权中帮助、教唆或侵权工具、设备、产品提供者的另外一种称谓，并不是一种真正的责任类型，对其责任的追究，仍然适用共同侵权的规则。

正如吴汉东先生所言，版权间接侵权人与网络用户仍然承担共同侵权责任，间接侵权的提出只是为了克服共同侵权所要求的共同诉讼，使得权利人可以直接起诉网络服务提供者。[2]换言之，间接侵权是为了从技术上解决单独诉讼的问题，如果共同侵权可以突破共同诉讼，就没有必要引入直接侵权的说法。虽然吴先生言及版权法，但版权法与商标法同以侵权责任法为上位法，具有共同的责任基础，所以商标法也同样适用。就网络服务商与商标侵权人共谋的情形而言，依照共同侵权原理，理应承担连带责任。唯一的关键点在于如何认定其故意提供网络条件或唆使他人通过网络侵犯商标权。

由以上分析可见：教唆与帮助侵权行为成立的要件有三：其一，帮助和教唆只能以积极的行为方式作出，消极的不作为不能成立教唆和帮助行为。换言之，教唆和帮助者与主侵权人之间存在主观的意思联络，不可能与主侵权人构成客观关联的共同侵权。其二，被帮助或教唆人实施了侵权行为。其三，侵权人所实施的侵权行为与教唆和帮助行为之间存在客观上的因果关系。如果被帮助和教唆者并没有实施被帮助或教唆的行为，那么其便构成单独侵权，教唆和帮助者并非因为其教唆和帮助行为的危险或意图险恶而受到苛责。

[1] 参见王迁、王凌红：《知识产权间接侵权研究》，中国人民大学出版社2008年版，商标间接侵权部分的论述。
[2] 吴汉东：《侵权责任法视野下的网络侵权责任解析》，载《法商研究》2010年第6期。

侵权法上所说的因果关系，是指加害行为与损害结果之间的因果联系。[1]这种联系并不要求是必然的，达到相当的因果关系就可以满足要求。依据相当因果关系理论，确定行为与结果之间有无因果关系，主要以侵权行为人在行为时的一般社会经验和知识水平为判断标准，认为该行为在一般正常的条件下有引起该损害结果的可能性，而在实际上，该行为又确实引起了该损害结果，则该行为与该结果之间存在相当因果关系。换言之，只要一般人认为在同样情况下这一原因有发生同样结果的可能性，就应认为是有因果关系，其客观依据则在于事实上这种原因已经发生了这样的结果。[2]

就帮助或引诱行为与损害结果之间的因果关系而言，帮助和引诱应当是侵权损害发生的前提。从积极方面来看，如果帮助和引诱的行为在通常情况下会导致直接侵权人侵害权利人的商标权，或者至少帮助和引诱行为在某种程度上加重了商标侵权损害的发生，那么这一帮助和引诱行为就是商标权受损害结果的相当原因。从消极方面来看，如果商标权利人受到了损害，但是这种损害的发生与否与帮助和引诱行为并没有直接的联系，仅仅在直接侵权人的作用下按照事情的正常过程必然会发生，那么帮助和引诱行为就不构成损害发生的相当原因，与商标侵权的损害结果之间并没有因果关系。质言之，帮助与引诱行为必须在侵权人的侵权行为中发挥实质性作用，如果帮助和引诱是可有可无或细枝末节、可以忽略不计的，那么帮助和引诱行为与侵权结果之间便并不存在因果关系。

就商标帮助侵权而论，我国《商标法》第57条第6项规定，帮助他人实施侵犯商标专用权的行为属于商标侵权行为。至于如何理解这里的"帮助"，借助民法的基本规定足以解决这个问题。美国的法院在审理"Inwood案"时提出："如果没有被告帮助提供仿制的过期专利药品，药剂师就不可能发生侵权行为，被告的帮助与侵权的发生是不可分离的。"

1. 是否构成共同危险的侵权

侵权责任体系所说的共同危险是指若干个主体实施的危险行为都有可能造成损害的情形下，对他人的损害由具体的侵权人承担，不能确定具体侵权人的，由所有危险行为人共同承担连带责任。法律之所以要求其共同承担连

---

〔1〕　李开国主编：《中国民法学教程》，法律出版社1997年版，第752页。
〔2〕　范利平：《侵权法上因果关系研究》，载《现代法学》2004年第3期，第129页。

带责任，并非基于主观的共同故意或过错，而是客观上危险行为人在时间和空间上形成相互关联的关系。

就商标侵权而言，并没有共同危险侵权存在的空间。其一，直接侵犯商标权采用结果造成混淆或者淡化的判定标准，无需考虑侵权人的主观状态。因此，不存在第二个因过错侵犯商标的情节，如果是帮助和教唆行为人，则要求主观故意，而非过失。其二，如果说网络服务商因为过失为直接行为人提供了侵权的条件，那么因为其过失行为本身并不当然形成侵权的损害后果，因此也不宜与侵权人一并认定为共同危险行为。

2. 直接结合的共同侵权（累积性连带责任）

无意思联络的数人分别实施侵权行为造成同一损害的，行为人应当承担连带责任。这在侵权法上被称为无意思联络的累积性数人侵权。[1]其要求每一个行为都足以导致损害结果的发生。

就商标共同侵权而论，网络服务提供者并不当然具有侵权的故意或过失，很难说其单独的行为足以导致网络商标侵权行为的发生。只是说其提供的网络服务被侵权人利用，或者说因其网络服务技术的不完备而其又疏于积极事先审查和过滤侵权行为，导致商标侵权在网络空间中发生。所以，网络服务提供者并不符合与侵权人直接结合构成共同侵权的要件。

3. 间接结合的共同侵权（非累积性分别侵权）

行为本身不会发生损害，但是与另一行为结合，为其提供了必不可少的条件或原因。但是，行为人如果故意，那么间接结合的过失行为违法性即被阻却。此时属于单独侵权。

间接人与行为人分别的行为相结合，产生几种结果：其一，如果行为人是故意，间接人是积极提供条件，就构成了帮助侵权。其二，如果行为人是过失，间接人是积极提供条件，也构成帮助侵权。其三，如果行为人故意，间接人过失，或违反安全保障义务，应当承担补充责任。其四，如果两个行为都是过失，那么间接行为人承担补充责任，并非与直接行为人承担共同侵权责任。

从理论上来讲，间接侵权行为可能是作为，也可能是不作为。可能是与直接侵权行为人存在意思联络也可能不存在意思联络，可能是为直接侵权行

---

〔1〕 王利明：《侵权责任法研究》（上卷），中国人民大学出版社 2010 年版，第 572~575 页。

为提供了条件，也可能是致使直接侵权的损害后果扩大，具体组合的情况十分复杂，无法简单认定构成共同侵权，还是无意思联络的数人侵权，还需要考察间接侵权行为人在实施间接侵权行为时的主观过错及其认定。[1]

对照网络服务提供者与直接行为人的关系，两者行为相结合可能产生两种情形：一是不管行为人是故意，还是过失，只要网络服务提供者积极追求侵权结果的发生，提供网络服务供行为人侵权使用，网络服务提供者即构成帮助侵权。这正是本节所论证的网络服务提供者承担帮助侵权的情形。二是不管行为人出于故意，还是过失，网络服务提供者违背了法律所要求的安全保障义务，应当事先对涉嫌的侵权信息进行初步筛选和过滤却消极不作为。或者网络服务提供者应当履行事先的注意义务，以谨慎理性人的水平管理自己所经营的网络服务却疏于防范。或者网络服务提供者知道侵权行为存在后，不积极协助阻止侵权继续发生。不管网络服务提供者出于何种原因，如果符合这三种行为特征，则需要承担责任。换言之，消极不作为会导致网络服务提供者承担间接侵权责任，即网络服务客观上被侵权行为人利用，网络服务提供者有义务予以制止。至于间接侵权的依据和防范义务，下章将详细论述。

四、网络服务提供者的帮助侵权责任

如上所论，如果提供商构成间接故意侵权，则应当符合三个要件：具有主观故意；知道或有合理的理由知道被帮助人从事了直接侵权行为；侵权与帮助之间具有实质性因果关系。逐一分析如下。

1. 具有主观故意

《侵权责任法》业已确定"引诱、帮助和唆使侵权者承担侵权责任"的基本规范，要求的前提条件，帮助或引诱者明知或应知或促成他人侵权行为的发生。我国《商标法》第57条第6项也已作了细化，此乃我国商标法中帮助侵权责任的来源。但其是否可以适用到网络环境下，规制电子平台服务商的责任，仍需要做深入研究。

事先明知侵权依然提供电子商务平台的，或自己直接从事侵权，或与他人合谋从事侵权行为，直接定位为共同侵权，承担连带责任，也没有任何争议

---

[1] 张铁薇：《共同侵权制度研究》（修订版），人民法院出版社2013年版，第146页。

和问题。我国国家工商管理机关每年查处大量的专门销售假冒商品的网站，[1] 其中专门建立网站销售假冒商品的不提，仅就网站积极提供销售平台的情况而言，也存在主观上销售假冒商品的故意。法院在相关判案中也认为，如果明知侵权而仍提供帮助，可以构成帮助侵权，但是在没有权利人明确通知前，是很难知道的。[2]

如果是事后得知，只是没有采取断开、屏蔽、删除等必要措施，要承担帮助侵权责任，这个也没有问题。争议点在于：连带责任的适用与一般的侵权责任法的共谋原理不同，这里需要扩充连带责任的适用范围，或者对共同侵权作出一定的新解释，使之适用于这种情况。

2. 知道他人从事了直接侵权行为

商标权的范围本身就是不确定的边界，就在相同商品上使用相同商标的纯粹假冒而言，要求网络服务商明知或有合理理由知道是无可厚非的，而对于混淆可能性的判定而言，其并不是网络服务商所能胜任的，因此对于这些情况而言，不能认定为知道或有合理理由知道，除非权利人有合法的通知。但主观过错的判断主要依据客观证据的证实，最终还是要落实到客观的考察上。对于网络服务商而言，有两个层面的证据可以证明其存在过错，应知或明知：第一，设定一定的事先审查义务，违背了这个义务的即为过错；第二，事后措施。违背任一标准，都构成帮助侵权。但不容忽视的是，权利人在淘宝系列案中提出的诉求集中表现为两点：其一，要求网络服务提供者承担类似于商场的审查责任；其二，网络服务商作为经营者取得了利益，应当承担事先的审查责任。虽然原告的诉求并没有得到法院的支持，但是在设定网络服务商的责任时，不得不考虑各方的利益诉求，公正地保护各方权利不受非法侵害，谨慎平衡各方利益，而又不至于伤害到新技术的发展和新市场模式的推行。

---

[1] 2011 年 9 月 9 日，《中国消费者报》的报道《全国工商系统查处网络售假案件 851 件》。据报道，截至 2011 年 6 月底，全国各级工商机关在专项行动中网上检查网站 504 728 个，实地检查网站经营者 130 668 个，删除违法商品信息 38 446 个，关闭违法网站 1199 个，责令整改网站 6895 个，查处各类利用互联网销售侵权假冒商品案件 851 件，移送公安机关 47 件。其中侵犯注册商标专用权案件 449 件，移送 30 件。

[2] 广东省广州市中级人民法院 [2006] 穗中法民三初字第 179 号民事判决书。

3. 帮助与侵权之间的实质性因果关系

应当仅限于网络平台提供商与网络销售商之间的关系，而不能适用于消费者和二手商品的销售，或者仅仅是信息发布方面的问题，因为这跟网销商并没有直接的关联。

第十五章

◇·◇

被告的侵权抗辩

在商标侵权案件中，被告可以正当合法的理由对抗原告的商标侵权指控。总体而言，被告的合法抗辩包括几种情形：①并非商标使用；②商标合理使用；③在先权抗辩；④先用权抗辩；⑤商标权本身的瑕疵；⑥未注册商标；等等。

第一节　商标使用范畴限定的抗辩

商标使用在商标法上的地位虽不及显著性、混淆可能性等基础性概念，但其在划定商标权边界、明确竞争性合法使用商标符号方面却具有重要的指示性意义。

一、商标使用

四川省高级人民法院维持了"伤心凉粉"的使用不侵害伤心凉粉注册商标权的一审判决，一审法院根据地方县志、地方年鉴、专业书籍等证据认定"伤心凉粉"为特色小吃和菜品的通用名称，被告的使用并非商标性使用，不在注册商标禁用权范围内，不构成商标侵权。依据《商标法》第11条规定，商品的通用名称不得单独作为商标注册，除非经过使用取得显著特征。从本案现有的证据来看，原告当初的注册并没有达到获得显著性的程度，注册本身就存在一定的问题，属于第三人请求无效或者商标局以职权宣告无效的范围。[1] 不过经过后来一定时期的经营使用获得了显著性，当可以维持注册。

----

〔1〕 依据《商标法》第44条规定。

但是，这种注册中的瑕疵，无疑为注册投机制造了空间，理应通过完善注册程序予以避免。

这种瑕疵注册虽不影响通过使用获得显著性后的商标权，但是通用名称应当受到使用的限制，对于非商标性使用，其无权干涉和禁止。《商标法》第48条所称商标的使用为识别商品来源的使用，即将商标符号使用于商品、包装、交易文书、广告宣传等载体与介质上，发挥商标识别来源功能的商业性使用。《商标法》第59条强调，对于语词意义上使用通用名称、图形、型号，或者直接表示商品质量、主要原料等特点的，并非识别商品来源意义上使用，商标权人无权禁止他人使用。《商标法》有关商标使用的零散性规定，组成了学界称为"商标性使用"理论的基石，并结合商标机理，经延伸、组合及提炼，构建出了"商标性使用理论"。

（一）商标性使用的概念

《商标法》规范层面上，关于商标使用的实质性条款主要体现在第4条"不以使用为目的的恶意商标注册申请，应当予以驳回"；第11条"……经过使用取得显著特征，并便于识别的，可以作为商标注册"；第32条规定，已经使用并有一定影响的未注册商标，不受抢注；第48条规定，商标使用为识别商品来源的行为；第49条规定，连续三年不使用的，可申请撤销该注册商标；第59条规定，描述性使用的，属于商标权权限之外的正当使用。依次解读为"使用意图注册""商标意义上使用""不使用撤销""正当使用例外""合理使用例外"，即注册商标应当以使用为目的，可以通过使用获得显著性，得以注册，即便没有注册在先使用的，也不得被抢注，但是注册后连续3年不使用的，应予撤销。2019年《商标法》虽然规定了"撤三制度""正当使用"等制度，但是一直纠结于使用并非注册的前提条件，除非通用性符号需要使用获得显著性方能注册，致使商标制度运行中存在大量注而不用、囤而不用、抢注排挤的现象，其原因虽不能完全归咎于注册商标阙如对使用的要求，但单一注册制度客观上助长了这种现象的滋长。由是观之，从注册、管理、侵权等全方位、全链条、全体系确认和界定商标使用具有根本性作用。

商标性使用是指以商标符号表达商品来源信息的使用。非商标符号的使用，比如商号的使用，其并非识别商品来源，而是表明生产者身份与名称，不能归为商标性使用。非表达商品来源信息的使用，比如商标语词意义上的使用，正如在"青花椒案"中，青花椒作为烹饪的佐料，在表述青花椒鱼、火锅等食物时，并没有表明与青花椒商标拥有人之间存在任何的关系，也不会指向青花椒之上形成的任何财产权人。商标符号与表达来源为商标的两个构成要素，每个要素皆为必要非充分条件，两者同时具备方能发挥商标识别商品来源的本质功能。商标的整个生命周期就是以符号表达来源信息为使命，脱离开识别层面上的使用，识别符号就不能被称为商标，自然也无法获得商标权，更谈不上侵害商标权一说。商标权人如果不积极追求符号识别来源的效果，就产生不了商标权，因为从注册追求识别来源的目的伊始，到商业中将商标符号贴附于商品，再到商标的使用管理、维权保护等环节，无不表现为商标识别来源的功能发挥。被诉侵权人如果不以商标识别来源为使用目的，比如使用与商标同样的语词命名商号，表达产品成分或组分，或者作为网页、商务平台等装潢等，部分使用场景虽然对商标权造成了一定的困惑，但并非一概以商标侵权论处。

如果说商标性使用是商标符号识别商品来源功能的发挥，那么除了识别来源功能外，商标还具有质量保证、广告宣传、身份宣示、商事文化交流等功能，是否这些功能的发挥也应认定为商标性使用呢？换言之，商标功能与商标性使用之间存在什么逻辑关系，是同义替换，还是非制度性存在，不具有内在关联关系。对照商标的功能，依次作如下阐述。

首先，商标的质量保证功能只是意味着同一商标标识下的产品具有同一质量，并非担保质量的高低优劣，更无意于在不同商标之间比较产品质量的差异。即便同一商标标识的产品质量同一性也只是大概性的推断，无法精准诠释现在的产品比过去的产品质量更优、服务更佳的商业现实。我国现行的《商标法》将商标与商品质量相关联的条款集中分布在"商标使用的管理"章节中，要求商标权人主动管理商品质量，不得突破假冒伪劣的底线要求，至于具体质量方面的责任，交由产品质量法律予以规范。换言之，质量保证功能更多是倡导性成分，并非《商标法》所规定的规范责任，以昭示产品质量及其相关表述为由，认定构成商标性使用的论断并不可靠。比如，在商业实践中，经常将商标印制在防伪标签上，依照《商标法》第48条规定，吊牌、标签等方面表明商品来源的使用，为商标性使用，如果被许可人具有商品上使用商标的授权，未经许可的防伪标签使用，不能简单认定为超越许可范围的商标，构成侵权。防伪标签的功能为识别商品的真伪和质量，并非为识别商品来源的目的，如果脱离防伪标签贴附或标榜的商标，不能以防伪标签上印制商标图案认定使用人构成商标性使用，从而进一步推定未经许可的使用为商标侵权。

其次，商标的广告功能，包含在《商标法》第48条所称的商标性使用的类型中，似乎可以此推定广告性使用为商标性使用。其实不然，广告功能建立在商标发挥识别功能的基础上，脱离基础功能的单纯广告性使用，很难被认定为商标性使用。在各国的商标法规定中，包括商标在内的语词意义上使用，为商业自由表达的范畴，并不在商标权的排他范围内。当然，在不同的场景中，广告功能的发挥与商标性使用之间的关系并不唯一，比如商标权人不提供商品的单纯性广告使用，并不能阻却连续3年不使用被撤销的效力，但是被告广告中使用他人商标，除比较广告合理使用的情形外，并无合法抗辩的余地。譬如，将他人商标作为搜索关键词的案件中，因为销售者向广告客户推荐和销售商标，所以构成侵权性使用。就法理而言，维权使用与侵权使用在概念上既有重叠之处，又具有不同之处。[1]一言以蔽之，商标的广告功能并非与商标性使用一一对应，二者非同等意思的替换。

最后，商标的商誉宣示及表彰等功能，虽然并未为我国的《商标法》所表达，但是商标法理上成立。表彰功能反映了商标的文化效用和精神依托，以某种品牌的消费标榜消费者的品位、追求和偏好。商誉表现功能是指企业经营积累的消费者评价和商誉主要通过商标予以体现，虽然商标不是企业所有商誉的附着点，但是通过商品与消费者贴合最紧密的商誉传递媒介却是商标。正如罗杰斯所言："商标是影子，商誉是实体。两者犹如连体儿，分开无法独活。"商标使用可以积累商誉，商标侵权在很大程度上以损害商誉为结果，但是商誉却不是《商标法》所直接规范的对象。诚然，《商标法》可以根据商誉的强弱，将商标划分为驰名商标、一定市场影响的商标以及普通商标，并设计不同的保护强度，分别以跨类保护、排斥注册和禁止恶意抢注对应保护，但是《商标法》并未直接以损害商誉为诉因请求赔偿。换言之，商誉宣示和表彰功能与商标使用并无直接的逻辑关系。

（二）商标性使用的制度功能

在商标法理上，商标性使用的制度功能存在多种学说，既有侵权先决条件说，又存在混淆可能性平行说，还存在混淆可能性判定因素说，甚至商标

---

[1]　刘孔中：《比较商标法》，新学林有限公司2014年版，第361页。

使用与侵权无关说。美国权威的商标法学者麦卡锡教授提出，商标法并未明确要求商标使用为商标侵权的要件，而是构成混淆之虞的一个面向。鉴于美国商标法实务，绝大多数案件均对商标使用作广义解释，以此纳入混淆之虞的参酌因素，以把握商标真实市场之情况，贴近市场的实情。但是，也有学者根据《兰哈姆法》第 42 条提出，唯有商业上使用之行为才构成商标的真实使用，才有可能进一步构成商标侵权。不管正反两方对美国商标使用制度的争论如何，我们都不应忽略美国商标法与反不正当竞争法并无分野，充分融合。以美国的制度就无法解释，为何我国在处理将他人商标使用为商号的情形时，必须转而适用《反不正当竞争法》，而不是直接认定为商标侵权。

审视我国商标法体系，商标使用在不同的场景下被提及，包括不以使用为目的的恶意注册，经过使用取得显著性，商标使用的定义（为识别商品来源的使用），混淆可能性使用，连续 3 年不使用，在先使用等。本质上商标是商业行销中所使用的识别符号，只有在商业中使用才能发挥商标的功能，静态的符号不是商标，只是为了获得使用的证据，节省界权成本，商标注册得以凸显创设的价值。但是，现实中不以使用为目的的注册成为制度的漏隙，难以从源头上封堵，更多依赖于注册实践的判断和禁绝。为此，《商标审理审查指南》明确了 10 种情形属于"不以使用为目的的恶意注册"，从申请环节阻止非使用性注册，充分保障商标以使用为本质的底色和成色。由此可认为，商标性使用应当为商标制度的本质表达，是商标制度应当遵从的内在机理，是商标制度外在逻辑的基本遵循。因而，商标使用定义、使用取得显著性、在先使用、使用目的等正向的积极使用皆为使用本质内涵的正向表达。相对而言，连续 3 年不使用中的"使用"要求真实的使用，为了维持商标权，防止被撤销的象征性使用，比如单纯广告宣传、纪念品等附属性商品、少量行销商品上使用等，不足以构成真实使用，仍面临被认定为连续 3 年不使用被撤销的风险。

由于商标权包含了正向积极的使用权和反向的禁止权，且禁止权范围大于使用权，所以商标权的边界是由禁止权的范围决定的。《商标法》第 57 条第 2 项规定，在类似或相同的商品上，使用近似或相同的商标，导致消费者存在混淆可能的为商标侵权。这里的"类似""近似"已经超出了在核准的商品上使用注册商标的权利。从商标性使用层面而言，混淆可能性的产生不仅仅表现在使用对象的差异上，而且表现在使用场景和形式的差别上。同样的象征性使用，虽然不能产生维护商标权的积极效果，但是可能构成混淆可能性的侵权性使用。认可被告行为的"商标性使用"为商标侵权的先决条件或前提条件也好，还是认为商标性使用并非商标侵权的限定条件也罢，至少两者皆意识到商标性使用可以起到框定商标权范围的功能。商标的符号本身就具有语词和文化交流的意义，即便作为商标使用，也不应禁止自由表达的使用。换言之，在商标符号形成的场域内既有自由表达的领域，也有商标权覆盖的领地，商标性使用的制度功能就在于从公共领域内圈定商标权的范围，如果被告在公共领域内使用商标符号，本身就不关涉商标权什么事，何来的商标侵权呢。因而，被告构成商标性使用的目的本质上在于划清被告行为与商标权的各自领地，如果两者出现领地交叉或者重叠，方可能存在商标侵权的可能；如果两者根本不存在任何的逻辑重叠，那么被告的行为处于公共领域，自然并无侵权的可能。有学者提出，如果认同商标性使用为商标侵权的构成要件，那么被告合理使用侵权抗辩的规定就成了具文。[1]其实，这误解了商标合理使用制度，只有构成商标性使用，本属于商标侵权的情形，却由于法律规定的侵权例外情形，不认为被告侵权。目前，商标法理上认可的商标合理使用的情形主要限于比较广告和指示性使用，商标语词意义上的描述性使用，根本不会落入商标权的边界内，不存在商标侵权，又何来的商标合理使用呢。

（三）商标性使用的适用场景

首先排除非商标性使用的情形，即《商标法》第 59 条规定，他人可以在语词意义上使用通用符号，描述商品特征的词汇，三维标志型商品形状等，商标权人无权禁止他人正当使用。该条的文本表达使用了"正当"，而不是"合理"，充分说明立法者意图撇清正当使用与合理使用的界限，明确非商标性使用不落入商标权人权利边界内。比如，本节开头提及的"伤心凉粉案"，其他经营者描述自己提供的商品通用名称，与识别商标权人的商品来源并无瓜葛，自然也不存在侵权的可能。同理，"青花椒鱼火锅"标识中包含的"青花椒"是对其提供的特色菜品鱼火锅中含有青花椒调味料的客观描述，并非商标性使用。反之，不正当将他人商标作为非通用性描述，可能构成商标性使用。譬如，将"老干妈"作为涉案商品的口味名称，并标注于涉案商品包

---

〔1〕刘孔中：《比较商标法》，新学林出版有限公司 2014 年版，第 364 页。

装正面，属于对涉案商标的复制、模仿，其能够起到识别商品来源的作用，属于商标法意义上的使用。虽然涉案商品确实添加有"老干妈"牌豆豉，但"老干妈味"并不是日用食品行业对商品口味的常见表述方式，涉案商品对"老干妈"字样的使用也不属于合理使用的范畴。[1]

其次，对于商标权人的不使用具有权利限定。其主要体现在两个方面：其一，对于连续 3 年不使用的商标任何人都可以请求撤销；其二，对于没有实际使用的商标，也不能证明因侵权行为受到其他损失的，被控侵权人不承担赔偿责任。如上所述，"撤三"中要求的使用应当是贴附在商品或者标识真实提供服务的使用，单纯广告宣传或者交易文书中的使用并不构成真实使用，这不仅符合商标法激励使用的真实目的，而且契合商标注册秩序对"不以使用为目的恶意注册"的反对和遏制。[2]其实，《商标审查审理指南》业已明确指出仅有许可行为而没有实际使用的情形不被视为商标法意义上的商标使用。据此，如果许可关系之外的第三人提出"撤三"要求，那么商标权人可以商标许可协议、被许可人的生产和销售性真实使用予以抗辩。如果撤销许可人的商标，显然被许可人的使用也算在商标权人使用的使用情形内；如果不撤销许可人的商标，商标权人确实并未真实使用商标，因而，商标使用的权利维持贡献应当算在被许可人头上，而不能因为许可关系的争议，就任意指控被许可人超许可数量使用构成侵权，或构成其他侵权。在"燕京智汇（北京）国际旅行社有限公司与北京燕京国际旅行社有限公司侵害商标权纠纷案"中，燕京智汇公司提交的微信公众号截图、燕京旅游宣传册、荣誉证书、盘锦市旅游局、海南省旅游协会推广"燕京旅游"及景点部分合作协议等证据，其或者未在指定期间，或系其自制证据，或未提交履行证据佐证，不能证明存在商标法意义上的使用。其二，燕京智汇公司未提交证据证明其因被诉侵权行为受到其他损失。据此，虽北京燕京公司实施了被诉侵权行为，但根据《商标法》第 64 条的规定，其可不承担赔偿责任。[3]

最后，对于被告侵权的指控，是否需要以构成商标使用为前提，然后再行判断是否构成双相同或者混淆可能性的问题，学界在理论上存在较大的争

---

[1] "'老干妈'商标侵权及不正当竞争纠纷案"，[2017] 京民终 28 号民事判决书。
[2] 第 4024095 号"冰熊 BINGXIONG"商标撤销复审行政纠纷案。
[3] 北京市朝阳区人民法院 [2019] 京 0105 民初 2199 号民事判决书。

议。如前所论，各种学说和声音并存，难以明断。从实践层面而论，《江苏省高级人民法院侵害商标权民事纠纷案件审理指南》明确，商标使用为被告侵权行为判断的第一步。在"非诚勿扰案"中，深圳南山区人民法院认定江苏卫视并非在商品来源意义上使用"非诚勿扰"，因而并不牵涉对原告商标侵权与否的问题。其实，商标使用是否为侵权的先决条件的论断并不在于一定要为商标侵权案件的司法裁判排定审理的步骤，也无意于纠结在什么阶段判定以及是否判定，其主要的制度功能在于界定商标权的范围，将被告可能处于公共领域内的行为与商标权的排他范围区分开来，而不应当在漫无边际的范围内找寻被告构成混淆可能性的证据，这不仅节约了处置纠纷的成本，而且为原告积极使用商标、积累商誉划定了范围。质言之，被告的商标使用是从侵权层面界定商标权的妥当可靠的方式。但是，应当明确并非不构成商标使用就意味着被告的行为合法，那种损害商标的商誉功能以及导致商标凝结的市场价值损害的行为，应当由反不正当竞争法商业标识条款或者一般条款处置，这也正是我国区分适用《反不正当竞争法》与《商标法》的基准。

小　结

商标使用概念是一个长期存在争议且备受关注的话题。从商标法体系层面解释，将商标使用限定于某个方面的理解是有偏差的，绝对性解释的含义和本质也是存在问题的。由于商标是通过符号向消费者传递的信息，借助于消费者的感知与心理认知界定商标权的边界，结果也注定是模糊的。商标使用本质上是通过正面和反面两个层次限定商标权的工具。从正面而言，商标权人积极追求商标识别商品来源的功能发挥，凝聚商标所代表的商誉，是为商标本质的表达，欠缺使用意图和被动使用，以及象征性使用达不到商标标识来源的广度和深度。从反面而言，如果他人将商标人的商标符号也在来源意义上使用或者与商标权人产生商品方面的关联，那么这种行为客观上便会侵涉到商标权人的领地，属于侵权层面的商标使用。但是，不应扩大商标使用的基础功能，将混淆可能性的结果也归于商标使用的效用。至于网络空间内并非表达商品来源与商品关联关系的使用，逸散在商标使用制度之外，可能侵犯到商标所产生的市场价值，这可以归结为由反不正当竞争法处置，商标使用正是我国将商标法与反不正当竞争法相结合的产物。

二、非商标使用

非商标使用是指在非来源意义上使用商标第一含义，即在词汇或词源意义上使用其含义，不涉及商标识别商品来源的功能发挥。《商标法》第 59 条第 1 款规定："注册商标中含有的本商品的通用名称、图形、型号，或者直接表示商品的质量、主要原料、功能、用途、重量、数量及其他特点，或者含有的地名，注册商标专用权人无权禁止他人正当使用。"《商标法》第 11 条规定，通用性符号获得显著性的，可以申请为商标。这两条结合起来可以明确，由于通用性符号获取商标权存在一定的瑕疵，其不能占用通用性符号的第一含义，他人词源意义上使用为非来源性使用，不构成商标侵权。比如，"两面针"为具有清火功能的原材料，如果他人在描述自己的产品配方时包括了"两面针"，那么这个使用是在描述产品的原材料，属于词源意义上的使用。

最典型的"青花椒案"中，四川省高级人民法院认为，五阿婆火锅店在店招上将"青花椒"使用在"鱼火锅"之前，完整而清晰地向公众表达了其向消费者提供的招牌菜是"青花椒鱼火锅"。该标识中包含的"青花椒"是对其提供的特色菜品鱼火锅中含有青花椒调味料的客观描述，并非商标性使用。五阿婆火锅店通过注册商标"邹鱼匠"经营青花椒味的火锅，没有攀附万翠堂公司涉案商标的意图，相关公众一般也不会将其与经营活动主要在上海等地的万翠堂公司的涉案商标联系起来。五阿婆火锅店店招上的"青花椒"字样不具有识别服务来源的作用，不会导致相关公众产生混淆或误认，其使用行为不构成商标侵权，不应承担侵权责任。[1]

在"老干妈商标侵权及不正当竞争纠纷案"中，法院认为"老干妈味"这一词汇的使用，并没有形成在词源意义上的描述含义，也不是描述原材料的通用词汇，被告的使用使消费者误以为其产品来源于"老干妈"。也就是说第一含义的使用，应当限制在词源意义上，不能超越范围，引发消费者产生来源意义上的混淆，构成商标使用。

三、商标合理使用

合理使用是指本属于商标侵权但是因为法律的例外性规定，将其不视为

---

〔1〕 "五阿婆火锅店与万翠堂公司侵害商标权纠纷案"，四川省成都市中级人民法院〔2021〕川 01 民初 8367 号民事判决书，四川省高级人民法院〔2021〕川知民终 2152 号民事判决书。

侵权行为。这里有必要强调合理使用本属于侵权的范畴，而并非公共领域或者非商标性使用情形。商标合理使用主要包括两种情形，即描述性使用和比较广告。描述性使用，是指使用所销售商品的商标指示所销售商品的真实情况，此处商标发挥了区分商品来源的功能，为商品来源意义上的使用。比如，销售者在出售可口可乐、百事可乐、ABB汽车时，自然应当允许其向消费者表明其销售的商品为可口可乐、百事可乐、大众汽车等，这是对商品的真实描述，并不会让消费者产生商品来源的混淆。当然，指示性使用以合理为限，不能在来源和提供者关系方面导致消费者产生混淆。例如，在"郑州的汽车维修店的商标侵权案"中，该店使用奥迪的商标标识自己所服务的产品范围，但是其将奥迪的车标，突出作为自己的店面招牌使用。在诉讼抗辩的时候，郑州的这家店提出其属于在描述所维修的车辆，为指示性合理使用。法院没有接受被告的抗辩。法院认为，过于突出性的使用，让消费者误认为被告为品牌商的加盟店、4S店、连锁商等经营上的关联关系，逾越了合理使用的界限。我们也可以经常看到，很多偏远地方的小卖部、小超市等会使用可口可乐销售店、凤凰自行车维修店等店招，虽然其也在指示其所服务的商品，但是直接将他人的商标作为店名就不适当了。也有人提出这种使用显然不会使消费者混淆，充其量为对商标的滑稽性使用。对此，我们不予评论，由读者自行判断。

另外一种比较广告性合理使用，在我国发生的案例较少，但在国外非常普遍。大家耳熟能详的一个广告就是"我们不做第一，只做第二"，这种陈述事实性广告，是适当的。在做相关广告的时候，我可以提及对方的商标名称，我们发现这样的广告越来越多，比如"跟创维电视相比，我华为电视会有什么样的一些优势？我矿泉水与其他矿泉水相比，我有什么样的特征和特点"？但是一定要注意，在比较的时候一定要适当，不能出现夸大或者是诋毁描述。也就是比较应当是客观的，应当是在科学上有依据的。我们可以看到，早期农夫山泉的广告，对其他品牌的矿泉水饮料进行了一个贬低性的比较，法律上认为是违背广告法的，也违背了《反不正当竞争法》关于商业诋毁的规定。所以，要注意在合理使用的抗辩理由上，不要逾越法律的界限。

第二节 被告正当行使权利抗辩

如果被告享有在先权、先用权，那么其可以此抗辩原告的商标侵权请求。

一、在先权抗辩

在商标法领域内，一般提到的就是在先权抗辩。我们在注册的过程中也提到了在先权抗辩，这个抗辩更多的是对商标注册过程中的异议和 5 年期内提出的撤销和无效。在商标使用的时候，也会有一个在先权抗辩。在先权抗辩也就是我对我在先权利的使用，这样的使用不会侵害你的商标权。最典型的比如"乔丹案"，如果我们假定乔丹体育公司可以正当使用自己的商标，这会导致迈克尔·乔丹在大陆使用商标的时候，让消费者陷入他们之间关联关系的混淆，但是这是在先权使用，不会导致相关侵权。相反，前面我们也提到过，商标的使用如果侵犯了在先权，可能会导致在使用的过程中，即使商标没有被撤销，没有被认定为无效，也可能会因为侵犯在先权而导致相关的侵权诉讼。最典型的就是"三毛案"。江苏三毛集团以张乐平先生创作的三毛形象作为自己的商业标识。张乐平先生的后人就此提出了相关诉讼。这个案件以调解结案，法院认定，江苏三毛集团对三毛形象的使用侵犯了张乐平先生三毛形象的著作权。反过来也是一样的，即便你把它注册为商标创作在先权使用的时候，也仍然是有正当理由的，这是在先权抗辩。

二、先用权抗辩

除了我们前面讲到的这三种情景抗辩之外，还存在一个先用权抗辩。商标被撤销、被无效或者是被注销之后，法律有规定，1 年期内不能注册和使用与其相同或近似的商标符号，会有 1 年的类似于脱敏期，或者是消散期，在 1 年后才能使用。在这种情况下，如果我们于 1 年后使用相关已被撤销、已失效、无效的商标，其实已经归属到公共领域，这个使用抗辩也是合理和正当的。当然，在商标权的瑕疵上，也可能会提出抗辩。但是仍存在一个问题，如果原告是未注册商标来提及《反不正当竞争法》的侵权诉讼，我们用刚才所讲的这几种来抗辩，可能不一定会成功。因为《商标法》上的抗辩和《反不正当竞争法》上的抗辩属于两个不同的领域、不同的事项。所以，这四种理由在商标法上的抗辩可能会成功，但是在反不正当竞争法领域的抗辩不一定成功，这是需要注意的。

第三节　商标权本身的瑕疵

商标的获取本身违背了《商标法》第 10 条、第 11 条、第 32 条等规定，属于可以被宣告无效的情形，被告在民事诉讼中提起商标无效申请，如果成功便可以打掉原告的请求权基础，从而赢得整个诉讼案件。商标权瑕疵，通常指的是商标在注册、维持或使用过程中存在的法律缺陷或不足，这些缺陷可能会影响到商标的合法性、有效性或稳定性，从而对商标权人的权利范围及行使构成限制。

一、商标权瑕疵的类型

根据我国的商标法律及相关司法解释，商标权瑕疵主要可以被归纳为以下几类。

1. 注册商标的明显瑕疵

违反禁止性规定：如违反《商标法》第 10 条、第 11 条、第 12 条等规定，使用法律禁止作为商标或注册商标的标志，或注册的立体商标不具备显著特征等。以欺骗手段获得注册：包括侵犯他人在先权利（如著作权、外观设计专利权、肖像权等）、恶意抢注等不正当手段。

2. 注册商标争议

注册的商标与已注册的驰名商标冲突，或在相同或类似商品上复制、模仿、翻译他人未在中国注册的驰名商标，易导致混淆。涉及不正当竞争行为的商标注册，如利用他人商誉进行注册。

3. 商标转让中的权利瑕疵

未得商标共有人同意而转让、许可使用商标。转让商标时存在优先受偿权、过长的许可使用时间、质押权、抵押权等权利负担。

4. 商标使用中的瑕疵

未按照注册时指定的商品或服务范围使用商标。连续 3 年未实际使用商标，面临被撤销的风险。存在违反商标使用管理秩序、损害社会公共利益应予撤销的商标。

二、商标权瑕疵对商标侵权抗辩的影响

在商标侵权诉讼中，被告可以基于商标权的瑕疵提出抗辩，主要可以从以下几个方面展开。

1. 无效抗辩

如果原告的注册商标存在上述明显瑕疵，被告可以请求商标评审委员会宣告该注册商标无效。一旦商标被宣告无效，其权利基础将不复存在，商标侵权的主张自然无法成立。

2. 先用权抗辩

根据《商标法》第59条第3款的规定，被告可以主张在原告商标注册前已经在同一种商品或者类似商品上先于原告使用与注册商标相同或者近似的商标，并有一定影响。在此情况下，被告有权在原使用范围内继续使用该商标，不构成对原告商标权的侵犯。

3. 不正当竞争抗辩

如果原告的商标注册行为涉及不正当竞争，如恶意抢注被告在先使用并有一定影响的商标，被告可以此为由提出抗辩，要求法院驳回原告的商标侵权主张。

总而言之，商标权瑕疵是商标侵权抗辩中的一个重要方面。在商标侵权诉讼中，被告应充分利用《商标法》及相关司法解释的规定，针对原告商标的瑕疵提出有效的抗辩策略，以维护自身合法权益。值得注意的是，主张商标权瑕疵否定注册商标效力的，应当向国家知识产权局商标局申请，人民法院无权直接判决已经注册的商标无效，在其权限内可以判定权利滥用、违反诚信信用、主张不成立等内容。

第四节　未注册商标的商标法保护

在我国单一注册制的商标法律体系下，未注册商标并不享有商标权，即便依据其市场使用所形成的影响赋予了其不同程度的排他权，也并不能否定其服务于注册商标的工具定位，这种对未注册商标歧视性差别对待的面貌是单一注册商标制度滋生痼疾的内在根源。虽然未注册商标差别性规范的实然具有历史沿袭、对象不确定性、成本效能方面的合理性说辞，但是现状合理

的逻辑无法妥当证成其正当性。如果立足于注册与使用之间的矛盾，将未注册商标与注册商标一体化规定，那么使用与注册之间的张力自然可以纾解，抢注等痼疾可以很方便地被市场内化和消解。为此，融合未注册商标的规范可以从扩张商标权客体、使用人自证权利、商标使用界分两法边界三个层面予以调整。

一、问题的提出

我国第一部《商标法》颁行于 1982 年，历经 1993 年、2001 年、2013 年、2019 年修正，至今已历四十载，其体系性和合理性日臻完善。但是滋扰商标发展的痼疾一直存在，影响到了推进商标品牌强国建设纲要的实施，[1] 其中突出表现为注册商标闲置、恶意注册、商标囤积、商标抢注等"恶疾"。《2017 年中国商标品牌战略年度发展报告》的数据显示：2017 年，商标局依申请撤销三年不使用商标 2.8 万件，注销商标约 1.4 万件，期满未续展注销商标约 16.39 万件，全年共清理闲置商标约 33.19 万件。[2] 为了更有效地遏制商标恶意注册，提升商标专用权保护力度，2019 年 4 月 23 日第十三届全国人民代表大会常务委员会第十次会议对《商标法》进行了修改，增加了规制"恶意注册行为"的条款，在一定程度上打击了商标违法行为，但是并未明显改变恶意申请的大局面。商标局统计：2021 年以来商标局累计打击不以使用为目的的恶意商标注册申请 48.15 万件，不予核准涉嫌恶意囤积商标转让申请 420 余件，快速驳回"清澈的爱"等易造成重大不良影响的商标申请 1111 件。[3] 为了维护商标法的立法宗旨，完善以强化保护为导向的商标审查政策，坚决打击商标恶意抢注、囤积注册等违法行为，引导申请人恪守诚实信用原则，2022 年 1 月 1 日生效的《商标审理审查指南》新增了"不以使用为目的的恶意商标注册申请的审查审理"专章，依照审查实践，归纳、列举了 9 种

---

〔1〕　中共中央、国务院于 2021 年 9 月印发了《知识产权强国建设纲要（2021－2035 年）》。该纲要就"商标部分"指出，根据实际及时修改商标法，提高审查质量，修改完善相关司法解释，推进商标品牌建设，加强驰名商标保护，发展传承好传统品牌和老字号，大力培育具有国际影响力的知名商标品牌。

〔2〕　商标评审委员会编著：《中国商标品牌战略年度发展报告（2017）》，载中国专利网：http://sbj.cnipa.gov.cn/sbtj/201805/W020180513829986812509.pdf，2021 年 12 月 20 日访问。

〔3〕　国家知识产权局商标局：《强化学习，凝聚共识，推进商标事业更高质量发展》，载中国专利网：http://sbj.cnipa.gov.cn/gzdt/202112/t20211229_338637.html，2021 年 12 月 30 日访问。

恶意申请的典型情形，其中除抢注他人商品名称、包装、装潢等与未注册商标有关联外，其他与大量申请、售卖有关。这一审查指南的效果如何，仍有待社会实践的观察和印证。

追究商标恶疾产生的根源，虽不能全部归咎于我国单一商标注册制度，但至少其应当是催生恶疾的主要原因。依据单一注册制度的规定，获得商标注册证的商标方能取得商标专用权，享有许可、转让等积极权能和排他性禁用权。[1]未注册商标包括包装装潢在内，即便其具备了识别商品来源或商家身份的功能，仍不能享有商标权，只能寻求反不正当竞争层面的救济。这种注册商标和未注册商标分别保护的双轨制，[2]有其深刻的历史源流和演变的社会背景。我国1963年《商标管理条例》第2条要求："企业使用的商标，应当向中央工商行政管理局申请注册。不使用商标的商品，如果有必要和可能在商品或者商品的装潢上载明企业名称和地址的，应当载明，以便管理。"这被认为是全面注册原则的典型。1982年、1993年《商标法》推行自愿注册与自由使用并行，注册商标才享有商标权，不注册商标可以使用但是不享有商标权，不能寻求商标法的保护。2001年、2013年、2019年《商标法》采用缓和注册主义，使用也可以产生权益，但不是商标权，仅为反不正当竞争法有限保护的权益。这种沿袭维持注册商标制度的刻意加剧了商标法与反不正当竞争法的分野，成了两法关系多种学说争议的规范源头。[3]尽管立法者关注到单一注册制度引发的问题，并在历次修改中兼顾未注册商标，但是仍无法从根本上解决诸问题。其实通过优化注册程序和改革注册机构体制仅能一时缓解问题，虽然区分未注册商标与注册商标在某个历史阶段具有一定的现实意义，但是经历四十年的演变，[4]当初选择双轨制的现实因素业已变迁，再行修修补补的调整也已不合时宜。

---

〔1〕 李琛教授认为，商标禁用权依然是商标专用权支配效力的逆向表达，是商标专用权保护的表现。李琛：《商标专用权概念考辨》，载《知识产权》2022年第1期。

〔2〕 王春燕教授在对1982年《商标法》只规定对注册商标的保护和1993年《反不正当竞争法》也对注册商标保护但对未注册商标保护阙如的分析基础上，提出我国的商标保护立法既与实行"单轨制"的国家截然不同，也与推行"双轨制"的国家有别。至今两法已经几次修改，依照现行《反不正当竞争法》第6条的规定，未注册商标在内的商业标识受该条保护，但注册商标并不包含在内。

〔3〕 两法关系学说主要存在平行保护说和补充保护说的争议，相关文献可参考卢纯昕：《反不正当竞争法在知识产权保护中适用边界的确定》，载《法学》2019年第9期，第30页相关内容的综述。

〔4〕 李琛：《中国商标法制四十年观念史述略》，载《知识产权》2018年第9期。

究其制度根源乃在于过于刚性的单一注册制度忽略和冷遇了未注册商标的保护，现行商标法在处置注册与未注册商标的关系时迷惑于权利、权益的抽象概念辨识，纠结于商标法与反不正当竞争法的二选一，理论上总难自洽。就此议题，学界业已进行了多方面的探索，研究的路径可归纳为三条：第一，以未注册商标保护为研究对象，研究保护未注册商标的正当性及保护途径；诉诸使用和识别性原理，提出由商标法规范未注册商标，[1]或者为未注册商标保留一定的制度空间。[2]第二，以注册商标保护制度为研究对象，讨论未注册商标、在先权等对注册体系的矫正和完善；[3]第三，以两法关系为研究对象，探求两法关系的基本理论和调整对象的分工。[4]毫无疑问，这些研究奠定了讨论问题的理论立足点和路向，为深入研究体系性和系统性制度问题提供了丰富的成果。不论从注册与使用的商标权获取方式着手，还是在现有制度框架内修修补补，抑或提出申请行政程序的优化策略，终究难以克服商标法律制度本身存在的体系性缺陷。本编从我国商标法律制度的体系性缺陷出发，根植于商标及商标法内在机理和基本法理，提出了克服体系性缺陷的对策，主张建构容纳未注册商标在内的泛商标法体系，采纳注册与未注册并行制度，增加私人举证的制度设计。以期为强国知识产权战略实施尽卑微之力。

二、未注册商标规范的实然面貌

商标是商业标识的一种，原初功能限于指示商品或者服务的来源。这一

〔1〕 彭学龙教授提出应当建立使用取得商标权制度。彭学龙：《寻求注册与使用在商标确权中的合理平衡》，载《法学研究》2010 年第 3 期。王太平教授对未注册商标的法律效力予以层次化解释，为未注册商标获得与注册商标平等保护提供了思路。王太平：《我国未注册商标保护制度的体系化解释》，载《法学》2018 年第 8 期。孙山博士提出注册与否均受法律保护的观点。参见孙山：《商标制度的拐点与未来走向》，载《知识产权》2017 年第 9 期。
〔2〕 参见郑敏渝：《德国未注册商标的保护制度及其对我国的启示》，载《电子知识产权》2020年第 7 期有关完善未注册商标条款的论述。孙山：《未注册商标法律保护的逻辑基础与规范设计》，载《甘肃政法学院学报》2015 年第 2 期。文中讨论了商标法保护未注册商标的可能与路径。
〔3〕 杜颖：《在先使用的未注册商标保护论纲——兼评商标法第三次修订》，载《法学家》2009年第 3 期。本文从未注册商标的在先使用权层面对注册商标制度提出完善。刘铁光：《规制商标"抢注"与"囤积"的制度检讨与改造》，载《法学》2016 年第 8 期。本文提出从完善申请程序和限制未使用商标权利的角度完善注册商标制度。
〔4〕 提出以权利和权益分别适用知识产权特别法和反不正当竞争法。孙山：《法益保护说视角下知识产权法的概念还原与体系整合》，载《浙江学刊》2021 年第 4 期。卢海君认为，商标是反不正当竞争法的组成部分。卢海君：《反不正当竞争法视野下对商标法若干问题的新思考》，载《知识产权》2015 年第 11 期。

识别商品来源的功能基于商标在市场上的实际使用，商标符号的含义由市场中的消费者与商标权人共同赋予，可以说商标就是符号市场意义的事实描述。商标的符号本质上应当是科学制定的商标制度的基本遵循。在我国的商标法体系中，注册商标是法制称谓，是法律所调整的商标使用关系，它不但表明一个商标是经过有权行政机构核准注册的，而且更主要表明注册人对该商标享有专用权，受到商标法的保护。[1]其实，注册是获得商标权的一种形式，同样未注册也并非一种自然的事实状态，而是被商标法排除至商标权之外的对象，这表现出了与美国等商标使用制度截然不同的特征，[2]呈现出特有的面貌。

（一）两法并行侧重不同

1. 《商标法》所调整的未注册商标

我国现行《商标法》直接或间接调整未注册商标的条款主要有第13条禁止对驰名未注册商标的混淆性使用和注册，第15条明知为他人未注册商标的禁止注册，第59条有一定影响的未注册商标享有在先使用权。散碎的有限几条虽然难谓体系和完整，但却准确表达出了多层意旨。

其一，未注册商标的排他力大小与商誉正相关。依据市场的知晓程度不同，《商标法》将未注册商标区分为有一定市场影响的、驰名的和普通的未注册商标三种，并赋予它们不同的排他力。[3]普通的未注册商标除可以制止知情者的恶意抢注外，并不享有其他权益；有一定市场影响的知名商标（以与驰名商标相区别）除排除恶意抢注外，还针对善意注册者享有在先使用权。[4]此外，未注册驰名商标具有最强的排斥他人在相同或类似商品上注册的权利。《商标法》的这种梯阶性规定以法定效力认同了"商誉为商标的灵魂"之观

---

〔1〕 吴汉东等：《知识产权基本问题研究》，中国人民大学出版社2005年版，第501页。

〔2〕 美国的商标使用制度可以参见 J. Thomas McCarthy, *McCarthy on Trademark and Unfair Competition* (4th ed.), §19. Thomson/West 2009.

〔3〕 对于这个排他力是否为民法上的权利，学界颇有争议。王太平教授提出未注册的梯阶性法律效力，张鹏博士提出未注册驰名与一般的排他权利，在行文中并无权利与权益的分别，孙山博士提出未注册商标享有权益，注册商标享有权利，分别适用商标法与反不正当竞争法。王太平：《我国未注册商标保护制度的体系化解释》，载《法学》2018年第8期；孙山：《法益保护说视角下知识产权法的概念还原与体系整合》，载《浙江学刊》2021年第4期；张鹏：《我国未注册商标效力的体系化解读》，载《法律科学（西北政法大学学报）》2016年第5期。

〔4〕 李雨峰：《未注册在先使用商标的规范分析》，载《法商研究》2020年第1期。本文提出有一定影响的未注册商标排除他人抢注的权能为消极的抗辩权，在原有范围内积极使用的权能为积极的使用权能。

念，是"商标为影子，商誉为实体"的制度写照，[1]为未注册商标保护提供了基本遵循。这也是有学者提出将未注册商标法律效力分阶为最强、适中和特定效力的制度基础。[2]

其二，保护未注册商标是保护注册商标的修饰和手段，体现了工具主义理性。[3]《商标法》赋予未注册商标一定排他权的目的在于保护注册商标，规范商标的注册秩序，未注册商标是注册商标的修饰，是保护注册商标的手段。我们不能因为形式上授予未注册商标排他力，就一厢情愿地认为未注册商标也是我国《商标法》保护的对象。姑且搁置未注册商标的定性争议，即便体系性地审视商标法的整个未注册商标保护条款，我们也无法得出未注册商标享有商标权或商标专用权的结论。在我国的单一注册制度体制下，商标授确权行政机构面临着甄别大量囤积和抢注申请的压力，《商标法》第13、15条的立法意图乃在于规范注册秩序，禁止恶意申请和抢注他人的未注册商标，但绝不意味着未注册商标享有《商标法》上的积极权利，其充其量仅具有抗辩他人申请的程序性权益，即便是第15条规定的未注册商标在先使用权条款也仅仅是对善意注册者的后续使用形成一定的限制，即便获得了一定的市场影响，未注册商标也并非为此获得了《商标法》上的排他性使用权，其权益仍由《反不正当竞争法》保护。质言之，《商标法》并非向未注册商标授予排他性专用权，未注册商标的排他力需要从其他制度上寻找依据和解释。

其三，单一注册制度并不认可商标市场的自由供给机制，只承认商标的行政配置方式。依据商标法原理，商标是在市场中标识来源的符号，在市场中使用的符号只有具备了商标属性，才能被称为商标。[4]经营者经营活动中，

---

〔1〕　Edward S. Rogers，"Comments on the Modern Law of Unfair Trade"，3 ILL. L. R.，1909.

〔2〕　王太平：《我国未注册商标保护制度的体系化解释》，载《法学》2018年第8期。

〔3〕　法律工具主义颇具争议，一说认为法律应当保持自身的工具理性，维护法律的权威和稳定；另一说认为法律应当为实现政治、政策和经济目的之工具。参见［美］布赖恩·Z.塔玛纳哈：《法律工具主义对法治的危害》，陈虎、杨洁译，北京大学出版社2016年版。本书认为《商标法》设定未注册商标条款并非出于保护未注册商标的目的，而是用来保护注册商标的工具。

〔4〕　彭学龙教授提出，只有通过实际使用，消费者将商标与某种商品的出处联系起来，商标权才真正产生。使用不仅促成了商标权的产生，而且决定着商标权的强度和范围。商标的市场影响有多大，商标权的效力就有多大。彭学龙：《寻求注册与使用在商标确权中的合理平衡》，载《法学研究》2010年第3期。李明德教授同样认为，商标权作为一项财产权，来自商标的实际使用以及由此而产生的商誉。商标作为一种智力活动成果，商标权作为一种财产权，永远不可能来自行政机关的商标注册。李明德：《两大法系背景下的商标保护制度》，载《知识产权》2021年第8期。

使用一定的符号标识自己的商品或者服务，本质上端赖于自身的市场经营需要，在不断的市场选择与被选择中形成自己的市场品牌和商誉，同时获得消费者的尊重和青睐。使用商标的自由应当由经营者根据市场状况自由决定和取舍，并遵循此市场规律获取相应的商标权。注册制度固然可以由经营者根据自己的需要选择注册与否，但是存在非出于市场使用的意图申请商标，存在挤兑行政供给秩序的可能。换言之，商标行政配给制度造成了与市场使用的脱节，剥夺了通过市场使用自然产生商标权的途径。

2. 《反不正当竞争法》上的未注册商标

《反不正当竞争法》第6条规定，经营者擅自使用他人有一定影响的商业标识导致商品或关系混淆的，为不正当竞争行为。该条所及商业标识包括但不限于商品名称、包装、装潢、网站名称、网页等，其中的"一定影响"固然可以被理解为市场知名度，[1]但究其实质应为原告可以证明未经行政认可和注册的符号为其所使用，可以区别商品来源，指明自己的特定身份，在市场上已经形成稳定的联系，该符号产生的商誉应当由其所有。虽然司法实践中存在证明商业标识与使用人关系的"稳定对应""特定联系""唯一对应"，或者"市场联系"标准方面的争论，[2]但毫无疑问都一致肯定了符号识别商品来源（特定身份）的功能。比照权利的构成要素，可以认为，《反不正当竞争法》规定的商业标识具有三个特征。

其一，规范的客体为广泛意义上的商业标识。商业标识是指商业经营中能够识别经营者身份、商品等信息的符号。广泛意义上的商业标识不仅限于未注册商标，还包括商品名称、包装、装潢、网站名称、网页等显著性符号。《反不正当竞争法（2017 年修订草案送审稿）》第 5 条"本法所称的商业标识，是指区分商品生产者或者经营者的标志，包括但不限于知名商品特有的名称、包装、装潢、商品形状、商标、企业和企业集团的名称及其简称、字号、域名主体部分、网站名称、网页、姓名、笔名、艺名、频道节目栏目的

---

〔1〕《最高人民法院关于适用〈中华人民共和国反不正当竞争法〉若干问题的解释》第 4 条第 1 款规定："具有一定的市场知名度并具有区别商品来源的显著特征的标识，人民法院可以认定为反不正当竞争法第六条规定的'有一定影响的'标识。"

〔2〕这三个标准从商标局评审委员会在"乔丹案"中使用的唯一对应标准，《最高人民法院关于审理商标授权确权行政案件若干问题的规定》第 20 条规定了特定联系、稳定对应关系标准提炼总结而来。笔者以为，对符号与主张人之间的关系应当放在特定的市场关系中考虑，以诉讼主张时符号与请求人之间的市场联系为标准。

名称、标识等"。这种概括加列举式的语词，足以涵盖所有可能在市场上使用的符号或标识。[1]虽然该条并没有被最终采纳，但是立法通过的文本第6条第4项，在司法实践中作为兜底条款已被拓展至包括"作品名称、角色名称"等商业符号。[2]质言之，该条囊括了所有未注册的，有一定市场影响的商业标识，也当然包括未注册商标在内，至于注册商标是否被容纳，理论和实践中尚有争议，[3]如果搁置注册商标的争论，广泛意义上的未注册符号即为未注册商标，《反不正当竞争法》第6条的商业标识条款正是规范未注册商标的条款。

其二，规范的主体为商业标识的使用人。依《反不正当竞争法》第6条之规定，商标标识使用人为经营者，由于包括商品名称在内的商业标识并未在行政机关登记备案，无官方的证据证明商标标识使用人的主体身份，只能由使用人自证其为商标标识的使用人。由于商标符号的市场实际使用者可能不止一个，这端赖于使用人举证的实际情况，根据民事诉讼的优势证据规则，谁的商业符号能够产生市场影响或者影响较大，谁就为诉争商业符号的使用人。当然，在不引起混淆的情形下，不同的经营者使用的商业标识可以共存。由是而论，第6条所规定的"一定影响"的意图并非对商业标识的商誉进行知名、驰名等测度和评价，而是为使用人自证其身份设定的证据标准，只有商业标识具有一定影响，方能在消费者之间产生市场联系，才能证明使用人对其市场联系具有排他性利益。退而言之，如果使用人在市场中使用的符号并没有在消费者之间产生一定影响，那么对这种符号的保护就不具有法律上的正当性，丧失了保护的基础。"一定影响"的要求为未注册商标的保护提供了技术上实现的可能，在一定程度上克服了未注册商标的不确定性。

其三，规范的路径为侵权的行为模式。被告采用他人有一定影响的商业

[1] 李士林：《商业标识的反不正当竞争法规整——兼评〈反不正当竞争法〉第6条》，载《法律科学（西北政法大学学报）》2019年第6期。

[2] 在"上诉人北京光线传媒股份有限公司、徐某等与被上诉人武汉华旗影视制作有限公司不正当竞争纠纷二审案"（最高人民法院[2015]民三终字第4号民事判决书）中，法院认定"人在囧途"经过大量使用、宣传，能够实际上发挥识别商品来源的作用。在"金庸诉江南案"中，法院也探讨了作品中知名人物名称在反不正当竞争法层面上的性质与定位，参见广州市天河区人民法院[2016]粤0106民初12068号民事判决书。

[3] 我国的司法政策认同两法为平行关系，《商标法》已有规定的，《反不正当竞争法》不再规定。理论上也有观点认同《反不正当竞争法》是《商标法》的补充和兜底，《反不正当竞争法》也保护注册商标。

名称、包装、装潢等未注册的商业标识，足以让人误以为是他人商品或者与他人存在特定联系的混淆行为的，构成对他人商业标识的侵害，应当承担侵权责任。顺从反不正当竞争法为经济法部门，主要采用行政控制和司法控制模式的特征，[1]反不正当竞争法的任务是对扰乱市场的行为予以规制，以充分发挥市场的资源配置等功用，维护自由竞争的市场秩序。权利人视角的权利逻辑和话语并不能套用在反不正当竞争法身上，其之所以被视为权利保护法，端赖于其以权益为工具达致维护正当竞争的目的，保护权利只是实现目的的手段。[2]商业标识通过私人控制的方式维护着商业符号的市场使用及其符号供给的竞争秩序，禁止混淆性使用他人具有一定影响的商业符号行为。姑且不论未注册商业标识的定性为权利、权益还是利益，采用侵权逻辑的思路主要在于对行为的评价，就《反不正当竞争法》第6条而论，混淆可能性是侵权构成的核心要件。根据《最高人民法院关于适用中华人民共和国反不正当竞争法若干问题的解释》第12条之规定，混淆的对象既可以为商品来源关系，也延伸于商业联合、许可使用、商业冠名、广告代言等特定联系关系。比如，公司法上认定的公司之间存在的关联关系，通过外在商业标识使消费者产生了混淆，即可认定为第6条的引人误认。与《商标法》第57条第2项"混淆可能性"相比，范围和程度更广更宽。

（二）与注册商标存在制度差异

如上所论，未注册商标与注册商标的规范路径不同，两者之间存在一定的差异，二者之间的差异并非仅仅由商标注册的行政程序造就，商标本质与获权规范之间的撕裂才是两者存在制度差异的根源。从规范的表征上来看，两者的差异主要表现如下。

1. 法律状态和地位不同

虽然我国允许在商业中自由使用《商标法》第10条排除之外的符号作为商标，但第3条业已明确表明只有注册商标才能取得商标专用权，受到《商标法》的保护。换言之，在我国的注册商标体制下，未注册商标不能获得与

---

〔1〕 吕来明、熊英：《反不正当竞争法比较研究——以我国〈反不正当竞争法〉修改为背景》，知识产权出版社2014年版，第260~270页。

〔2〕 财产规则与责任规则的划分，通常对应权利与权益的类型，特定领域的规则选择，对应着国家干涉的程度和成本效率的考量。参见凌斌：《法律救济的规则选择：财产规则、责任规则与卡梅框架的法律经济学重构》，载《中国法学》2012年第6期。

注册商标同等的法律地位，不能受到《商标法》的充分保护。即便《商标法》第 32 条对有一定市场影响的未注册商标保有优先注册和继续使用的便利，但更多是出于维护商标注册秩序的需要，并非对未注册商标授予《商标法》上的权利。

依据是否通过行政注册程序的确认，以财产和非财产区别对待注册和未注册商标的结果，与商标源于市场使用中消费者来源认知的本质相悖，商标源于使用是社会事实，也是自然法思想中劳动论的自然体现，具有天然正当性，[1]以是否经过官方程序的认可而区别为财产与非财产的逻辑是荒谬的，假定商标权源于官方授予，以注册获取财产权的推定也是错误的，既不符合现实，又缺乏理论上的妥当。笔者以为，商标注册获得是优先使用权，与财产权不同，否则就无法解释符号为何是财产的论断，也是抢注和囤积、贩卖注册商标的制度根源，治理就要断根，不是仅从程序上做文章，那样最终无法解决问题。

2. 权利和权益的差异

学者以商标为知识产权为逻辑前提，推定《商标法》保护的注册商标专用权为财产权，属于绝对权，未注册商标等商业标识是未上升为权利的法益，专有性较弱，属于反不正当竞争法保护的对象。由此而论，《商标法》与《反不正当竞争法》属于平行关系，两者规范的对象存在根本的区别。[2]

如此而论，注册与否是商标关系规范分野的标尺，从而导致《商标法》与《反不正当竞争法》分别规制的差异，以为权利和权益不同而适用《商标法》和《反不正当竞争法》的观点是表象的推论。其实，商标因为注册与否才是导致法律上享受不同待遇的根源。我们需要反思的是我们是否过于夸大了注册的法律效力，赋予了其太多的法律功能，反而异化了商标制度，导致符号垄断、抢注、囤积，恶意维权等不正常的经济现象，反而挤压了诚实经营者的生存空间，造成整体社会出现商标焦虑。其实，商标并非等同物权效力的财产，财产的称谓更多是一种虚指，是一系列权利束的总称。未注册商标在市场上获得消费者认可，形成来源认可和商事主体身份认知的，实质上已经形成了注册商标的同等排斥力和支配力，形式上一概歧视，排除《商标

〔1〕 劳动论诠释商标获权的论述，参见彭学龙：《商标法的经济学分析》，载吴汉东主编：《知识产权年刊》（2006 年号），北京大学出版社 2007 年版，第 230 页。
〔2〕 郑友德、万志前：《论商标法和反不正当竞争法对商标权益的平行保护》，载《法商研究》2009 年第 6 期。

法》保护，反而扭曲了商标的正当性。

3. 适用两法的差异

注册商标适用《商标法》，未注册商标、包装等商业标识适用《反不正当竞争法》，于是注册商标与未注册商标的适用差异就转变为了两法的差异。关于两法形式上的差异主要表现为：其一，两法的侵权构成要件不同；其二，两法规范的客体不同；其三，两法的性质不同。当然，不同的著作还呈现出了较多的不同，但其实这些都是规范上的特征区分，并非本质上的追溯，最本质的区分还需从两法的关系说起。纵观现有的研究成果，大体上两个视角，第一，从整体上比较两法，吴汉东先生提出了补充说。第二，从商业标识条款和一般条款论及与知识产权关系入手，提出了平行说，比如孙山；在解释两者关系时通常采用不正当竞争构成理论，权利权益理论，财产与责任规则理论。但从规范本身看，其他误认为特定联系的混淆行为，也包括使用注册商标、未注册商标等相同或近似标识造成混淆的可能。不过最高人民法院的司法政策已经排除了该条涵盖注册商标的解释，《最高人民法院印发〈关于当前经济形势下知识产权审判服务大局若干问题的意见〉的通知》指出，专门法已经穷尽规定的，《反不正当竞争法》不再提供保护，特别性规定的不再按照原则扩展保护范围。由于《商标法》和《反不正当竞争法》都涉及注册商标，因而注册商标的适用选择，其实就是对两法关系的适当调处。反法调整的未注册商标与商标法调整的注册商标之间的异同，不仅牵涉两法关系，而且关乎未注册商标的法律认同，以更宏大的叙事融合整个商业标识法，破除标识规范的碎片化和冲突。当然，这也造成了两法关系的各种冲突性学说，横生制度运行的障碍。

三、融合未注册商标的应然规范

（一）扩张商标客体的范畴

鉴于商标产生于市场的本质与单一注册获得商标权之间的矛盾和割裂，我们应当考虑扩展商标法调整的商标权客体，不应仅局限于注册商标，可以考虑将未注册商标也纳入其中。

目前国际上的商标立法例，主要有三种商标权的客体类型，分别为广义符号论，狭义注册论和商标符号论，我国的商标制度应当被归入狭义注册论的范畴。

1. 标识身份的广义符号

该立法例遵从自然主义的法理，认同市场上能够识别和区分商品生产者或提供者身份的符号都是实质意义上的商标，属于商标权的客体范畴。

最典型的泛商标法范畴的立法例当属美国。美国的商标法起源于英国的普通法和反不正当竞争法，[1]是对商业范围内普遍使用符号的一种确认，是对造成混淆假冒行为的排他性使用权。从侵权的层面而论，不管是什么样的商业符号，只要能够引起消费者的混淆，都应当属于商标侵权，因而商标也不仅仅限于固有显著性商标，任何种类的商业符号都有可能是商标。[2]《兰哈姆法》第 43 条 a 可适用于保护任何注册或未注册的、显著性的标识（不仅仅是商业外观），以防止有关来源、出处或赞助者的混淆之虞。[3]

无论这个问题是商标的模拟，还是商业商品或其商业服装的整体外观，核心问题都是一样的：是否存在混淆的可能性。这些符号都是商标。由于商标法只是反不正当竞争法的一个类型，人为区分商标与商号等符号不具有制度上的意义和使用的价值，这从"trademark"与"trade name"的等同上也能窥见大商标的格局。

注册与否并非获得保护的资格，只要能够发挥识别来源的作用，都可能作为商标受到保护，和保护范围具有无限性。商标使用人身份的确认或者符号的所有，依赖于主张人证明其使用的商业符号与商品的来源关系得到市场的一致性认可，善于使用人可以在不引发混淆的范围内共同使用，无须担心被邻居抢注和抢用，也不用担心积累声誉后被他人抢注。这就从单一官方注册证明权利人的模式中摆脱了出来，实现了私权自治，自证其权的逻辑自洽，避免了抢注、囤积挤兑商标注册体制，官僚行政供给的无效率，寻租等弊端。

2. 囊括未注册商标的商标法体例

显著性是商标受到法律保护的基本条件。显著性是商标之间互相区别，能够使相关公众在市场若干个相同或类似产品中识别出商标权人的符号特征，市场性是显著性产生的客观条件，离开了市场再具有独创性的符号也不是法

---

〔1〕 李明德：《美国知识产权法》（第 2 版），法律出版社 2014 年版，第 454 页。

〔2〕 J. Thomas McCarthy, *McCarthy on Trademark and Unfair Competition* （4th ed.），Thomson/West 2009，§4：10.

〔3〕 ［美］谢尔登·W. 哈尔彭、［美］克雷格·艾伦·纳德、［美］肯尼思·L. 波特：《美国知识产权法原理》（第 3 版），宋慧献译，商务印书馆 2013 年版，第 407 页。

律意义上的商标。在注册制度下，显著性是商标获得注册的基本条件，法律推定注册的商标在未来的市场上获得了显著性，具有了市场上的区别力，但这与客观事实并不相符，造成单一注册商标制度存在注而不用、囤积抢注等制度弊端。未注册商标在市场上使用，具有了区别力，虽未经官方注册确认，但为实质意义上的商标，如果淡化注册的效力，以商标区别力作为保护的（附加）条件，在一定程度上可以削弱盲信注册的市场乱象，将注册与未注册商标统合为一体，掐断抢注和囤积的制度根源。

以德国商标法为例，其不仅保护注册商标，而且保护未注册商标、商品名称及产地来源标志。对未注册的保护，产生于将标志在商业交易中的使用，且其在参与商业交易的群体范围内作为商标获得了第二含义，即参与商业交易的群体将标志作为商品或服务的来源表征看待。标题表征的是作品，事不同理同。未注册商标表征的是商品，标题表征的是作品，企业标志表征的是企业。以产生区别力为要件。

参照美、德商标模式，结合我国商标制度的特点，审视其存在的问题，我们以为可以从以下几个方面予以调整和改变。

首先，统一商标、反不正当竞争上的表征、地理来源标记，以及所有在商业中使用的标志均被纳入商标的范畴，将商标统一为上位概念。如果将商标定义为使用在商品或者服务上标识商品来源或者服务提供者身份的符号，那么符合此定义的所有符号都应当为商标，无论其注册与否。现行《反不正当竞争法》第6条规范的商品名称、包装、装潢，还是企业名称简称、域名主体等，只要在识别商品来源或者提供者身份上使用，其本质上都在发挥商标的识别功能，客观上皆行使了商标的效力，可以被纳入未注册商标的类型，由商标法统一规范。换言之，不能因为商业标识具有一定的影响就认定其为商标，纳入商标法规范，而以标识的商标性使用达到识别商品来源或者来源者关系的程度，方能认定为未注册商标。

其次，如果说注册商标在诉讼之前权利可以相对确定的话，那么未注册商标可以在诉讼中予以确定。不同于注册商标权通过商标注册证证明拥有商标权的方式，仍存在被告通过无效程序否认其有效性的制度空间，而未注册商标直接可以通过主张人的诉讼举证予以确定。在主张侵权的诉讼中，法院可以审核未注册商标是否违反了《商标法》第10条的绝对无效条款。除此之外，由主张人举证自己通过市场的使用取得了一定的影响，一定市场的消费者已经将未注册商业标识与产品提供者的身份联系在一起，产生了稳定的市场联系关系，由其拥有商标权。

最后，我们应当弱化注册的制度功能，注册赋予财产权损害了商标法理论的严整性，此考量让位于时间的便利性需求。[1]商标是否取得财产地位，是否具有财产价值，端赖于市场上的使用和消费者的肯定，与注册与否并没有关系。无效注册的，我国法院虽不能改变，但可以决定不赔偿和建议无效或撤销。这虽与美国法院可以直接决定和更改商标的状况不同，但至少构成对注册的限定和对未注册的一种肯定。由是观之，我们可以通过弱化注册的效力，将其作为取得商标权的一个证据，或者减弱为排他性使用的优先权，如果没有实际使用，或者后于实际使用人形成一定市场影响，那么自然应当否决注册的效力，尊重市场的实际。

综上所论，我国商标法应当直接采纳中型的体量，容纳未注册商标，但是在考虑未注册商标的范围时应当审慎，将其限定为在识别来源意义上使用。因而，我们应将未注册的几个条款整合，将未注册与注册的整合，将注册程序与未注册商标的证明程序整合，将未注册商标纳入商标法的保护范围。修改第 56 条为，核准或者附着的商品上使用注册或未注册商标的权利。由此我们也可以避免将使用意图这些抽象的规范和难以测度的概念引入注册的程序，淡化注册效力，引导权利人将精力放在商标的市场使用和商誉的养成上，回归商标的本质。

（二）未注册商标的公示性克服——证权成本

注册商标的因由或者正当性，甚而注册的制度功能皆可以归为注册完成了商标财产的公示公信，达到了财产登记的制度效果，注册与财产的公示公信勾连，证成了注册与商标财产权之间的关系。以行政登记程序取得商标财产权的证权逻辑与商标源于市场使用的本质不符，与其计较于注册与财产的关系，毋宁说注册是对其他竞争者的信息公示，提醒其避让，以免与其相同或近似。由是而论，如果未注册商标可以完成信息公示，那等同于达到了商标注册公示的效果，以此排除未注册商标一体保护的说辞也就丧失了立论基础。

---

[1] 朱冬：《财产话语与商标法的演进——普通法系商标财产化的历史考察》，知识产权出版社 2017 年版，第 97 页。

依照商标侵权案件审判的思路，形成一个有效的商标侵权诉讼案，一般围绕五步展开，即原告诉称的商标注册、保护等情形，被诉行为的商标使用评价，被告行为是否侵害商标权，被告的抗辩审查，民事责任的承担。[1]其中，原告诉称的商标权合法有效是案件进一步审理的基础条件，如果不存在有效的商标权或者原告无法对商标权进行有效的举证，那么案件就没有进一步审理的必要，法院可以驳回诉讼或者对原告的诉讼请求不予支持。在通常情况下，有效的商标权源于商标行政主管机关的注册，凭借商标注册证、续展证明等证据予以证明。在单一注册体例下，商标注册证是认可商标最有效的凭证，即便原告不能提供已经在商业中使用的证据，也只是对赔偿额的计算产生影响，并不妨碍被告构成侵权的行为评价。[2]当然，如果被告以恶意注册等实质性缺陷，或者以恶意诉讼等程序性瑕疵抗辩成功，原告的诉讼请求就无法得到支持。如果被告启动商标无效或者撤销行政程序，那么诉讼案件中止，商标的有效性与否由商标局重新评价。质言之，在商标权有效性的证明证据中商标注册证具有不可质疑性证据效力，除非通过行政程序否定注册证效力。如果比照注册商标诉讼的证明路径和证据选择的方式，未注册商标也可以通过市场的证据予以固定，从而证明未注册商标的使用人拥有其上的权益。

如果我们假定商标法对所有商标一视同仁，不予区分权利与权益，也不做商标法与反不正当竞争法适用的差异，未注册商标与注册商标一体保护，同样处置。那么在未注册商标侵权诉讼案件中，原告为实现未注册商标权利可以从几个方面着手：

其一，一定市场影响的证据，依照《最高人民法院关于适用〈中华人民共和国反不正当竞争法〉若干问题的解释》第4条的规定，"一定影响"形成于市场中的使用，让未注册商标具有了区分商品来源显著性的使用证据，都可以作为主张对未注册商标享有专有权益的证据，比如消费者的知悉程度、标识宣传的时间、使用的地域范围等。追溯证据的来源，我们可以发现，原

---

〔1〕 参见《江苏省高级人民法院侵害商标权民事纠纷案件审理指南》（2020年修订）1.2审理思路概述。

〔2〕 彭学龙教授提出，商标不使用的抗辩限制的是注册商标的部分请求权，以及限制损害赔偿请求权，并非剥夺全部请求权。彭学龙：《论连续不使用之注册商标请求权限制》，载《法学评论》2018年第6期。

告举证的成本产生于市场使用的提取和固定，全部成本内化于未注册商标的使用人，不同于注册商标的注册证明由社会承担了制度成本和注册机构的行政运营成本，于此层面而言，保护未注册商标比保护注册商标更经济，外部成本更低。

其二，未注册商标权利人的明确，可以由主张权利的使用者举证其通过市场经营、商标符号的持续性使用，拥有其通过劳动所获得的商标符号的识别性利益，为未注册商标的权利人。这符合商标劳动论的注解，具有不可辩驳的法理正当性。[1]问题在于，如果存在两个使用人主张同一相同或者近似的未注册商标，那么谁才是未注册商标的权利人呢？依照先使用原则吗，还是比较商誉的大小，抑或依照共存原则，[2]在各自的市场空间内和平共处，牵涉市场交叉的，如果不产生市场混淆，相安无事，如果产生市场混淆，任何一方都有义务要求对方添加区别标识或者进一步的信息说明或公示，消除混淆。大家都是未注册商标，缺少了官方登记证据的佐证，地位平等，市场上产生的问题，还应当交由市场来处理。

其三，在原告诉讼未注册商标侵权的情形下，如果依照《反不正当竞争法》第 6 条的规定审理，"有一定影响"标识的相同或者近似，可以参照商标审理的方法进行。[3]也就是说，虽然缺少官方注册核准的商品类别和确定的商标符号，但可以原告诉称的商品类别和使用的未注册符号作为认定"足以引人误认为是他人商品或者与他人存在特定联系"的判定因素。这一根据原告使用情形确定混淆或误认结果的方法与注册商标之方法并无本质上的差别，具有异曲同工之妙法。

其四，未注册商标实际使用的证明比注册商标更具优势，因为未注册商标的主张就是建立在实际使用的基础之上的，但注册商标存在注而不用、囤而不用、抢而不用的情形，注册跟实际情况并不契合和一致。从此层面而论，未注册商标才是将市场实际与商标本质完美融合的商誉载体。

---

[1] 洛克以自然劳动论解释商标权正当性的论述可以参见李士林：《重新审视商标法的哲学基础》，载《云南大学学报（法学版）》2013 年第 1 期。

[2] 罗莉：《信息时代的商标共存规则》，载《现代法学》2019 年第 4 期。

[3]《最高人民法院关于适用〈中华人民共和国反不正当竞争法〉若干问题的解释》（2022 年 3 月 20 日施行）第 12 条第 1 款规定："人民法院认定与反不正当竞争法第六条规定的'有一定影响的'标识相同或者近似，可以参照商标相同或者近似的判断原则和方法。"依此规定，商业标识审理与商标相同。

（三）恰当处理两法关系

反不正当竞争法，是自由竞争市场的维护法，是对市场自身无法解决的不公平行为的制止法，它所存在的目的就是确保企业有一个公平竞争的环境，确保消费者不受欺骗和干扰。由于市场是多元的、多变的，因而商业道德、法官造法和反法立法共同构成反不正当竞争法的制度体系。[1]在涉及反不正当竞争法的研究和应用中，忽略了这点，仅仅在法条内行为的做法是偏狭的。

反不正当竞争法建构的模式既有法国式的民事侵权之诉，也有普通法之上的仿冒之诉，更有典型的德国独立的特别法。不管何种立法模式，以何种形式呈现，皆以违背诚信的不正当竞争行为为规范的对象，都属于经济法领域，意在矫正扰乱正常市场秩序的行为，保护消费者和诚实经营者都是其副产品。国际上反不正当竞争法立法模式多样，但立法技术上的差异并不影响公认的不诚实竞争行为，商业上的公平标准是一个特定的事实现象，是所有国家市场经济的统一标准。不管怎么说，国际条约层面上的反不正当竞争法主要规制：混淆行为、诋毁、欺骗是共同的核心行为，[2]拓展不同领域的行为各国不同。由此可见，反不正当竞争法采用的行为规制模式，它可能客观上通过保护权利为手段，达到规范不公平竞争的目的，但保护私权绝对不是其立法追求的旨趣。这个目标在以保护私权为意旨的立法中不可能实现，知识产权就是对智力成果的垄断权，它并非对知识成果为公共产品经济属性的自然顺从，而是禁止竞争者自由使用其知识产权，或者毋宁说，知识产权的私权设定改变了正当竞争的领域，而对新领域内的正当竞争维护加深和拓展了竞争。

通俗地讲，商标就是商业活动中使用的一种标记。学理上检视，不同的学科领域内，商标具有不同的内涵和表征。经济生活中的商标是可管理和运营的无形资产；社会文化意义上的商标是商业主体的身份宣示，具有精神图腾的意味；信息传播层面上的商标是传达商品来源等信息的媒介和桥梁；法律规范上的商标是法律围绕识别来源功能所设定的一套制度体系。由于包括商标在内的知识产权是法律之权，故而法律规范内的商标讨论才具有现实意义和理论价值。

---

〔1〕［德］弗洛克·亨宁·博德维希主编：《全球反不正当竞争法指引》，黄武双、刘维、陈雅秋译，法律出版社2015年版，第1页。
〔2〕参见《巴黎公约》第10条的规定。

从法律规范的范畴审视，商标与商业标识是种与属的关系，商标并非商业标识的简称，而是其中的一个类型。广义上的商业标识是指经营者在经营活动中使用的具有识别功能的文字、图形、色彩及其组合等，包括商标、商号、包装、装潢、货源标记、商品名称等，商标仅仅是贴附在商品或者使用于服务上用来识别商品或服务来源的标记，是商标标识的一种，但并非全部。纵观国际商标立法，广义上的商标法规范对象为能够识别商业主体身份的各种商业标识，比如美国的商标法，德国的商标法保护商标、商业名称和产地来源标记；狭义上的商标法仅仅规范注册商标，比如我国的商标法主要被限定于注册商标，日本也采用的是相同的立法例，商标之外的其他商标标识并非商标法规范的对象。

从商誉的层面审视不难发现，建立在商家与消费者信息传播模式基础上的商标法律理论认为，商标是通过贴附在商品上向消费者所传递的来源信息，商标法立法目的就是阻止其他经营者使用相同或者近似商标欺诈和误导消费者的行为。商誉通常是指公众对经营者的良好评价和选择忠诚度，商誉可以通过商标表达，但商标却不是商誉的仅有表达形式，经营者的广告和良好服务都是增长商誉的方式。从信息传递模式的角度而论，商誉并非商标的必要因素，而是商标动态变化中的价值测度。商誉形成与商标使用并不同步，虽有注册但并未在市场中建立消费者联系的商标，很难说形成商誉，经过一段时间的使用，在消费者心目中形成一定的市场影响，经营者积累了一定的商誉，商标也具有了一定的知名度。随着商标使用时间的增长，在国内甚至国际市场积累了名声，形成了驰名商标，此时的商誉已经成了商标的实体，商标反而成了形式。商标与商誉的动态关系昭示着，商标的意义和内涵是由商誉赋予的，而商誉是市场中各种表征身份的符号和信息使用后消费者所赋予的，没有形成商誉的初始注册商标并非自然法层面的真正商标，经过市场使用的注册和未注册的商标才真正具备了商标的意义，才有资格称为实质意义上的商标。由此而论，形成商誉的未注册商标是值得法律承认和保护的一类商标。

商标法是法律对注册商标确认和维护的产权制度。如果注册与商誉并没有关系，商誉是便于经营者控制和使用的财产，而无须求助于商标的信息传递模式。商标依赖于或转向于商誉，逻辑上更便于证成商标为财产权的论断。正如霍姆斯法官在 1917 年所说："财产权规则适用于商标是无需分析的表述，这是基于法律对良好商誉的根本要求自然推导出的结果。"经营者的信誉和消费者评价不是通过行政机构的行政行为赐予的,更无从法律的方式硬性授予。我国驰名商标荣誉称号、行政普遍认定的深刻教训无不归结于思想根源上对商标和商誉的市场误解。[1]

商誉沟通了淡化和混淆两个理论,消除了商标法与反不正当竞争法的差异。如果这样做的正当性源于商家对商标商业经营中的精心经营和使用,那么未注册商标也可能被商家在商业活动中标识和运营,甚至可能产生一定范围内的影响和声誉,以注册与否作为排除商标法保护的理由,不具有正当性。换言之,注册与否差别对待,并不是本质决定的,而是本质之外的其他因素决定的,比如说效率、管理、诉讼等等。

可以分析管理的效率和成本问题。程序性规定的成本并不比个体自由证明的私人证据成本低。市场型供给转化为官僚体制的供给机制,破坏了市场,应当推动供给侧结构性改革,放手和信任市场调节。

小 结

在人类演化和发展的历史长河中,符号的创造和使用既是人类生物性进化的自然结果,也是人类文化性活动的精神凝结物。符号在我国的使用史可以上溯至距今 8000 年左右的贾湖遗址先民的刻符记事,双墩遗址出土的刻画符号显示出双墩先民已经使用水纹刻画符号记录复杂的水文与鱼群活动的规律。距今 5000 年的良渚先民已经在器物和石钺上使用原始文字,其功能相当于殷商时期的甲骨文或战国时期的简。追古至今,现在纷繁复杂的文学创作、科技计算、哲学追思等人类的认知,毫不夸张地说无不体现为符号。人类的社会发展史其实就是一部符号创造和运用史。符号的创造和使用既是人类生物性进化的自然结果,也是人类思想和精神活动的客观印记。商标符号也不过是商品和商业中使用符号所产生的社会意义,后来被规范所认可,仍然属于自然法的自然事实具化为法律事实的结果。

商标源于市场使用的本质,决定了商标注册是经验的、规范的,是制度塑造的产物,而不是商标法理的自然逻辑的产物,这种本质与规范的矛盾注定单一的注册制或者使用制都会存在自身无法克服的问题。职是之故,世界

---

〔1〕 李琛:《中国商标法制四十年观念史述略》,载《知识产权》2018 年第 9 期。

大多数国家均采用了注册与使用复合制度，只不过在主导选择和复合模式上存在一定的差异，无论是美国的使用兼登记制，还是德国的注册未注册一体保护制，皆与其社会经济环境和法治体制体系紧密相关。诚然，单一注册制度在推动我国商标事业发展，促进商品经济提质增产方面功不可没，但是其带来副作用，不以使用为目的的注册、恶意注册、抢注未注册商标等痼疾扰乱了我国的商标注册和使用秩序，制约着商标强国战略的实施，虽经过多次注册程序的改革，但是制度成效并不明显。如果立足于注册与使用之间的矛盾，尊重商标使用的市场规律，改变单一注册制度，将未注册商标与注册商标一体化规定，那么使用与注册之间的张力自然可以纾解，抢注等痼疾可以很方便地被市场内化和消解，商标行政的供给侧结构性改革顺势走实、走深。

　　如是而论，如果未注册商标与注册商标一体化为商标法规范，那么结果必然导致《商标法》与《反不正当竞争法》第6条的商业标识条款牵连不清，为了避免陷入两法关系的争论和选择适用的两难，我们可以将本质和外观上能够识别商品来源的标识统归为商标的范畴，其他法律明确规范的有名符号，例如商号、企业名称等，仍由《反不正当竞争法》规范。换言之，权利人或者被诉侵权人符合商标使用的情节，就应当由商标法规范，而不论商标是否注册，至于未注册商标权属争议、混淆误认等涉及的焦点问题，可以根据证据法的优势证据规则厘清，相关风险由举证人承担，以此事后的处置反向激励商业标识使用人自由决定注册与否，消除从制度源头上歧视对待注册与未注册商标的立法范式。

第四编
专利权侵权诉讼

专利权侵权诉讼涉及的问题非常广泛，内容庞大，从专利授确权、专利无效、禁止反悔等获取前端，到专利权许可、转让等运行中端，再到专利权的维护、维权等后端，既涉及专利三性、等同原则、现有技术抗辩、设计空间等核心理论的理解和运用，又关乎确认不侵权、权利评价报告、先用权抗辩等程序性实践，可谓技术性、法律性、经济性交织，实体性、程序性兼具的复杂领域。本编选取最核心的三个问题及专利权的边界、专利侵权认定、被告合法抗辩，予以简述和分析。

第十六章

⋯⋯⋯◇·◇⋯⋯⋯

专利权边界

专利权以专利证书上记载的权利要求为核心，说明书和附图可以解释权利要求。限于语言表述的多样性，等同原则延伸了专利权保护范围。本章将就专利权的边界界定予以论述，以为专利侵权主张奠定基础。

第一节　界定专利权的依据

一、《专利法》划定的专利权

《专利法》第 64 条规定："发明或者实用新型专利权的保护范围以其权利要求的内容为准，说明书及附图可以用于解释权利要求的内容。外观设计专利权的保护范围以表示在图片或者照片中的该产品的外观设计为准，简要说明可以用于解释图片或者照片所表示的该产品的外观设计。"

《专利法实施细则》规定，权利要求包括前序和特征部分，这些特征和前序部分写明的特征合在一起，限定发明或者实用新型要求保护的范围。从属权利要求用附加的技术特征对引用的权利要求作进一步限定。

综合以上规定，专利权的保护范围就是权利要求的内容，受到前序和特征的限定，从属权利要求进一步限定。可以利用说明书和附图解释权利要求。

最高人民法院发布的司法文件指出，正确解释发明和实用新型专利的权利要求，准确界定专利权保护范围，既不能简单地将专利权保护范围限于权利要求严格的字面含义，也不能将权利要求作为一种可以随意发挥的技术指导，应当从上述两种极端解释的中间立场出发，使权利要求的解释既能够为权利人提供公平的保护，又能确保给予公众以合理的法律稳定性。凡写入独立权利要求的技术特征均应纳入技术特征对比之列。[1]

最高人民法院在"日本某株式会社诉温州某药业有限公司确认是否落入专利权保护范围纠纷案"中提出："由于专利独立权利要求的保护范围最大，如果被仿制药品对应着专利独立权利要求，只要仿制药的技术方案不落入独立权利要求的保护范围，必然不落入从属权利要求的保护范围。但是，如果仿制药技术方案不落入药品专利从属权利要求的保护范围，并不能当然得出不落入药品专利权保护范围的结论。"[2]由此可见，专利权的保护范围以主权利要求为基准，从属权利要求用于限定主权利要求。在主权利要求相同的情况下，如果从属权利存在实质性差异，那么也难以判定存在侵权。

二、司法解释的限定规则

最高人民法院就《专利法》的适用和专利侵权纠纷发布了三部司法解释，就专利权的保护范围，综合司法解释和审判观点，可以作出如下归纳。

1. 权利要求记载的技术特征，应当包括全部技术特征，以及等同特征。在权利要求的技术特征比对时应当比照全部技术特征，换言之，专利权的保护范围以全部技术特征限定的范围为准

最高人民法院在"宁波某环保设备有限公司诉湖北某环境工程有限公司等专利权权属、侵权纠纷案"中提出，[3]涉案专利权利要求1中限定了在锥形圈下方设置锥体的技术特征，被诉侵权技术方案在反应器壳体内自上而下间隔布置了若干个锥形圈和锥体，部分锥形圈的下方确实设置有锥体，该技术特征与涉案专利权利要求1中的相应技术特征相同。被诉侵权技术方案在反应器壳体内自上而下间隔布置了若干个锥形圈和锥体，形成多组配合安置，也包含了权利要求2的附加技术特征，落入了涉案专利权利要求2的保护范围。虽然宁波某环保设备有限公司主张被诉侵权技术方案相对于涉案专利权利要求增加了若干技术特征，但该主张并非被诉侵权技术方案是否落入涉案

---

[1] 《关于当前经济形势下知识产权审判服务大局若干问题的意见》（法发〔2009〕23号）。

[2] "日本某株式会社诉温州某药业有限公司确认是否落入专利权保护范围纠纷案"，最高人民法院〔2022〕最高法知民终905号民事判决书。

[3] "宁波某环保设备有限公司诉湖北某环境工程有限公司等专利权权属、侵权纠纷案"，最高人民法院〔2021〕最高法民申6826号民事裁定书。

专利权保护范围的法定理由，在被诉侵权技术方案已经包含了与涉案专利权利要求记载的全部技术特征相同的技术特征的情况下，二审判决认定其落入涉案专利权保护范围并无不当。

2. 在确定专利权的保护范围时，独立权利要求的前序部分、特征部分以及从属权利要求的引用部分、限定部分记载的技术特征均有限定作用

权利要求所记载的技术特征均对专利权具有限定作用，延伸至前序部分、特征部分、引用部分、限定部分。换言之，权利要求书所记载的内容均对专利权起到框定和限定的作用。具体陈述如下：

（1）主题名称作为技术特征的一部分：如果主题名称构成或隐含具体的技术特征，它对专利权的保护范围具有限定作用。例如，如果主题名称用于区分现有技术，它就具有类似权利要求特征部分的地位或功能。

（2）主题名称与特征部分的关系：如果同一技术术语在主题名称和技术特征中重复出现，使得它们之间互相参证解释的可能性显著提高，导致难以区分，那么主题名称对权利要求的保护范围便具有限定作用。

（3）主题名称的应用领域限定：如果主题名称明确了专利的具体应用领域，并且专利的发明目的也是针对该具体领域的技术问题，那么主题名称对该专利便具有较强的限定作用。在侵权判定时，如果被控侵权产品不属于该指定的应用领域，则可认为其未落入该权利要求的保护范围。

（4）主题名称的用途限定：如果主题名称中的用途限定隐含或者导致主题名称被用于区分现有技术，则该用途限定的主题名称对于权利要求保护范围的确定具有限定作用。

（5）发明目的在权利要求解释中的适用：当权利要求内容因存在不合理、不明确或不清楚等缺陷而导致权利要求内容与发明目的不相符合时，需适用发明目的对权利要求内容作出解释。

综上所述，权利要求书中的每个组成部分（包括主题名称），都可能对专利权的保护范围产生影响。在专利撰写和维权过程中，应充分考虑这些组成部分对保护范围的具体限定作用。

3. 功能性特征

功能性特征在《专利法》中是一个特殊的概念，它涉及权利要求中以功能或效果来限定技术特征的情况。根据《最高人民法院关于审理侵犯专利权纠纷案件应用法律若干问题的解释（二）》第8条的规定："功能性特征，是

指对于结构、组分、步骤、条件或其之间的关系等，通过其在发明创造中所起的功能或者效果进行限定的技术特征，但本领域普通技术人员仅通过阅读权利要求即可直接、明确地确定实现上述功能或者效果的具体实施方式的除外。"

功能性特征的法律功能主要体现在其对专利权保护范围的影响上。如果某一技术特征被认定为功能性特征，那么其保护范围将限缩为说明书及附图描述的实现该功能或效果的具体实施方式及其等同的实施方式，以确保专利权的保护既不会过宽也不会过窄，从而平衡专利权人和社会公众的利益。

在判定一个技术特征是否为功能性特征时，法院通常会考虑以下几个方面：

（1）该特征是否仅通过功能或效果来描述，而没有具体限定实现该功能或效果的结构或步骤。

（2）本领域的技术人员是否能够仅通过阅读权利要求就确定实现该功能或效果的具体实施方式。

（3）该特征是否隐含或限定了特定的结构、组分、步骤、条件或其相互之间的关系。如果技术特征已经限定或隐含了特定结构、组分、步骤、条件或其相互之间的关系等，即使还同时限定了其所实现的功能或效果，原则上也不属于功能性特征。例如，在最高人民法院审理的"上诉人厦门卢卡斯汽车配件有限公司、厦门富可汽车配件有限公司与被上诉人瓦莱奥清洗系统公司、原审被告陈某强侵害发明专利权纠纷案"中，法院认为，涉案专利权利要求中的"安全搭扣面对所述锁定元件延伸"这一技术特征，既限定了特定的方位和结构，又限定了该方位和结构的功能，因此不属于功能性特征。[1]

（4）在专利侵权诉讼中，如果技术特征被认定为功能性特征，法院将结合说明书和附图描述的该功能或效果的具体实施方式及其等同的实施方式来确定该技术特征的内容。这种解释方式有助于确保专利权的保护范围与其技术贡献相匹配，避免专利权人因功能性特征的宽泛表述而获得超出其技术贡献的保护范围。

第二节　不受专利保护的领域

在我国，不受专利法保护的领域在《专利法》及其相关实施细则，以及

---

[1] "上诉人厦门卢卡斯汽车配件有限公司、厦门富可汽车配件有限公司与被上诉人瓦莱奥清洗系统公司、原审被告陈某强侵害发明专利权纠纷案"，最高人民法院［2019］最高法知民终 2 号民事判决书。

《专利审查指南》中均有明确而详细的规定。这些规定旨在界定专利权的保护范围，确保专利制度能够激励创新、促进科技进步，同时避免对不适宜授予专利权的对象进行保护。以下是对不受专利法保护领域的详细陈述。

一、科学发现

科学发现是指对自然界中客观存在的现象、变化过程及其特性和规律的揭示。这类发现虽然具有科学价值，但本身并不构成技术方案，不能通过工业手段进行应用或生产，因此不具备《专利法》所要求的实用性，不被授予专利权。例如，对某种新元素的发现或对某种自然现象的新认识，均属于科学发现的范畴。

二、智力活动的规则和方法

智力活动是指人的思维运动，它源于人的思维，经过推理、分析和判断产生出抽象的结果或概念。这类活动虽然是人类智慧的结晶，但其本身并不涉及技术手段的利用或自然法则的遵循，也不解决技术问题或产生技术效果，因此不构成技术方案，不能被授予专利权。例如，数学方法、商业经营方法、游戏规则等均属于智力活动的规则和方法。

三、疾病的诊断和治疗方法

疾病的诊断和治疗方法是指以有生命的人体或动物体为直接实施对象，进行识别、确定或消除病因、病灶的过程。这类方法由于直接作用于人体或动物体，涉及伦理道德和医疗安全等复杂因素，且无法在产业上普遍实施或利用，因此不属于专利法意义上的发明创造，不被授予专利权。但是，用于诊断或治疗疾病的仪器、设备、药品及其制备方法等，如果符合专利法的其他要求，则可以被授予专利权。

四、动物和植物品种

动物和植物品种本身不属于专利法保护的范畴，因为它们是自然界中存在的生物资源，不是通过技术手段创造出来的技术方案。然而，对于动物和植物品种的生产方法，如果该方法采用了非生物学手段且具备新颖性、创造性和实用性，则可以被授予专利权。这里所说的生产方法主要是指通过育种、杂交等技术手段培育新品种的方法。

五、原子核变换方法以及用原子核变换方法获得的物质

原子核变换方法是指利用原子核裂变或聚变等核反应过程获取能量的方法。由于这类方法涉及高度复杂和危险的核技术，且其应用可能对国家安全和公共利益产生重大影响，因此《专利法》规定不授予专利权。同样，用原子核变换方法获得的物质也不被授予专利权。这类物质可能具有放射性或其他特殊性质，需要特别的管理和处置措施。

六、对平面印刷品主要起标识作用的设计

这类设计通常用于商品的包装、装潢或广告等场合，其主要作用是标识商品来源或品牌形象。由于这类设计缺乏技术创新性且主要起标识作用，因此不被授予专利权。但是，如果这类设计具有显著的技术特点或能够解决技术问题并产生技术效果，则可以作为技术方案申请专利保护。

七、违反法律、社会公德或妨害公共利益的发明创造

这类发明创造由于性质或用途违反了国家法律、社会公德或可能妨害公共利益，因此不被授予专利权。例如，用于赌博的工具、制造毒品的方法等均属于此类。

综上所述，不受专利法保护的领域主要包括科学发现、智力活动的规则和方法、疾病的诊断和治疗方法、动物和植物品种（但生产方法可授权）、原子核变换方法及其获得的物质、对平面印刷品起标识作用的设计以及违反法律、社会公德或妨害公共利益的发明创造。这些规定旨在确保专利制度的健康运行和对社会公共利益的维护。此外，专利审查指南的修改强化了对新领域、新业态相关发明创造的保护，如明确了计算机程序产品可以作为专利权要求的主题。

第十七章

········◇·◇········

专利侵权认定

第一节　专利侵权的判定

一、专利侵权判定的基本标准

专利侵权判定的基本标准包括全面覆盖原则和等同原则。全面覆盖原则是指在判定被诉侵权技术方案是否落入专利权的保护范围时，需要审查权利人主张的权利要求所记载的全部技术特征，并与被诉侵权技术方案所对应的全部技术特征逐一进行比较。如果被诉侵权技术方案包含与权利要求记载的全部技术特征相同或者等同的技术特征，则认定其落入专利权的保护范围。

此外，专利侵权判定还需要考虑专利权的保护范围，这通常由权利要求书中的技术特征确定，包括产品的形状、构造或者其结合，以及方法专利的步骤和步骤之间的顺序。如果被诉侵权技术方案缺少权利要求中记载的一项或多项技术特征，或者其技术特征与权利要求中的技术特征相比既不相同也不等同，则不构成侵犯专利权。

二、专利侵权的判定方法

1. 确定专利权的保护范围

依据《专利法》第 64 条，发明或实用新型专利权的保护范围以其权利要求的内容为准，外观设计专利权的保护范围则以表示在图片或照片中的该产品的外观设计为准。专利侵权判定需首先确定权利要求所记载的技术特征 。

2. 技术特征的比对

将被诉侵权产品或方法的技术特征与专利权利要求中记载的技术特征进行比对。如果被诉侵权技术方案包含与权利要求记载的全部技术特征相同或等同的技术特征，则认为落入专利权的保护范围。

3. 相同侵权与等同侵权

等同原则是指在相同侵权不成立的情况下，如果被诉侵权技术方案有一个或一个以上的技术特征与权利要求中的相应技术特征从字面上看不相同，但属于等同特征，那么该技术方案也可能被认定为侵权。等同特征指的是通过基本相同的手段，实现基本相同的功能，达到基本相同的效果，且本领域普通技术人员无需创造性劳动就能想到的技术特征。

4. 外观设计专利的特殊考虑

对于外观设计专利，侵权判定还需考虑产品的种类是否相同或相近，以及一般消费者的知识水平和认知能力。外观设计是否相同或相近似，应以整体视觉效果为标准进行综合判断。

第二节　等同侵权的解释

一、等同侵权的法律依据

《专利法》第 64 条第 1 款所称的"发明或者实用新型专利权的保护范围以其权利要求的内容为准，说明书及附图可以用于解释权利要求的内容"，是指专利权的保护范围应当以权利要求记载的全部技术特征所确定的范围为准，也包括与该技术特征相等同的特征所确定的范围。

等同特征，与说明书及附图记载的实现前款所称功能或者效果不可缺少的技术特征相比，被诉侵权技术方案的相应技术特征是以基本相同的手段，实现相同的功能，达到相同的效果，且本领域普通技术人员在被诉侵权行为发生时无需经过创造性劳动就能够联想到的，人民法院应当认定该相应技术特征与功能性特征相同或者等同。

二、等同侵权的特定解释

在封闭式权利要求的专利侵权判定中，等同侵权的判定是关键问题之一。

根据北京市高级人民法院《专利侵权判定指南（2017）》的规定，封闭式权利要求通常应被解释为不含有权利要求所述以外的结构组成部分或方法步骤。这意味着，如果被诉侵权技术方案包含了封闭式权利要求中未提及的其他技术特征，则该方案通常不会被认为落入专利权的保护范围。

如果被诉侵权技术方案中的技术特征与权利要求中的技术特征相比，在上述方面基本相同，则可能构成等同侵权。然而，如果被诉侵权技术方案包含了权利要求未覆盖的其他技术特征，则可能会排除等同侵权的判定，因为封闭式权利要求的保护范围被限定为仅包含所指出的组分。

此外，最高人民法院在相关案例中也明确了封闭式权利要求的侵权判定规则，即如果被诉侵权技术方案除了包含权利要求记载的全部组分外，还包含权利要求未记载的其他组分，则该方案未落入专利权的保护范围，被诉侵权人未构成侵权。这表明，封闭式权利要求的侵权判定与全面覆盖原则是一致的，即被诉侵权技术方案必须完全覆盖权利要求中的所有技术特征，才能认定侵权行为成立。

第十八章

⬥⬥

被告合法抗辩

被告可以利用现有技术、权利用尽、先用权等予以抗辩，以否认专利侵权主张。

第一节　现有技术抗辩

在专利侵权诉讼中，现有技术抗辩是被控侵权人可以采用的一种重要抗辩手段。根据《专利法》第 67 条的规定，如果被控侵权人能够证明其实施的技术或设计属于现有技术或现有设计，则不构成侵犯专利权。现有技术抗辩的法理基础在于，专利权的保护范围不应覆盖现有技术，以及相对于现有技术而言显而易见，构成等同的技术。

现有技术抗辩的对比方式应当是将"被控侵权产品的所有被控技术特征"与"现有技术的相应技术特征"进行对比，而不是"涉案专利的技术特征"与"现有技术的相应技术特征"或者"涉案专利的技术特征"与"被控侵权产品的被控技术特征"之间的对比。

在判断现有技术抗辩是否成立时，应采用类似专利授权审查中的新颖性判断原则，即如果现有技术与被控侵权技术完全一致，则现有技术抗辩成立。如果存在差异，但差异仅仅是"惯用手段的直接置换"或"所属技术领域的公知常识"等，则也应认定现有技术抗辩成立。

此外，现有技术抗辩的提出时机也很重要。根据《最高人民法院关于审理侵犯专利权纠纷案件应用法律若干问题的解释》第 14 条的规定，"无实质性差异"的情形是属于现有技术，此处的"无实质性差异"标准显然宽于新颖性判断中的"惯有手段的直接置换"以及"所属技术领域的公知常识"等概念。北京市高级人民法院《专利侵权判定指南（2017）》第 125 条也明确了现有技术抗辩的具体审查方式，即应当判断被诉落入专利权保护范围的技术特征与现有技术方案中的相应技术特征是否相同或等同，而不应将涉案专利与现有技术进行比对。

在司法实践中，对于现有技术抗辩的对比方式存在两种观点：单独对比方式和混合对比方式。单独对比方式是指，只将现有技术与被控侵权技术进行对比，而混合对比方式则涉及将现有技术与专利的权利要求、被控侵权技术分别进行对比。

但根据北京市高级人民法院的指南，审查现有技术抗辩是否成立时，应当专注于被诉侵权技术方案与现有技术方案的比对，而不是将涉案专利与现有技术进行比对。

总的来说，现有技术抗辩提供了一种机制，允许被告在专利侵权诉讼中证明其使用的技术不构成对原告专利权的侵犯，因为它属于在专利申请日之前便已经为公众所知的技术。这一抗辩的成立对于保护公众利益和维护专利制度的健康发展而言具有重要意义。

第二节　外观设计的设计空间

外观设计专利的设计空间是指在排除了公知设计、惯常变化、功能性设计和非装饰性设计后，设计师对产品外观设计的创作自由度。设计空间的大小会直接影响到一般消费者对设计变化的敏感度，即设计空间较大时，消费者不容易注意到小的设计差别；设计空间较小时，消费者更容易察觉到设计之间的细微差异。

设计空间的概念在司法实践中具有重要意义。在外观设计专利侵权判定中，设计空间是确定一般消费者知识水平和认知能力的重要参考因素。最高人民法院在相关司法解释中明确了设计空间的概念，并指出在认定一般消费者的认知能力时，应考虑授权外观设计所属产品的设计空间。设计空间较大时，一般消费者通常不容易注意到不同设计之间的较小区别；设计空间较小的，一般消费者通常更容易注意到不同设计之间的较小区别。

在判断设计空间大小时，法院会考虑产品的功能、用途，现有设计的整体状况，惯常设计，法律、行政法规的强制性规定，国家或行业技术标准，以及其他可能影响设计空间的因素。设计空间是一个动态概念，会随着技术进步、法律政策变化以及社会观念的演变而变化。

在专利侵权诉讼中，当事人可能需要提交证据以证明相关设计特征的设计空间及现有设计状况，以帮助法院判断外观设计是否相同或近似。设计空间的举证责任遵循"谁主张、谁举证"的原则，主张设计空间较大的一方需证明在涉案专利申请日之前，该类产品外观设计差别较大；主张设计空间较小的一方，则需证明在申请日之前，该类产品外观设计差别较小。

第三节　权利用尽

专利权的权利用尽原则，是指专利权人或经其许可的单位、个人售出专利产品或依照专利方法直接获得产品后，该产品再次被使用、许诺销售、销售或进口时，不再被视为侵犯专利权的原则。这一原则的核心在于平衡专利权人的合法权益与市场流通的需求，促进商品的正常流通和市场竞争。

权利用尽原则的适用范围通常包括国内用尽和国际用尽。国内用尽原则主张，专利权人一旦将产品合法销售于国内市场，就不能再对该产品主张权利。而国际用尽原则则涉及平行进口问题，即专利产品在一国销售后，是否能够被进口到另一国而不侵犯专利权。各国对此问题的态度不一，有的国家支持国际用尽原则，有的则不支持。

权利用尽原则的实施有助于简化法律程序、降低执法成本，同时保障了专利权人通过首次销售获得相应的经济利益。但权利用尽原则并不包括制造行为，即专利权人仍保留对专利产品的制造权。此外，权利用尽原则的适用也受到一些限制，如专利权人通过合同限制了产品的销售或使用，或者专利权人对专利产品进行了特别技术设置，使得产品为一次性使用。

我国《专利法》第75条明确规定了不视为侵犯专利权的情形，其中包括专利权人或其被许可人售出专利产品后，该产品的使用、许诺销售、销售、进口等行为。这表明，我国法律承认了专利权的权利用尽原则，但具体的适用范围和条件还需结合案件的具体情况进行分析。

专利权用尽原则的确立，旨在实现专利权人利益与社会公共利益的平衡，降低交易成本，促进技术传播和应用。然而，专利权用尽原则的具体适用仍需根据各国法律和具体情况进行综合判断。

第四节　先用权抗辩

先用权抗辩是专利侵权案件中的一种重要抗辩手段，其核心在于平衡专利权人和在先技术实施者之间的利益。根据《专利法》第75条的规定，如果在专利申请日之前已经制造相同产品、使用相同方法或者已经作好制造、使用的必要准备，并且仅在原有范围内继续制造、使用，不视为侵犯专利权。

先用权抗辩的成立通常需要满足以下条件：

（1）在先实施行为发生在专利申请日之前，包括已经制造相同产品、使用相同方法或已经作好制造、使用的必要准备。

（2）在先实施的技术或设计应是先用权人独立完成或合法获得的，而不是通过非法手段从专利权人那里获取的。

（3）先用权的制造或使用行为仅限于原有的范围之内，这包括专利申请日前已有的生产规模以及利用已有的生产设备或根据已有的生产准备可以达到的生产规模。

（4）先用权抗辩的主体应为产品的制造者或方法的使用者，但在某些情况下，产品的销售者或使用者也可以代为提出抗辩。

在司法实践中，先用权抗辩的证据需要具备高度盖然性的证明力，包括在专利申请日之前的行为，如在先使用产品、方法与专利技术之相同性，以及在申请日之后仍在其原有范围内继续实施的情况。此外，如果先用权人将已经实施或作好实施必要准备的技术或设计在专利申请日后转让或许可他人实施，除非连同整个企业一并转让，否则该实施行为不属于在原有范围内继续实施。

在审理侵犯专利权纠纷案件时，法院会根据这些条件来判定先用权抗辩是否成立。例如，在"友强公司与浩麦公司侵害实用新型专利纠纷上诉案"中，[1]最高人民法院明确了先用权抗辩的基本条件，包括在先技术方案与被诉侵权技术方案的相同或等同性，以及在先实施行为的时间要求。而在"丁香公

---

〔1〕"友强公司与浩麦公司侵害实用新型专利权纠纷上诉案"，最高人民法院〔2021〕知民终1524号民事判决书。

司与复禹公司侵害发明专利权利纠纷上诉案"中，[1]最高人民法院则采用了类似现有技术抗辩的比对方式，以专利的权利要求为参照，确定被诉侵权技术方案与在先技术方案的比对特征范围。

综上所述，先用权抗辩是专利侵权案件中保护在先技术实施者合法权益的一种法律手段，其适用需要严格依据法律规定的条件和司法实践中的裁判标准。

---

〔1〕 "丁香公司与复禹公司侵害发明专利权纠纷上诉案"，最高人民法院〔2020〕知民终 642 号民事判决书。

第十九章

·······◇◆◇·······

典型专利侵权诉讼案件的解析

一、专利侵权的判定

专利侵权事实的判定一般遵循三个步骤：①确定权利要求的保护范围；②确定被诉侵权的技术方案包含了哪些技术特征；③基于全面覆盖原则、相同/等同替代原则及多余指定原则，将权利要求与被诉侵权的技术方案进行特征的逐一比对，判定被诉侵权的技术方案是否全部落入权利要求保护的范围。[1]

全面覆盖原则是专利侵权判定的基本原则，等同原则是全面覆盖原则下，对权利要求保护范围的扩充，以在专利侵权纠纷中更加恰当地保护权利人的合法权益。即，当侵权行为发生且被诉侵权的产品或技术方案与专利权利保护的方案出现技术特征不一致的情况时，需要基于等同原则，将被控侵权产品和技术特征与专利权利要求书记载的特征逐一进行比对，看二者是否构成技术手段等同（基本相同）、技术功能等同（基本相同）、技术效果等同（基本相同）。

【案例简要】

"武某某与深圳某公司侵害实用新型专利权纠纷案"中，上诉人武某某持有专利号为 201420779301.4、名称为"一种加装保护电路的圆柱形锂电池"的实用新型专利的专利权，涉案专利包含 9 项权利要求，武某某请求保护权利要求 3。

---

[1] "武某某与深圳某公司侵害实用新型专利权纠纷案"，最高人民法院〔2023〕知民终 1788 号民事判决书。

权利要求 1：一种加装保护电路的圆柱形锂电池。其特征在于：包括圆柱形电芯（8）、与电芯（8）电连接的圆形保护电路板（3）及支撑保护电路板（3）的圆柱环（5），所述保护电路板（3）设有电路元件的一面朝向电芯（8）一端面且设在圆柱环（5）的端面上，所述圆柱环（5）的内径小于保护电路板（3）的直径，所述圆柱环（5）的高度为使保护电路板（3）的电路元件悬于电芯（8）一端面之上。

权利要求 2：如权利要求 1 所述的加装保护电路的圆柱形锂电池。其特征在于：所述的保护电路板（3）设有电路元件的一面通过五金弹片（4）与电芯（8）一端面相连。

权利要求 3：如权利要求 1 或 2 所述的加装保护电路的圆柱形锂电池。其特征在于：正极帽（1）、圆形五金盖帽（7）、设于电芯（8）负极的负极五金圆片（9），所述保护电路板（3）设有电路元件的一面朝向电芯（8）的正极，另一面与正极帽（1）相连，作为正极输出端，所述的保护电路板（3）设在圆形五金帽盖（7）内，并通过圆形五金帽盖（7）与电芯（8）负极相连。

武某某认为，被诉侵权技术方案具有涉案专利的技术特征"所述保护电路板（3）设有电路元件的一面朝向电芯（8）一端面且设在圆柱环（5）的端面上"。

深圳某公司称：被诉侵权技术方案未落入涉案专利权利要求 3 的保护范围，不构成侵权。涉案专利的技术特征"圆柱环"的形状仅限于圆柱环，不包括也不等同于由基板、支撑壁和连接突起构成的支撑结构。被诉侵权技术方案采用的是支撑架而非圆柱环，二者不同。涉案专利限定了"保护电路板（3）设有电路元件的一面朝向电芯（8）"，被诉侵权技术方案的电器元件分布在电路板的上下两面，进而二者的作用和效果也不同，故二者既不相同也不等同。

【一审观点】

一审法院认为：被诉侵权技术方案的相关技术特征是电路板的两面设有电路元件，只有其中一面朝向电芯，另一面并未朝向电芯，由于对电路板的一面还是两面设有电路元件，以及所设电路元件是否朝向电芯的设置仅有十分有限的几种组合情况，权利人在申请专利、撰写权利要求时在可以显而易见预见全部该几种组合的情况下，仅明确选择了其中一种情况，这意味着权利人排除了将其他技术方案纳入保护范围，在侵权诉讼中不宜再将其他情况纳入保护范围。被诉侵权技术方案的部分技术特征与涉案专利权利要求 3 的部分技术特征既不相同也不等同，被诉侵权技术方案未落入涉案专利权利要求 3 的保护范围。

【二审观点】

最高人民法院二审查明：涉案专利说明书记载"本实用新型的有益效果是：一方面，将朝向圆柱形电芯一端面的保护电路板通过圆柱环支撑并使保护电路板的电路元件悬于圆柱形电芯一端面之上，避免保护电路板或者电芯由于外力作用，导致保护电路板的电路元件与电芯正极直接接触而变形，以保障电路板……的安全性"。

二审的争议焦点问题是：被诉侵权技术方案是否落入涉案专利权的保护范围。争议的技术特征主要为被诉侵权技术方案是否具有涉案专利的技术特征"所述保护电路板（3）设有电路元件的一面朝向电芯（8）一端面且设在圆柱环（5）的端面上"。

二审认为：根据权利要求的上述表述，结合涉案专利说明书有益效果的内容，该争议的技术特征可明确为电路元件均设置在保护电路板的同一面上，且该面朝向电芯，保护电路板的另一面是不设置电路元件的，进而结合有高度的圆柱环及金属弹片的设置，使电路元件均位于通过圆柱环支撑的空间内，并悬于电芯一端面之上。而被诉侵权技术方案在电路板两面均设置了电路元件，仅有一面朝向电芯，故二者结构不同。

而且，在有外力作用时，未朝向电芯的一面的电路元件不能得到与电路板上朝向电芯一面的电路元件同样的保护，存在与电芯正极直接接触而变形的风险，也无法实现散热性较好的效果，故被诉侵权技术方案与涉案专利争议的技术特征作用和效果亦不同。

关于武某某所认为的被诉侵权技术方案保护电路板两面均设置电路元件的设置方式与涉案专利构成等同，但该种设置方式是所属技术领域的技术人员在涉案专利权利要求 1 撰写时能够预见的，却并没有被写入权利要求，故可以认定包含该技术特征的技术方案视为已经被武某某在申请涉案专利时放弃，也就不得再以技术特征等同为由扩展涉案专利权的保护范围了，故被诉侵权技术方案不具有上述诉争的技术特征。

综上，最高人民法院认为，被诉侵权技术方案与涉案专利权利要求 1、3 记载的全部技术特征相比，至少有一个技术特征不相同也不等同，未落入涉案专利权的保护范围，故不构成侵权。

【案例评点】

（1）专利权的保护范围以权利要求书为准，说明书和附图可以解释权利要求。本领域技术人员可以预见的技术特征，在专利申请时已经放弃，不得再行反悔解释到权利要求中。

本案中，武某某在电路板两面均设置电路元件的方案，达不到绝缘的目的，已经被放弃，在专利诉讼案件中不可以再行纳入权利要求的范围。

（2）等同侵权要求采用基本相同的技术特征，实现基本相同的技术方案，达到基本相同的技术效果。本案中，被告采用的两面设置电路的技术特征不同于原告单面设置悬空接触的技术特征，达到的技术效果也不同，被告技术方案存在不绝缘的弊端。

从案涉技术方案审视，被告的技术特征与原告相比，是本行业内普通技术人员可以预见的方案，并不具有新颖性和创造性，被告的专利可以被申请无效。但是，即便被告的专利无效，也不能改变被告不侵权的事实。其实，原告败诉的根源在于专利申请书的撰写没有覆盖所有可能的实施例，导致专利权的保护范围比较小。

二、现有技术抗辩

在专利侵权案件中，被告可以依据《专利法》的相关规定提出现有技术抗辩，即被告主张其实施的技术属于在专利申请日以前已经为公众所知的技术，从而不构成对专利权的侵犯。以下是一则案例的概述，重点论述现有技术抗辩的构成和主张证据。

【案情简要】"环莘公司与法瑞纳公司侵害实用新型专利权纠纷案"[1]

原告环莘公司于 2018 年 2 月 5 日申请了一种应用于自动租售终端系统的

---

〔1〕 "环莘公司与法瑞纳公司侵害实用新型专利权纠纷案"，最高人民法院〔2020〕知民终 1568 号民事判决书。

连接手柄的实用新型专利，并于 2018 年 9 月 4 日获得授权公告。2018 年 10 月 22 日，原告对被诉侵权产品进行证据保全公证，发现被告法瑞纳公司制造并销售了涉嫌侵犯其专利权的产品。

在一审中，被告法瑞纳公司承认被诉侵权产品与涉案专利权利要求 1 的技术特征相同，但提出了先用权抗辩和现有技术抗辩。一审法院认为，被告交付了使用被诉侵权技术方案的产品，并推定被诉侵权技术方案于产品交付承运人运输后即因投入市场而被公开，因此现有技术抗辩成立。

然而，在二审中，最高人民法院推翻了这一认定。被告在二审中主张两项现有技术抗辩理由：一是被告在须知网公开的文章及图片导致被诉侵权技术方案为公众所知；二是被告将涉案儿童推车租赁设备交付承运，导致被诉侵权技术方案为公众所知。最高人民法院认为，被告的公开行为属于违反合同保密义务的披露行为，且交付运输并不当然导致《专利法》上的公开，因此现有技术抗辩不成立。

【争议焦点】

1. 交付运输是否构成《专利法》上的公开？

一审法院认为交付承运即公开，二审法院则认为需考虑包装状态、运输环节特性及产品接触对象。

2. 违反保密义务的公开行为是否可作为现有技术抗辩的依据？

最高人民法院认为，任何人不得从其违法行为中获益，被告不能依据非法公开的事实状态主张现有技术抗辩。

【现有技术抗辩的构成和主张证据】

1. 构成要件

（1）时间要件：现有技术必须是在涉案专利申请日以前便已经存在。

（2）公开要件：现有技术必须是在申请日以前在国内外为公众所知。这里的"公众"指不受特定条件限制的人，能够从中得知实质性技术或设计的内容。

（3）内容要件：现有技术必须包含与涉案专利权利要求相同的全部技术特征，或者其等同物。

2. 主张证据

（1）出版物证据：如专利文献、杂志期刊、学术论文等，需证明其公开日期早于涉案专利的申请日。

（2）使用公开证据：如产品销售记录、用户反馈、展会展示等，需证明在申请日之前该技术已被实际使用并为公众所知。

（3）其他公开方式证据：如互联网资料、口头披露等，需证明其真实性和公开性。

在本案中，被告虽主张现有技术抗辩，但未能提供充分证据证明其主张的现有技术在申请日以前已经为公众所知，且其公开行为违反了保密义务，因此现有技术抗辩不成立。

综上所述，现有技术抗辩是专利侵权案件中被告的一项重要抗辩手段，但其构成和主张证据需满足严格的法律要求。在司法实践中，法院会根据案件的具体情况对现有技术抗辩进行细致审查，以确保专利权的合法保护和公众利益的平衡。

第五编
地理标志侵权诉讼

　　该编就地理标志的请求权基础、权利界定，以及被告的合法抗辩等问题予以论述，以应对日益泛化的地理标志商业维权现象，正本清源，纠正实践中的误区和滥权。

第二十章

◇·◇·◇

地理标志侵权诉讼的请求权基础

我国《民法典》第 123 条确立了地理标志的法律地位，将其与商标、作品和发明等客体并列为知识产权保护的对象。但不同于商标、版权和专利三大知识产权板块，地理标志只是依附于《商标法》的一类标志，细化性规定也较为零星和琐碎。为了明确涉地理标志类民事诉讼的请求权，我们有必要总结地理标志的相关规定，吸收相关理论观点，清晰界定其权利边界。

第一节　地理标志权利的规范基础

就地理标志保护的规范现状而言，我国目前形成了以《商标法》为基础，以《地理标志产品保护办法》为细则，以《最高人民法院关于加强新时代知识产权审判工作 为知识产权强国建设提供有力司法服务和保障的意见》为指导的规范体系。

一、《商标法》的基础性规定

《商标法》第 16 条规定："商标中有商品的地理标志，而该商品并非来源于该标志所标示的地区，误导公众的，不予注册并禁止使用；但是，已经善意取得注册的继续有效。前款所称地理标志，是指标示某商品来源于某地区，该商品的特定质量、信誉或者其他特征，主要由该地区的自然因素或者人文因素所决定的标志。"

该条规定并没有正面直接回应地理标志如何规定，而是基于禁止注册的要素明确在注册商标中使用"地名"，而产品并非源于该地区的，禁止注册与使用，这就从侧面认可了地理标志的使用以"地名"为要素，并注册为商标。至于如何注册、使用，应当遵循该法针对商标注册和使用的统一规定。同时，第2款进一步申明，地理标志是用于识别由地区自然因素或人文因素所决定的具有特定质量、信誉或者其他特征商品的标志。至于"或者""其他特征""所决定"等描述什么含义，所指为何，该款并无进一步规定。依照我国立法体系的规范表达体例，地理标志的进一步规定，理应由专门法律或者法规予以细化。但是，本条所界定的地理标志的基本定义，应当为其他法规和细则所遵从。专门法律或法规的细化规定应当做好与《商标法》该条规定的衔接，且不能违背该条规定。

二、《地理标志产品保护办法》的细化

国家知识产权局通过并于2024年2月1日生效的《地理标志产品保护办法》根据《民法典》《商标法》《产品质量法》《标准化法》《反不正当竞争法》等有关规定制定。本办法为牵涉地理标志保护的上位法律提供了细化性行政法规，为有效保护我国的地理标志产品、规范地理标志产品名称和地理标志专用标志的使用、保证地理标志产品的质量和特色提供了细节性规范。

就地理标志涉及的核心问题，《地理标志产品保护办法》均作出细致规定，可陈述如下。

1. 地理标志的概念

《地理标志产品保护办法》基本沿用了《商标法》第16条的规定，保持了"地域""产品""地理因素"的一致性。细微差别之处在于：其一，前者的调整对象为产品，后者的调整对象为标志；其二，前者强调"产自"，后者强调"来源于"，对照《地理标志产品保护办法》第2条列举的地理标志产品类型可见，[1] 两者本质上并无差别；其三，就产品与地域的关联关系而言，前者表述为"取决于"，后者使用"所决定"，都申明地域因素为产品特异性的必要且充分条件。

---

[1] 《地理标志产品保护办法》第2条规定："本办法所称地理标志产品，是指产自特定地域，所具有的质量、声誉或者其他特性本质上取决于该产地的自然因素、人文因素的产品。地理标志产品包括：（一）来自本地区的种植、养殖产品；（二）原材料全部来自本地区或者部分来自其他地区，并在本地区按照特定工艺生产和加工的产品。"

2. 地理标志产品的法定要求

《地理标志产品保护办法》第 3 条要求，地理标志产品应当具备真实性、地域性、特异性和关联性四个要件。

真实性是指产品名称经过长期使用，被公众普遍知晓，获得了显著性。绝大多数地理标志均使用"地名+产品通用名称"的标识方式，但地名和通用名称均不具有初始显著性，需要经过使用方能获得显著性，满足注册的基本条件。"真实性"的要求符合地理标志产品产生的实际情况，标识产品的地理标志起到区分公有领域和私权范围的功效，将地名和产品通用名称的非地理标志使用留在自由竞争的空间。

地域性是指地理标志产品的生产环节全部或实质部分发生在限定的地域范围内。对于种植类农产品和养殖类水产品而言，种植与养殖皆发生在一定的不动产范围内，所限定的地域范围即为生产环节发生的地域，自然满足地域性要求。但是对于手工艺品（比如蜀锦、湘绣、苏绣等）而言，其生产环节并非自然发生在限定的地域范围内，可能满足生产需要的蚕丝养殖于本地，但是制作的技艺却发生跨地域传承，导致决定其产品特定性的实质环节很难界定，呈现出浓厚的人文性和抽象性，无法通过科学的测度将地域与产品关联起来。

特异性是指地理标志标示的产品具有较明显的质量特色、特定声誉或者其他特性。质量和外在特性可以具象表达，通过理化指标予以描述，比如桐江鲈鱼具有体形修长、横断面侧扁，腹侧银白色，黑色斑点大多集中于背侧上方、侧线下方基本无斑点，下颌吻端呈浅红色等独特的外观感官特征；桐江鲈鱼具有高热量、高蛋白、低脂肪等特质，具有很高的营养价值，具有蛋白质含量≥18%，脂肪含量≤4%等理化特征。但是，特定的声誉更多为抽象的市场信誉表达，与真实性的长期使用相呼应，难以独立为特异性要求，或者说产品的质量、理化特性注定了其应具有良好的声誉。

关联性是指产品的特异性由特定地域的自然因素和人文因素决定。如果说特异性和地域性为产品的单一性描述，那么关联性便将特异性与地域性之间的关系通过内在的决定性逻辑关系联结了起来。欧洲的部分著作权将关联关系称为链接关系，本质上仍是强调产品的特征由地域因素所决定。一旦产品的地域因素发生变化，比如自然因素或者人文因素的改变致使地理标志产品质量特色不再能够得到保证，且难以恢复，地理标志便应当予以撤销。较为令人困惑的是，主要生产环节的条件发生了变化，甚至地域性因素消失，但是产品的特异性并没有变化，甚而产品质量有所提升的，是否意味着地理标志也应当予以撤销？

由此而言，地理标志的私权范围应当服从商标权的边界限定，并遵从其所标示的产品条件限定，标识符号和产品特性作为地理标志的两个要素，在双相同或产生混淆可能性的边界内限定地理标志的私权范围。

3. 统一地理标志产品的行政程序

《地理标志产品保护办法》第5条规定："国家知识产权局负责全国地理标志产品以及专用标志的管理和保护工作；统一受理和审查地理标志产品保护申请，依法认定地理标志产品。地方知识产权管理部门负责本行政区域内的地理标志产品以及专用标志的管理和保护工作。"

该条明确了地理标志产品认定和地理标志授确权统一由国家知识产权局负责，地方知识产权管理部门负责本地域内地理标志产品及标志的管理和保护工作，消除了《地理标志产品保护办法》生效前，国家知识产权局、农村农业部、卫生部、出入境检验检疫局等各部门分割管理、多头管理的局面。

4. 地理标志侵权及行政违法行为

《地理标志产品保护办法》第30条列举了地理标志及产品违法行为的类型，并指明针对违法行为的处理，依据相关法律法规处理。换言之，如何定性这些违法行为，以及如何处置，应当援引其他法律法规的规定，《地理标志产品保护办法》仅为行政规章，无权自行规定处理和处罚结果。

按照《地理标志产品保护办法》第30条的规定，[1]产地范围外产品上使用，产地范围内非地理标志产品上使用，仿冒、混淆、伪造以及销售等行为侵犯了地理标志权利，属于违反相关法律规定的违法行为。审视该条所规定

---

〔1〕《地理标志产品保护办法》第30条规定："有下列行为之一，依据相关法律法规处理：（一）在产地范围外的相同或者类似产品上使用受保护的地理标志产品名称的；（二）在产地范围外的相同或者类似产品上使用与受保护的地理标志产品名称相似的名称，误导公众的；（三）将受保护的地理标志产品名称用于产地范围外的相同或者类似产品上，即使已标明真实产地，或者使用翻译名称，或者伴有如'种'、'型'、'式'、'类'、'风格'等之类表述的；（四）在产地范围内的不符合地理标志产品标准和管理规范要求的产品上使用受保护的地理标志产品名称的；（五）在产品上冒用地理标志专用标志的；（六）在产品上使用与地理标志专用标志近似或者可能误导消费者的文字或者图案标志，误导公众的；（七）销售上述产品的；（八）伪造地理标志专用标志的；（九）其他不符合相关法律法规规定的。"

的行为特征，我们可以发现，其采用了《商标法》第57条的规范体例，突出标志引发消费者误认或混淆的结果，并兼顾地理标志产品的真实性、地域性、特异性、关联性，凡是所标识的产品不完整具备此"四性"者，即为违法性使用，根据《产品质量法》《广告法》《反不正当竞争法》等法律的相关规定处置。

三、司法文件的相关意见

2021年最高人民法院以法发〔2021〕29号文发布了《最高人民法院关于加强新时代知识产权审判工作 为知识产权强国建设提供有力司法服务和保障的意见》，其中提出了对地理标志保护的意见，要求"完善地理标志司法保护规则，遏制侵犯地理标志权利行为，推动地理标志与特色产业发展、生态文明建设、历史文化传承以及乡村振兴有机融合"。

综合法院司法解释、政策以及审判经验，法院就地理标志的保护形成了如下成熟观点：

（1）正当使用地名：即便某个商标取得了注册商标专用权，权利人也不能禁止他人正当使用注册商标中包含的地名。如果权利人因此向人民法院提起诉讼，人民法院将依法不予支持。

（2）地理标志集体商标使用：在地理标志标示的地区范围内且符合使用条件的个人或企业，即便不加入相关的集体或协会，也可以依法正当使用地理标志。而不符合条件或超出地理标志标示地区范围的使用则不被允许。

（3）禁止非法收取加盟费：地理标志属于区域公共资源，注册为地理标志集体商标的组织，通常是不以营利为目的的当地团体、协会或其他组织。这些组织不应通过诉讼方式收取加盟费等费用，此类行为在商标法上没有依据，人民法院依法不予支持。

（4）遏制恶意诉讼：最高人民法院采取了一系列措施来降低维权成本、提高侵权代价、缩短诉讼周期、便利当事人举证，以保障权利人的合法权益。同时，对于恶意诉讼，法院持鲜明态度，坚决遏制，并出台了相关司法解释。对于恶意诉讼的原告，被告可以请求赔偿因诉讼支付的合理开支，人民法院将予以支持。恶意诉讼的当事人还可能面临罚款、拘留等法律后果。

第二节　地理标志权的边界界定

我们在商标一编已经通过三种方式界定了商标权的权利边界，这种方法之所以行得通乃在于《商标法》明确了商标专用权，清晰列举了商标侵权的样态，以及规定了限制商标权的情形。可以说，三种界定方式获得了法律的支撑，具备法定性。但是，地理标志权缺乏明确的法律规定，我们无法沿用商标权界定的方式，依据本章第一节所述的规范基础，我们可以采用多角度、多层面描述的方式，勾画地理标志权的面貌。

一、地理标志产品的限定

由地理标志的概念可知，其不同于商品商标之处主要在于地理标志标识的产品不同于普通的商品。换言之，地理标志的产品限定了地理标志权的范围，其仅用于标识特定的产品，其他不具有该产品要求的商品不得使用地理标志。

《商标法》第16条要求，地理标志的产品应当具备地域性、特异性、关联性。《地理标志产品保护办法》第3条规定，地理标志产品应当具备真实性、地域性、特异性和关联性四个要件。

（一）产品特性

由于地理标志是符合一定条件的产品所使用的指示标记，所以产品作为地理标记的载体不可或缺，如果脱离开产品，地理标记可能异化为商标或者文化符号。因而，产品如何描述与界定就成了限定地理标志权利边界的关键问题（要素）。从广义上而言，产品的叙事视角多元，生产者、消费者和市场竞争者所述产品和关注点有所不同；产品的规范层次丰富，既有产品质量法和质量标准层面的要求，又有消费者权益保护层面的安全和真实性规定；产品的表达形式多样，可以是外观、色泽的描述，也可以是饱满多汁、富硒富蛋白的质量表述，还可以是理化特色和生产技术的要求等。从地理标志法律规范的体系审视，地理标记使用于产品因素与地理因素通过一定的逻辑关系勾连起来的产品，除了对地理因素和逻辑关系的描述外，其他的成分都可能被视为对产品的表述，即所具有的质量、声誉或其他特征的产品。

以《地理标志产品保护办法》为依据，其所述的地理标志产品主要为种植、养殖产品、道地原材料特殊加工产品，当然这种初始的产品划分方式并非宣示非此类产品不能享有地理标志权，而是更应当视为对地理标志产品的一种地缘性描述，否则就无法解释非遗类地理标志存在的客观性和合理性。[1]审视地理标记申请提交的材料要求，有关产品的核心证明主要包括：产品的理化、感官等质量特色；产品生产的技术规范和技术标准；产品的生产、销售情况及知名度等。[2]这几项要求虽然表达不同，但逻辑关系很明确：技术规范和技术标准是为了保证产品具有一定的质量水准，生产、销售和知名度是高质量产品获得的市场回报，理化、感官本身就是对产品质量的描述。一言以蔽之，质量是地理标志产品的核心要素，应当是地理标志法律制度体系的规范核心，也应当是深化地理标志管理体制机制的中心。2021年《国家知识产权局、国家市场监督管理总局关于进一步加强地理标志保护的指导意见》的基本原则和中心工作就是地理标志产品的质量保证和质量监管。

虽然我们可以明确质量是地理标志产品的基本要求，是获得地理标记使用权的构成条件，但是这并非意味着质量与地理标志的权利边界建立起了联系关系，我们也无法推导出高质量产品的地理标志权限就广，反之就窄的结论。应当说，在整个法律体系中，产品质量的议题主要在产品质量法、消费者保护法和质量规范体系中论及，而且多以最基本的质量安全、健康为底线，质量优劣高低交由生产者和市场去定义，并且无法定性标准予以评价。即便学界争议最大的商标有无质量保证功能的问题，[3]也并不具有将商标权权限与商品质量勾连的意图。在最大可能的程度上，也只是说高质量是认定驰名商标的一个因素，断无将高质量等同于商标权限大的规则。就地理标志而言，产品质量及其各种对产品质量的描述是获得地理标志权的基本条件，其具有一套地理标志产品质量控制和检测的保证体系，由此产生的产品具备质量一致性、稳定性和特色性。与商标制度体系直接或间接提及产品质量的规范相比，地理标志产品质量的不同之处在于其要求的基本质量是强制的、为获取

---

〔1〕　非遗类地理标志的基本情况可以查阅国家知识产权局地理标志产品保护名录。

〔2〕　参考《地理标志产品保护规定》第 10 条规定。

〔3〕　Jamil Ammar, "Think Consumer: the Enforcement of the Trade Mark Quality Guarantee Revisited", *A Legal and Economic Analysis*, Submitted for the Degree of PhD, The University of Edinburgh, 2010.

地理标志权的基本条件，而不是商标的自由式和竞争式规定，这与地理标志绝对多数为证明商标的实际相契合。

只有具备地域因素所决定的产品质量、声誉和独特特征才具备申请使用该地域地理标志的条件。正如上文"赣南脐橙"的例子，其产品质量描述为"果大形正，橙红鲜艳，光洁美观，可食率达 85%，肉质脆嫩、化渣、风味浓甜芳香，含果汁 55% 以上"。[1]该质量是由赣南的红壤土等地质、地貌和气候等客观地理条件所决定的。当然，达到某种质量要求的产品标志可以申请商标法上的证明商标，这也正是绝大多数地理标志同时为证明商标的因由，内在的因果逻辑很清晰：地理标志担保的产品质量成就了证明商标，而并非证明商标促成了地理标志的质量担保功能。总而言之，地理标志所标识的产品质量应当具有特色性，非其他工业产品的同质性和多样性可以比较、替代。换言之，地理标志是独特产品质量的背书和担保。

（二）地域性限制

地理要素是地理标志设权的基础条件，没有地理要素的限制，地理标记就丧失了存在的基础，蜕变为普通的商业标志或者商标。依据 TRIPS 第 22 条的规定，地域要素的机能在于标示地理标志的产品来源于某地域，且该地域的自然因素具有独特性，正是这种具有独特性的自然因素决定了地理标志产品特有的质量。地域的自然因素源于原产地标记形成期的风土概念，在法国和意大利早期的地理标志保护系统中，风土被认为是唯一的地理标志链接点，正是地域的土壤和微气候赋予了食品独特的品质，产于不同地区的葡萄藤决定了所产葡萄酒的风味和特色。[2]一个地域内自然地理因素决定了产品所具有的独特品质，这种因果关系完整反映在《与贸易有关的知识产权协定》第22 条中的地理标志定义上，也是《里斯本协定日内瓦文本》吸收和沿用的核心概念，只是在自然因素基础上扩展至人文因素。但是，地理要素的多样化解释强化或消解了地理链接的制度价值，以美国为首的所谓新兴国家是降低地理标志地理要求的罪魁祸首，其对地理链接因素的要求宽容到产品生命周

---

〔1〕 地理标志产品赣南脐橙（GB/T 20355-2006）规定了赣南脐橙的地理标志产品保护范围、术语和定义、要求、试验方法、检验规则、标志、标签、包装、运输和贮存。

〔2〕 Elizabeth Barham, "'Translating Terroir' Revisited: The Global Challenge of French AOC Labeling", in Dev Gangjee (ed.), *Research Handbook on Intellectual Property and Geographical Indications*, Northampton: Edward Elgar 2016, pp. 53~54.

期的任何一个阶段（其生产，加工或制备）在所在地域进行即可。[1]马修斯等农学专家甚至提出，风土只是一个为了商业利益而持续存在的神话。[2]其实，只要抱持地理标志为地域特色产品保证的制度宗旨，那么地域因素的解释就不能脱离自然因素，这也是法国在长期地理标志保护的历史教训中总结的经验。

我国相关地理标志的法律文件对地理因素的描述采用笼统概念"自然因素"概括。《地理标志产品保护办法》在地理标志的证明材料中要求表明"产地范围、产品特异性与自然因素和人为因素关系的说明"。这与风土的概念相近。譬如，赣南脐橙的产地环境表述其中包括地域位置、土壤特性、气候条件及其各自与脐橙特色产品生长的关系，[3]正是这个特有的地域自然因素决定了赣南脐橙特有的品质。再如，对景德镇地理标志的产地环境描述特别强调了本地高岭土的原材料功能决定了瓷器的高品质。[4]作为工艺产品，尤其是瓷器，与产地环境的链接主要是通过原材料予以实现，这符合《地理标志产品保护办法》第2条关于原材料全部来自本地区或部分来自其他地区，并在本地区按照特定工艺生产和加工的产品的界定。吊诡的是，在矿石资源枯竭和环境保护的社会背景下，生产景德镇瓷器的地理自然因素已经不复存在，景

---

〔1〕　Dev S. Gangjee，"From Geography to History：Geographical Indications and the Reputational Link"，in Irene Calboli（ed.），*Geographical Indications at the Crossroads of Trade，Development，and Culture*，Cambridge：Cambridge University Press，2017，pp.36~60.

〔2〕　Mark Allen Matthews，*Terroir and Other Myths of Winegrowing*，University of California Press 2015，pp.195~196.

〔3〕　首先，赣州市位于赣江上游，江西南部。地处北纬24°29′~27°09′，东经113°54′~116°38′之间。赣州市是丘陵山区，以第四纪红壤为主，兼有少量紫色土和山地黄壤，红壤土具有土层深厚，土质偏酸，有机质含量较低的特点，适合脐橙生长。其次，赣州地区地形为千枚岩风化质红壤土，土层深厚达1米多深，疏松透气，土中更含多种微量稀土元素（稀土对果实色素的形成，提高糖分、维生素C和香气的含量，提高脆爽度和耐贮藏性等方面，起到了其他矿物质营养元素不能代替的作用）。然后，赣州属典型的亚热带湿润季风气候，春早、夏长、秋短、冬暖，四季分明，雨量充沛，光照充足，无霜期长，9月至11月昼夜温差大，雨热同季，极利脐橙栽植。且春季多雨，温暖湿润，有利脐橙生长开花结果；秋冬晴朗、干燥少雨，昼夜温差大，极利脐橙果实糖分积累，具有脐橙种植的气候条件"。

〔4〕　景德镇属亚热带季风气候，境内光照充足，雨量充沛，温和湿润，四季分明。主要矿产有瓷石、高岭土、煤矿、钨矿、砂金、铜矿、萤石、硫磺、石灰石、大理石等，特别是瓷石、高岭土和煤炭蕴藏最具特色。景德镇的高岭土在国际陶瓷界都具有影响。高岭土是陶瓷工业最重要的原材料，景德镇产的高岭土品质非常好，用它生产出来的景德镇瓷器，曾经代表着中国陶瓷制品的高端水平和上等品质，影响着中国甚至世界。国际上通用的高岭土学名——Kaolin来源于景德镇北部山区鹅湖镇高岭村边的高岭山。

德镇地理标志为何仍能继续存在。再来看"湘绣"手工艺地理标志产品，产地环境表述为"岳阳、常德、益阳等沿洞庭湖桑蚕、木、棉基地是湘绣得以大成气候的重要保障"，产品与地理因素的链接已经变得模糊，自然因素甚至成了不必要的配角，俨然疏离了自然因素与地理标志产品之间的因果关系。

如果我们坚持地理标志的自然因素，并认同自然因素与产品质量之间的关联关系，那么与地理自然因素不能形成内在决定关系的产品便无法建立地理标志授权的联系。换言之，地理自然因素是地理标志的内生性要素，不可缺失，否则地理标志就会被空心化。但是，不可否认的是，地理标志的适用范围拓展，自然因素的限制已经放宽到任意要素的勾连，甚至完全模糊到不排他性的地域性，本地有即可，而不管是否独特，其他地域是否也有。

如果在变动不居的自然因素中，寻找该因素对地理标志权利的影响，那么我们将获得一个似是而非的地理标志，偏离了此制度保护特色地域产品的初衷。应当说，对地理标志的限定性因素越少，其适用的产品范围就越宽泛，同时偏离地理标志的自然本原越远。如果我们需要借助地理标志扩大产品适用的范围，同时又不违背地理标志的地域链接的内在限定或要求，那么我们的唯一选择就是淡化地理因素的客观要素，转移到与地理有关联的其他主观因素上去。比如，历史和声誉等人文要素方面。

（三）声誉因素

如果将地理标志的链接点限定为客观可核查的内在必要性联系，那么像声誉这样的主观性链接因素便无法独立满足"任何与该来源有关的特殊产品"要求。尽管这种客观性标准在地理标志制度建立和发展过程中具有"原汁原味"（原生性），但是在宽松的获权机制和多边妥协的国际共识推动下，内在客观必要性标准也不断被模糊，以至于声誉被 TRIPS 所接纳。尽管 TRIPS 第22 条将声誉与质量和其他特征并列，具有独立为链接因素的空间，但不同的国家对此作出了不同的解释。譬如，法国并不认可"声誉"是独立的链接因素，而美国却将其作为地理标志获得认可的独立因素。[1]其实，声誉本身就是一个主观性概念，形成于市场对产品或经营者的评价，产品的独特演化史可以助推美好声誉的形成，同样，独特的地理、地貌和气候也是消费者的不

---

〔1〕 Caroline Le Goffic and Andrea Zappalaglio, "The Role Played by the US Government in Protecting Geographical Indications", *World Development*, Volume 98.

二选择。过硬的质量和显著性特征是形成良好声誉的有形客观条件。反之，良好的声誉也会强化产品的质量和外部特征。正如商标是影子，商誉是实体的明喻，[1]难以从规范上剥离声誉与质量等其他产品特征之间的内在关联。当然，声誉形成于市场中持续的经营行为，从逻辑上看应当是先有产品的质量和特征，然后才能获得市场的认可，形成声誉。换言之，产品的历史是建立声誉联系的主要因素，这种因素可以被解释为包括对产品可用的历史信息、与之相关的传统技术知识和对生产领域内社会经济的影响。如此一来，即可以完成将非独立性声誉转换为历史因素的考察，某类地理标记产品不仅与地域的风土、环境相链接，也可以与人文因素中的历史相关联。但是，历史传统有它固有的缺陷，与当前的产品形象和声誉无关，而且现代的生产技术和方式与传统的形象也不相符。有鉴于此，市场声誉不应被认为足以构成地理标记链接的基础，除非其与其他客观链接因素一起出现，虽然地域环境和历史因素的链接可以通过客观的史书和故事等证据证实，但是市场声誉取决于消费者的主观意见，既无法科学测量，也无法初始形成。因而，对于初始申请的地理标记而言，如果没有客观的链接因素，只提供声誉和历史因素的证据，无法将产品质量或特征归因于产地的客观要素，不能获得地理标记权。当然，声誉可以作为补充要素，为那些难以定量评价、只适合定性描述的产品提供受保护的机会，[2]不论何种地理标志在确权之后都可以获得商标法上商誉的划界功能保护。

在我国《商标法》界定的地理标志概念中，"商品信誉"为主观链接因素的确认留下了可以解释的空间，以此将声誉与本地域内的自然因素或人文因素相链接。依据《地理标志产品保护办法》对地理标志申请资料的要求，对产品特定声誉等情况的说明构成了申请的部分资料，但并非独立资料，产品的理化、感官等质量特征与产品因素的关系说明等资料为重要组成部分。参考《中欧地理标志协议》的注册技术规范要求，声誉并非对产品本身的描述，而是对产品与地理区域联系的说明。"该描述应该指出产品的特性是以何种方式归因于地理区域的，赋予产品有别于其他地理区域同类产品的具体特性的自然因素（如土壤条件、气候特点等）、人为因素和其他因素（如产品声誉、

---

〔1〕　Edward S. Rogers, "Comments on the Modern Law of Unfair Trade", 3 ILL. L. R., 1909, p. 355.
〔2〕　郑颖捷：《手工艺品地理标志保护的地理联结点》，载《中南民族大学学报（人文社会科学版）》2020年第6期。

生产传统等)。"其实,这与《地理标志产品保护办法》第 15 条第 3 款的要求相一致。因而,从规范的层面解释,声誉并不是一个很清晰的概念,游离于产品和地域链接之间,沦为根据目的需要可以自由解释与修正的因素。当然,结合地理标志产品的真实性要求,声誉也可以被认为经过长期的市场经营,产品的特异性获得市场的普遍认可,产品名称与地域名称结合,被公众普遍知晓,获得了显著性。

二、标识性权利内容的界定

(一) 商标权与地理标志权的差异

由于地理标志属于符号性标识,受《商标法》调整,因此我们可以比照商标权的规定,将地理标志的权利归纳为使用权、禁止权和管理权。使用权指地理标志权利人有权在其商品、包装或广告等媒体上使用地理标志;[1]禁止权指权利人有权禁止他人在非来源于该地理标志所标示的地区的商品上或该商品的包装上使用与该地理标志相同或近似的标志;管理权则指权利人有权对地理标志的使用进行管理和监督。但是,两者的内在品性、构成逻辑和制度建构上均存在差异,这影响地理标志权的内容界定,应当明晰差异细节。

首先,两者的获权实质条件存在差异。商标注册获权的基本要求是申请的符号应当具备显著性,地理标志除了符号本身的显著性考察外,最为核心的要求是所标识的产品与所在地域应当具有内在的链接关系,非地理标志性

---

[1] 国家知识产权局以国知发保字〔2020〕23 号文发布《商标侵权判断标准》。其第 4 条、第 5 条提出商标使用的形式非常广泛,几乎商业性展示商标的场景都纳入商标使用的范畴。第 4 条规定:"商标用于商品、商品包装、容器以及商品交易文书上的具体表现形式包括但不限于:(一) 采取直接贴附、刻印、烙印或者编织等方式将商标附着在商品、商品包装、容器、标签等上,或者使用在商品附加标牌、产品说明书、介绍手册、价目表等上;(二) 商标使用在与商品销售有联系的交易文书上,包括商品销售合同、发票、票据、收据、商品进出口检验检疫证明、报关单据等。"第 5 条规定:"商标用于服务场所以及服务交易文书上的具体表现形式包括但不限于:(一) 商标直接使用于服务场所,包括介绍手册、工作人员服饰、招贴、菜单、价目表、名片、奖券、办公文具、信笺以及其他提供服务所使用的相关物品上;(二) 商标使用于和服务有联系的文件资料上,如发票、票据、收据、汇款单据、服务协议、维修维护证明等。"第 6 条规定:"商标用于广告宣传、展览以及其他商业活动中的具体表现形式包括但不限于:(一) 商标使用在广播、电视、电影、互联网等媒体中,或者使用在公开发行的出版物上,或者使用在广告牌、邮寄广告或者其他广告载体上;(二) 商标在展览会、博览会上使用,包括在展览会、博览会上提供的使用商标的印刷品、展品照片、参展证明及其他资料;(三) 商标使用在网站、即时通讯工具、社交网络平台、应用程序等载体上;(四) 商标使用在二维码等信息载体上;(五) 商标使用在店铺招牌、店堂装饰装潢上。"第 7 条规定:"判断是否为商标的使用应当综合考虑使用人的主观意图、使用方式、宣传方式、行业惯例、消费者认知等因素。"

产品不能自由申请和使用此类标志。注册商标所对应的商品在 45 个大类别中选取即可，并无对商品的额外要求，法律所规范的重点聚焦于商标符号所引发的社会关系，尤其是竞争者之间对相同或近似符号的使用关系。因而，商标权的边界是在动态的商标符号使用关系中划定的，尤其是立法技术上依赖侵权界定；地理标志权的边界必须在客观链接因素形成的联结点基础上界定，不能依赖不确定的商誉自由扩张排他权的范围，甚至肆意干扰对地域描述的正当性商业使用。

其次，标志所发挥的质量保障功能有所不同。商标制度的意旨之一在于促进经营者提高和保证商品质量，而不是证明和担保使用商标的商品具有一定的质量品质。换言之，商标制度对产品质量创设了一种激励机制，而不是强制和干涉使用商标的商品具有高质量。地理标志则不然，其首要的和最本质的功能就在于担保标识地理标志的产品具有特色或特定的产品质量。

最后，在制度构成的路径依赖方面存在差异。商标权是纯粹的私权，商标权的获取、权利的行使和维护等行权事宜端赖于私人自治，即便商标申请、审批和商标违法事项的行政执法具有公法性，也没有改变商标私权的品性。[1]但是，地理标志所标识的产品与地域的链接因素属于公共资源，并非私权因素，对于符合地理标志产品要求条件的商品，地理标志的管理人无权拒绝使用。

（二）关联因素、关联点和关联关系的限定

就地理标志而论，链接因素及其之间的链接关系才是地理标志获权、行权和保护的基准。因而，地理标志权的界定必须以明晰地理标志的链接因素和联结点及其之间的因果关系为重点。如上所论，我们已经明晰产品质量等外在因素与地域客观因素之间存在决定与被决定的逻辑关系，才符合正统的地理标志所标识的产品要求。换言之，我们应当坚持链接因素的客观性，这符合地理标记集体性权利的机理，也是地理标记的基础层架构，地域及其所特有的环境气候因素应被严格控制，严格产区扩张，禁止地域外产品使用地理标记。[2]地理标记在市场中使用所产生的声誉，以及获得的主观性评价等是建立在地理标记为商标性私权的市场架构层上的，这是地理标志所产生的

---

〔1〕　孙海龙、董倚铭：《知识产权公权化理论的解读和反思》，载《法律科学（西北政法大学学报）》2007 年第 5 期。

〔2〕　管育鹰：《我国地理标志保护中的疑难问题探讨》，载《知识产权》2022 年第 4 期。

附加价值部分，是以产品自身的品质为基础建立起来的。为此，地理标志基础层与架构层既相互独立又通过主观要素关联的分层结构是解析地理标志机理、内在结构和权利性质的原点和逻辑出发点。

起源链接是在产品与地理之间建立的联系点所确立的一组规则。其包含了产品与地理的特征描述、两者的关联规则、特征的确立规则等。无论是TRIPS 第 22 条所描述的"起源于"，还是《里斯本协定》表达的"归因于"，抑或是《中欧合作协定》使用的"取决于"，其实均申明地理标志保护的基础为起源链接，即认可了产品的特异性与其地理起源之间存在不可分割的联系，这已成为地理标志国内法、国际条约和双边协定的共识，而各自的构成要素和联系关系却是繁复多样的，是各国争议和分歧的焦点。

我国《地理标志产品保护规定》在链接关系上表达为"本质上取决于"，这与"主要归因于"并无实质性差异，皆强调地理因素的决定性作用，而不是细枝末节的装饰性或可有可无的因素。如果某地域的产品与其他地域产品并无本质上的差异，本地域的独特环境与产品之间也不具有内在的本质联系，那么地理标志要求的链接关系便无法成立，应不具备获取地理标志权的基本条件。比如，"逍遥镇胡辣汤""潼关肉夹馍"等手工技艺类并无与地域的本质性链接关系，即便其因为年代悠久而积累了一定的声誉，但这种声誉与地域并不存在决定和归因的逻辑关系。

（三）公共性对权利的限制

应赋予地理标志超越普通商品商标的价值，交由负责的地方机构建立一套把控地理标志商品质量、声誉和独特性的行政体系和运作程序。质言之，通过一级决定将地理标志交由负责的机构管理，完成稀缺性资源的一次分配，然后由管理机构运行一套行政程序形成二次决定，在最终的地理标志使用人之间予以二次分配。

地理标志是集体性的权利，不能由单个主体独占使用。同时，地理标志的注册人（如集体商标或证明商标的注册人）应当具有有效管理、控制、监督使用地理标志的商品特定品质的能力。地理标志的正当使用抗辩是权利行使的一个重要限制。如果其他主体能够证明其商品确实来源于该地理标志所标示的地区，并且符合使用该地理标志的条件，那么他们便有权在商品上正当使用该地理标志。此外，地名作为地理标志的一部分，其正当使用也应得到保障。当地名作为公共资源被使用时，不应被视为对地理标志权利的侵犯。

由此而言，地理标志符号构成的地名、产品通用名称属于公有领域内的描述性词汇，即便被注册为地理标志，也无权禁止他人客观描述自己产品的名称和地域性来源使用。比如，景德镇制作的瓷器虽然并不符合"景德镇制"地理标志产品的使用条件，但是客观上表述为景德镇制造应为事实陈述，如果不存在突出使用或者引起消费者混淆的标注方式，便不应当认定为侵犯地理标志的权益。

综上所述，地理标志权为在认定的产品上使用地理标志的权利，未经允许在非地理标志产品上使用与地理标志相同或者近似的名称，导致消费者对产品质量产生误解或混淆的行为属于侵犯地理标志权的行为，他人有权在符合地理标志产品要求的商品上使用地理标志，以及客观描述自己产品的名称和地域性来源。

三、地理标志权的失效

源于法国原产地制度的风土概念是对链接因素和连接关系的原初描述，构成法国地理标志保护的基础。[1]"terroir"在法国被定义为在明确的地理区域内，经过长期的基于当地的物理和生物环境共同作用的技术条件所生产的具有独特性的产品。它包含了动植物物种、生产技术、地理条件、气候甚至文化、历史和个人技艺等因素的综合性概念。[2]这种难以名状甚至带有神秘色彩的描述与法律规范的明确性和透明性格格不入，难以被国际社会普遍接受。来自新世界的阵营质疑风土无法复制的独特性，攻击地域与产品品质和特征之间缺乏科学依据的内在决定关系，更遑论人文因素可以流传和迁徙了。最为致命的问题在于，在地理标志的主张者无法回答和处理地域因素恶化、移风易俗的情形下，原初认定的地理标志是否应当废除或者重新调整，尤其是变化后的因素难以与地域之间形成本质上的决定关系时，如何处置。譬如，景德镇地理标志的产地环境描述为："景德镇的高岭土在国际陶瓷界都具有影响。高岭土是陶瓷工业最重要的原材料，景德镇产的高岭土品质非常好，用它生产出来的景德镇瓷器，曾经代表着中国陶瓷制品的高端水平和上等品质，

---

〔1〕 Tomer Broude, "Taking 'Trade and Culture' Seriously: Geographical Indications and Cultural Protection in WTO Law", 26 U. Pa. J. Int'l L L., 2005, p. 23.

〔2〕 王笑冰:《地理标志法律保护新论——以中欧比较为视角》, 中国政法大学出版社 2013 年版, 第 40 页。

影响着中国甚至世界。"作为工艺产品，尤其是瓷器，与产地环境的链接主要是通过原材料予以实现，这符合《地理标志产品保护规定》第 2 条"原材料全部来自本地区或部分来自其他地区，并在本地区按照特定工艺生产和加工的产品"的界定。吊诡的是，在矿石资源穷竭和环境保护的社会背景下，生产景德镇瓷器的地理自然因素已经不复存在，景德镇地理标志缘何仍能继续存在。

有学者基于个别非物质文化遗产注册为地理标志的事实提出，具有地域特色的手工技艺适合采用地理标志保护，[1]认同者还进一步探索了其地理联结点，建议将产品源于当地的原材料和特殊工艺作为与地理因素的联结点。对此，我们姑且不论原申请地理标志时产品因素与地理因素如何确定，仅就手工艺品本身而论，如果没有在长期的历史演变中形成与当地紧密结合的独特性人文要素，仅凭勾列的历史故事，难以形成地理标志要求的地理链接。比如，"镇江香醋"并非仅凭三蒸三窖的工艺就能成就地理标志，而是与其当地的酿造环境共同决定的。这是在长期实践的历史中，先辈们驯服自然和利用自然的经验总结。相反，"房村光饼""沙县小吃""逍遥镇胡辣汤"等没有地理链接因素，只是依赖烘焙工艺和戚继光抗倭等流传的故事无法构成地理标记。

在坚持客观性的基础上，地域因素中的土壤、气候和温度发生变化，不具备申请授权时所能决定的产品质量和典型特征的，应当及时调整，注销地理标志。有些依赖于传统工艺加工制作的地理标志产品，生产工艺改变，导致产品品质变化的，[2]应当及时注销地理标志，防范地理标志制度可信赖价值的减损，酉阳县青蒿乱种植乱提取的深刻教训应当吸取。对此可以参考《中欧地理标志保护协定》商定的条件，协定不仅限于每 2 年商谈扩大保护范围，还应当重新评估地理标志的适当性，对于不具备或者丧失地理标志认定条件的，应予取消或从地理标志名录中删除。当然，对于"地名+产品名称"已经通用化的地理标志产品，原有注册的地理标志符号应当被注销，但是这并不必然意味着地理标志产品丧失了地理标志的使用条件，其可以在更换地理标志符号的情况下，继续享有地理标志权。

---

〔1〕 郭玉军、唐海清：《论非物质文化遗产知识产权保护制度的新突破——以地理标志为视角》，载《海南大学学报（人文社会科学版）》2010 年第 3 期。
〔2〕 曾德国：《地理标志开发利用中面临的问题及对策探讨》，载《学术论坛》2011 年第 8 期。

　　《地理标志产品保护办法》第 27 条规定了地理标志应予撤销的情形：①产品名称演变为通用名称的；②连续 3 年未在生产销售中使用地理标志产品名称的；③自然因素或者人文因素的改变致使地理标志产品质量特色不再能够得到保证，且难以恢复的；④产品或者产品名称违反法律、违背公序良俗或者妨害公共利益的；⑤产品或者特定工艺违反安全、卫生、环保要求，对环境、生态、资源可能产生危害的；⑥以欺骗手段或者其他不正当手段取得保护的。如果地理标志予以撤销，那么专用权人丧失了请求权基础，自然就不存在侵犯地理标志权之说。

第二十一章

◇◆◇

地理标志侵权诉讼的焦点解析

　　五常市大米协会（简称"五常大米协会"）经原国家工商行政管理总局商标局核准，先后在第 30 类"大米、大米制品"商品上注册了第 1607996 号"五常 WUCHANG 及图"商标及第 5789043 号"五常大米"商标，两商标均为证明商标。五常大米协会制定有《"五常大米"证明商标使用管理规则》对"五常大米"证明商标的使用条件、使用申请程序、管理、保护等问题进行了明确。2012 年 4 月 27 日，"五常 WUCHANG 及图"商标被商标局认定为驰名商标。2019 年 3 月，五常大米协会发现 X 商贸有限公司（下称"X 公司"）在自己经营的市场店铺中销售有标记"五常""稻花香"字样的涉案大米产品。五常大米协会以侵犯商标权为由将 X 公司诉至法院。一审法院经审理判令：被告 X 公司立即停止侵犯原告五常大米协会注册商标专用权的行为，同时赔偿五常大米协会经济损失及合理支出共计 53 000 元。X 公司不服一审判决，向北京知识产权法院提起上诉。最终，北京知识产权法院判决驳回上诉，维持原判。[1]

　　该案中，法院围绕两个核心问题"侵权认定标准""正当使用抗辩"进行查证和审判，提出审判地理标志的基本规则，可以作为类案审判的参考。结合民事诉讼的实体和程序问题，我们认为，地理标志民事诉讼案件主要涉及的问题为：原告的诉讼主体资格，地理标志权的合法性审查，地理标志侵权认定标准，被告的合法抗辩理由，赔偿数额的考量。兹作如下详述。

―――――――――――

　　〔1〕 王彦杰：《"五常大米"被冒用？地理标志证明商标来保护》，载北京法院网：http://bj-court. gov. cn，2020 年 6 月 4 日访问。

第一节 原告的诉讼主体资格

民事诉讼的原告为权利人或者被授予诉权的使用人。不同于商标由独立的民事主体申请注册后取得商标权，作为独立的原告参加商标侵权案件的民事诉讼，地理标志通常由某个机构申请并作为权利管理人，如果地理标志同时被申请为集体商标或者证明商标，由该标志所标示商品或服务的代表性机构，（如行业协会）作为商标注册人并对该商标的使用进行管理，同时地理标志产品的登记地域内的同一经营者共同使用该地理标志，这就增加了地理标志诉讼中原告资格认定的复杂性。

一、地理标志的权利管理人

地理标志为产区地域内所有生产者或提供者拥有的公共资源，其作为俱乐部产品，应当由代理人或代表人管理。《地理标志产品保护办法》第9条规定："地理标志产品保护申请，由提出产地范围的县级以上人民政府或者其指定的具有代表性的社会团体、保护申请机构（以下简称申请人）提出。"

地方政府作为公共资源的第一管理人，有责任管理和保护其辖区内的地理标志，其可以直接管理，也可以授权社会团体等代行管理。地理标志的申请、使用和管理由管理人负责。比如，武夷山市茶叶科学研究所负责"武夷岩茶"地理标志的申请、使用和管理，其在 2020 年 4 月 30 日获得农业农村部授予的武夷岩茶农产品地理标志登记证书，登记证书编号：AGI02896。2021 年 10 月该机构发布《武夷岩茶农产品地理标志质量控制技术规范》《"武夷岩茶"农产品地理标志使用管理规则（试行）》两个规范性文件，以规范农产品地理标志的使用，保证地理标志农产品的品质和特色，提升"武夷岩茶"的市场竞争力。

二、地理标志的共同使用人

不同于商品商标的独立私权，地理标志的使用人广泛，在其指定的生产地域内，所有能够生产符合产品质量要求的生产者都具备使用地理标志的资格。比如，武夷山景区武夷岩茶生产区域内东至骆驼峰，西至凌霄峰、虎啸岩、揽石峰，南至武夷宫，北至三仰峰内的各乡（镇）、街道办茶叶站、各相关茶企、家庭农场、专业合作社均为"武夷岩茶"的共同使用人。

《地理标志产品保护办法》第 20 条规定:"地理标志产品产地范围内的生产者使用专用标志,应当向产地知识产权管理部门提出申请,并提交以下材料:(一)地理标志专用标志使用申请书;(二)地理标志产品特色质量检验检测报告。产地知识产权管理部门对申请使用专用标志的生产者的产地进行核验。上述申请经所在地省级知识产权管理部门审核,并经国家知识产权局审查合格注册登记后,发布公告,生产者即可在其产品上使用地理标志专用标志。国家知识产权局也可以委托符合条件的省级知识产权管理部门进行审查,审查合格的,由国家知识产权局注册登记后发布公告。"

该条规定比较繁琐,生产者使用专用标志并非向地理标志的直接管理人申请,而是向三级管理体制的地方知识产权管理部门申请,再由省级知识产权管理部门审核,最后经国家知识产权局审查注册登记。简言之,地理标志产品所在产区范围内的生产者,只要符合产品的特异性质量标准,即可申请使用地理标志,成为共同使用人。

三、地理标志诉讼的原告

《民事诉讼法》第 122 条规定,起诉成立的条件要求,原告必须是与本案有直接利害关系的公民、法人或其他组织。直接利害关系指向权利人、合同方、受益人等民事上存在的利益关系或归责追责。

关于商标侵权案件的当事人,依照《商标法》第 60 条的规定,商标注册人或者利害关系人可以向人民法院起诉,其中"利害关系人"依照《最高人民法院关于审理商标民事纠纷案件适用法律若干问题的解释》第 4 条的规定,包括注册商标使用许可合同的被许可人、注册商标财产权利的合法继承人等。在发生注册商标专用权被侵害时,独占使用许可合同的被许可人可以向人民法院提起诉讼;排他使用许可合同的被许可人可以和商标注册人共同起诉,也可以在商标注册人不起诉的情况下自行提起诉讼;普通使用许可合同的被许可人经商标注册人明确授权,可以提起诉讼。

就地理标志的利害关系人而言,权利人、管理人、使用人均与地理标志产生利害相关,但并非都可以成为民事诉讼中的原告。遵从《商标法》的规定,地理标志的申请人为权利人,享有诉权。地理标志的使用人并非独占许可、排他许可和普通许可的使用人,仅具有地理标志的使用权,除非地理标志的申请人不提起诉讼，否则不能单独提起侵权诉讼。

第二节　地理标志的合法性审查

在地理标志侵权诉讼中，法院需要审查地理标志是否合法取得、存续，以及查明地理标志权是否成立。

一、地理标志的合法取得

1. 地理标志取得的积极条件

依照《地理标志产品保护办法》第 2 条、第 3 条的规定，满足真实性、地域性、特异性和关联性的产品，方能申请地理标志。第 7 条第 2 款规定："地理标志产品名称可以是由具有地理指示功能的名称和反映产品真实属性的通用名称构成的组合名称，也可以是具有长久使用历史的约定俗成的名称。"

依照《商标法》的规定，地理标志注册为商标应当满足显著性要求，既可为注册伊始就与其他已存商标可区别，也可以为后天使用中获得显著性，针对县级以上行政区划地名与商品通用名称组合而成的通用性词汇应当经过长期使用获得了显著性。比如，"五常大米"作为地理标志名称，经过长期使用在相关行业中具有较高的知名度或者在相关消费群体中广为知晓。[1] 与其他商标通过市场经营获得显著性不同，地理标记的知名度固然可以通过市场使用累积，但地理标志产品与地域因素的关联性才是其获得市场认可的核心因素，缺少地理标记的关联要素，仅凭市场经营获得的知名度无法成为地理标志获得显著性的有效证据。

《商标审理审查指南》"地理标志集体商标和地理标志证明商标特有事项的审查"指出，地理标志集体商标和地理标志证明商标指定使用的商品的审查以《类似商品和服务区分表》为基本依据，但地理标志强调的是商品的特定品质及其与生产地域自然因素、人文因素之间的关联性。因此，地理标志所标示的商品通常为农产品、食品、葡萄酒、烈性酒，还包括部分传统手工艺品等其他产品。单一的仅由自然因素或者仅由人文因素决定特定品质的，如与产地自然因素没有关联的手工艺品、地方小吃或与产地人文因素没有关

---

〔1〕　参见国家知识产权局颁布的《商标审理审查指南》第九章 3.4.1.

联的纯工业产品、矿产、野生动植物等，不能作为地理标志集体商标和地理标志证明商标指定使用的商品。

综上所述，地理标志的取得条件集中在标志的显著性、地理标志的产品要件、地域性关联关系上。

2. 地理标志申请的文件审核

地理标志产品申请材料包括：①产地范围；②政府申请、保护机制的文件；③地理标志产品的相关材料，包括产品名称、类别、申请人信息、产品质量、关联点、检验检测报告、产品标准、知名度等。

关于标志的申请，遵从《商标法》关于商标申请的要求。从《商标审理审查指南》第九章"地理标志集体商标和地理标志证明商标特有事项的审查"的审查点来看，申请人应当提交：①指定的商品；②申请人主体资格；③地理标志所标示地区县级以上人民政府或者行业主管部门批准文件；④申请人监督检测证明；⑤地理标志所标示的生产地域范围；⑥地理标志产品特定质量、信誉或其他特征与该地域自然因素、人文因素关系的说明；⑦地理标志客观存在及其声誉证明材料；⑧使用管理规则。

《中欧地理标志保护与合作协定》附录二"地理标志注册的技术规范"指明，注册提交的文件为：①地理标志名称；②受保护地理标志产品的类别；③申请者；④原产地的保护；⑤产品描述；⑥地理区域的简要界定；⑦与地理区域的联系；⑧标签的具体规则；⑨负责审查产品规范方面的管理机构/管理机关。

从以上申请文件的要求来看，地理标志申请的审核点在于产品的特异性、地域关联性、标志的显著性，呼应地理标志取得的积极条件。

3. 地理标志否定的消极要件

《地理标志产品保护办法》第8条规定："有下列情形之一，不给予地理标志产品认定：（一）产品或者产品名称违反法律、违背公序良俗或者妨害公共利益的；（二）产品名称仅为产品的通用名称的；（三）产品名称为他人注册商标、未注册的驰名商标，误导公众的；（四）产品名称与已受保护的地理标志产品名称相同，导致公众对产品的地理来源产生误认的；（五）产品名称与国家审定的植物品种或者动物育种名称相同，导致公众对产品的地理来源产生误认的；（六）产品或者特定工艺违反安全、卫生、环保要求，对环境、生态、资源可能产生危害的。"

如果存在上述情形，即便是已经授予的地理标志也应当予以撤销或无效。《地理标志产品保护办法》第 27 条规定："有下列情形之一，自国家知识产权局发布认定公告之日起，任何单位或者个人可以请求国家知识产权局撤销地理标志产品保护，说明理由，并附具有关证据材料：（一）产品名称演变为通用名称的；（二）连续 3 年未在生产销售中使用地理标志产品名称的；（三）自然因素或者人文因素的改变致使地理标志产品质量特色不再能够得到保证，且难以恢复的；（四）产品或者产品名称违反法律、违背公序良俗或者妨害公共利益的；（五）产品或者特定工艺违反安全、卫生、环保要求，对环境、生态、资源可能产生危害的；（六）以欺骗手段或者其他不正当手段取得保护的。"该条与第 8 条的否定性因素相呼应，除违法性因素外，延伸《商标法》通用性、连续 3 年不使用撤销的规定，将产品名称通用化、连续 3 年生产销售中不使用产品名称纳入可撤销事由。值得一提的是，《地理标志产品保护办法》并没有采用《中欧地理标志保护与合作协定》每 2 年审查一次扩大保护范围的规定，但并非说地理标志的保护实质上是永久的，而是规定"自然因素或者人文因素的改变致使地理标志产品质量特色不再能够得到保证，且难以恢复的"，应予撤销。

二、地理标志权主张的审查

针对原告主张被告地理标志侵权的事由，法院应当主要围绕三个问题予以审查：其一，地理标志权是否成立；其二，地理标志的排他权是否有效行使；其三，被告是否构成地理标志侵权。

1. 地理标志权的有效成立

如上所论，地理标志权的成立包括对积极条件和消极条件的考察，积极条件主要围绕地理标志的合法性、显著性，地理标志产品的特异性、地域性、关联性两个主要因素予以评价。消极因素主要审查地理标志及其产品是否存在违反《地理标志产品保护办法》第 8 条、第 27 条的情形，上文已详述，不再赘述。

此外，地理标志及产品注册的程序也应被审查，当然不一定由法院主动审查，在更多情形下如同商标一样，由被告启动无效行政程序，由国家知识产权局处理无效申请。

2. 地理标志排他权的有效性

地理标志权的排他性体现在两个方面：地理标志的符号性排他使用权、地理标志产品的合法性。前者表现为未经许可在不符合条件的产品上使用相同或者近似的地理标志符号，导致消费者发生来源混淆的行为。后者表现为未经许可将与地理标志相同的符号使用在不符合条件的产品上，导致消费者发生产品质量误认的行为。

《地理标志产品保护办法》第30条将排他权的表现通过侵权的反面行为予以细化。具体表现为：①在产地范围外的相同或者类似产品上使用受保护的地理标志产品名称的；②在产地范围外的相同或者类似产品上使用与受保护的地理标志产品名称相似的名称，误导公众的；③将受保护的地理标志产品名称用于产地范围外的相同或者类似产品上，即使已标明真实产地，或者使用翻译名称，或者伴有如"种""型""式""类""风格"等之类表述的；④在产地范围内的不符合地理标志产品标准和管理规范要求的产品上使用受保护的地理标志产品名称的；⑤在产品上冒用地理标志专用标志的；⑥在产品上使用与地理标志专用标志近似或者可能误导消费者的文字或者图案标志，误导公众的；⑦销售上述产品的；⑧伪造地理标志专用标志的。

第三节　被告的正当使用抗辩

面对地理标志权利人的民事侵权指控，被告可以采用以下几种合法有效的抗辩理由对抗原告的诉讼请求。

一、正当使用抗辩

如果被告能够证明其使用地理标志是基于描述产品特性、质量、用途等实际需求，而非意图误导消费者或借用地理标志的商誉，可能构成正当使用。如上所述，地理标志符号构成的地名、产品通用名称属于公有领域内的描述性词汇的，即便被注册为地理标志，也无权禁止他人客观描述自己产品的名称和地域来源性使用。比如，景德镇制作的瓷器，虽然并不符合"景德镇制"地理标志产品的使用条件，但是客观上表述为景德镇制造应为事实的陈述，如果不存在突出使用或者引起消费者混淆的标注方式，不应当认定为侵犯地理标志的权益。

《地理标志产品保护办法》第 25 条指出："本办法所称地理标志产品名称或者专用标志的使用，是指将地理标志产品名称或者专用标志用于产品、产品包装或者容器以及产品交易文书上，或者将地理标志产品名称或者专用标志用于广告宣传、展览以及其他商业活动中，用以识别产品产地来源或者受保护地理标志产品的行为。"

遵从商标法机理，如果被告并非在商品来源意义上使用商标符号，而是在词源或者语言层面上使用该词汇描述产品的特性、质量、用途等客观性事实，那么被告的行为并非指向商标的识别功能，与侵权行为并无关联。同理，非识别性使用也适用于地理标志。

二、先用权抗辩

如果被告在地理标志成为受保护的商标之前，已经在相同或相似的商品上使用该标志，并且已经建立了一定的市场声誉，其使用行为不构成侵权。这可以从《商标法》第 59 条先用权抗辩的规定找到依据。[1]"金华火腿案"就是典型的在先使用权与地理标志冲突的一个案件。

金华火腿是中国的传统特产，具有悠久的历史和国际知名度。1979 年，原金华市浦江县食品公司注册了"金华火腿"商标，后该商标被转让给了浙江省食品有限公司（原告）。随后，金华火腿被国家质检局批准实施原产地域产品保护，其他金华地区企业也被批准使用"金华火腿"原产地域产品专用标志。原告认为，未经其许可，其他企业使用"金华火腿"字样构成侵权。然而，被告认为，作为金华地区企业，其使用"金华火腿"是向消费者表明产品产于金华，属于正当使用，且经国家职能部门审批。北京市第一中级人民法院一审判决认为，根据《商标法》的规定，注册商标专用权人无权禁止他人正当使用。因此，法院驳回了原告的诉讼请求，认定被告的使用属于正当使用方式，不构成侵权。

"金华火腿案"的判决体现了法律对注册商标权与地理标志权利冲突的处理原则，即权利人的注册商标专用权与地理标志属于平行的知识产权，平等受到法律保护。注册商标权人无权禁止他人正当使用地理标志，但相关方在

---

[1]《商标法》第 59 条第 3 款规定："商标注册人申请商标注册前，他人已经在同一种商品或者类似商品上先于商标注册人使用与注册商标相同或者近似并有一定影响的商标的，注册商标专用权人无权禁止该使用人在原使用范围内继续使用该商标，但可以要求其附加适当区别标识。"

使用地理标志时也应规范，避免与注册商标发生冲突。[1]

三、通用名称抗辩

如果地理标志已经成为某类产品的通用名称，被告可以主张其使用该名称是出于描述产品类型而非指示来源，从而不构成侵权。

在最高人民法院发布的 46 号指导案例"鲁锦案"中，最高人民法院指出，在判断具有地域性特点的商品是否构成通用名称时，应综合考虑以下几个方面：①该名称在某一地区或领域内是否已约定俗成，长期普遍使用，并得到相关公众的认可；②该名称所指代的商品生产工艺是否经某一地区或领域群众长期共同劳动实践而形成；③该名称所指代的商品生产原料在某一地区或领域是否普遍生产。法院经审理后认定，"鲁锦"作为山东地区特别是鲁西南地区民间纯棉手工纺织品的通用名称，已为国家主流媒体、各类专业报纸以及山东省新闻媒体所公认，并且"鲁锦织造技艺"被列为了国家级非物质文化遗产。因此，注册商标中含有的本商品的通用名称，注册商标专用权人无权禁止他人正当使用。被告使用"鲁锦"这一名称是正当使用，不构成对原告"鲁锦"注册商标专用权的侵犯，也不构成不正当竞争。[2]

四、产品来源真实性抗辩

在地理标志标示的地区范围内且符合使用条件的个人或企业，即便不加入相关的集体或协会，也可以依法正当使用地理标志。而不符合条件或超出地理标志标示地区范围的使用则不被允许。被告可以证明其产品确实来源于地理标志所指示的地区，并且符合相关的品质要求，从而其使用地理标志不构成误导或侵权。

以地理标志作为证明商标注册或者集体商标的，使用人应当履行相关的程序，即便普通地理标志的生产者使用专用标志，也应当向产地知识产权管理部门提出申请，这是地理标志使用管理秩序的要求。但是，产区内符合地

---

[1] 王文波：《"金华火腿"商标行政案一审宣判》，载中国法院网：https://www.chinacourt.arg/article/detail/2004/12/id/145366.shtml，2004 年 12 月 28 日访问。

[2] 指导案例 46 号："山东鲁锦实业有限公司诉鄄城县鲁锦工艺品有限责任公司、济宁礼之邦家纺有限公司侵害商标权及不正当竞争纠纷案"（最高人民法院审判委员会讨论通过 2015 年 4 月 15 日发布）。

理标志使用条件的生产者如果未履行相关程序，在产品上使用地理标志，并不构成地理标志侵权。如果产品是真实的，地理标志的使用也名副其实，不排除法院认定不构成地理标志侵权。在被诉侵权的陶瓷碗底标注"景德镇制"的案件中，法院认为："被诉侵权商品的生产厂家确实位于原告主张的地理标志所对应的特定地域范围内。该瓷碗底部除'景德镇制'字样外并未使用其他与景德镇陶瓷协会注册商标相同或近似的标识，这样的标记既不会减损原告注册商标中地理名称所承载的知名度和影响力，也不会误导公众。因此，张某的销售行为并不构成商标侵权。"

五、地理标志本身存在瑕疵

《地理标志产品保护办法》第 8 条列举了 6 种不能予以地理标志产品认定的情形，如果因为申请人提供虚假资料不当获得了地理标志的认定，那么虽然形式上其具备了诉讼请求的权利基础，但是被告应据此予以抗辩。

《地理标志产品保护办法》第 27 条列举了地理标志可以撤销的情形，同样如上，被告也可据此提出合法性抗辩，从而否定原告的诉讼请求。当然，从诉讼程序上看，被告如果提出充分的证据足以撤销地理标志，那么法院可以根据具体情况予以中止审理，告知被告向国家知识产权局提出撤销申请，或者径行审判认定原告构成恶意诉讼，驳回诉讼请求。

六、地理标志的合理使用

商标法上的合理使用是指本属于侵犯商标权行为，但是基于商业表达需要和正常的市场竞争维护，予以商标侵权的例外。结合商标法机理，商标合理使用所指的类型应被限定为指示性合理使用、比较广告中合理引用。尤其应当指出的是，我国《商标法》第 59 条规定的"语词意义使用""功能性限定""先用权维持"应当归类于正当使用，而非合理使用。

据此而言，地理标志的合理使用包括指示性合理使用、比较性引用。指示性应当真实、恰当、适度，非来源于地理标志产区，或产区内达不到地理标志产品质量标准的，以及导致消费者产生混淆的突出使用，皆不能援引指示性合理使用予以侵权豁免。在"五常大米诉永超公司地理标志侵权案"中，被告虽抗辩其销售的大米来自五常市，但是不能提供产地和产品质量的证明证据，抗辩不成立。[1]同理，比较性引用也应当遵从真实、恰当、适度原则，虚假陈述、突出使用、引起混淆的行为都不符合合理使用的抗辩要件。

七、合法来源的不赔偿抗辩

我国《商标法》第64条规定了"三年内不使用不赔偿""销售合法来源说明"两种不承担赔偿责任的抗辩。其意思是说，在构成商标侵权的前提下，如果提出这两种抗辩，可以免除赔偿责任。

合法来源抗辩同样适用于地理标志侵权诉讼。地理标志的侵权除了商标符号本身的混淆判定外，还倾向于以被控侵权行为是否容易导致相关公众对商品的原产地等特定品质产生误认为判断标准，以保持地理标志的"四性"在司法诉讼中得以落实。如果被告销售的产品来源于地理标志的产区，且产品符合地域性、特异性、真实性、关联性，那么即便其产品未履行相关的地理标志使用申请程序，也不能影响其地理标志产品的身份。正如"景德镇瓷器案"的判决，行政程序的归程序，商标侵权的归侵权，不能以行政程序的缺失推定民事侵权。

需要注意的是，上述抗辩理由是否成立，需要根据具体案件的事实和相关法律法规进行判断。在地理标志侵权案件中，法院通常会综合考虑各方面因素（包括标志的知名度、使用方式、消费者的实际混淆可能性等）来决定是否构成侵权。

---

[1] "五常市大米协会与黑龙江省永超米业有限公司侵害商标权纠纷案"，山东省高级人民法院[2016] 鲁民终 812 号民事判决书。

第二十二章

◇·◇

地理标志的公益诉讼

地理标志属于知识产权性私权，本无公权参与的必要，遵从不告不理的诉讼规则即可。但是，地理标志侵权和行权秩序关涉不特定消费者和生产者的权益，属于公共利益的范畴。鉴于地理标志行权中存在的问题，检察权以公益诉讼为案由介入地理标志的侵权案件具有正当性。具体程序上而论，检察权可以在诉前程序和诉讼程序中以检察建议和支持起诉等方式办理地理标志公益诉讼案件，无论是在地理标志的孵育、授确权界定，还是在维权阶段，检察权均具有履职的空间。

一、地理标志检察公益诉讼典型案例剖析

我们以"地理标志"为标题检索北大法宝的司法案例库，平台给出 33 例综合结果，然后以"公益诉讼"为主题词对结果甄别、筛选和比对，提炼出下表 5 例能够代表检察机关以不同方式介入和处置地理标志的案例。

名称	发现的问题	检察权切入途径	检察处置方式	治理功效
白蕉海鲈［2009 年核准地标］	1. 地理标志使用混乱（多家生产企业和销售商户存在违规或者错误使用"白蕉海鲈"地理标志等情况）；2. 规范性文件失效、管理不到位；3. 品牌建设滞后等	工作调研：斗门区检察院对"白蕉海鲈"地理标志保护利用等情况进行深度调研	1. 以行政公益诉讼立案；2. 召开公开听证会；3. 向行政部门（市监局）制发检察建议；4. 持续跟进监督，协助制定规范性文件和地方立法	对于地理标志的保护，检察机关应充分发挥知识产权检察集中统一履职的优势，积极探索行政公益诉讼，聚焦地理标志保护源头，做好综合保护；检察机关针对"白

名称	发现的问题	检察权切入途径	检察处置方式	治理功效
	问题,影响品牌信誉和可持续发展; 4. 产业发展面临危机,公共利益受到侵害		提出综合保护建议	蕉海鲈"地理标志保护存在的问题,发挥行政公益诉讼诉前程序功能
敖汉小米 [2013年 核准地标]	市场中频频出现假冒"敖汉小米"的产品,不仅严重损害了广大消费者的合法权益,而且给"敖汉小米"地理标志产品的良好声誉造成了不良影响	"护航'敖汉小米'品牌发展"专项监督行动,调查了37家小米收储、加工、销售企业、门店,与12名小米代表座谈,全面调研了解"敖汉小米"侵权假冒乱象	1. 以行政公益诉讼立案; 2. 诉前检察建议; 3. 签署文件,建立多部门联动保护工作机制	检察机关立足公益诉讼检察职能,督促行政机关依法履职; 建立完善地理标志产品协同保护工作机制,维护地理标志产品生产经营者的合法权益
吉木萨尔白皮大蒜 [2016年核准地标]	假冒:在吉木萨尔县和相邻县市的农贸市场,以及多家网络电商平台上,出现很多商贩谎称其出售的大蒜是当年的"吉木萨尔白皮大蒜"	在履行公益诉讼职责中发现本案线索	1. 以行政公益诉讼立案; 2. 调查走访取证:异地种植、假冒销售(扩大种植面积和地域); 3. 诉前检察建议; 4. 跟进监督; 5. 推动管理规范	检察机关立足公益诉讼职能,督促行政机关依法履职; 建立完善地理标志农产品监管机制
南汇8424西瓜[2017年核准地标]	某公司以低价采购产地并非南汇的西瓜,使用"南汇8424西瓜"标贴,配送给超市门店销售,引发消费者投诉,市监处罚,浦东农协会维权困难	张江地区人民检察院(以下简称"张江院")在筛查行政机关知识产权行政处罚案件线索过程中发现该案	1. 走访调查,收集证据; 2. 了解维权存在的困难,引导其收集和梳理证据; 3. 向法院提出支持起诉意见; 4. 对源头公司提出社会治理检察建议; 5. 引导电商平台风险提示和预警;	准确认定地理标志及本案所涉地理标志集体商标的利益属性,是检察机关对其进行司法保护的基础; 权利人明显弱势,双方诉讼地位实质不对等,帮助权利人起诉; 加强地理标志侵权溯源治理,探索地

续表

名称	发现的问题	检察权切入途径	检察处置方式	治理功效
				标公共利益保护的最优路径
西湖龙井茶管理协会诉某副食品商店侵害商标权纠纷/诉姚某公益诉讼	杭州市西湖龙井茶管理协会诉侵权人	地理标志的管理人、权利人自行提起民事诉讼维权；销售的茶叶在包装上突出使用了原告商标"西湖龙井"文字。公证人员现场监督了上述购物全过程，并对现场所购茶叶予以封存	检察机关不介入/检察机关刑事案件中发现被侵权，鉴于权利人维权的困境［支持起诉意见书及证据材料］	地理标志检察权公益诉讼的路径和方式、合理性、正当性、平衡性及公益的认定等

从检察公益诉讼的视角审视，上述案例的关切要点突出展现为：第一，地理标志以私权为底色，检察权介入的正当性。第二，检察权以公益诉讼为案由，切入案件的事由。第三，地理标志公益诉讼的检察权行权路径及形式、方式。第四，检察公益诉讼的权力界限。从检察权履职的方式看，检察院多在刑事公诉、民行监督等传统权力行使过程中发现涉及地理标志的案件线索，继而通过调查走访等方式确定是否启动公益诉讼，或者直接以公益诉讼立案。立案后相继启动听证会、检察建议、参与规则制定等行动。只有给出上述四要点充分的理论和规范论证才能夯实地标公益诉讼的制度基础，为行权犹豫和摇摆定风波。

二、地理标志的双重属性

地理标志是标识来源于某地的特定质量产品的商业标志，该质量由该地的地理环境或人文环境所决定。正如商标从总体上看，地理标志是属于商标的、源于地域的、使用于质量的符号，其本质上属于商标私权，又表现出公共权力的群体性特征，兼具公权性。

1. 私权性依据

地理标志规定于商标法，服从商标注册与管理规则，同时其所标识产品的质量特色使其又不同于商标。我国《商标法》第 16 条规定："商标中有商品的地理标志，而该商品并非来源于该标志所标示的地区，误导公众的，不予注册并禁止使用；但是，已经善意取得注册的继续有效。前款所称地理标志，是指标示某商品来源于某地区，该商品的特定质量、信誉或者其他特征，主要由该地区的自然因素或者人文因素所决定的标志。"该条认同地理标志为商标标志，服从商标法的规定，同时强调所标识商品的地域性。《民法典》第 123 条将其独立为知识产权的一种类型，享有民事权利。虽然理论上对于是否存在"地理标志权"仍具争议，

2. 公权性特征

地理标志的公益性特征表现为两个方面：第一，产品质量由产地自然因素或人文因素所决定的特征表明其产品并不限于由某一个经营者提供，该地域内满足产品质量要求的生产者均符合使用地理标志的条件，使得该标志具有了公共物品的属性，具有公共管理介入的空间。第二，地理标志的地域性与质量保证功能决定了其为符合条件的成员皆有资格使用的基准规则，以及地域封闭性与质量标准开敞性兼具的条件规则。地理标志虽然可以另行注册为集体商标或者证明商标，但是地理标志的地域性与质量之间的链接关系决定其与集体商标和证明商标之间存在本质的差异，并非后者所能诠释。

三、地理标志私权行权存在的问题

实践中对地理标志的理解不到位，导致部分地理标志存在一定的问题，即地域与产品链接不强，知名度不高、地名+产品通用名的保护强度和范围弱；产品质量的一致性与稳定性不够。具陈如下：

首先，地理标志在多元化的层面上概念形式基本一致，但是不同层面的内在本质是撕裂的，地理链接也存在差异。其次，复兴、保护和传承历史传统的目的要求地理标志概念的内在本质描述应当是地域的、传统的、独特的，但是地理标志呈现扩大化趋势，从传统种植和养殖业扩大至手工业、非遗产品，甚至当地人造的一切。再次，虽然地理标志的设定目的和内在本质是可以描述的，但是在实践中基于利益需要，地理链接的建立却是模糊的，甚至是不确定的和无以言说的，尤其是拓展至现代手工业品和艺术品时，更是脱

离了地理标志初始的地理链接，认可单独的声誉和历史故事就可以成就一个地理标志。最后，在地理链接变动的情况下，无论是地理标志不变动，还是废止，抑或是将地理链接动态化，只要强调质量因素不变即可。一言以蔽之，地理标志的内生性制度矛盾撕裂了地理标志权的限定的一致性和稳定性。

地理标志的根源性问题，导致地理标志私权行权中存在一定的问题。其一，地理标志权人维权能力参差不齐，存在恶意维权和滥用权利情形。其二，地理标志管理能力千差万别。地理标志协会或者合作社作为地理标志的权利管理人在维护权利的能力上参差不齐，面对形形色色的侵权，部分权利人维权能力不足，无力应对复杂的侵权局面。其三，地理标志的终端消费者，难以区分真实与假冒的地理产品，往往会成为受害者，且受害面较广，可以认定为不特定多数人分散性公共利益受损，为寻求公益诉讼提供了案由。

四、检察权介入地标公益诉讼的方式

《人民检察院公益诉讼办案规则》将检察院办理公益诉讼案件的任务界定为，在依法独立行使检察权的过程中，督促行政机关依法履职，支持适格主体依法行使公益诉权，促进国家治理体系和治理能力现代化。检察权履行公益诉讼的方式主要是提出检察建议、提起诉讼和支持起诉三种。

（一）诉前程序

1. 公益诉讼立案

从规则规定来看，检察院办理公益诉讼案件可以先立案，也可以先行调查，经评估后立案。如果案件线索明确、具体，可能存在违法行为，就可以先予立案；如果线索不够明确，需要进一步调查取证，可以先行调查。比如，"白蕉海鲈案"，检察院先行对地理标志的保护利用情况进行调研，发现了"白蕉海鲈"使用混乱、管理不到位、公共利益受到损害等情况，进而以公益诉讼立案后，进一步开展听证、检察建议等工作。在"白皮大蒜案"中，检察院先行立案，然后开展调查走访等一系列工作。究竟先立案还是先调查，端赖于掌握案件的情况，与法院立案后方取得审判权不同，公益诉讼中的检察权履行全方位、全过程监督职责，不存在立案获权的问题。

2. 诉前检察建议

依照《人民检察院检察建议工作规定》，检察建议是检察机关出具的法律意见书，是检察院履行法律监督职责、参与社会治理、督促机关依法行政、维护公共利益的权力保障。检察建议通常针对行政机关履行监管职责、社会治理存在失误等问题提出，是检察机关通过依法履职参与社会治理的创新性实践，是依法行政、优化国家治理体制，提高治理能力的中国方案。就地理标志公益诉讼而论，检察建议有助于推动地理标志协会和地方政府加强地理标志管理，增强理顺地理标志使用秩序的效能。同样是在"白蕉海鲈案"中，检察建议推动了市场监管局专项执法的开展，为综合保护提供了具体的方案和举措。

3. 调查取证

检察机关基于其特殊的司法监督地位决定了其便于在行政机关和相关机构调查取证，其取证能力碾压社会律师的民间取证能力。我们看到，在"西湖龙井案"中，茶叶协会针对个体销售者起诉能够达到诉讼的目的，但是对于大规模的侵权现象，尤其是存在供应、运输、销售等分工协助侵权链的案件，权利人的调查取证和维权能力明显不足，存在维权困难，检察机关通过调查取证，以支持起诉向法院递交案件证据材料，收获了很好的维权效果。

4. 支持起诉

依照全国人民代表大会决定的精神，督促、支持法律规定的机关和有关组织提起公益诉讼方为检察权的职能范围，至于支持私权人提起民事诉讼是所有自觉维护法律尊严的公民都应当履行的义务，不得以各种非法的手段阻扰和干预权利人诉讼。在涉及"西湖龙井"的公益诉讼案件中，检察院经过调查取证后以向法院提交支持起诉意见书及证据材料作为支持起诉的履职方式，检察院并不参与民事诉讼的过程，至于一审判决后检察院是否抗诉，那属于对民事案件的监督，已经超越了公益诉讼的范畴。

（二）诉讼程序

检察机关以公益诉讼人身份提起公益诉讼，享有原告身份地位权利，依法参加诉讼，参与质证和法庭陈述等，有权提出公益诉讼上诉等职权。相关程序性事项以《人民检察院公益诉讼办案规则》为准据，恕不赘述。

（三）监督程序

检察机关对行政行为的监督并非为普遍的监察监督，而是主要限于违法行政或不作为使国家利益或者社会公共利益受到损害的案件，通过对这些案件的公益诉讼督促和纠正行政违法行为或不作为。如果行政机关依照检察建议已经全面采取整改措施依法履行职责，检察院启动的行政公益诉讼自然应当终结。就地理标志公益诉讼而言，主管的行政机关可能存在疏于管理、执法不到位的情形，以至于损害广大消费者的利益和使用地理标志使用者的利益，检察机关可以向行政机关提出检察建议，督促其依法履职。在"敖汉小米公益诉讼案"中，检察院通过诉前检察建议，督促市场监管局依法履职，收获了良好的社会效果。

五、地理标志检察权履职的空间

在地理标志公益诉讼案件中，检察权履职空间关涉检察权的依法行使，以及在公共利益与私人权益之间的平衡。公益诉讼的范围过宽过大，无疑会侵犯私权的领地；范围过窄，削弱了公益诉讼的治理能效。就地理标志而论，公共利益不能仅局限于协会成员的利益，否则检察机关越庖代俎，僭越了权利人的权利，将与地理标志直接相关的不特定多数人利益认定为公共利益比较妥当，尤其是地理标志产品的市场秩序和竞争利益直接攸关不特定消费者利益。当然，这与商标权侵权涉及的相关公众或相关消费者的群体不能等同，不当泛化公众利益将导致虚化个人主体地位的后果。

（一）地理标志孵育阶段

地理标志的孵育阶段是指通过调查研究确立所在地域内是否盛产特定质量的农产品、手工艺品，这种产品是否由本地域独特的地理气候等客观因素或人文环境等主观因素所决定，以及该产品与地理标志认定条件是否契合等。如果具备申请地理标志的客观条件，那就应当在农业农村相关部门的协调和指导下，建立地理标志的管理协会，并制定质量控制和地理标志使用规范，运行地理标志。在本阶段，地理标志权尚未获得，以具体案件为立案的案由并不存在，检察权并无行权的空间。基于地方知识产权的保护和发展需要，检察机关参与组建的联合工作小组或者保护中心以会议提议和建议如何孵育地理标志的种种行为，并不属于地理标志公益诉讼的范围。

（二）地理标志授确权阶段

地理标志的申请采用双轨制，农业农村部门负责农产品地理标志的申请和审核，国家知识产权局负责地理标志的申请和注册。地理标志的设计应当满足初始显著性，"地名+产品通用名"的组合无法满足初始显著性要求，尤其是县级以上的行政区划地名违背了《商标法》第10条的禁注事项，不能注册为地理标志。只有通过长期的使用获得了一定的知名度和显著性方能以获得显著性注册为地理标志商标，但是对于普通的商品或服务而言，其商标无法以县级以上行政区划的地名申请商标，除非地方具有其他含义。为此，对于以行政区划申请普通商标的注册人，任何人都有权以禁注事项为由提出申请异议或在不当批准之后提出无效申请，当然这里的任何人也包括检察机关，至于检察机关提出的商标申请异议和无效是否属于公益诉讼的范围，尚存争议，有待研究。

（三）地理标志维权阶段

在存在下列几种情形时，检察机关可以提出地理标志公益诉讼：其一，无人维权，损害消费者和地理标志使用人的利益；其二，地理标志权利人维权能力不足，损害地理标志价值，影响当地的经济发展和地标产品的生态；其三，地理标志权利人滥用诉权，扰乱市场，损害广大涉地标产品销售者的利益。针对前两种情形，前述已经论证充分，实践中检察机关介入的地理标志公益诉讼也大都属于该种情形，不予赘述。至于后一种情形，权利人滥用诉权的，目前只能通过民事诉讼由法院审判，检察机关履行民事审判监督即可，无反向启动地理标志民事诉讼的必要，当然对于以地理标志维权为名、行诈骗勒索之实的，另当别论。

综上所论，地理标志公益诉讼属于一个全新的领域，与污染环境、食品药品安全领域侵害众多消费者合法权益等损害社会公共利益的民事公益诉讼，以及生态环境和资源保护、国有资产保护、国有土地使用权出让等领域负有监督管理职责的行政机关违法行使职权或者不作为的行政公益诉讼均不同。从五例典型案件的办理情况来看，检察机关的检察权行权与2021年施行的《人民检察院公益诉讼办案规则》保持一致，虽然在诉前程序与立案的前后顺序上有所差别，但对案件并无实质性影响，应当说检察机关主动履职和积极行权收获了较好的社会治理效果、推动了国家治理能力和治理水平的现代化。但是地理标志属于地理标志协会控制的私权，地理标志管理属于农业部门的行政职权，检察权的介入应当保持谨慎和谦抑，防止不正当干预私权的行使，模糊公私之间的界限。

第二十三章

商业秘密侵权案件的审判

　　商业秘密为我国《民法典》第 123 条所保护的知识产权一类，《反不正当竞争法》第 9 条较详细地规定了商业秘密的构成和典型侵权行为，《最高人民法院关于审理侵犯商业秘密民事案件适用法律若干问题的规定》又进一步细化了审理商业秘密案件的实体和程序问题，为审理商业秘密侵权案件建立了系统化的审理依据。本章将以商业秘密侵权案件的审理为中心，围绕案件争议的本质问题展开论述，全面阐述和描绘商业秘密侵权案件的面貌。

第一节　商业秘密侵权诉讼概况

一、商业秘密案件审判的特点

　　在知识产权诉讼实务中，商业秘密作为《反不正当竞争法》规定的一类权益，[1]有其自身的审判特点，具体表现如下：

　　第一，商业秘密审判案件相比于专利、商标和著作权案件数量相对较少。2019 年最高人民法院统计新收的知识产权案件中总量 1945 件，技术秘密纠纷案件是 12 件，广东省 2013 年到 2017 年商业秘密案件一共是 77 件，北京知识产权法院在 2021 至 2023 年 10 月，共新收商业秘密案件 89 件，占民事案件的0.46%；审结 86 件，占民事案件的 0.47%。总体而言，侵犯商业秘密案件收

---

　　〔1〕　学界对商业秘密的性质存在权益说和权利说之争。前者认为，商业秘密是法律保护的竞争性利益；后者认为，商业秘密是财产权的一类。两种学说在保护对象、保护条件、排他性范围等方面存在差异。详细论述可以自行查询相关论文，本书重在综述和铺陈，理论性争议略去不论。

结案数量均维持在低水平，每年收结案数均在 50 件左右。[1]2015 年至 2023 年，上海市第三中级人民法院共受理商业秘密刑事案件 13 件，其中一审案件 9 件、二审案件 4 件。上海知识产权法院共受理商业秘密民事案件 265 件（含合同案件 7 件），其中一审案件 179 件、二审案件 57 件、其他案件 29 件；受理商业秘密行政案件 1 件。从历年的收案情况来看，商业秘密案件虽然在知识产权案件中占比不高，但整体仍呈稳中有升的态势。[2]再往前追溯，以北京市法院系统审理的商业秘密案件为例，2013 年到 2017 年案件量一共才 61 件。近年来，随着我国经济的高质量发展，企业主体更关注商业秘密，相应的商业秘密案件的数量总体上呈现增长趋势，但是相比于传统的注册商标权和专利案件数量总体偏低。

第二，商业秘密案件属于技术类诉讼，涉及技术相同或实质相同的判定。我们从商业秘密的构成要素上看或者从商业秘密的组成角度来看，它主要涉及技术性信息和经营性信息，权益主体主要为科技型或商务创新型公司，因而在一审法院的选择上通常由知识产权法院或者专门的知识产权法庭作为一审法院进行审理，所以相对来讲审理级别比较高。但是，单纯的经营信息和其他商业性信息的诉讼案件，由受理知识产权案件的基层法院管辖。[3]

第三，商业秘密案件通常举证难。商业秘密侵权诉讼中，原告的举证能力较弱，提交相关证据与其他案件相比存在一定的困难，因为商业秘密本身处于一个秘密状态，不像商标有登记注册证、专利有专利证书，商业秘密的特性注定了这一技术信息和经营信息只有处于保密状态，对于企业来讲才能产生相关的垄断收益。然而，这也注定了原告在相关诉讼案件中举证的能力弱，举证比较困难，这也是商业秘密案件在整个知识产权诉讼案件中占比较

---

[1] 11 月 30 日，北京知识产权法院召开"侵犯商业秘密民事案件当事人诉讼问题解答暨侵犯商业秘密十大典型案例"发布会。

[2] 2024 年 4 月 17 日上午，上海市第三中级人民法院、上海知识产权法院共同召开新闻发布会，发布 2015 年至 2023 年商业秘密案件审判情况和典型案例。

[3] 2023 年 11 月北京知识产权法院发布《北京知识产权法院侵犯商业秘密民事案件当事人诉讼问题解答》第 37 条就"侵犯商业秘密民事案件如何确定管辖法院？"提出：因侵犯商业秘密提起的民事案件，由侵权行为地或被告住所地法院管辖，侵权行为地包括侵权行为实施地、侵权结果发生地。网络购买者可以任意选择的收货地不属于侵权行为地。北京市辖区内侵犯商业秘密民事纠纷的一审案件，涉及技术秘密的，由北京知识产权法院管辖；涉及经营信息或其他商业信息的，由受理知识产权案件的基层法院管辖；既涉及技术信息又涉及经营信息、其他商业信息的，由北京知识产权法院管辖。当事人对基层法院作出的第一审侵犯商业秘密民事案件的判决、裁定提起的上诉案件，由北京知识产权法院管辖。

低的一个原因。

二、商业秘密案件审判的逻辑

商业秘密的诉讼逻辑与商标、著作、专利侵权案件的不同之处在于：我们在相关理论上把著作权称为版权，商标为商标权、专利为专利权，但是我们鲜见商业秘密权或者商业秘密财产的说法和叫法。理论上，我们把商业秘密通常称为权益，这是一种通说，很少把商业秘密直接称为一种财产权。也就是说，在理论上还不认可商业秘密是独立的一种财产权，而认为是企业等对非公众知悉信息所享有的一种垄断性利益，所以这就注定了整个商业秘密侵权诉讼所遵循的逻辑与著作、商标和专利有所不同。

商业秘密侵权诉讼一般所遵循的逻辑为：

第一，原告需要证明自己对某一个经营信息或者技术信息享有商业秘密的权益。也就是说，原告只有在证明自己的技术信息和经营信息属于商业秘密的情况下才能启动商业秘密侵权诉讼。

第二，案件进入诉讼程序，我们要判断被告的行为是不是侵害了原告的商业秘密。在行为判定上，我们依据《反不正当竞争法》第9条的规定，要求被告的行为必须是非法的行为，才有可能侵害原告的商业秘密权益。这个非法行为包含了盗窃、胁迫、欺诈、非法侵入计算机信息系统获取相关信息资料等行为。当然，商业间谍是最典型的窃取商业秘密方式，为盗窃商业秘密，是刑法上规定的侵害商业秘密罪，由《刑法》第219条规范。

第三，侵权判定的基准不同于著作权的"实质性相似"，遵从"实质性相同"标准，即被告所使用的技术信息和经营信息与原告所主张的商业秘密在本质上是相同的或者实质上是相同的。这与商标侵权的判定亦不同，近似商标也可能构成侵权，但是商业秘密的侵权比对要求两者必须相同。实践中，有一些实务工作者主张技术近似也构成商业秘密侵权的观点是不对的，即便侵权人更新、改进原技术秘密导致技术对比不相同，但是非合法来源基础上的改进，落入"非法来源"的范围，仍逃避不了侵犯商业秘密的指控。[1]

---

[1]《最高人民法院关于审理侵犯商业秘密民事案件适用法律若干问题的规定》第9条规定："被诉侵权人在生产经营活动中直接使用商业秘密，或者对商业秘密进行修改、改进后使用，或者根据商业秘密调整、优化、改进有关生产经营活动的，人民法院应当认定属于反不正当竞争法第九条所称的使用商业秘密。"

第四，如果被告提出合法的理由抗辩原告的主张，在这种抗辩成立的情况下，即便被告采用了与原告相同的技术，也不应认定被告构成侵权，我们可以将技术的相同合法解释为耦合或者技术趋同，这是法律所允许的。由于合法抗辩决定了被告侵权是否成立，因此在法律上应当严格审查抗辩的合法性和合理性，以相关法律规定和司法解释为限，不应扩大解释。

第五，判断被告的行为给原告造成了多大的损害后果、应当如何赔偿。商业秘密的赔偿规则与专利、商标和著作权的赔偿规则相同，唯一不同之处在于商业秘密侵权损害的结果难以量化，需要借助技术所产生的效益值确定。

以上为整个商业秘密审判的逻辑链条，总体而言就是原告主张商业秘密构成，被告实施非法的行为，然后被告采用的技术信息和商业信息与原告的相同或者实质相同，再后是被告合法的抗辩理由成立与否，最后就是被告对侵权行为造成的损害进行赔偿或者补偿。这就是整个商业秘密侵权诉讼的逻辑，或者说商业秘密诉讼的全链条、全过程都是围绕着这样一个线索展开的。

三、法律依据

商业秘密在相关诉讼实务中所依据的法律规范在现有的法律体系中主要有三部法律规范和司法解释：

第一部法是《民法典》，其第123条特别提到商业秘密属于知识产权的类型。当然，从理论上来讲，并非因为第123条就把商业秘密与著作权、商标和专利一同归属为知识产权，其便取得了类似于专利的财产权，即便理论上认同商业秘密为财产，其也是比商标财产性还弱的财产，对此论断理论上仍存争议。但是，不管理论上如何说，都没有影响诉讼实务的逻辑，商业秘密诉讼仍然依照上述逻辑进行。其实，《民法典》只是做了一个权利宣誓，也就是说，在基本定调上规定商业秘密属于知识产权的一个类型。

第二部法是《反不正当竞争法》，其第9条明确规定了什么是商业秘密，即商业秘密是指不为公众所知悉，被采取了保密措施，能为权利人带来经济利益的保密信息，包含了技术信息和经营信息。加之第9条第1款特别提到了侵害商业秘密的几种行为，因此第9条就完整界定了商业秘密的定义和侵犯商业秘密的不法行为。另外，第32条排除商业秘密的规定，其实是帮助原告举证、被告抗辩的法条。也就是说，在"初步证据合理表明侵权人存在侵权行为的情形下"，如果被告没有合法来源抗辩，那么我们可以推定被告侵害了原告的商业秘密。除此之外，《反不正当竞争法》还有第 2 条规定的一般条款，这个一般条款通常可以辅助证明被告存在违背商业道德，从事不正当竞争的行为。

第三部法是 2020 年 9 月 12 日起施行的《最高人民法院关于审理侵犯商业秘密民事案件适用法律若干问题的规定》。这个司法解释很明细地罗列了什么是商业秘密、商业秘密类型、商业秘密的侵权手段以及造成损害赔偿的数额，包括惩罚性赔偿的计算方式。因而，我们在司法实务中主要应用的其实还是最高人民法院发布的《最高人民法院关于审理商业秘密民事案件适用法律若干问题的规定》，这与其他知识产权案件判案援引的规范并无不同。

除了这三个主要的法律规范之外，还有一些地方法院通过的关于审理商业秘密的指南，当然他们不是司法解释。比如说北京高级人民法院有一个审理商业秘密的指南，浙江省高级人民法院也有通过这样一个审理指南，包括上海市、江苏省。这些指南从一定程度上更详细地框定了商业秘密诉讼的各个细节问题，这就是审理商业秘密案件的时候所依据的规范。

第二节　商业秘密的概念与构成

在商业秘密侵权诉讼中的逻辑起点，首先是要证明存在商业秘密并且原告拥有商业秘密，所以第一个问题就是关于商业秘密的概念和构成。

商业秘密的概念依照《反不正当竞争法》第 9 条的规定，不为公众所知悉、具有商业价值并经权利人采取相应保密措施的技术信息、经营信息等商业信息为商业秘密。传统理论界定的商业秘密三原则，即秘密性、价值性、保密措施，也就是商业秘密的三个构成要件。

一、秘密性

秘密性是指相关主体的技术信息和经营信息处于一种秘密的状态，顾名思义就是不为公众所知悉的信息。在对商业秘密侵权案件的审判中，秘密性要求原告证明其主张的信息与现有的技术和公知的信息不同，证明所拥有的技术信息和经营信息与市场上公开发表的杂志或者公开的文献不同，其没有被公开过也没有被公开使用过，没有被大家所知悉。但是，不为公众知悉并不是说所有信息的每一个细节都不为公众知悉。比如说生产技术，其流水线可能涉及很多环节，在一些环节里，使用的标准设备可能属于专利产品，专利产品获得专利的时候一定要公开专利技术实施方案，在这种情况下使用的标准设备的技术其实是为社会所公开的，但是标准设备的使用并不影响我们整个流水生产线的技术仍处于保密状态。不为公众知悉的要求与《专利法》所讲的新颖性并不是一个概念，如果我们采用的商业秘密的技术信息，所有的各个部分都是为社会所知悉的，但是这些公开的技术组合到一起之后，对于本领域的普通技术人员来讲并不是显而易见的，也不是可以通过观察、简单的思考就可以把它组合在一起产生这样一个技术信息，那么在这种情况下我们并不否认公开信息的组合形成商业秘密的可能性。对此，《最高人民法院关于审理侵犯商业秘密民事案件适用法律若干问题的规定》第4条第2款规定："将为公众所知悉的信息进行整理、改进、加工后形成的新信息，符合本规定第三条规定的，应当认定该新信息不为公众所知悉。"所以在这一点上，商业秘密的要求并不像《专利法》的新颖性、创造性标准那样严格。

但是，我们应当注意，保密性是一个相对的概念。有一些公司、企业主体对自身所有的这些信息都处于比较保密的状态，但其不一定满足秘密性的要求。也就是说，这些信息不一定是秘密的，采取保密措施并不意味着一定是秘密状态，秘密性是与公众可以获得的现有技术等这些信息相比较而言的。比如，在"好事达商业秘密侵权案"中，好事达公司所主张的客户资料不是简单的客户的电话住址，而是统一社会信用代码，包含了采购价格、采购意向和一个深层次生产计划，这些信息不为公众所知悉也不是在其他公共场所可以获得查取的，所以从这意义上来讲，客户资料属于好事达公司的商业秘密。在"思克案"中，思克公司所主张的这个设备包含的商业秘密，也就是这个设备本身就是商业秘密，如果你对我的设备进行拆解就会侵犯我的商业秘密，法院经审理后认为商业秘密的主张是不成立的，或者说保密措施是不得当的。因为用户通过设备内部的简单观察就可以获取信息，所以从此意义上来讲，其并没有达到非公众知悉的程度，或者说从另外一个角度来讲，他的保密措施并非得当。被告提供的抗辩理由通常是现有技术抗辩。在办理案件时，我们发现被告可能会提交相关的发表期刊和杂志的这样一些文章来否决原告商业秘密。这里面我们一定要注意原理性的东西和基础理论上的原理与原告所使用的秘密技术信息不相同，或者说原告是针对自己的生产状况做了具体的设计和具体的分析，而不仅仅是抽象理论的应用。所以，在这一点上要通过查阅期刊和公开发布的报刊来进行比较的话，一定要注意原理性或者说概括性的理论与具体使用技术的差别。

二、价值性

价值性，类似于我们《专利法》所要求的积极效果或者是经济价值，在我们比较价值的时候通常会考虑价值有大小。也就是说，这个信息可能对于甲公司来讲不会产生价值，但是对于乙公司而言却可以产生价值，因而在这一点上我们通常采用的是负面评价原则。也就是说，如果不产生非法的效果，不会产生危害社会的消极结果，我们就推定具有价值性。不管是技术信息还是经营信息，只要能够给原告带来相关的客户订单，或者是能够带来竞争上的优势，我们就可以认定原告所主张的客户资料具有经济价值。技术信息亦如此，原告进行生产所使用的技术或者说已经被否决的技术处于秘密状态，那么这个失败的技术方案对于原告来讲其实也是具有价值的，所以对价值性的把握相对比较灵活。当然原告所主张的技术秘密是否已经采用或使用，不是判断技术方案或商业信息是否构成商业秘密的一个要件，不能说原告所主张的技术信息和经营信息并没在实际生产中使用，就否定其具有价值性，使用与否涉及侵权赔偿的问题。同样，被告窃取商业秘密之后是否使用，也不是我们判定技术方案是否构成商业秘密的要件，就像专利一样，我们申请完专利拿到专利证书就等于享有专利权。至于是否实施或者实施到什么程度，这通常会影响专利市场价值，影响判断赔偿额，而不会影响案件本身的侵权性质。

三、保密措施

保密措施是指原告对所主张的技术信息和经营信息采取了相应的措施，以防止商业秘密泄露。谈到保密措施我们自然会联想到《国家保密法》《国家安全法》提到的国家级保密措施。在这里面，我们所提到的保密措施跟国家所讲的保密措施在本质上并不是一样的，对于商业的保密措施有几个要求：第一，保密措施应当具有适当性。原告只要采取与其商业秘密价值相适应的保密措施就可以，不能要求绝对化。比如说，对存储基础信息和金融信息的计算机访问实行了等级访问，访问的话有一个访问权限，对生产经营场所参观和相关人员的进入有相关的要求，采取保密性的措施进行了区分，对相关接触保密技术信息的工作人员签订保密协议，或者是有领导审批的制度，我们认为就是适当的。第二，商业秘密的（保密）措施的使用要具有及时性。不能说商业秘密泄密之后，或者是被公开之后再采用这样一个措施。第三，保密措施要具有针对性。最高人民法院在相关的判案中否决了概括性保密措施的要求，也就是说无差别对公司的所有员工都要求采取保密措施和签订保密协议，这是没有针对性的。我们通常叫保密措施就是说，在相关的保密协议中要明确秘密的范围，秘密资料具体是哪些资料、哪些数据文档、哪些生产设备等等，要求保密的人员也应当是确定的，而不是采用所有加入公司的人员都要保密这样一个广泛的保密措施。第四，保密措施应当采取的适当程度与商业秘密本身的特征和价值相对应，简称对应性。对应性也就是说我们并没有极端要求，与相关的商业秘密的等级和基本情况相对应就可以了。常见的保密措施在实际案件中主要采取的就是保密协议，还有相关的访问文件，还有离职之后采取的保密措施。我们一般认为，这类保护就是妥当的，在"香兰素案"里，主要是当时公司的主要合作者从原公司离职之后或者是不合作之后，另外开了一家公司。这样的方式往往会导致主要核心技术秘密泄露，实践中大部分商业秘密案件都是通过前员工、前技术人员的途径导致泄密的。第五，所采取的保密措施应当合法，即合法性。保密措施应当是在法律所允许的范围内施行，不能采用搜身、监视等侵害人身自由的方式执行。在实践中，有些公司为了防止他人未经允许或在非工作时间侵入工厂获得生产秘密，采用围墙拉电网、翻板悬坑等主动伤害性防护措施，这都有违法律的规定，不被视为合法的保密措施。

第三节　侵害商业秘密的构成

所谓侵害商业秘密的构成，也就是说被告什么样的行为才构成侵害商业秘密侵权，或者说如何判断被告的行为侵害了原告的商业秘密。在商业秘密的侵权判定中有一个公式，由我们基于理论和司法实践总结出来，这个公式为"非法接触+实质相同-合法来源抗辩=侵害商业秘密"。也就是说，从被告行为的角度来判定的话，应当有非法接触和技术秘密相同和实质相同的结果，减去被告的合法来源抗辩就等于侵害商业秘密。因而被告侵害商业秘密的行为构成包含了三个方面：第一，谁侵权；第二，如何判断或者说什么样的行为构成了侵权；第三，侵权的抗辩，被告是否有正当的理由，获得侵权的豁免。

一、侵权主体

什么样的被告是商业秘密侵权的被告，或者说谁才会侵害原告的商业秘密。在侵害商业秘密的主体上，按照一般民事诉讼法的规定既可能是自然人也可能是法人、非法人组织以及其他机构。在侵害商业秘密的具体场景中认为被告一般是同业竞争者，因为不管是技术还是客户，通常仅对同业竞争者是有用的。对于大型的化工设备来讲，它仅在化工生产类的公司之间才是有用的，对其他公司来讲是没有用的。在重庆审理的"科研研究院的商业秘密侵权案"中，大家可以看到商业秘密最终使用的是两家，虽然是不同的研究院，但是设计的方案和设计的技术是一样的图纸。在"上海旅游公司的不正当竞争案"中，一个离职员工带走的境外旅游团的客户资料，这个对另外的一个旅游公司来讲才是有用的，对没有从事这方面业务的公司来讲是没有任何价值的，所以在具体侵害商业秘密的场景中界定的侵权人应当是同业竞争者。除了同业竞争者的企业之外，在商业秘密侵权中我们说非法手段往往是通过员工渠道来进行的，如果商业秘密案件中没有相关的资源或者是技术人员流通，或者公司内部的发明者或者相关技术秘密的接触者跳槽，我们通常是很难发现侵害商业秘密的非法手段的。在北京的一个案件里，法院认定原告所主张的商业秘密侵权只是自身的逻辑推演，并没有提交被告非法接触商业秘密非法性的证据，因为他没有相关的员工在两个公司之间流动，所以这就很难予以证明。相关的前员工、技术人员、商业秘密的接触者的跳槽可能会造成商业秘密被泄密。因而，从这个意义上来讲，除了商业秘密的同业竞争者之外构成一个被告，前员工还有相关技术秘密的发明人接触者也会构成共同侵权人，所以自然人也会构成商业秘密侵权的共同被告。在"香兰素案"中，后续所启动的刑事程序，追究的就是前员工、前技术人员、前合作者的泄密所导致的商业秘密侵权。在大型的生产设备还有与具体的生产相关的商业秘密泄密案件中，我们可以发现技术人员往往是这一类商业秘密侵权的一个切口，所以这一类人员往往会构成商业秘密侵权的共同被告。当然，这一类人，企业对相关技术人员所采用的保密措施要相对严格，如对相关技术开发人员的同业禁止协议。第三类相关的合作者也可能成为被告。在生产供应链中的整个链条里，供应商、生产商、销售商都知道销售信息以及具体生产的内部详细资料。在这类协议类所掌握的商业秘密公司之外的第三人中，也可能会通过违背协议的方式泄露商业秘密，自己使用或者供第三方使用，所以这一类协作者也可能会构成商业秘密的侵权人。第四类是相关技术方的设计者、相关设备的生产者，还有相关的工艺流程与操作软件的服务商。不是具体的生产链条的合作者而是整个技术的贡献者，其虽然不是公司的发明人也不是具体的研发团队，但是其对以上内容有所贡献。比如，在化工侵权的案件里，使用的设备有上千个，有一些非标设备是公司自身根据自己的生产需要设计的，但是却没有设备的生产能力，要委托第三方去生产这个设备。第三方在生产设备的时候就可以掌握设备的这些相关细节，如果其把这一份资料披露给同业的化工生产公司，那其可能会推断甚至可能使用相关生产线的这些部分工艺。这是从被告的角度来界定侵权主体的，只要与我们有相关协作关系泄密的话，都有可能成为商业秘密的被告。有很多理论认为，只有负有保密义务和保密协议的相关当事人才能成为商业秘密的被告。笔者个人认为这个认知有些偏狭，应当是只限于我们商业秘密的相关利害关系人都负有保密的义务，都可能构成侵害商业秘密的原告、被告或者是共同被告。

二、侵权行为（非法接触）

被告行为的判断，我们强调是非法接触，主要是《反不正当竞争法》第9条所罗列的几种情形，比如说盗窃、胁迫、欺骗、非法侵入相关的计算机信息系统破坏基础保护措施、侵入获取公司的商业数据等手段都有可能构成非法接触。通过员工披露或者是泄露公司的秘密，供第三方使用也会构成侵害商业秘密。如果与我们签订有第三方服务协议的公司，不是我们公司具体的服务人员，而是我们服务的第三方公司，违背协议泄露、披露或者是供第三方使用商业秘密，其知悉商业秘密的手段不是非法的，但是其行为却是非法的。所以，仍然用非法接触来进行扩张，也把其纳入非法接触。如果被告的行为是通过反向工程研制的方式所获得的，就不具有非法性，所以不构成侵害商业秘密。

三、抗辩理由

被告对相关技术信息和金融信息的获取，叫正当理由抗辩。我们通常认为有这样几个要件：第一个要件是不为公众知悉，那如果是从公开途径获得了现有技术，本身的商业秘密便已经被公开或者说其并非独特。第二是反向工程，通过自身学习，以破解产品的方式获取也是合法的。第三是如果被告在商业秘密的获取上是基于自主研发，那么自主研发的抗辩在相关商业秘密的侵权诉讼中便是可以成立的。比如在"香兰素案"里面法院认为被告的自主研发抗辩是不成立的，因为其没有提供具体的研发过程和资料，研发也没有办法在这么短的时间内产生结果，所以自主研发的抗辩理由在"香兰素案"不被采纳。当然，在一般案件里面，如果自主研发确实只是导致技术信息的耦合，那么便不能认定为侵犯商业秘密。

第四节　原告的证明责任

在商业秘密诉讼中，原告的证明责任通常主要集中在以下几个方面：第一个方面要证明自己所主张的技术信息和经营信息构成商业秘密；第二个方面原告应当主张被告的非法接触行为接触到原告的商业秘密；第三个方面是被告采用的信息与原告相同和实质相同，以至于造成的侵权后果等这一些事实需要原告承担证明责任，提交相关的证据。

一、密点的提取与固定

在原告的证明责任里，要证明原告所主张的技术信息和经营信息构成商业秘密，我们前面讲了主要是秘密性、价值性和保密措施。在司法诉讼实践中，我们称为密点的提取和固定。

密点的提取和固定主要是要求原告能够将自己所主张的商业秘密，从一系列的资料以及大型的供应设备图纸中提取出具体的商业秘密的表现形式和它体现的内容，并通过相关的证据形式来进行提交。密点的提取在不同的商业秘密案件中会有不同的提取点，固定的方式也包含多种多样的方式。概括来讲，密点的提取主要是固定商业秘密的书面资料和与图纸相关的数据存储的电文，比如说硬盘、访问的系统以及集成的数据库。在相关案件中，有的法院会倾向于认为商业秘密范围没有具体化和明确化。相关的设备、工艺控制的流程、参数数据要具体对应到《最高人民法院关于审理侵犯商业秘密民事案件适用法律若干问题的规定》第 4 条和第 6 条所罗列的具体类型上。如果技术信息传递的是一个抽象的东西，它只能通过外在的表达形式来固定相关的证据，所以在固定的形式上更多的可能是图纸。比如在"香兰素案"里，原告提供了设备图、还有相关的工艺管线、与生产相关的图纸，这个图纸是一个固定形式，相关的操作手册、相关工艺流程的参数，还有整个环节里面所使用的这些东西都有可能构成密点的固定形式。也就是说，从证据的表现形式来讲，它可能是书面资料，也可能是相关的数据电文，还可能是录影录像。

二、被告非法的行为

前面我们也讲了被告的非法手段主要是通过胁迫、泄露、非法侵入等方式，或者是违背协议规定。原告证明被告非法接触，主要是通过技术发明人员相关商业秘密的接触者或者是掌握资料的相关人员跳槽到另外一家有竞争关系的公司工作实现。按照《反不正当竞争法》的规定，如果原告有相关证据证明被告采用了与原告相同的技术，其商业秘密处于泄露和实质泄露的状态，就可以推定被告侵害了其商业秘密。所以，在原告主张的证据里面，通常是前员工、前技术人员和前合作者跳槽或者另外开公司，那么这可能会引起商业秘密侵权。这也是相关律师在办理案件时所能采用的合法的举证手段。非法侵入对方公司的方式不是律师所能采用的调查手段，所以在相关被告非法行为的举证上，大部分来讲都是通过前员工的非法接触方式来实现，在这一点上，对员工的竞业禁止以及保密还能做得更细致一些。

三、被告采用的秘密与原告相同（可以推定）

原告所承担的主要举证责任，就是证明被告使用的技术信息或者经营信息与原告所主张的商业秘密是实质相同的或者是完全相同的。这个举证往往很难，因为我们不知道，如果在合法的员工流通，或者原告的相关技术人员跳槽到另外一家公司，在这种情况下怎么就能推定被告采用了与原告完全相同的技术信息？这往往需要经过生产线的比对，或者是图纸的比对，抑或者是相关工艺流程的比对，也就是密点和固定，与商业秘密的证据来进行比较，以证明采用的技术手段和采用的生产方式是不是相同，这一点司法解释的规定不是单一地比较每一个点，如果这样的话就相当于专利法领域比较创造性，对每个发明点进行比较。商业秘密不是这样的，其把商业秘密作为一个整体来考虑。即在实现技术的手段、工艺流程等方面最终达到的效果是不是一样的。这是一个主要的比较方式，而禁止单一比对，这个容易陷入专利法所讲的发明点的比对困境，商业秘密没有这样高的要求，如果采用专利法中的发明点比较方式，那商业秘密的构成就会更难，这是我们常常采用的一种比较方式。在这一点上，我们也可以委托司法鉴定，比如说通过对被告生产现场的勘验来提取被告现场生产的方式和生产的工艺流程，进而判断产生的技术效果是不是与原告相同。在相关案件中，往往也会采用推定的方式，比如说原告有证据证明被告非法接触了其商业秘密，而且在相关的市场调查中生产与原告相同或者是完全相同的产品，使得原告的市场占有率或者相关的固定客户发生流失，这种情况我们就可以推断被告有可能使用了与原告相同的技术信息和经营信息。原告就可以以初步证据向公安机关进行投诉，从而启动商业秘密的形式程序。我们从今年江苏省公布的商业秘密的十大案件中可以看到，都是通过竞争的方式来调查取证到了相关被告侵犯原告商业秘密的具体方式。包括其采用的涉及商业秘密的技术，都是通过竞争的方式来实现的。法院在这一点的审判上往往也采用了推定的方式。《反不正当竞争法》所讲的三种情形下的推定是：第一可以证明被告采用的技术方式和技术秘密与原告是相同的，这是由原告负担的；第二举证责任就是比较技术相同，这是从原告的角度来讲的；第三个是证明所造成的损害；第四个是损害结果的赔偿额。每个案件具体造成的损害结果是不一样的，所以相应的举证方式也是不一样的。

第五节　被告的证明责任

商业秘密诉讼与商标权和专利权诉讼不同的地方是，被告不可以采用沉默的方式和拒绝举证的方式来应对针对商业秘密侵权的指控。如果在相关的场景中，被告不承担举证责任，可能会导致败诉的结果。具体来说，被告要承担的举证责任主要基于三点：第一点，被告要提出原告的主张不构成商业秘密的抗辩；第二点，被告提供证据证明自己并没有侵害原告的商业秘密，并且也不存在接触商业秘密的非法手段；第三点，被告要举证证明自己的技术方案和经营信息与原告的并非实质相同或相同。具体我们逐个来进行解释：

一、否认原告商业秘密

被告在抗辩的过程中，要证明原告主张的商业秘密不构成《反不正当竞争法》所保护的商业秘密。举证的侧重点可以从商业秘密的构成要件着手，比如说不是秘密状态并没有采取保密措施，而且信息不会产生竞争价值，从这点来打掉商业秘密的主张。在司法实践和司法实务中，被告的举证往往是采用检索相关发表文献的方式提出原告的技术不具有吸引性，或者是一定为公众知悉，这种抗辩方式往往是不成立的。因为相关期刊的发表往往带有理论性和朴实性，被告主张的商业秘密往往具有个性，其发表并非构成原告商业秘密不为公众知悉的正当抗辩。从这一点上来讲，被告的主张往往不成立，什么样的方式才是一种能够合理保护商业秘密的举证方式？根据司法经验以及办理相关案件的经验：主要是被告要举证相关的产品、技术和信息已经为同行业所采用，也就是大家普遍采用的行业技术，也叫现有技术抗辩，这一点往往是非常有利的。这一点要如何抗辩呢？我怎么样去找现有的技术呢？第二个方面就是相关的技术和相关的工艺流程是不是在相关的公开场所公开展示过，或者在相关的产品发布会上是不是一定被透露过。我们可以看到，有一些公司的发布会对技术细节讲得很清楚，如果是通过发布会的方式，这个技术就为公众知悉，就不属于秘密状态，这个要比简单通过文献的方式更为有效。这一点在专利法上被称为"现有技术抗辩"，也可以被归纳为公共领域的技术或者公开技术。

二、合法来源抗辩

第二个抗辩就是合法来源抗辩。有效的方式主要有以下几个：第一个是自主研发；第二个是反向工程；第三个是通过合法的途径获得。

第一个是自主研发，这个一定要注意：不同行业的技术在研发的时候有一个研发的基本规律。如果研发过程违背了这个规律，那么自主研发往往便是不成立的。所以自主研发需要保有相关的资料，比如实验数据和生产工艺流程的设计图、工艺图等等。在"香兰素案"里，被告虽然提交了相关工艺流程图、设备图和操作手册，但是法院并没有认定被告自主研发抗辩成立，因为法院通过比对发现被告使用的技术与原告是实质相同的，而且从基本的行业操作规范来讲，这个时间段不足以让被告研发出相关的生产工艺流程。

　　第二个是反向工程。法律上所讲的反向工程是通过对原告产品的观察研究来推测原告商业秘密的构成。比如，我们通过对可口可乐的产品逐个进行实验，可以提取其构成成分和每一个成分的比例，观察其生产方式。如此，我们就可以通过反向实现的方式来获取这个商业秘密。比如说耐克公司的鞋为很多运动鞋的生产商进行反向工程，有很多运动鞋子的生产商与耐克公司相关的专业人员存在紧密联系，一旦耐克公司有新鞋子发布，就会想办法先拿到手一双新鞋，然后进行裁剪，看这双鞋具体采用了什么布料以及是怎么设计的，然后进行学习模仿，这个就是很好的反向工程。但在反向工程里面对商业秘密的反向工程是合法的，如果你反向工程侵犯了别人的外观设计或者模仿了别人的专利，那么这个便是构成侵权的。所以，在反向工程这一块，我们仅就商业秘密来讲，通过产品的观察方式来进行研究。在"耐克案"中，原告通过对设备加装封套的方式来进行市场上相关主体的反向工程，上面规定的撕毁无效或者说擅自打开会侵犯到原告的商业秘密的约定是无效的。也就是说，反向工程是法律规定的合法抗辩的一个理由。这个地方不通过当事人的声明和约定予以排除，否则便可能以商业秘密或者是以所谓的技术来阻碍经济的发展。这个不是我们知识产权法设定的目标，也不是知识产权法所服务的宗旨。

　　第三个是继受取得。也就是说，通过第三方以购买的方式取得了商业秘密。在这一点上有可能会构成共同侵权，所以我们在购买商业秘密的时候应该知道转让方和出售方是否拥有这份商业秘密，如果出售方在转让商业秘密的时候，其商业秘密获取本身就是非法的，系侵犯别人商业秘密，受让人也会构成共同侵权。所以，这就是我们理论上所讲的被告侵犯商业秘密的无过错原则。准确来讲，不是无过错而是被告没有履行适当的注意义务，应当先审查原告是否转让了商业秘密，然后才能进行受让。

三、秘密不同

　　被告采用的技术秘密与原告的不相同或者说并没有构成实质相同。这个主张往往可以通过司法鉴定的方式来鉴定两种技术方式有哪些差别或者实质上有哪些差别。但是，要注意被告的抗辩如果仅仅是提出自己的技术秘密与原告的不同，而没有相关证据，则这项主张是不成立的。如果被告提供的技术方案是在原告商业秘密基础上进行修改、再研发、再加工，那么仍然构成商业秘密侵权，这个也是司法解释所明确规定的。还有一点要提醒的是，被告主张的技术秘密和技术信息与原告主张不同的话，这个提交的技术信息应当能够在技术上实现。我们可以看到，在有些案件中，被告提出了这样一个抗辩，但是其提供的技术在生产过程中根本没办法实现，纯粹是为了对抗原告的侵权主张所提的虚假理由，此时这个抗辩理由并不成立。

第六节　技术问题的证明

商业秘密案件属于技术类案件，在技术信息和经验信息的主张上都具有一定的专业性，所以在相关案件中技术问题的证明会成为案件争议的焦点。比如，在"香兰素案"中，其生产工艺流程和相关的设备管线安排等都涉及化工领域的专业技术问题。对于这些问题，法院的法官并非技术出身，其怎样去认定相关技术的相同与不同，在技术研发的过程中是否可以产生原告和被告所主张的结果等这些技术问题？在技术问题的判定上，有三种制度可以辅助法院在相关的专业问题上进行明晰。

一、鉴定意见

司法鉴定是指在诉讼活动中鉴定人运用科学技术或者专门知识对诉讼涉及的专门性问题进行鉴别和判断并提供鉴定意见的活动。鉴定结论属于民事诉讼证据的一种，需经各方当事人质证后，再由人民法院决定是否予以采纳。这个鉴定意见既不是证人证言也不是专家辅助人提交的意见，其就是我们司法书中所讲的司法鉴定。第一，鉴定人要有相关的鉴定资质；第二，鉴定的程序和流程应当合法合规；第三，鉴定意见的作出和提交形式应当符合法律的规定。在商业秘密案件中，哪些可以鉴定、哪些不可以鉴定？从技术角度上看，案件的诉讼往往分两个问题：第一个是事实问题，第二是法律问题。在英美法系的陪审制度中，事实问题往往交由陪审团来进行裁定，法律问题交由法官来裁定。我们国家采用的是以当事人为中心、以法院为裁判者的审判体系，因而在相关的事实问题上我们可以提交鉴定机构鉴定，法律问题应当交由法院来进行裁判。在商业秘密侵权案件中，哪些问题属于事实问题、哪些问题属于法律问题？也就是说，事实问题是原告所主张的技术信息和经营信息为商业秘密，商业秘密的三个构成要件都可以加入司法鉴定。比如，技术信息有没有价值、可以产生多大的社会收益等都可以通过司法鉴定来鉴定。原告所主张的信息是不是为公众知悉也可以通过原被告双方提交的证据进行鉴定，比如与现有技术相比是不是一定公开可以公开鉴定、保密措施是否也可以鉴定？但是不可以对原告主张的是否构成商业秘密问题进行鉴定，因为相关的技术信息和经营信息是否构成商业秘密，属于法律问题、不属于事实问题，这个应当由法院来进行裁断。

　　第二个方面，被告的行为是存在着欺诈、胁迫、盗取或者非法侵入等非法接触行为，这个不是由司法鉴定而是由法院裁断。因为这是对行为的法律评价，不能加入司法鉴定。

　　第三个方面，原被告双方所指的技术信息和经营信息是否相同和实质相同的问题，是可以被加入鉴定的。这一点在法律上可以成为技术问题，法院在裁判的时候可以将之作为具体技术问题来进行鉴定，被告生产工厂的流水线、供应设备管线之间的布置均可以通过现场勘验的方式来进行鉴定。现场勘验查取的相关技术可以鉴定，但是被告有没有侵害原告的商业秘密这一点仍然是法律问题，应交由法院来裁断。为什么要区分哪些问题可以鉴定、哪些问题不可以鉴定？这是为了防止通过鉴定的方式来行使法院的审判职权，或者是禁止将法院的审判职权转交给第三方机构。

　　最高人民法院在"密胺案"中就司法鉴定给予了充分论证，可以作为专业问题是否鉴定的判断标准。鉴定程序启动的关键在于法官在审理案件过程中对相关专门性问题缺乏判断认定能力，进而需要委托相关鉴定机构通过科学的方法和手段来查明该专门性问题的相关事实。对于当事人提出的鉴定申请，既要避免当事人滥用申请鉴定的权利，也要避免不当剥夺其相关的诉讼权利。一般应着重从以下四方面予以审查：一是关联性，即申请鉴定的事项与案件有待查明的事实是否具有关联；二是必要性，即是否必须通过特殊技术手段或者专门方法才能确定相应的专门性问题，通过其他的举证、质证手段是否无法查明该专门性问题；三是可行性，即对于待鉴定的专门性问题，是否有较为权威的鉴定方法和相应有资质的鉴定机构，是否有明确充分的鉴定材料；四是正当性，即鉴定申请的提出是否遵循了相应的民事诉讼规则，在启动鉴定之前是否已充分听取了各方当事人的意见，以确保程序上的正当性。

　　《北京知识产权法院侵犯商业秘密民事案件当事人诉讼问题解答》就商业秘密民事案件中如何申请鉴定作出了答复，特别回应了鉴定事项的类别，强调"通过生活常识或经验法则可以推定的事实、应当由当事人举证的非专门性问题、通过法庭调查或勘验等方法可以查明的事实、对当事人责任划分的认定、法律适用问题、测谎等事项不属于可以申请委托鉴定的情形。申请鉴定的事项通常是被诉侵权信息与商业秘密是否实质上相同的问题，有关商业秘密法定条件是否成就的问题，一般不属于申请鉴定的事项"。

二、技术辅助人

技术辅助人在相关案件中类似于陪审员。也就是说，其地位相当于法官，但是跟法官又不一样，其仅仅是对技术问题作出裁断，不对法律问题作出裁断。技术辅助人既不属于原告的也不属于被告，而是法院根据案件所涉及的技术问题，在专家库里面通过抽签的方式选取的一个独立的技术审查官，对相关案件审判起到技术辅助作用。北京高级人民法院颁布的关于技术审查官的指南探讨了初步的方式。那么，在全国的知识产权审判中，我们是不是也可以建立一个全国性的技术辅助人库，从而在相关的技术类案件中在库里面随机抽取相关的专业技术人员来进行辅助？我们也希望这个制度能够尽快完善，但是在相关技术辅助人的选择和具体的抽签问题上，事关相关专业问题的认定，恐怕有一些案件中只有一个技术辅助人很难让原告和被告信服。所以这个制度是不是也可以像法院的合议庭制度那样奉行绝大多数人原则，或者是让公众来发表相关的意见和看法？

三、专家证人

专家证人跟证人制度有一定的趋同性，只不过对证人的角色作了限定，可能是原告的证人也可能是被告的证人。这个证人有点类似于证人证言，但是在具体专业问题的认定上专家具有一定的独立性，所以其既要接受原告的咨询也要接受被告的咨询。对于其结果是不是可以采信，法院需要在证人证言的具体内容和证明的可靠性上来进行比对。专家证人和专家辅助人的角色和地位是不一样的，这决定了证人证言和专家出具的结果在司法审判中发挥的作用也是不一样的。专家证人在法律地位上与证人是相等的，只不过其独立作出的专业判断对案件的查明具有一定的帮助作用，在这一点上又可以不完全依附原告和被告，至于是否可以查询案件的证据情况来进行裁决，这是由法院决定的。

第七节　其他实务问题

商业秘密诉讼还涉及一些其他问题，主要集中在三个方面：第一个是二次泄密的问题；第二个是刑事侦查的介入问题；第三个是商业秘密案件中原被告双方的利益平衡问题。当然，在实务中，并不仅仅涉及这三个方面的问题，可能还存在其他问题，只是说这三个问题是比较突出的。

一、二次泄密（举证与质证的合理措施）

关于二次泄密的问题，在相关诉讼中我们采取了相关的措施来阻止或者减少二次泄密的发生，但是有一些案件也确实会有这样的风险。比如，我们在实务中会遇到被告或者是原告只知悉了一部分商业秘密，但并不是完全清晰，这样就很难完整地窥探到对方的商业秘密。因而可能会通过诉讼的方式去接触和破解这份商业秘密。所以在这个问题上我们一定要注重防止二次泄密。笔者在此主要强调一些针对性措施：

第一个措施就是不公开审理涉及商业秘密的案件。不公开审理可以减少相关案件的参与人和相关的听审的公众，这样就可以减少对案件过程了解的相关人员，从而降低泄密风险。

第二个措施就是在商业秘密的具体密点和交叉询问上也采用一个秘密举证的方式。对此，全国审理商业秘密案件的法院采用的方式是不一样的。根据我们在办理案件中的经验，法院主要采用三种方式：第一种方式是由原被告双方以及律师在一个封闭的法庭来进行质证和交换，但是会有一个这样的风险，如果原告的技术人员和被告的技术人员出庭的话，难免会导致原告或者是被告去了解和掌握对方所交换的证据，使得对方的秘密更加清晰、明了，所以这种方式容易导致二次泄密。有的法院则采用只有原告的律师和被告的律师来进行证据的指证和交换的方式，这可以杜绝原告专业技术人员和被告律师相互知悉对方技术信息的情况发生，但是原告律师和被告律师限于专业的技能，可能在证据的质证能力上存在不足，导致对案件事实的查明存在一定的瑕疵，所以这种做法也有自身的缺陷。另外一种方式是原告和被告将自身的主张和相关的证据提交给法院，也就是说原被告双方不接触，质证和相关意见由法院进行保密处理。这个当然可以避免二次泄密，但是存在的一个问题是在证据的质证上针对性不强，因此全部提交给法院来进行书面质证的方式并不妥当。目前采用的几种方式其实都有自身的缺陷，这其实也是由商业秘密案件本身的特性所决定的。当然，随着技术手段的不断进步和相关庭审技术的不断创新，笔者相信这些问题会得到解决。

二、刑事侦查的介入

在商业秘密案件中，我们一般讲如果有刑事机关的介入这个案件基本就成功了。但是这一点也反馈出我们在商业秘密侵权案件中原告和被告的律师在举证能力上其实都有不足，对被告的生产线进行勘验与侦查往往只有法院和公安机关才有职权。如果原告或者律师要进入对方的工厂去调取，被告肯定是不允许的，例如我们在办理的一起化工商业秘密侵权案件时，我们申请法院去现场勘验的时候被告采用了无理的手段来阻止法院进入。所以对于民事案件来讲是很难取证的，法院也采用了相关的措施，比如说举证、推定等等，缓解原告举证的不能和手段的局限性。在刑事案件中，公安机关可以采用各种各样的刑事措施，在获取相关证据上具有得天独厚的优势，当然公安机关采用刑事手段获取的证据在民事上是可以使用的。在江苏省公布的十大商业秘密侵权案件中，公安机关借助这样的方式来发现商业秘密的线索，当然在刑事介入的情况下也有其自身的一个问题，所以最高人民检察院明确禁止刑事随便或者任意对民事行为的干扰。如果你能够初步举证并且提供这样一个线索，公安机关就可以立案并且进行侦查，所以从我们实务上来看如果能够寻求公安机关的介入是最好的一种方式，如果不能，我们也能够通过这种方式去获得一定的证据，比如说通过市场监督管理的方式来进行投诉，这对相关证据的要求会严格一点，但是也可能会导致行政诉讼或者是行政赔偿。

2024年1月8日，江苏省人民法院、省人民检察院、省公安厅联合发布《办理侵犯商业秘密刑事案件的指引》，其中办理商业秘密刑事案件的程序中提到，报案人报案或者控告时，应当提供初步证据证明其主张的商业秘密以及存在涉嫌犯罪行为。公安机关经审查，认为有涉嫌犯罪的事实，或者其他情节符合侵犯商业秘密罪的立案追诉标准，需要追究刑事责任且属于本地公安机关管辖的，应当立案侦查。对不符合立案条件的，依法作出不予立案决定，告知报案人通过民事诉讼、行政程序等途径解决。对于需要追究刑事责任但不属于本地公安机关管辖的，应当移送有管辖权的公安机关。这为刑事介入商业秘密侵权纠纷提供了一定的指引，缓解了单一依赖律师办理商业秘密刑事案件的证据缺乏和难以获得的问题。

三、不可避免披露原则

不可避免披露原则，也就是说在相关员工的流通中，商业秘密已经成为他通用的技术，在相关的行业中再从业的话就不可避免地会使用这样一个技术。这种方式从保护劳动者劳动权和平衡商业秘密权利人的角度来看的话，国外的法院规定不可避免披露原则是不侵权的。当然要注意员工他自身的技能与侵害商业秘密的手段上是有不同的，不能把自己固化的技能认定为侵犯公司商业秘密，所以非法接触手段在这个问题上是不可或缺的。但是我们也不能简单地说员工二次就业就一定会侵害公司商业秘密，一定是带有非法接触或者是一定会披露我们的技术信息和商业信息供第三方使用才可以被认定为侵害商业秘密。不可避免披露原则其实是关于商业秘密案件的一个综合性的制度，或者说更好地平衡权利人与竞争者之间的关系，从而给劳动者一定的灵活劳动空间。

除了这三个方面之外，还有一些商业秘密的其他问题。比如说赔偿问题，这个在著作权、专利权和商标权上都有规定，其中惩罚性赔偿要求是恶意和故意的情况下，按照反不正当竞争法的诉讼逻辑要求被告在侵权上存在主观故意和重大过失。按照我们现在的制度情况来看的话，侵犯商业秘密其实还是结果原则，也就是说在侵犯商业秘密案件中基本上都是恶意和故意才可以适用惩罚性赔偿。

第八节　商业秘密侵权诉讼的实案分析

一、"香兰素案"开创了商业秘密高额赔偿的先河

"香兰素案"创立了人民法院生效判决史上赔偿数额最高的侵害商业秘密侵权案，[1]而且其开创性确立的若干个审判规则为以后商业秘密侵权案的审

---

〔1〕 "嘉兴市中华化工有限责任公司、上海欣晨新技术有限公司与王龙集团有限公司等侵害技术秘密纠纷案"，最高人民法院［2020］知民终 1667 号民事判决书。

判提供了审判的思路和参考的案例，可以说其从司法适用的层面对 2020 年 9 月施行的《最高人民法院关于审理侵犯商业秘密民事案件适用法律若干问题的规定》相关条款予以了充分诠释，鲜活展示了适用的条件、适用的范围和侵权例外等内容。

商业秘密侵权案件通常采用"非法接触＋实质相同"的认定标准。[1]在原告证明所主张保护的客体为商业秘密的前提下，如果被告存在非法接触商业秘密的可能或者机会，且被告使用的技术信息或商业性信息与原告主张的商业秘密相同或实质性相同，那么在被告主张合法来源抗辩不能成立的情形下，即可推定被告侵犯了原告的商业秘密。因而商业秘密的证明、被告的非法接触、技术信息或商业信息的比对、合法来源抗辩四个要素构成商业秘密侵权案件的核心。

在"香兰素案"中，密点为保密性技术信息，载体为 287 张设备图和 25 张工艺管道及仪表流程图，其承载了特定结构、能够完成特定生产步骤的非标设备或者设备组合的参数信息，构成相对独立的技术单元，属于技术信息。工艺管道及仪表流程图记载了相关工序所需的设备及其位置和连接关系、物料和介质连接关系、控制点参数等信息，亦为相对独立的技术单元，同样属于技术信息。

关于原被告技术信息的比对方案，法院将原告主张的六个密点，即涉及 58 个非标设备的设备图 287 张和工艺管道及仪表流程图 25 张与被告提供的设备图、工艺流程图对比，认定两者实质性相同，虽然被告进行了针对性的修改，但造成的两者差异为规避性或适应性修改所导致。况且被告拒不提供完整工艺流程和相应装置设备进行研发和实验的有效证据，且在极短的时间内上马香兰素项目生产线并实际投产，不符合香兰素从研发到生产的合理时间。与此相印证的是，被告提交的环境影响报告书中使用了其非法获取的设备图和工艺流程图。需要指出的是，在原告未在举证期限内申请现场勘验的情况下，原审法院未进行现场勘验并无不当，并不影响被告侵权商业秘密事实的认定。

应当说"香兰素案"塑造的标杆，应当成为后续商业秘密案件审判的重要参考，该案被最高人民法院列为 2021 年中国法院 10 大知识产权案件之一

---

[1] 参见徐卓斌：《商业秘密权益的客体与侵权判定》，载《中国应用法学》2022 年第 5 期。

就是明证。当然该案绝不是商业秘密案件的"天花板"，在其之后商业秘密案件的更多细节和新问题被强调、被解析，我们有必要对此新动态予以盘点和总结，形成可资参考的根据。

二、"密胺案"彰显司法保护的"中国智慧"

2022 年 12 月，随着最高人民法院〔2020〕最高法知民终 1559 号和〔2022〕最高法知民终 541 号民事判决书的作出，历时 9 年之久的"蜜胺（即三聚氰胺）生产工艺专利侵权案"尘埃落定，以支持权利人的全部诉讼请求，判令侵权人以包括但不限于拆除的方式销毁侵权生产系统及有关技术秘密载体，共同连带赔偿权利人经济损失合计 2.18 亿元的结果为该案画上了圆满的句号。

无论多么复杂的商业秘密侵权案件，本质上仍聚焦在"技术秘密的构成""非法手段""技术相同""合法来源抗辩""侵权后果的处理"五个方面，至于赔偿额的计算，侵权人之间的连带责任，法律适用，诉讼时效等虽有争议，但并非商业秘密案件中难以解决的棘手问题和本质问题。

1. 技术秘密的构成

依照《反不正当竞争法》第 9 条规定，商业秘密由不为公众知悉、采取相应保密措施和具有价值三个要素构成。不为公众知悉要求权利人所主张的技术应当非为公知常识和通用技术，不为他人所掌握，但并非要求具有新颖性和创造性，即便某公司垄断某项技术长达二十年之久，行业内出现了更高级的技术，只要该技术不为他人所知，仍不排除构成商业秘密；相应保密措施要求权利人采用与其技术相适应的保密措施，江苏省三机关联合发布的《办理侵犯商业秘密刑事案件的指引》提出"应当综合考虑商业秘密及其载体的性质、商业秘密的商业价值，保密措施的可识别程度、保密措施与商业秘密的对应程度以及权利人的保密意愿等因素，认定权利人是否采取了相应保密措施。保密措施通常能够阻止商业秘密被他人获得，并不要求万无一失；保密措施要能够使承担保密义务的相对人意识到相关信息需要保密。"至于商业价值的证明，达到"具有现实或者潜在的商业价值，能为其带来竞争优势"的程度即可。

"密胺案"中，法院认为"原告提交的设备图及工艺数据表承载了具有特定结构、能够完成特定生产步骤的非标设备或者设备的工作性能参数信息，构成相对独立的技术单元，属于技术信息。设备布置图、管道仪表流程图、管道布置图记载了相关工序、工艺所需的设备及其位置和连接关系等信息，亦为相对独立的技术单元，同样属于技术信息。工艺操作指南承载了针对相应设备的操作步骤、正常操作参数和指标等信息，亦为相对独立的技术单元，同样属于技术信息"。另外，原告主张的设备图、管道仪表流程图是根据其自身生产工艺对参数优选数值的有机组合，需要经过大量技术研发试验、检验筛选才能够获得，而且涉案技术信息无法从公开渠道获取，更无法通过观察、分析生产出来的三聚氰胺产品而直接获得，属于不为公众所知悉的技术信息。此外，涉案技术信息涉及的加压气相淬冷工艺生产三聚氰胺技术，大幅提升了单一生产线的产能，降低了生产能耗和设备投资，减少了日常维护频率和成本，为金象赛瑞公司带来了经济利益和竞争优势，具有商业价值。

2. 侵权的非法手段

"密胺案"中，法院提出"商业秘密侵权案件中，在权利人已证明被诉侵权人利用的信息与其商业秘密相同或实质相同且被诉侵权人实际接触或具有接触商业秘密的机会、渠道的情况下，可以初步认定被诉侵权人采取不正当手段获取商业秘密的事实成立；如被诉侵权人主张其利用的信息具有正当来源的，则应当承担证明责任"。其实，《反不正当竞争法》第9条规定了典型的不法侵权行为类型，但是在权利人无法准确掌握侵权证据的情况下，推定被告采用了不正当手段的适用方法，一定程度上缓解了商业秘密举证难和维权难的症结。且法院查明被告企业的技术来源曾为原告员工的尹某某，其系涉案技术秘密的主要研发人员之一，能够直接接触到涉案技术秘密。这从整体上证实了被告接触且使用了其非法掌握的商业秘密，存在侵权的非法手段。

3. 技术秘密的比较

江苏省三机关公布的《办理侵犯商业秘密刑事案件的指引》沿用了《最高人民法院关于审理侵犯商业秘密民事案件适用法律若干问题的规定》第13条的规定，即人民法院认定（两技术信息）是否构成实质性相同时，可以考虑下列因素：①涉案信息与商业秘密的异同程度；②所属领域的相关人员在侵犯商业秘密行为发生时是否容易想到涉案信息与商业秘密的区别；③涉案信息与商业秘密的用途、使用方式、目的、效果等是否具有实质性差异；④公有领域中与商业秘密相关信息的情况；⑤需要考虑的其他因素。这些因素均深入技术内部予以比对，依赖技术人员的佐证，且纠结于技术细节，操作性不强。在"密胺案"中，法院创见性通过否定被告主张的所有可能使用的技术方案，认可被告通过非法手段获取和使用了原告的技术秘密。法院认为："根据原审法院已查明的事实，华鲁恒升公司收购德丰化工公司之时仅有一套年产1万吨三聚氰胺装置，其年产量与本案中被诉侵权的三聚氰胺一期项目的产量相差较大，华鲁恒升公司虽主张其通过研发对所收购的上述技术进行了改进，进而达到了年产5万吨，但其对此并未提交证据证明，故对其该主张，本院难以采信。"也就是说，法院将未能提供"合法来源"抗辩，与非法侵权手段相结合，用于佐证技术相同的情形，节省了技术鉴定比对耗时耗钱的无谓抗辩。

4. 侵权后果的处理

我国处置侵权后果的方式，通常包括消除侵权商品、没收销毁侵权的生产工具、原材料等。比如，《商标法》第63条第4款规定："人民法院审理商标纠纷案件，应权利人请求，对属于假冒注册商标的商品，除特殊情况外，责令销毁；对主要用于制造假冒注册商标的商品的材料、工具，责令销毁，且不予补偿；或者在特殊情况下，责令禁止前述材料、工具进入商业渠道，且不予补偿。"但是，商业秘密侵权并非针对他人产品的相关外在表现，而是针对生产和操作的技术侵权，非法使用权利人的保密技术主要侵害对象为抽象的技术，应当说禁止侵权人继续使用秘密技术是最直接的诉讼请求，但是技术秘密的载体多样，可能表现为资料、数据、设备、操作系统等有形的物质、无形的信息等，禁止使用技术请求的执行必须销毁所有的表现形式方能彻底，为此，"密胺案"中，法院认为，当制造者使用的技术秘密为制造该产品所不可或缺的重要条件且该产品为使用该技术秘密所直接获得的产品时，因其销售该产品的行为显属同一侵权主体实施制造行为的自然延伸和必然结果，故此时该禁止使用的范围应当包括禁止该制造者使用该技术秘密制造产品后进行销售。基于《最高人民法院关于审理侵犯商业秘密民事案件适用法律若干问题的规定》第18条的规定，[1]法院判决，华鲁恒升公司所持有的设计专篇等其他记载或包含有涉案技术秘密的相应技术资料也应与被诉侵权生产系统同时销毁。

---

[1]《最高人民法院关于审理侵犯商业秘密民事案件适用法律若干问题的规定》第18条规定："权利人请求判决侵权人返还或者销毁商业秘密载体，清除其控制的商业秘密信息的，人民法院一般应予支持。"

三、商业秘密侵权案件核心问题的再明确

1. 商业秘密保护客体的再明确

通论认为商业秘密是具有价值性并采用保密措施的秘密性信息，秘密性、保密措施和价值性是商业秘密的三个核心构成要件，《最高人民法院关于审理侵犯商业秘密民事案件适用法律若干问题的规定》对"三要件"进行了细致性解释，其中"不为公众知悉"要求所保护的信息既不是公知性知识，也不是公开手段和方式就可以轻易获得的信息。其实，商业秘密并非像商标、专利、版权那样具有典型的财产属性，知悉商业秘密之人的泄露、公开或允许他人使用都会损害或彻底损毁商业秘密的价值，一旦被社会公知，商业秘密给持有人带来的竞争优势就会逐渐被削弱或消失。因而，商业秘密侵权案件的核心问题应当是所保护的信息是否为公知，保守秘密之人是否存在非法损害秘密性的行为，至于损害赔偿额度，被告的合法来源抗辩等附属性问题可围绕核心问题展开。需要强调的是，商业秘密的客体并非为信息，而是保密状态的非公知信息。公开渠道可以获得的，所属领域的技术人员可以推知的简单性信息都不应纳入商业秘密的范畴。鉴于抽象的保密信息难以捉摸，所以商业秘密必须通过有形的载体予以表达和体现，然后方能固定和具象保密信息的内容。需要注意的是，将被告技术与原告的商业秘密比对，不应纠结于工艺流程图的相同、设备位置和生产线的一致，而应就两者体现的技术信息从用途、目的、使用方式、技术效果、产品等方面相较是否具有实质性差异。为了规避侵权，改动和替换设备、调整流程图纸等行为并不能影响侵权的判定。

2. 商业秘密的载体与信息的关系

秘密信息通过有形的载体，比如设备、工艺管线、操作软件、工艺图纸等予以表达和体现，在司法诉讼中原告应当提交这些载体或者记录资料，即固定和明确"密点"。在汕头海洋投资发展有限公司与北大方正物产集团有限公司等侵害商业秘密纠纷中，福建省高级人民法院审理后认为："案涉产品并非新产品，主要的生产工序为公知流程，成套设备亦涉及通用设备。"因此，权利人"主张拥有的商业秘密内容和范围显然过于宽泛笼统"，应当进一步对"创造性和秘密点"明确固定。二审最高人民法院审理后则认为"上述技术信息中可能包含现有技术的内容，未必全部构成法律意义上的商业秘密，但这

正是侵害商业秘密纠纷案件实体审查的内容，可以在双方诉辩对抗过程中，结合技术鉴定等多种技术事实查明手段予以认定"。在"香兰素案"中，原告提交的工艺管道、仪表流程图、完整生产线相应的装置设备（结构形式、尺寸参数、名称和编号等非标设备）、环评报告记载的设备图和工艺流程图等均属于涉案技术秘密的范围。对比来看，汕头海洋公司向法院明确的秘密点是："①工艺及控制：设备管道配置及物料流向、控制节点及联锁回路，载体主要体现在《工艺管道及仪表流程图》（PID），部分体现在《工艺操作手册》中的第二部分'工艺流程及原辅材料'、第十二部分'附录二 PS 厂热油调节阀开度情况概述'（《工艺管道及仪表流程图》（PID）及《工艺操作手册》在2004 年汕头海洋公司送中国石油化工协会进行涉案专有技术科技成果鉴定时作为鉴定资料提交）；②设备及生产线操作技术：单机操作规程、单元操作（空釜开车、空釜停车、满釜开车、满釜停车、紧急停电停车、转产方案等）、日常巡查内容、常见故障及措施等，载体主要体现在《工艺操作手册》；③设备结构及制造技术，载体主要体现在'设备图纸'上。原告提交的证据将不同类别的信息载体归纳整理得非常清晰，首先，工艺流程图将设备与物料的控制关系、设备与设备的连接关系、控制内容和相关参数表述得非常明白；其次，大型成套工艺的操作方案和具体的控制步骤在操作手册中清楚展现，各流程节点的工艺控制方式和应急处理方案清晰明确，生产中足以实现；最后，非标设备的设计图纸和尺寸参数皆为整体工艺流程专门设计，即便是通用设备，其流程关系和控制方案也是整体工艺服务，构成技术秘密的一部分。值得提出的是，如果工艺流程和成套设备专门为使用某类秘密技术所设计，离开了设备技术无法使用，同样非该项秘密技术设备也无法运用，两者表现为成套性工艺特征，那么我们有理由推断，在获取成套设备并运行的情况下，该设备应当使用了配套的秘密技术，尤其是在原技术开发人员帮助下运行的情形，除非运行人能够提出反证推翻这一推理。

3. 技术秘密的侵权比对

《最高人民法院关于审理侵犯商业秘密民事案件适用法律若干问题的规定》第 13 条已经对被诉侵权信息与商业秘密不存在实质性区别的情况列明了判断的因素，比如，异同程度、可想到的区别、秘密的功能比较、公知性、获取信息的难易度、行业惯例等。对于大型的流水生产线和复杂工艺流程的开发、生产技术，研发的成本高、时间长和智力投入大，保密措施和生产管理相对严格，获取商业秘密的难度大，短期内开发投产的可能性很低，局部改动和生产调整并不影响两者的实质性差异。尤其应当考虑在获取相关秘密技术后，再研发、升级和改造的，并不影响侵权的成立。至于比对的方法，可以借鉴江苏省高级人民法院的做法，采用"整体比对法"，即在对被告的技术信息与原告主张的技术秘密是否相同或实质性相同进行技术比对时，应当针对原告主张的每一个技术秘密内容或其组合进行技术比对、分析，不应当采用专利侵权比对中逐一比对每一个技术特征的方法。毕竟技术秘密是一个整体，不应割裂开来单独考虑其技术特征，否则就等同于将商业秘密提高至专利创造性的要求高度。

小　结

商业秘密在现代高技术产业竞争中具有专利无法比拟的优势，尤其是化工行业，采用商业秘密保护自己的工艺包（包括生成工艺、设备流程、原料配比以及工艺控制等技术核心）是化工行业的惯例。但是，技术开发人员的流失和跳槽往往导致公司技术秘密的泄露，比如"香兰素案""密胺案""卡波技术秘密侵权案"等，权利人维权时苦于难以取得侵权方非法泄密、使用相同技术等方面的有利证据，导致维权难、竞争优势丧失的不公正结局。为此，最高人民法院通过发布指导性案例、典型性案例，以及举行新闻发布会等方式，创见性诠释了商业秘密的构成、非法侵权的反证、不具有合法技术来源的相同技术推断等规则，为商业秘密的保护贡献了中国智慧，彰显中国保护知识产权的坚定决心。

结　语

　　本书以知识产权诉讼的理论框架为根基，结合国内外典型案例的实证分析，系统探讨了知识产权诉讼的核心原理与实践路径。主要内容涵盖了两大块：其一，理论架构。本书厘清了知识产权诉讼中权利边界界定、侵权认定标准、举证责任分配等基础理论，剖析了"接触+实质性相似""混淆可能性""等同原则""不为公众知悉"等核心理论，阐释了"合理使用""非商标使用""现有技术""合法来源抗辩"等抗辩理由的适用规则。其二，实证分析。通过对"加多宝与王老吉商标案""迷你玩游戏侵权案""ChatGPT 版权争议"等典型案例的解剖，揭示了司法实践中法律适用模糊、赔偿计算随意性大、技术事实认定困难等痛点，总结了诉讼实务操作方法、证据搜集质证、赔偿计算等技巧性问题。

　　就知识产权诉讼中现存问题，本书归纳为两点：其一，法律适用困境。现有法律难以涵盖人工智能创作、数据抓取等新兴侵权行为，导致"同案不同判"（如算法商业秘密保护标准不一）。法定赔偿上限（500 万元）与侵权获利严重脱节，部分案件出现"维权成本高于赔偿"的悖论。其二，程序性缺陷。技术事实查明机制薄弱，法官缺乏专业能力，技术调查官覆盖率不足20%，依赖单方鉴定报告易致偏颇。证据保全、申请法院调查等取证流程繁琐，成功率低，增加案件了诉讼时长。

　　就知识产权诉讼未来面临的挑战与完善优化改革建议，本书提出两点：其一，立法革新以应对技术变革。可以考虑在《著作权法》《反不正当竞争法》中引入"技术中立例外""数据合理使用"等开放性规则，增加面向新技术发展的弹性条款。针对人工智能生成物、商业数据集合等新型客体，出台《数据知识产权保护条例》等规范。其二，优化司法机制。推广知识产权法院"技术法官+专家陪审员"模式，设立全国性技术事实查明中心，规范化诉讼专门性事实问题的司法鉴定规则。建立"侵权获利推定+惩罚性赔偿"双轨制，加大对侵权的惩罚力度，充分弥补权利人损失。

总之，在当今新技术快速迭代的时代背景下，知识产权诉讼已超越单纯的权利救济范畴，成为创新生态中至关重要的"调节阀"与"风向标"。置身于技术迭代浪潮汹涌澎湃、全球化进程加速推进的复杂格局之中，创新领域面临着前所未有的双重挑战。若要在这场变革中取得竞争先机，实现从被动应对到主动掌控的战略转变，关键在于构建起一套"前瞻立法—高效司法—行政共治"的现代化治理体系。唯有如此，方能充分释放知识产权诉讼的效能，以新质生产力为强大引擎，驱动各产业迈向高质量发展的新征程，为经济社会的持续繁荣注入源源不断的动力，在全球创新舞台上牢牢占据引领地位，塑造出一个更具活力、更加有序且富有前瞻性的创新生态环境，为中华民族的伟大复兴贡献更为卓越的力量。

◇◇

主要参考文献

一、专著

1. 孔祥俊：《著作权合理使用制度研究》，中国人民大学出版社 2019 年版。
2. 吴汉东：《知识产权法》，法律出版社 2021 年版。
3. 彭学龙：《商标法的符号学分析》，法律出版社 2007 年版。
4. 李明德：《美国知识产权法》，法律出版社 2014 年版。
5. 王迁、王凌红：《知识产权间接侵权研究》，中国人民大学出版社 2008 年版。
6. 王笑冰：《地理标志法律保护新论——以中欧比较为视角》，中国政法大学出版社 2013 年版。
7. 朱冬：《财产话语与商标法的演进》，知识产权出版社 2017 年版。
8. ［美］劳伦斯·莱斯格：《代码 2.0：网络空间中的法律》，李旭、沈伟伟译，清华大学出版社 2009 年版。
9. ［澳］布拉德·谢尔曼，〔英〕莱昂内尔·本特利：《现代知识产权法的演进》，金海军译，北京大学出版社 2006 年版。
10. ［美］谢尔登·W. 哈尔彭、克雷格·艾伦·纳德、肯尼迪·波特：《美国知识产权法原理》，宋慧献译，商务印书馆 2013 年版。
11. 吴汉东等著：《知识产权基本问题研究》，中国人民大学出版社 2005 年版。
12. 吴汉东：《著作权合理使用制度研究》，中国人民大学出版社 2019 年版。
13. 张铁薇：《共同侵权制度研究》，人民法院出版社 2013 年版。
14. 刘孔中：《比较商标法》，中国台北新学林出版股份有限公司 2014 年版。

二、论文

1. 孔祥俊：《商业数据权：数字时代的新型工业产权——工业产权的归入与权属界定三原

则》，载《比较法研究》2022 年第 1 期。

2. 冯晓青：《知识产权视野下商业数据保护研究》，载《比较法研究》2022 年第 5 期。

3. 郑璇玉、杨博雅：《新兴权利视域下商业数据分类与保护研究》，载《科技与法律（中英文）》2021 年第 3 期。

4. 许春明、潘娟娟：《"洗稿"的法律定性及其规制》，载《上海法学研究》2019 年第 6 卷。

5. 吴汉东：《人工智能生成作品的著作权之问》，载《中外法学》2020 年第 3 期。

6. 焦和平：《类型化视角下网络游戏直播画面的著作权归属》，载《法学评论》2019 年第 5 期。

7. 吴汉东：《试论"实质性相似+接触"的侵权认定规则》，载《法学》2015 年第 8 期。

8. 崔国斌：《视听作品画面与内容的二分思路》，载《知识产权》2020 年第 5 期。

9. 詹映：《我国知识产权侵权损害赔偿司法现状再调查与再思考——基于我国 11984 件知识产权侵权司法判例的深度分析》，载《法律科学（西北政法大学学报）》2020 年第 1 期。

10. 毕文轩：《生成式人工智能生成内容的版权属性与保护路径》，载《比较法研究》2024 年第 3 期。

11. 王迁：《再论人工智能生成的内容在著作权法中的定性》，载《政法论坛》2023 年第 4 期。

12. 吴汉东：《论网络服务提供者的著作权侵权责任》，载《中国法学》2011 年第 2 期。

13. 孔祥俊：《论反不正当竞争法"商业数据专条"的建构》，载《东方法学》2022 年第 5 期。

14. 谢雪凯、王迁：《网络服务提供者第三方责任理论与立法之再审视》，载《东方法学》2013 年第 2 期。

15. 李琛：《商标专用权概念考辨》，载《知识产权》2022 年第 1 期。

16. 彭学龙：《寻求注册与使用在商标确权中的合理平衡》，载《法学研究》2010 年第 3 期。

17. 杜颖：《在先使用的未注册商标保护论纲》，载《法学家》2009 年第 3 期。

18. 李雨峰：《未注册在先使用商标的规范分析》，载《法商研究》2020 年第 1 期。

19. 李士林：《商业标识的反不正当竞争法规整》，载《法律科学》2019 年第 6 期。

20. 凌斌：《法律救济的规则选择：财产规则、责任规则与卡梅框架的法律经济学重构》，载《中国法学》2012 年第 6 期。

三、案例

1. "上诉人嘉兴市中华化工有限责任公司等侵害技术秘密纠纷案"，最高人民法院［2020］

最高法知民终 1667 号民事判决书。

2. "查良镛诉杨某等著作权侵权纠纷案"，广州市天河区人民法院 ［2016］ 粤 0106 民初 12068 号。

3. "广州网易计算机系统有限公司等诉深圳市迷你玩科技有限公司著作权侵权及不正当竞争纠纷案"，广东省高级人民法院 ［2021］ 粤民终 1035 号。

4. "华为公司诉三星（中国）投资有限公司专利侵权案"，福建省泉州市中级人民法院 ［2016］ 闽 05 民初 725 号。

5. "庄羽诉郭敬明等侵犯著作权纠纷案"，北京市高级人民法院 ［2005］ 高民终字第 539 号。

6. "琼瑶诉于正等侵害著作权纠纷案"，北京市第三中级人民法院 ［2014］ 三中民初字第 07916 号。

7. 最高人民法院指导案例 157 号："左尚明舍家居用品（上海）有限公司诉北京中融恒盛木业有限公司等侵害著作权纠纷案"。

8. "迈克尔·杰弗里·乔丹与乔丹体育股份有限公司'乔丹'商标争议行政纠纷案"，最高人民法院 ［2016］ 最高法行再 27 号。

9. "中外制药株式会社与温州海鹤药业有限公司确认是否落入专利权保护范围纠纷案"，最高人民法院 ［2022］ 最高法知民终 905 号。

10. "五常市大米协会与黑龙江省永超米业有限公司侵害商标权纠纷"二审民事判决书，山东省高级人民法院 ［2016］ 鲁民终 812 号。

四、法律法规

1. 《与贸易有关的知识产权协定》（TRIPs）。
2. 《最高人民法院关于审理著作权民事纠纷案件适用法律若干问题的解释》。
3. 《最高人民法院关于审理侵害信息网络传播权民事纠纷案件适用法律若干问题的规定》。
4. 《最高人民法院关于第一审知识产权民事、行政案件管辖的若干规定》。
5. 《中华人民共和国刑法》。
6. 《出版管理条例》。
7. 《中华人民共和国商标法》。
8. 《中华人民共和国著作权法》。
9. 《中华人民共和国专利法》。
8. 《地理标志产品保护办法》。
9. 《生成式人工智能服务管理暂行办法》。

五、外文文献

1. Jamil Ammar," Think Consumer: the Enforcement of the Trade Mark Quality Guarantee Revisited", *A Legal and Economic Analysis*, Submitted for the Degree of PhD, The University of Edinburgh 2010.

2. J. Thomas McCarthy, *McCarthy on Trademark and Unfair Competition* (4th ed.), Thomson/West 2009.

3. Jan Bernd Nordemann, Jonathan Pukas, "Copyright Exceptions for AI Training Data—will There be an International Level Playing Field?", *Journal of Intellectual Property Law & Practice*, 2022.

4. Elizabeth Barham, "Translating Terroir Revisited: The Global Challenge of French AOC Labeling", in Dev Gangjee (ed), *Research Handbook on Intellectual Property and Geographical Indications*, Edward Elgar 2016.

5. Dev S. Gangjee, "From Geography to History: Geographical Indications and the Reputational Link", in Irene Calboli (ed), *Geographical Indications at the Crossroads of Trade, Development, and Culture*, Cambridge University Press 2017.

········◇·◇········

后 记

　　本书是江西省高校人文社会科学研究 2024 年度项目"生成式人工智能机器学习的著作权例外制度研究"（项目编号：FX24104）的阶段性成果，同时也是南昌大学知识产权教学案例研究的成果之一。

　　知识产权法学体系庞大、理论精深。诚然，传统的法教义学方法在知识产权的创造、运用、保护、管理和服务等全链条环节发挥着基础性作用。然而，科技与知识产权的深度交融，使得立法常滞后于技术迭代的步伐。在此背景下，司法机关在个案裁判之外，更是肩负着回应技术前沿挑战、通过司法实践阐释法律乃至发展规则的重任。近年来，围绕数据、人工智能等新兴议题的司法裁判虽不乏争议，但其勇于探索、积极拓展法律适用空间的实践精神，为我国在相关新兴领域确立话语权与规则引领提供了宝贵的本土样本。这亦启示我们，知识产权的研究、学习与实践，必须高度重视司法实务的鲜活经验，可谓"知识产权立法为创新实践确立规范，而创新实践则为知识产权立法注入灵魂"。

　　本书旨在为读者系统呈现知识产权民事诉讼的全流程规范。在内容处理上：对于制度性规定，力求精要概述现行立法框架；对于理论问题，则结合学理阐释与司法实践予以剖析；对于典型案例，侧重以审判逻辑解析辅以理论支撑。全书整体结构遵循"原告权利基础—被告侵权判定—侵权抗辩事由—法律责任承担"的核心逻辑展开，并在其间有机融入管辖、证据、鉴定等程序性要点的阐述。

　　本书的撰写分工如下：第二章、第十六章由姜晓婧撰写，第二十章至第二十三章以及实证案例分析部分内容由黄诚撰写，其余章节由李士林撰写。

在研究与写作过程中，袁雅茜、许胤燨、陈艳同学协助进行了资料搜集与案例梳理工作，在此深表谢忱。本书的顺利出版，承蒙中国政法大学出版社的大力支持；特别感谢责任编辑丁春晖先生，其专业细致的编辑校勘工作，令本书增色良多。

　　书中存在的疏漏与不足之处，概由作者负责。我们诚挚期待学界同仁与广大读者不吝赐教，批评指正。

李士林

2025 年 5 月 30 日